Entdecken und Verstehen 4

Geschichtsbuch für Rheinland-Pfalz

Herausgegeben von
Dr. Thomas Berger-von der Heide
und Prof. Dr. Hans-Gert Oomen

Von der Zeit des Nationalsozialismus bis zur Gegenwart

Herausgegeben von
Dr. Thomas Berger-von der Heide

Bearbeitet von
Dr. Thomas Berger-von der Heide
Peter Brokemper
Petra Bowien
Heidrun von der Heide
Henriette Heitmann
Liesel Herkenrath
Dr. Elisabeth Köster
Ulrich Mittelstädt
Dr. Harald Neifeind
Dr. Dieter Potente
Hans-Otto Regenhardt
Dr. Cornelius Schley

Beratende Mitarbeit
Marita Schleiden

Cornelsen

Verlagsredaktion: Kerstin Meyer, Dr. Uwe Andrae
Layoutkonzept: Simone Siegel, Mike Mielitz
Technische Umsetzung: L101 Mediengestaltung, Berlin

Das Umschlagbild zeigt das Schauspielhaus in Mainz.

www.cornelsen.de

1. Auflage, 4. Druck 2012

Alle Drucke dieser Auflage sind inhaltlich unverändert und können im Unterricht nebeneinander verwendet werden.

Druck: Stürtz GmbH, Würzburg

ISBN 978-3-464-63984-9

Inhalt gedruckt auf säurefreiem Papier aus nachhaltiger Forstwirtschaft.

Liebe Schülerinnen und Schüler!

Im vergangenen Schuljahr habt ihr mit „Entdecken und Verstehen" die Geschichte bis hin zur „Weimarer Republik" und der Machtübernahme der Nationalsozialisten kennen gelernt. Der vorliegende Band schließt dort an und stellt Themen des 20. Jahrhunderts in den Mittelpunkt. Aber zuerst erklärt euch diese Seite noch einmal, wie ihr mit „Entdecken und Verstehen" arbeiten könnt.

Da wir auf unterschiedlichen Wegen die Geschichte unserer Vorfahren erkunden können, findet ihr in den Kapiteln Texte, Bilder, Karten und Grafiken als Arbeitsmaterialien. Die folgenden Erklärungen sollen euch helfen die unterschiedlichen Möglichkeiten, die euch das Buch bietet, zu erkennen:

„Schauplätze" der Geschichte

Jedes Kapitel beginnt mit „Schauplatzseiten". Sie wollen euch neugierig auf das kommende Thema machen und zu Fragen anregen. Mit ihrer Hilfe könnt ihr auch bereits vorhandenes Wissen zusammentragen.

Themendoppelseiten

Auf jeder Doppelseite berichten die Autoren in einem zusammenhängenden Text über die damaligen geschichtlichen Ereignisse. Die Überschrift auf dem oberen Seitenrand benennt das jeweilige Thema.

Quellen

Q1 Manchmal lassen die Autoren die damals lebenden Menschen selbst zu Wort kommen, wenn ihre Texte aufbewahrt wurden. Die Berichte der damals lebenden Menschen nennen wir Quellen. Ihr erkennt sie an dem „Q" und an dem seitlich verlaufenden Balken. Auch die Abbildungen, Gemälde und Fotos sind historische Quellen, aus denen ihr wichtige Informationen entnehmen könnt.

Materialien

M1 Texte von Historikerinnen und Historikern, Berichte anderer Forscherinnen und Forscher und weitere Materialien aus unserer Zeit sind mit „M" für „Materialien" und durch einen Balken markiert.

Die Randspalte

Jede Seite ist mit einer farbigen Randspalte versehen. Je nach Bedarf findet ihr hier:
- die Erklärung für schwierige Begriffe, die im Text mit einem Sternchen (*) versehen sind,
- wichtige Jahreszahlen und Ereignisse
- oder auch Zusatzinformationen zu den Themen, die auf der Seite behandelt werden.

Aufgaben

1 *In den Arbeitsaufgaben werdet ihr dazu angeleitet, aus den Texten und den Quellen Informationen zu entnehmen und einen Sachverhalt mit ihrer Hilfe zu besprechen.*

Arbeitstechnik

Die Seiten „Arbeitstechnik" leiten euch an, mit den Materialien in diesem Buch umzugehen. Sie helfen euch aber auch, weitergehende Informationen zu finden.

Zusammenfassung

Die umfangreichen Kapitel werden durch eine Zusammenfassung abgeschlossen, die noch einmal das Wichtigste des Themas enthält.

Das Register

Im Anhang sind Begriffe, Namen und Daten übersichtlich zusammengefasst. Informationen, die euer geschichtliches Grundwissen enthalten sollte, erkennt ihr auf den Themenseiten an diesem Zeichen: ▶.

Wenn ihr Fragen habt oder eure Meinung zu diesem Buch sagen wollt, schreibt uns:

Cornelsen Verlag
Mecklenburgische Straße 53, 14197 Berlin

Inhaltsverzeichnis

Inhaltsverzeichnis

1. Die Herrschaft des Nationalsozialismus

Bei einer Großkundgebung der nationalsozialistischen Hitlerjugend grüßen hunderte uniformierter Hitlerjungen den vorbeifahrenden „Führer“ mit erhobenem rechten Arm, dem „Hitlergruß“. Veranstaltungen wie diese gab es fast ununterbrochen. Sie sollten den unbedingten Gehorsam von Volk und Jugend gegenüber Adolf Hitler und dem Nationalsozialismus beweisen. Das nationalsozialistische Deutschland war eine Diktatur, ein „Führerstaat“, in dem andere Meinungen als die der staatstragenden Partei, der NSDAP, nicht toleriert wurden. Auch jede Andersartigkeit wurde brutal verfolgt. Besonders Juden und Slawen waren den Nationalsozialisten verhasst und galten als „minderwertig“. Diese Weltsicht sollte das deutsche Volk möglichst widerspruchslos verinnerlichen, um die Methoden und Ziele des Nationalsozialismus rückhaltlos zu unterstützen – mit allen Konsequenzen …

Schauplatz: „Die Massen des Volkes bearbeiten …"

1 **Großer Aufmarsch anlässlich des 50. Geburtstags Hitlers durch die Berliner Wilhelmstraße.** Foto.

2 **Großveranstaltung in Nürnberg mit sogenannter „Kathedrale des Lichts".** Foto, 1936. Die Lichtstrahlen wurden von Scheinwerfern der Flugabwehr ausgesandt.

Ein Volk marschiert

Schon am Ende der Weimarer Republik hatte die NSDAP immer wieder Umzüge veranstaltet, um ihrer politischen Überzeugung öffentlich Ausdruck zu geben und Anhänger zu gewinnen. Doch auch nach der Machtübernahme stellte man die Umzüge nicht ein. Im Gegenteil: Sie wurden von nun an aufwändig in Szene gesetzt und erhielten den Charakter von Bekenntnisveranstaltungen für das neue Regime. Immer wieder schufen die Machthaber Anlässe für politische Großveranstaltungen. So wurde der Geburtstag Hitlers (20. April) ausgewählt, ebenso wie der 1. Mai, bisher der „Tag der Arbeit". Seit 1890 von den Gewerkschaften mit Kundgebungen gegen Missstände in der Arbeitswelt begangen, wurde dieser Tag nun als „Tag der nationalen Arbeit" mit Aufmärschen im ganzen Reich gefeiert.

Mit großem Aufwand wurde versucht, möglichst viele Einwohner einer Stadt oder eines Dorfes zur Teilnahme an den Großveranstaltungen zu bewegen, sodass die Menschen sich ihnen nur schwer entziehen konnten, sofern sie es denn wollten. Das „Göttinger Tageblatt" berichtete über die örtliche Veranstaltung am 1. Mai 1933:

Q1 … Was Göttingen auch immer an großen Festtagen erlebt haben mag, der erste Mai dieses denkwürdigen Jahres stellte alles in den Schatten. Die gesamte schaffende männliche Bevölkerung zog in einem drei Kilometer langen Zuge durch die Straßen der Stadt. Fünfzehntausend Männer sollen (…) auf den Beinen gewesen sein. Die Straßen unserer weitläufig gebauten Stadt reichten nicht aus, diese endlose Schar aufzunehmen … Punkt drei lief der Marschbefehl durch die Kolonnen der Fünfzehntausend. Und das arbeitende Göttingen marschierte. Marschierte im Zeichen der ▶ Volksgemeinschaft unter den zahllosen Symbolen des neuen, im tiefsten Sinne des Wortes einigen Deutschland, den Hakenkreuzbannern, die über dem beinahe drei Kilometer langen Zug flatterten! Ein Schauspiel ohnegleichen! Fünfzehntausend marschierten, Tausende säumten ihren endlosen Weg. In den Hauptverkehrsstraßen ergoss sich ein Blumenregen über die Marschierenden. …

1 *Beschreibt den Eindruck, den die Abbildungen und Q1 von der Reaktion der Menschen auf die Veranstaltungen der NSDAP vermitteln.*

2 *Überlegt, welches Ziel die NSDAP nach der Machtübernahme mit den Aufmärschen vermutlich verfolgte.*

3 **Aufmarsch von Soldaten zum „Wecken“ bei den Olympischen Spielen in Berlin 1936.** Foto.

4 **Koblenzer Schüler in Uniform der „Hitlerjugend“ (HJ) marschieren mit Landsknecht-Trommeln vor der Stadthalle.** Foto, Mitte der 1930er-Jahre.

Wie lassen sich die Massen gewinnen?

Ein Historiker bezeichnete die Aufmärsche als „Atem und Leben“ des Propagandafeldzuges Hitlers, der die Menschen davon überzeugen solle, dass sie in eine neue Epoche der Geschichte eingetreten seien. Hitler hatte bereits 1923 formuliert: „… durch kluge und dauernde Anwendung der ► Propaganda* (kann) einem Volke selbst der Himmel als Hölle vorgemacht werden – und umgekehrt das elendste Leben als Paradies.“

Mit dem Ziel, das gewünschte Bild des deutschen NS-Staates zu verbreiten, veranlasste Hitler kurz nach der Machtübernahme die Einrichtung eines „Ministeriums für Volksaufklärung und Propaganda“. Joseph Goebbels, zuvor „Reichspropagandaleiter“ der NSDAP, wurde „Propagandaminister“. Er und seine Mitarbeiter waren es, die die großen Veranstaltungen des Regimes organisierten und feierlich „in Szene setzten“. Goebbels bezeichnete es als sein Ziel, die „Massen des Volkes (zu) bearbeiten … bis sie uns zufallen!“

5 **Erntedankfest in Westum, Kreis Ahrweiler.** Foto, 1936. Das ursprünglich christliche Fest erscheint hier im NS-Fahnenschmuck.

► *Propaganda:**
Die systematische Verbreitung politischer und weltanschaulicher Ideen, um das Bewusstsein der Adressaten gezielt zu beeinflussen.

3 *Erklärt, wodurch bei den fotografierten und beschriebenen Szenen (Abbildungen 1–5, Q1) jeweils der Bezug zum Nationalsozialismus deutlich wird.*

Das Volk wird „aufgeklärt"

Seit 1923 gab es in Deutschland den Rundfunk, doch Radios waren teuer und so blieben bis in die 1930er-Jahre Zeitungen die wichtigste Informationsquelle für die Menschen. In den Kinos löste zur Zeit des Machtantritts Hitlers gerade der Tonfilm den Stummfilm ab, Fernsehgeräte in Privathaushalten gab es aber noch gar nicht. Um alle dem Volk zugänglichen Medien für die Zwecke des neuen Regimes nutzen zu können, führte das Reichspropagandaministerium den „Volksempfänger" ein, ein Radiogerät, das preisgünstig allen Haushalten und Betrieben zur Verfügung gestellt wurde. Ein attraktives Programm mit Reportagen und Unterhaltungsmusik wurde geschaffen, und um sicherzugehen, dass sich nur ausgewählte Informationen verbreiteten, verbot man kurzerhand das Hören ausländischer Sender.

Neben dem einzigen deutschen Radiosender kontrollierte das Reichspropagandaministerium nicht nur die Zeitungen, sondern auch die „Künste". Joseph Goebbels führte nämlich auch die im Herbst 1933 gegründete „Reichskulturkammer". Alle bildenden Künstler, Architekten, Schriftsteller und Musiker mussten Mitglied werden und sich vor der Aufnahme einer Prüfung auf „politische Zuverlässigkeit" und Rassenzugehörigkeit stellen. Wer unerwünscht war, wurde ausgeschlossen und daran gehindert, seinen Beruf auszuüben.

1 *Erläutert, was inszenierte Großveranstaltungen mit der Einführung von „Volksempfängern" und der Einrichtung der „Reichskulturkammer" verbindet.*

2 *Deutet das Plakat (Abbildung 1): Beschreibt zuerst, wie das Radiogerät dargestellt ist. Überlegt, welchen Eindruck die Darstellung vermitteln sollte.*

3 *Stellt euch vor, ihr dürftet nur einen einzigen Radiosender hören – den „Regierungssender". Welche Folgen würdet ihr annehmen?*

1 **Werbeplakat für den 1935 entwickelten „Volksempfänger".** 1936.

2 **Ein Geschäft ist vorübergehend geschlossen, damit die Mitarbeiter gemeinsam die Rede Hitlers hören können.** Foto.

Arbeitstechnik: Politische Propaganda untersuchen

Einfluss gewinnen

Auf vielfältige Arten versuchten die Nationalsozialisten, die Menschen durch Propaganda zu beeinflussen und sich den Rückhalt des Volkes zu sichern. Indem ihr Materialien wie die Abbildungen auf den vorangegangenen Seiten, aber auch weitere Plakate, Texte, Anzeigen oder Fotos, die im Verlauf des Kapitels folgen, anhand folgender Schritte untersucht, könnt ihr Erkenntnisse darüber gewinnen, wie die Machthaber dabei vorgegangen sind:

1. Anlass bedenken

- Fand die Veranstaltung im Rahmen von Festen oder Feiertagen (Muttertag, Erntedankfest, „Führers Geburtstag") statt?
- Handelte es sich um einen Parteitag?
- War eine Einweihung oder eine Ehrung (Verleihung von Auszeichnungen) der Anlass?
- Fand die Propagandaveranstaltung wegen des Besuchs eines prominenten Politikers statt?
- Ging es um eine Sammel- oder Hilfsaktion?

2. Propagandaform bestimmen

Mögliche Formen sind:

- Aufmärsche, Demonstrationen
- Zeitungsartikel
- Handzettel
- Reden
- Radiosendungen
- Spruchbänder, Inschriften
- Bilder, Karikaturen
- Filme
- Denkmäler

3. Mittel benennen

Mittel, mit denen eine gewählte Propagandaform „in Szene gesetzt" werden kann, um gezielt Wirkungen zu erreichen, sind:

- massenhaft verwendete Symbole/Zeichen (wie Hakenkreuz oder Adler, aber auch Abzeichen und Orden)
- Uniformen, die z. B. den Eindruck von Einheit unterstreichen
- Musik, Licht/Feuer, Schüsse, die der Szene eine bestimmte Atmosphäre geben
- Menschenmassen, die den Einzelnen überwältigen
- sprachliche Übertreibungen oder gezielte Irreführungen (wie „Konzentrationslager" für Vernichtungslager)
- Ehrungen/Auszeichnungen ins Leben rufen, die Einzelnen das Gefühl von Wichtigkeit geben

4. Absichten erkennen, Wirkungen bewerten

- Sollen Gegner verleumdet oder ausgegrenzt, das Publikum aufgehetzt werden?
- Sollen die Menschen beeindruckt oder begeistert werden?
- Geht es darum, Hoffnungen zu wecken oder Sympathien zu schaffen?
- Sollen Gemeinschaftsgefühle geweckt werden?
- Geht es darum, Kameradschaft zu fördern oder Durchhaltewillen zu stärken?

So geht es weiter ...

„Gleichschaltung"

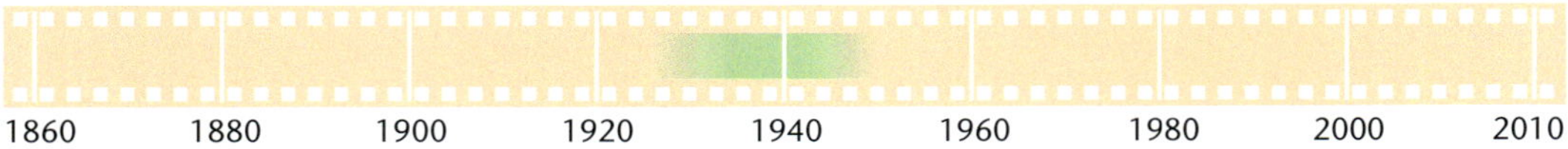

1933–1945:
Herrschaft des Nationalsozialismus in Deutschland.

1 Die SA verwüstet das Gebäude der SPD-eigenen „Dresdner Volkszeitung". Foto, 8. März 1933.

Die Zerschlagung der Gewerkschaften

Der „Reichsminister für Volksaufklärung und Propaganda", Joseph Goebbels, vermerkte am 17. April 1933 in seinem Tagebuch:

Q1 … Ich habe mit dem Führer die schwebenden Fragen eingehend durchgesprochen. … Am 2. Mai werden dann die Gewerkschaftshäuser besetzt. ▸ Gleichschaltung* auch auf diesem Gebiet. Es wird vielleicht ein paar Tage Krach geben, aber dann gehören sie uns. Man darf hier keine Rücksicht mehr kennen. … Sind die Gewerkschaften in unserer Hand, dann werden sich auch die anderen Parteien und Organisationen nicht mehr lange halten können …

▸ ***Gleichschaltung*:*** *das von den Nationalsozialisten verfolgte Ziel des Abbaus und schließlich der Beseitigung der Eigenständigkeit der Länder, Organisationen und Organe.*

Die Aktion traf die Öffentlichkeit am 2. Mai völlig überraschend, nachdem am Vortag noch mit großem Aufwand der „Tag der nationalen Arbeit" gefeiert worden war.

Im ganzen Reichsgebiet wurden die Häuser der freien Gewerkschaften besetzt, viele Funktionäre verhaftet und die Leitung des Gewerkschaftsapparats von Nationalsozialisten übernommen. Die gewerkschaftliche und parteipolitische Arbeit in den Betrieben wurde den Arbeitern nun per Gesetz verboten.

1 *Erläutert Zielsetzung und Vorgehensweise der Nationalsozialisten gegen die Gewerkschaften.*

2 *Stellt Vermutungen darüber an, welche Wirkung die Besetzung der Gewerkschaftshäuser auf die Arbeiterschaft hatte.*

Gleichschaltung auf allen Gebieten

„Gleichschaltung" – damit verband sich das Ziel, die Menschen im Reich politisch unter Kontrolle zu bringen: Das ganze Land wurde in neue Verwaltungsbezirke, „Gaue" eingeteilt, die staatliche Macht übernahmen Parteileitungen der NSDAP. Auf dem Gebiet des heutigen Rheinland-Pfalz lagen die Gaue Koblenz-Trier, Hessen-Nassau und Saarpfalz. In den Gemeinden wurden gewählte Bürgermeister durch NSDAP-Gefolgsleute ersetzt. Politische Parteien wurden verboten, bestehende Verbände und Vereine aufgelöst.

Die Gleichschaltung umfasste alle öffentlichen Bereiche, so auch die Presse und sogar Museen: parteieigene Zeitungen von KPD und SPD wurden verboten, Journalisten, die sich nicht anpassen wollten, entlassen. Bereits im April 1933 schloss ein Gesetz Juden vom Beamtenberuf aus; Kommunisten durften nicht mehr Rechtsanwälte werden. Auch aus Schulen und Hochschulen wurden „Nichtarier" und politisch Unliebsame zunehmend ausgeschlossen.

Oft wurden die Beteiligten durch gesetzliche Verordnungen, Terror und psychischen Druck überwältigt. Die nationalsozialistische Übernahme des Verlags der SPD-eige-

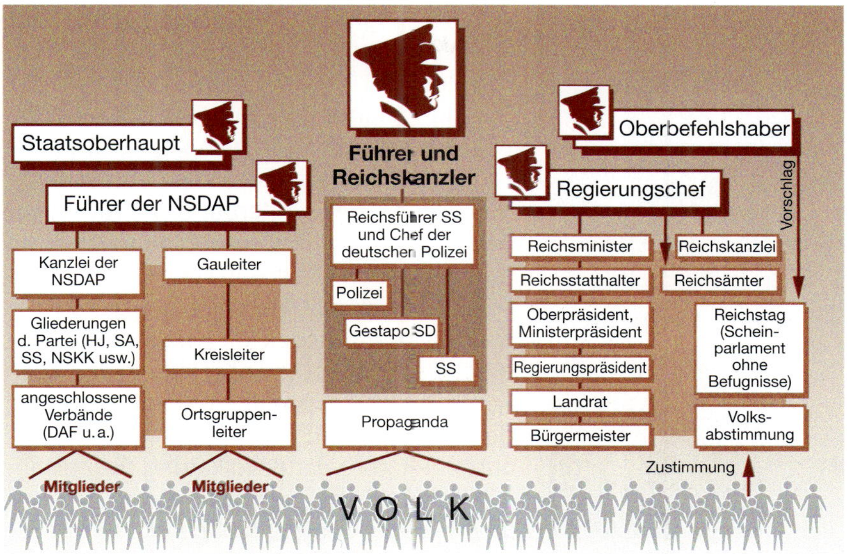

2 Das nationalsozialistische Führerprinzip in Partei, Staat und Gesellschaft. Schaubild.

nen „Dresdner Volkszeitung" erlebte ein Mitarbeiter so:

Q2 Gegen 16 Uhr rückte der ► SA-Sturm ... mit Karabinern, Handgranaten und Stahlhelmen aus vier Straßenzügen an. Etwa 15 SA-Männer stürmten ... unter Misshandlungen ... die Türen des Verlagsgebäudes.... Der Bestand der Volksbuchhandlung ... wurde auf die Straße geworfen und in Brand gesteckt.... Wertvolle Maschinen wurden zerschlagen, Bleivorräte an Rohstoffhändler verkauft. In den Verlagsgrundstücken wurde eine SA-Kaserne und im SPD-Sekretariat eine Vernehmungsstelle für politische Häftlinge eingerichtet. Die Druckerei wurde dem nationalsozialistischen Blatt „Freiheitskampf" zur Verfügung gestellt.

Adolf Hitler, der „Führer"

Nach dem Tod Hindenburgs im August 1934 bekleidete Hitler neben dem Amt des Reichskanzlers auch das des Reichspräsidenten. Er beanspruchte, „Führer" des deutschen Volkes zu sein. In einem Buch jener Zeit hieß es:

Q3 ... Die Führergewalt ist umfassend und total. Sie erfasst alle Volksgenossen, die dem Führer zu Treue und Gehorsam verpflichtet sind. Die Führergewalt ist nicht durch Sicherungen und Kontrollen gehemmt, sondern sie ist frei und unbeschränkt.

Bereits im Juni hatte Hitler mit Unterstützung der Reichswehr hohe SA-Führer ermorden lassen. Die Tat ging als sogenannter „Röhm-Putsch" in die Geschichte ein: Hitler rechtfertigte sie mit der Behauptung, dadurch einen Staatsstreich (Putsch) Ernst Röhms, des Führers der SA, verhindert zu haben. Die Geschichtsforschung geht jedoch vielmehr davon aus, dass Ernst Röhm zu einem innerparteilichen Gegner Hitlers geworden war, den es auszuschalten galt. Die SA, die beansprucht hatte, neben der Reichswehr eine gleichberechtigte militärische Organisation zu werden, verlor ihre Rolle als stärkste innenpolitische Macht an die ► SS. Auch die Soldaten der Reichswehr mussten ab 1934 einen „heiligen" Eid auf Hitler schwören.

3 *Diskutiert das Schaubild und Q3. Erläutert, welche Stellung Hitler einnahm. Welche Konsequenzen hatte das für die Rechte der einzelnen Bürger?*

► SA: Abkürzung für „Sturmabteilung"; Wehrverband der NSDAP, der vor 1934 Gewalt und Terror in der Auseinandersetzung mit den politischen Gegnern der NSDAP ausübte.

► SS: Abkürzung für „Schutzstaffel"; Wehrverband der NSDAP und ab 1934 Hauptträger des nationalsozialistischen Terrors nach innen und außen. Die SS dominierte die Gestapo, leitete die KZs und führte den „Rassenkampf". Die „Waffen-SS" kämpfte im Krieg im Rahmen des Heeres, war aber kein Teil der Wehrmacht.

Willkür und Terror

„Unser die Pfalz" – Werbung der NS-Zeitung „Rheinfront" in der Pfälzischen Verkehrs- und Touristenzeitung. Mai, 1933.

ab 1933/34: *Aufbau des Konzentrationslagersystems.*

1 Zählappell in einem Konzentrationslager. Foto, 1934.

Die Verfolgung politischer Gegner

Bereits im Februar 1933 begannen die Nationalsozialisten politische Gegner ohne Gerichtsbeschluss zu verhaften. Dieses Vorgehen wurde als „Schutzhaft" bezeichnet. Einem Verhafteten wurde 1933 erklärt:

Q1 ... Die Schutzhaft wird damit begründet, dass infolge Ihrer Betätigung im kommunistischen Sinne die Bevölkerung von N. und darüber hinaus derart gegen Sie aufgebracht ist, dass mit Gewaltmaßnahmen gegen Ihre Person gerechnet werden muss. Die Anordnung der Schutzhaft erfolgt somit zum Schutz Ihrer eigenen Person.

In der ersten Zeit der nationalsozialistischen Herrschaft wurden vor allem Kommunisten und Sozialdemokraten verhaftet, weil sie z. B. durch Flugblätter oder Klebezettel versuchten, die Bevölkerung vor den Gefahren des Nationalsozialismus zu warnen. Auch andere Regimegegner kamen hinzu, z. B. Pfarrer, die politische Maßnahmen öffentlich kritisierten. Mancherorts wurden Menschen, die aus Glaubensgründen Adolf Hitler nicht als Führer anerkennen wollten, wie auch Angehörige der Religionsgemeinschaft „Zeugen Jehovas", wegen angeblich kommunistischer Gesinnung bereits 1933 verfolgt.

Da die Gefängnisse bald überfüllt waren, wurden in ganz Deutschland behelfsmäßige Lager als Ersatzgefängnisse errichtet, in denen Gefangene gefoltert und entwürdigend behandelt wurden. Die Nationalsozialisten nannten sie „▶ Konzentrationslager" (KZ). Seit 1934 unterstanden sie der ▶ SS, die besonders brutal gegen die Gefangenen vorging. Da zunächst sowohl Häftlinge als auch Aufseher aus der unmittelbaren Umgebung der Lager kamen, müssen wir heute davon ausgehen, dass der Bevölkerung die Zustände in den KZs bekannt waren.

1 *Erklärt den Begriff „Schutzhaft".*

Carl von Ossietzky *(1889–1938): Nach seiner Auszeichnung mit dem Friedensnobelpreis verboten die Nationalsozialisten allen „Reichsdeutschen", diesen Preis anzunehmen.*

Ein Nobelpreisträger im KZ

Zu den 1933 willkürlich verhafteten Regimegegnern zählte der Journalist und Schriftsteller Carl von Ossietzky, der in der Weimarer Zeit Artikel gegen die Nationalsozialisten verfasst hatte. 1935 erhielt der Inhaftierte den Friedensnobelpreis. Kurz zuvor hatte ihn Carl J. Burckhardt, Abgesandter des Internationalen Roten Kreuzes, im KZ Esterwegen im Emsland besucht. Er berichtete:

Q2 ... Nach 10 Minuten kamen zwei SS-Leute, die einen kleinen Mann eher schleppten und trugen als ihn heranführten. Ein zitterndes totenblasses Etwas, das gefühllos zu sein schien, ein Auge geschwollen, die Zähne anscheinend eingeschlagen. Er schleppte ein gebrochenes, schlecht ausgeheiltes Bein nach sich. ... Vor mir, gerade noch lebend, stand ein Mensch, der an der äußersten Grenze des Tragbaren angelangt war. ... Jetzt füllte sich das noch sehende Auge mit Tränen, lispelnd unter Schluchzen sagte er: „Danke, sagen Sie den Freunden, ich sei am Ende, es ist bald vorüber, bald aus. Das ist gut."

2 *Informiert euch in der Schul- oder Stadtbücherei oder im Internet über das Leben und die Auffassungen Carl von Ossietzkys und berichtet darüber in der Klasse.*

Arbeitstechnik: Besuch einer Gedenkstätte

Ein KZ in Rheinland-Pfalz ...

1944 veröffentlichte die aus Mainz stammende und im Exil lebende Schriftstellerin Anna Seghers den Roman „Das siebte Kreuz". Darin schildert sie das Schicksal Verfolgter, denen der Ausbruch aus dem KZ Westhofen gelungen war. Gemeint war ein rheinland-pfälzisches Lager: Osthofen bei Worms. Über dieses 1933 in einem leerstehenden Fabrikgebäude errichtete, 14 Monate bestehende KZ hieß es in öffentlichen Berichten, es sei ein „Umerziehungslager für verwilderte Marxisten", wo es bei bester Verpflegung „wie bei Muttern" ordentlich zugehe. Zwar war das Lager nicht darauf ausgerichtet, Gefangene systematisch zu ermorden, Tatsache ist aber auch, dass die Häftlinge schwer misshandelt und schikaniert wurden. Das ehemalige Lager Osthofen ist – wie auch das Lager Hinzert im Hunsrück – heute eine Gedenkstätte, die die Erinnerung an die Vergangenheit wachhalten will.

1 *Überlegt gemeinsam, wodurch sich die Auseinandersetzung mit Geschichte anhand von Gedenkstätten auszeichnet.*

2 *Sammelt Argumente: Warum ist es heute wichtig, sich an die Gräueltaten der nationalsozialistischen Gesellschaft und das Leiden der Häftlinge zu erinnern?*

Bevor ihr eine Gedenkstätte besucht, macht euch klar, dass eine solche Exkursion kein lustiger Ausflug ist und ihr vor Ort mit Dokumenten der Gewalt konfrontiert werdet. Nehmt – auch deshalb – auf jeden Fall eine Führung in Anspruch. Beachtet zudem folgende Aspekte:

1 **Wormser Bürger unter Polizeiüberwachung auf dem Weg ins Konzentrationslager Osthofen.** Foto. Offiziell mitgeteilter Verhaftungsgrund war oft die Mitgliedschaft in einer „gegnerischen" Partei.

1. Inhaltliche Vorbereitung

- Besorgt euch über Bibliotheken (Ausstellungskataloge) oder Internet Informationen über Lage und Aufbau des Ortes, aber auch über die inhaltliche Ausrichtung der Gedenkstätte: Klärt, was euch erwartet.
- Falls die Gedenkstätte unterschiedliche Schwerpunkte setzt, überlegt euch vor dem Besuch, welche Bereiche ihr erarbeiten wollt.
- Informiert euch bei anderen Fachlehrern (Kunst, Religion, Deutsch, Politik), ob sie bereit sind, euch zu begleiten. Vielleicht können sie Anregungen geben, wie ihr euch den Dokumenten gestalterisch annähern könnt (z. B. zu einem Ort/einem Gegenstand Fotos, Zeichnungen, ein Video anfertigen, Texte schreiben ...).

2. Durchführung

- Sucht euch nach der gemeinsamen Führung einen Bereich aus, der euch besonders beschäftigt oder berührt hat und erforscht ihn selbstständig oder in Gruppen.

3. Auswertung des Besuchs

- Tragt zusammen: Was hat euch während des Besuchs besonders beeindruckt oder berührt?
- Sprecht darüber, wie die Ausstellung/Präsentation der Gedenkstätte auf euch wirkte.
- Überlegt, welche Eindrücke und Informationen neu für euch waren.
- Benennt eine Sache, über die ihr gern mehr erfahren würdet.
- Überlegt, wie ihr an diese Informationen gelangen könnt (z. B. Zeitzeugen einladen).

Aktuelle Literaturhinweise zu rheinland-pfälzischen Gedenkstätten erhaltet ihr ebenfalls über die Landeszentrale für politische Bildung Rheinland-Pfalz (Postfach 30 28, 55020 Mainz). Auf der zugehörigen Website (www.politische-bildung-rlp.de) findet ihr außerdem Links zu den Gedenkstätten.

Die „Volksgemeinschaft"

Eintopfsonntag.

Morgen ist Sonntag. Die Mutter hat eingekauft. Zu Mittag wird es Erbsen mit Speck geben. Das ist ein Eintopfgericht. Mutti wollte sparen. Was sie erspart, spendet sie. Das Geld wird abgeholt. Damit hilft sie den Volksgenossen, die in Not sind. Alle 4 Wochen ist Eintopfsonntag. Da kommt viel Geld zusammen.

Der Führer hat gesagt:

„In Deutschland soll keiner hungern und frieren."

1 „Eintopfsonntag".
Text und Bild aus einem Lesebuch.

Plakat des Winterhilfswerks aus dem Jahr 1934.

„Du bist nichts, dein Volk ist alles!"

So lautete ein verbreiteter Propagandaspruch der Nationalsozialisten. Ein wichtiger Aspekt der Politik war es, das Volk als Gemeinschaft von Gefolgsleuten des „Führers" zu formen. Immer wieder wurde an die ▶ Volksgemeinschaft appelliert, etwa wenn für das „Winterhilfswerk" gesammelt wurde. Das Winterhilfswerk war die bekannteste Einrichtung zur Linderung der Not von Arbeitslosen, in deren Namen immer wieder großangelegte Sammelaktionen durchgeführt wurden. Einmal im Monat sollten die Deutschen auch auf ihren Sonntagsbraten verzichten. Anfang November 1933 lasen Göttinger Bürger den folgenden Aufruf in ihrer Zeitung:

Q1 Das Eintopfgericht – Tischkameraden der Nation.
Der Sonntag ist der zweite Sonntag des Eintopfgerichtes. … Die gesamte Bevölkerung Göttingens wird aufgerufen, sich ausnahmslos zu beteiligen. SS-Männer werden die durch das Eintopfgericht ersparten Beträge in allen Haushaltungen einkassieren. … Die Volksgenossen, die in Gaststätten das Eintopfgericht einnehmen, erhalten dort eine Quittung als Ausweis. Bei der Straßensammlung werden Ansteckblumen – Narzissen – als Ausweis abgegeben. Am Sonntag darf kein Göttinger ohne diese Ansteckblume angetroffen werden!

Nach 1935 wurden ohne Wissen der Bevölkerung Teile der gesammelten Gelder für Rüstungszwecke ausgegeben.

1 *Spielt folgende Szene: Ihr sitzt am Sonntag im November 1933 am Mittagstisch, es gibt Braten. Ein SS-Mann klingelt …*

2 *Sucht Gründe dafür, warum Menschen bereit waren, für das Winterhilfswerk zu sammeln und zu spenden.*

Überwachung und Unterhaltung

Mit der Auflösung aller privaten Vereine und Berufsverbände, an deren Stellen nun Untergliederungen der Partei traten, versuchten die Nationalsozialisten, die Bürger gleichzuschalten. Dabei sollten möglichst alle Lebensbereiche erfasst werden. So gab es z. B. neben den Wehrverbänden ▶ SA und ▶ SS auch Jugend- und Frauenverbände, Berufsverbände für Ärzte, Lehrer oder Techniker sowie die NS-Beamtenschaft. Die Gewerkschaften wurden durch die „Deutsche Arbeitsfront" (DAF) ersetzt, einen Zusammenschluss von Arbeitern und Unternehmern. Die DAF sollte soziale Verbesserungen in den Betrieben erreichen, die nun – gemäß der offiziellen Sprache – von „Betriebsführern" geleitet wurden, denen die Belegschaft zu „folgen" hatte. Haus- und Blockwarte sorgten darüber hinaus für die Überwachung des Einzelnen auch zu Hause. Im öffentlichen Leben wurde der Hitlergruß* eingeführt.

Hitlergruß*: *Die offizielle Grußgeste der Nationalsozialisten war der ausgestreckt erhobene rechte Arm.*

Das Volk wird erfasst

Plakat der DAF aus dem Jahr 1933.

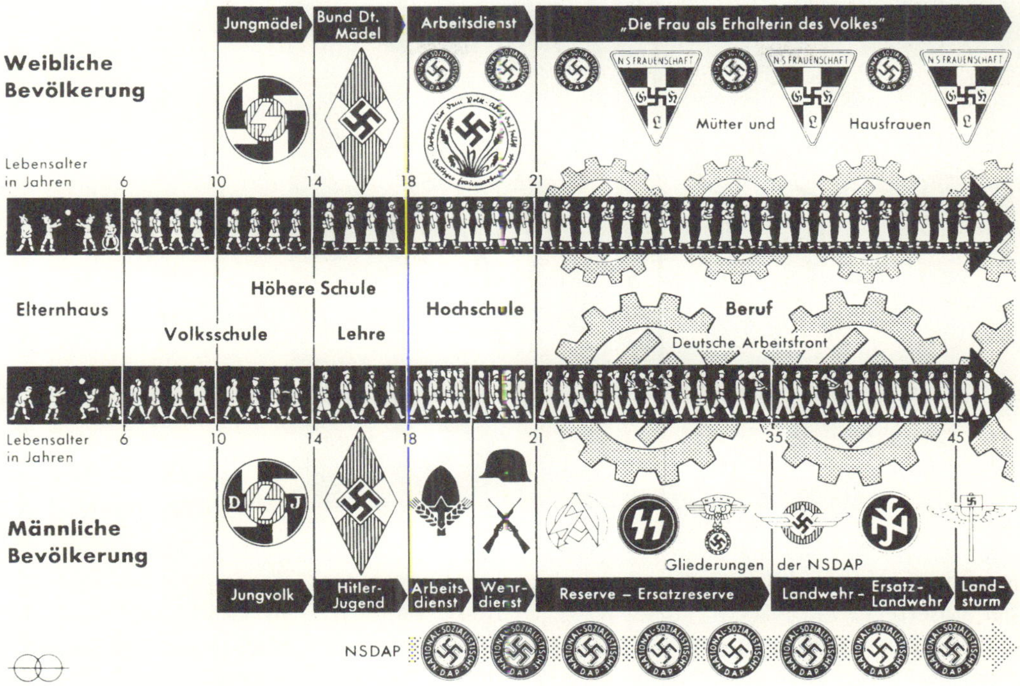

2 Der Weg des gleichgeschalteten Staatsbürgers im Nationalsozialismus. Schaubild.

Eine der größten Unterorganisationen der DAF war „Kraft durch Freude" (KdF). Arbeiterinnen und Arbeitern, die sich für die Partei engagierten, bot sie begehrte Freizeitaktivitäten und Reisen. Ehemalige Mitglieder der verbotenen SPD berichteten 1936 dem Exilvorstand ihrer Partei über die Aktivitäten der KdF und deren Akzeptanz in der deutschen Arbeiterschaft:

Q2 Einen Einblick in die Vielgestaltigkeit des KdF-Programms bieten die von den einzelnen Gauen herausgegebenen Prospekte und Monatshefte. So veranstaltet der Gau Sachsen vom Januar bis September 1936 46 Gaufahrten, darunter 4 Seefahrten, außerdem 104 Bezirksfahrten, darunter ebenfalls 4 Seefahrten. ... Die KdF hat jetzt ihre Wanderfahrten sehr ausgebaut. Es werden Tages- und Halbtagswanderungen, Radtouren usw. unternommen. ... Die Beliebtheit der KdF-Veranstaltungen ist sehr groß geworden. Auch der einfache Arbeiter kann sich solche Wanderungen leisten, denn sie kommen meist billiger als jede Privatwanderung. Die KdF wird bei fast allen Volksgenossen als eine wirklich anerkennenswerte Leistung des Nationalsozialismus gewertet.

Im Weiteren hieß es:

Q3 ... In Sachsen haben mehrere Korruptionsfälle bei der KdF viel Gemecker hervorgerufen. Die Art, wie die KdF-Exkursionen durchführt, stößt viele Arbeiter ab. Man fährt wie eine Hammelherde, und die alberne Erklärerei vor jedem Denkmal und jedem Bild, die der Vertiefung der nationalsozialistischen Weltanschauung dienen soll, widert manchen an ...

3 *Erläutert das Schaubild.*
4 *Überlegt gemeinsam, welches Ziel die Partei mit der Organisation KdF verband.*
5 *Untersucht Q1 und erläutert, wie sich die Gegensätze erklären.*
6 *Bewertet den Ansatz der KdF.*

***Arbeitsdienst** (auch: Reichsarbeitsdienst): Eine seit 1935 verpflichtende Zeit gemeinnütziger Arbeit, die alle jungen Männer nach der Schul- bzw. Berufsausbildung für die Dauer von sechs Monaten ableisten mussten. Sie wurden z. B. im Autobahnbau, in der Land- und Forstwirtschaft, aber auch für den Bau militärischer Anlagen eingesetzt. Seit 1939 war der Arbeitsdienst auch für Frauen verpflichtend.*

Frauen im Nationalsozialismus

1 Feierliche Verleihung des Mutterkreuzes. Foto, 1939.

__Heiratsannonce im „Völkischen Beobachter" vom 12. August 1934:__ Deutsche Minne, blondes BDM-Mädchen, gottgläubig, aus bäuerlicher Sippe, artbewusst, kinderlieb, mit starken Hüften, möchte einem deutschen Jungmann Frohwalterin seines Stammes sein (niedere Absätze – kein Lippenstift). Nur Neigungsehe mit zackigem Uniformträger.*

gottgläubig*: *Umschreibung für „nicht konfessionsgebunden", hitlertreu.*

Völkischer Beobachter*: *Parteizeitung der NSDAP.*

Zurück in Küche und Kammer

Hitler äußerte 1934:

Q1 ... Wenn man sagt, die Welt des Mannes ist der Staat, die Welt des Mannes ist sein Ringen, die Einsatzbereitschaft für die Gemeinschaft, so könnte man vielleicht sagen, dass die Welt der Frau eine kleinere sei. Denn ihre Welt ist der Mann, ihre Familie, ihre Kinder und ihr Haus.

Frauenemanzipation wurde von den Nationalsozialisten entschieden abgelehnt. Mindestens vier Kinder sollte jede Frau gebären. Die Abtreibung galt als „Verbrechen an der ▸ Volksgemeinschaft" und wurde schwer bestraft. Nur Frauen jüdischen Glaubens durften ab 1938 straffrei abtreiben.

Gezielte Propaganda erinnerte die Frauen an ihre wichtigste staatsbürgerliche Aufgabe. Am 24. Dezember 1938 berichtete der „Völkische Beobachter"*:

Q2 ... Die deutsche kinderreiche Mutter soll den gleichen Ehrenplatz in der deutschen Volksgemeinschaft erhalten wie der Frontsoldat, denn ihr Einsatz für Leib und Leben, für Volk und Vaterland war der gleiche wie der des Frontsoldaten im Donner der Schlachten.

Für kinderreiche Mütter wurde 1939 ein „Ehrenzeichen" geschaffen, das Mutterkreuz in Bronze, Silber und – bei acht oder mehr Kindern – in Gold. Am Muttertag 1939 verlieh der Staat diese neue Auszeichnung drei Millionen Frauen. Auch finanziell wurde kinderreichen Familien geholfen, z. B. durch Steuervergünstigungen.

Zudem gab es ein staatliches Förderprogramm für Eheschließungen: Seit Juni 1933 konnten Hochzeitspaare ein Ehestandsdarlehen erhalten. Der zurückzuzahlende Betrag verminderte sich mit der Anzahl der Kinder. Nach vier Geburten galt das Darlehen als „abgekindert". Das Geld erhielten nur gesunde „arische" Paare, deren politische Einstellung stimmte. Außerdem waren Voraussetzungen für die Bewilligung des Darlehens:

Q3 ... a) dass die künftige Ehefrau mindestens sechs Monate lang ... in einem Arbeitnehmerverhältnis gestanden hat; b) ... dass die künftige Ehefrau ihre Tätigkeit als Arbeitnehmerin spätestens zum Zeitpunkt der Eheschließung aufgibt oder ... bereits aufgegeben hat. ...

1 *Diskutiert den in Q2 formulierten Vergleich.*

2 *Überlegt, aus welchen Gründen Jüdinnen die Abtreibung erlaubt war.*

3 *Vermutet, warum den Machthabern eine möglichst große Kinderzahl so wichtig war.*

Frauen im Nationalsozialismus

2 **„Urlauber".** Gemälde von Paul Mathias Padua, 1944. Auch ohne die Frau abzubilden, zeigt es ihre Rolle.

Mädchenerziehung

Die von den heiratswilligen Frauen geräumten Arbeitsplätze wurden in den meisten Fällen mit Männern wieder besetzt. Die Nationalsozialisten sahen in der Berufstätigkeit von Frauen nur eine Ersatzbeschäftigung für Nichtverheiratete. Frauen sollten – wenn überhaupt – nur in solchen Bereichen arbeiten, die angeblich ihrer weiblichen Wesensart entsprachen, z. B. als Krankenschwester, Hausgehilfin, Fürsorgerin.

Für Mädchen waren entsprechend Hauswirtschaft, Handarbeiten, Säuglingspflege und Rassenbiologie verpflichtende Unterrichtsfächer. Vor der Zulassung zur Oberstufe der höheren Schulen mussten Mädchen eine hauswirtschaftliche Prüfung ablegen. Sie sollten beweisen, dass sie trotz Abitur ihre eigentliche Aufgabe als Hausfrau und Mutter erfüllen würden. Auch das Studium der jungen Frauen wurde beschränkt: Nur zehn Prozent der jährlich zugelassenen Studienanfänger durften Frauen sein. Und frühestens ein Jahr nach der Schulentlassung bekamen Mädchen eine Lehrstelle; vorher mussten sie hauswirtschaftlich arbeiten. 1938 wurde das „Pflichtjahr" eingeführt: Alle ledigen Frauen unter 25 Jahren, die einen Beruf ausüben wollten, mussten vorher ein Jahr in der Haus- oder Landwirtschaft tätig gewesen sein.

4 *Bewertet die Einstellung der Nationalsozialisten zur Berufstätigkeit von Frauen.*

Gertrud B.
Foto, um 1930.

Ausgeschlossen

Der Mütterkult galt nicht für alle Frauen. 1934 war das „Gesetz zur Verhütung erbkranken Nachwuchses" in Kraft getreten. Danach konnten Frauen und Männer, die z. B. an körperlichen Behinderungen, Taub- oder Blindheit, Epilepsie* oder geistigen Behinderungen litten, gegen ihren Willen unfruchtbar gemacht werden. Bis 1945 wurden etwa 180 000 Personen auf der Grundlage dieses Gesetzes sterilisiert.

Gertrud B., die nach der Verhaftung ihres Mannes durch die Gestapo depressiv wurde, lieferte man in eine Nervenheilanstalt ein. Ihre Schwägerin schrieb über sie:

Q4 … Du bist nun in der Hölle, Gertrud. Die Mittel deiner Peiniger sind Tabletten, Spritzen, Schläge. … Sie wenden Gewalt an, wenn du nicht gehorsam bist. Du bist nervenkrank, es wird dir immer wieder gesagt. Mit diesem Satz verbrämen* die Ärzte und Schwestern die willkürliche Verabreichung von Mitteln, die sie an dir ausprobieren. Doch dein Gesundheitszustand ist unwichtig, wenn es darum geht, dich zur Arbeit zu treiben. … Die Ärzte haben dir etwas genommen, was unwiederbringlich verloren ist, die Möglichkeit, ein Kind zu bekommen. Du bist unfruchtbar gemacht worden. Ohne dir vorher davon etwas zu sagen, ohne dein Einverständnis. Während unzählige Frauen für ihre Gebärfreudigkeit mit dem Mutterkreuz belohnt werden, nimmt man dir wegen deiner zeitweiligen Depressionen das Recht auf ein Kind. …

5 *Erläutert, wie der Umgang mit Gertrud B. dargestellt wird (Q4).*

Epilepsie*:
immer wiederkehrende Krampfanfälle, die den ganzen Körper oder einzelne Körperteile betreffen.

verbrämen*:
verschleiern, ausschmücken.

Propagandaplakat. 1936.

Mit Attraktionen sollten Jugendliche für die Hitlerjugend begeistert werden. Plakat.

Vom Jungvolk zur Wehrmacht ...

1 **BDM-Veranstaltung in Saarbrücken.** Foto.

2 **„Tag der Wehrmacht" am 19. März 1939.** Foto. Kinder nehmen an Schießübungen einer Maschinengewehrstellung teil.

3 **Hitlerjungen üben den Brandeinsatz im Gaskrieg.** Foto, um 1943.

4 **Von US-Soldaten gefangen genommener Hitlerjunge in Wehrmachtsuniform.** Foto, 1945.

Vom Jungvolk zur Wehrmacht

Der Lebensweg der Kinder und Jugendlichen war in der Zeit des Nationalsozialismus durch Organisationen wie „Jungvolk", „Bund Deutscher Mädel" (BDM) und „Hitlerjugend" (HJ) klar vorgezeichnet (Seite 17, Schaubild 2). Besonders die Freizeitangebote und der dort gepflegte Gemeinschaftsgeist waren verlockend. So wurden Wochenendfahrten mit Wanderungen und Übernachtungen in Jugendherbergen angeboten, viel Sport getrieben und Aufmärsche veranstaltet. Zudem bekamen Mitglieder der NS-Jugendverbände in der Schule weniger Hausaufgaben. Zählten die Organisationen 1933 etwa drei Millionen Mitglieder, so waren es 1939 bereits zwölf Millionen.

1 *Überlegt und notiert in Stichworten, wie die Jugendlichen sich in den gezeigten Situationen gefühlt haben mögen.*

Vom Jungvolk zur Wehrmacht ...

Über die Erziehung der deutschen Jugend

Adolf Hitler erläuterte am 4. Dezember 1938 in einer Rede vor einer HJ-Versammlung in Reichenberg im damaligen Sudetenland (im heutigen Tschechien):

Q1 ...Diese Jugend, die lernt ja nichts anders als deutsch denken, deutsch handeln, und wenn diese Kinder mit zehn Jahren in unsere Organisation hineinkommen ..., dann kommen sie vier Jahre später vom Jungvolk in die Hitlerjugend und dort behalten wir sie wieder vier Jahre. Und dann geben wir sie erst recht nicht zurück in die Hände unserer alten Klassen- und Standeserzeuger, sondern dann nehmen wir sie sofort in die Partei, in die Arbeitsfront, in die SA oder in die SS ... und so weiter. Und wenn sie dort noch nicht ganz Nationalsozialisten geworden sein sollten, dann kommen sie in den Arbeitsdienst und werden dort wieder sechs oder sieben Monate geschliffen. ... Und was dann ... noch an Klassenbewusstsein und Standesdünkel ... vorhanden sein sollte, das übernimmt dann die Wehrmacht zur weiteren Behandlung auf zwei Jahre (Beifall). ... Und sie werden nicht mehr frei ihr ganzes Leben (Beifall), und sie sind glücklich dabei.

Vom Ehrgeiz gepackt

An seine Zeit im Jungvolk, hier als „Pimpfenzeit" beschrieben, erinnerte sich ein ehemaliger Hitlerjunge 1975:

Q2 ... Wenn andere von der Pimpfenzeit schwärmen (als sei das Ganze nur ein Pfadfinderklub mit anderem Vorzeichen gewesen), so kann ich diese Begeisterung nicht teilen. Ich habe beklemmende Erinnerungen. In unserem Fähnlein* bestanden die Jungvolkstunden fast nur aus „Ordnungsdienst", das heißt aus sturem militärischem Drill. Auch wenn Sport oder Schießen oder Singen auf dem Plan stand, gab es erst immer „Ordnungsdienst": endloses Exerzieren mit „Stillgestanden", „Rührt euch", „Links um", „Rechts um", „Ganze Abteilung – kehrt" – Kommandos, die ich noch heute im Schlaf beherrsche. Zwölfjährige Hordenführer brüllten zehnjährige Pimpfe zusammen und jagten sie kreuz und quer über die Schulhöfe, Wiesen und Sturzäcker. Die kleinsten Aufsässigkeiten, die harmlosesten Mängel an der Uniform, die geringste Verspätung wurden sogleich mit Strafexerzieren geahndet – ohnmächtige Unterführer ließen ihre Wut an uns aus. Aber die Schikane hatte Methode: Uns wurden von Kindesbeinen an Härte und blinder Gehorsam eingedrillt. ... Wir alle waren vom Ehrgeiz gepackt, wollten durch vorbildliche Disziplin, durch Härte im Nehmen, durch zackiges Auftreten den Unterführern imponieren. Denn wer tüchtig war, wurde befördert, durfte sich mit Schnüren und Litzen* schmücken, durfte selber kommandieren ...

Mit dreizehn hatte ich es geschafft: Ich wurde „Jungzugführer" in einem Dörflein, wo es nur zwölf Pimpfe gab. ...

Eines Tages muckten sie auf. Nun war die Reihe an mir, zu treten. Nach Dienstschluss um sechs Uhr abends knöpfte ich mir ... die drei ärgsten „Rabauken" vor und „schliff sie nach Strich und Faden": „Hinlegen – auf", „An die Mauer – marsch – marsch", „Tiefflieger von links", „von rechts", „von links", „zehn Liegestützen", „fünfzehn Liegestützen", „zwanzig Liegestützen" – so in immer schnelleren Wechseln. Ich brauchte nur zu brüllen, den Daumen auf und ab zu bewegen und die Liegestütze zu zählen. ... Die armen Kerle stöhnten, schwitzten, schnappten nach Luft – aber sie gehorchten. Ihr Wille war gebrochen. ...

2 *Erklärt anhand von Q1 die Bedeutung der NS-Organisationen (auch: Schaubild Seite 17).*

3 *Lest Q2 aufmerksam durch und erläutert, unter welchen Umständen der Gruppenführer welches Rollenverhalten entwickelt. Könnt ihr das Berichtete nachvollziehen?*

Was einen Jungvolkjungen auszeichnet. Darstellungen aus einem Jugendbuch von 1936:

Härte

Haltung

Wahrheit

Kameradschaft

Ehre

Fähnlein*: *alter militärischer Begriff für Kleingruppe, ähnlich: Kompanie.*

Litze*: *hier: ein farbiges Rangabzeichen.*

Schule im Zeichen des Hakenkreuzes

1 Schulunterricht im Zeichen des Hakenkreuzes. Foto, 1941.

▶ Antisemitismus*: *Abneigung oder Feindschaft gegenüber Juden. Der Begriff bezieht sich darauf, dass sich die Juden in ihrer geschichtlichen Abstammung von den semitischen Stämmen des Nahen Ostens herleiten. Der rassische Antisemitismus Adolf Hitlers sah die Juden nicht als Religionsgemeinschaft, sondern als „minderwertige semitische Rasse", die sich im Krieg gegen die „reine, arische Rasse" befinde. Die Auffassung gründete sich auf eine Theorie des aus England stammenden Schriftstellers Houston Stewart Chamberlain, eines Schwiegersohns des deutschen Komponisten Richard Wagner.*

Rabbiner*: *jüdischer Gesetzes- und Religionslehrer, gleichzeitig Bezeichnung für einen jüdischen Geistlichen oder Prediger.*

Erziehung und Ideologie

Die Nationalsozialisten waren besonders daran interessiert, die nachrückenden Generationen in ihrem Sinne zu beeinflussen. Insbesondere die Schulen sollten die Kinder von Anfang an zu Nationalsozialisten erziehen.

Dazu gehörte es zum einen, bei ihnen unbedingte Führer- und Parteitreue zu wecken, sie frühzeitig an militärische Strukturen zu gewöhnen und Befehlsgehorsam zu lehren. Im Unterricht herrschte oft Kasernenton. Zu Beginn traten – so war es vorgesehen – die Lehrer mit dem Hitlergruß vor die Klasse und diese antwortete dann laut mit „Heil Hitler!".

Zur nationalsozialistischen Erziehung gehörte aber auch, den ▶ Antisemitismus* und die Ablehnung angeblich minderwertiger gesellschaftlicher Gruppen – z. B. Behinderter oder Homosexueller – zu verinnerlichen. An Gymnasien wurde das Fach „Rassenkunde" eingeführt. Aber auch in anderen Fächern wurden Gelegenheiten geschaffen, Schülerinnen und Schüler aktiv im Sinne der NS-Ideologie zu beeinflussen. So mussten Spottreime auswendig gelernt oder – in Mathematik – Aufgaben wie die folgende bearbeitet werden:

Q1 … Der Bau einer Irrenanstalt erfordert 6 Millionen Reichsmark. Wie viele Siedlungen zu 15 000 Reichsmark hätte man dafür bauen können? …

Antisemitismus in der Schule

Schon Grundschulfibeln zeigten Juden als hässliche, verschlagene und ausbeuterische Gestalten (Abbildung 3). Die Schülerinnen und Schüler sollten sie von vornherein gar nicht anders sehen und denken lernen als mit Verachtung und Hass.

Dementsprechend wurden auch die jüdischen Schüler selbst behandelt. Viele Lehrkräfte setzten sie zurück und demütigten sie vor versammelter Klasse. Die Frau eines Rabbiners* erzählt, was ihre Kinder 1937 in einer Schule in Dortmund erlebten:

Q2 … Nun sagte die Lehrerin vor allen anderen Kindern, dass man es einem arischen Mädchen nicht mehr zumuten kann, neben einem Judenkind zu sitzen. Dann hat die Lehrerin meiner Tochter befohlen, sich in die letzte Bankreihe zu setzen und dass keine arische Schülerin in derselben Reihe sitzen darf. Und nun ist sie auch während des Unterrichts von allen isoliert und sitzt dahinten ganz allein.

Schule im Zeichen des Hakenkreuzes

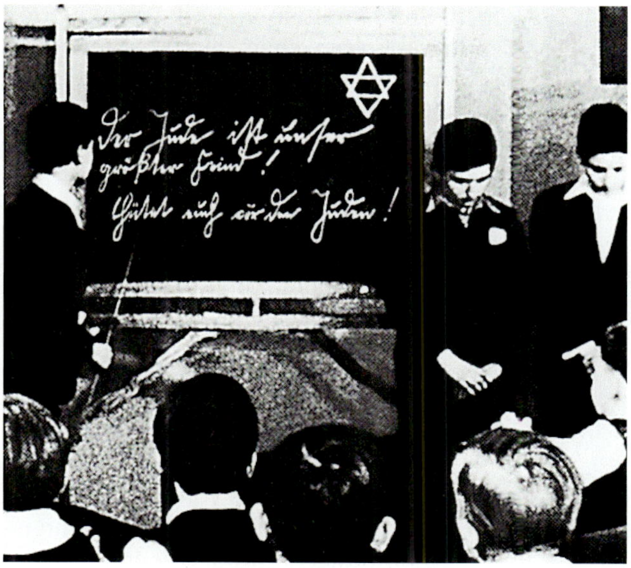

2 **Jüdische Schüler werden vor versammelter Klasse gedemütigt. Auf der Tafel steht: „Der Jude ist unser größter Feind. Hütet euch vor den Juden."** Foto, um 1937.

1 *Beschreibt, auf welche Weise sich der Judenhass der Nationalsozialisten in der Schule ausgewirkt hat.*
2 *Führt aus, was man unternehmen kann, wenn heute Mitschüler in der Schule rechtsextreme Meinungen vertreten.*
3 *Betrachtet die Abbildungen 1 und 2. Versucht euch in die gezeigten Situationen hineinzuversetzen. Was bewegt euch dabei?*
4 *Diskutiert, welche Folgen die Erziehung von Kindern mit Materialien wie Q1 und Abbildung 3 haben musste.*
5 *Sprecht über die Verantwortung der Lehrkräfte im Nationalsozialismus und beurteilt ihr Verhalten (Abbildungen, Text).*
6 *Diskutiert, ob es Möglichkeiten gegeben hätte, hier Widerstand zu leisten.*

Ab dem 15. November 1938 durften jüdische Schülerinnen und Schüler keine „deutschen" Schulen mehr besuchen.
Auch die Mitschüler wurden von verschiedenen Seiten angehalten, Juden in ihrer Klasse auszugrenzen. Wer Freundschaften mit jüdischen Mitschülern pflegte, wurde als „Judenfreund" ebenso bösartig behandelt wie seine jüdischen Freunde.
Wie stark der Antisemitismus die Schulwirklichkeit aber tatsächlich bestimmte, hing auch von den einzelnen Lehrkräften und den Lernenden selbst ab. Einige Lehrkräfte versuchten, in ihrem Unterricht Zeichen gegen den Antisemitismus zu setzen oder ihn doch wenigstens aus dem Klassenzimmer zu verbannen. Und manche Schülerinnen und Schüler hielten trotz Einschüchterungen und Verleumdungen an Freundschaften zu ihren jüdischen Mitschülern fest.

3 **Antisemitisches Hetzbild aus einem Buch von 1935. Der Text in altdeutscher Schrift heißt: „Einbahnstraße, Tempo, Tempo. Die Juden sind unser Unglück."**

Rassismus und Verfolgung

1 **Aufruf zum Boykott jüdischer Geschäfte in Essen.** Foto, 1. April 1933.

1. April 1933:
Mit dem „Judenboykott" beginnt die systematische Judenverfolgung in Deutschland.

„Arierparagraf"*:
Paragraf 3 des sogenannten „Gesetzes zur Wiederherstellung des Berufsbeamtentums" vom 7. April 1933 verbot – mit wenigen Ausnahmen – die Beschäftigung von „Nichtariern" im öffentlichen Dienst. Als „nichtarisch" galt, wer einen jüdischen Eltern- oder Großelternteil hatte. Die Nationalsozialisten unterschieden zwischen „Voll-", „Halb-" und „Vierteljuden".

Aus Verleumdung wird Verfolgung

Sofort nach der Machtübertragung an Hitler begann die Verfolgung der Deutschen jüdischen Glaubens. Nicht als Religionsgemeinschaft, sondern als „minderwertige Rasse" waren sie zum Feind der „arischen" Volksgemeinschaft erklärt worden. Als Auftakt der systematischen Judenverfolgung in Deutschland gilt zum einen die Einführung des sogenannten „Arierparagrafen"*, der Juden aus dem öffentlichen Dienst ausschloss. Zudem war bereits für den 1. April 1933 reichsweit zum Boykott jüdischer Geschäfte aufgerufen worden. „Arier" wurden aufgefordert, auch künftig keine jüdischen Kinos und Theater mehr zu besuchen, sich nicht von Juden unterrichten, ärztlich behandeln oder gesetzlich vertreten zu lassen. In den Folgemonaten wurden an Betriebe von jüdischen Eigentümern kaum noch Aufträge vergeben.

Es zeigte sich aber schnell, dass sich dieses Vorgehen negativ auf die deutsche Gesamtwirtschaft auswirkte, und so stellten die Nazis ihren „Judenboykott" vorerst ein.

Doch Beschimpfungen und Verfolgungen der Juden im täglichen Leben nahmen weiter zu und veranlassten bis 1938 über 220 000 jüdische Bürger, aus Deutschland auszuwandern. Ihnen folgten bis 1941 weitere 100 000.

1 *Erläutert, was die Nazis mit dem Boykott erreichen wollten.*

2 *Vermutet, warum viele Juden trotz der Verfolgung nicht auswanderten.*

Der damals 16-jährige Gerhard Moss aus Hamburg berichtete rückblickend:

Q1 … Bis … 1936 etwa ließ ich als echter HSV-Anhänger kein Fußballspiel … aus. Bis dann Juden der Besuch von Fußballspielen verboten wurde! – Ich erinnere mich an einen Sonntagnachmittag. Wir fuhren zum Café Randel in Wellingsbüttel, um wie so oft zuvor … dort Kaffee zu trinken. Aber wir mussten dieses Mal wieder umkehren, denn am Eingang hing ein großes Schild: „Juden ist der Zutritt verboten!". Wir fanden auch kein anderes Lokal mehr. Überall hingen solche Schilder. Einmal fuhren wir im Sommer an die Ostsee. Da waren Transparente über die Straße gespannt: „Hier scheint den Juden die Sonne nicht."

3 *Überlegt, wie es euch an Stelle des 16-Jährigen wohl zu Mute gewesen wäre.*

Die Juden werden zu Sündenböcken

Die von den Nationalsozialisten verbreiteten Vorurteile gegenüber den Juden wurden von vielen Deutschen geteilt oder hingenommen. Seit der Mitte des 19. Jahrhunderts waren sie in Deutschland immer wieder aufgekommen. Sie entstanden unter anderem aus Neid über den Erfolg von Juden in Handel und Bankgewerbe. Auch die herausragende Stellung jüdischer Gelehrter an den Universitäten erweckte Missgunst. Dabei übersahen viele Menschen, dass die Mehrzahl der Juden in ebenso einfachen Verhältnissen lebte wie die übrigen Deutschen. Mit insgesamt etwa 526 000 Personen machten sie eine Minderheit von 0,8 Prozent der deutschen Bevölkerung aus.

Rassismus und Verfolgung

Die Nürnberger Gesetze

Eine neue Stufe der Demütigung und Verfolgung setzte 1935 mit dem Erlass der „▶ Nürnberger Gesetze" ein. Sie waren die Grundlage der weiteren Verfolgung der Juden in Deutschland. Darin hieß es unter anderem:

Q2 Reichsbürgergesetz

- Reichsbürger ist nur der Staatsangehörige deutschen und artverwandten Blutes, der durch sein Verhalten beweist, dass er gewillt und geeignet ist, in Treue dem Deutschen Reich und Volk zu dienen.
- Nur der Reichsbürger kann als Träger der vollen politischen Rechte das Stimmrecht in politischen Angelegenheiten ausüben und ein öffentliches Amt bekleiden.
- Ein Jude kann nicht Reichsbürger sein. Ihm steht ein Stimmrecht in politischen Angelegenheiten nicht zu; er kann ein öffentliches Amt nicht bekleiden.

Q3 Gesetz zum Schutz des deutschen Blutes und der deutschen Ehre

- Eheschließungen zwischen Juden und Staatsangehörigen deutschen und artverwandten Blutes sind verboten. Trotzdem geschlossene Ehen (Mischehen) sind nichtig. …
- Juden dürfen weibliche Staatsangehörige deutschen oder artverwandten Blutes unter 45 Jahren nicht in ihrem Haushalt beschäftigen.

Nun waren die Bürger jüdischen Glaubens auch juristisch aus der ▶ Volksgemeinschaft ausgeschlossen. Vor jeder Eheschließung oder bei Bewerbungen musste der Nachweis der „arischen Abstammung" erbracht werden. Den Juden wurde es verboten, Bibliotheken, Theater, Kinos und Badeanstalten zu besuchen. Parkanlagen und öffentliche Verkehrsmittel blieben ihnen zunehmend verwehrt. Auch wurden auf Veranlassung der ▶ Gestapo jüdische Kulturschaffende zur Gründung des „Reichsverbands der jüdischen Kulturbünde in Deutschland" gezwungen. So war es den Nationalsozialisten möglich, die jüdischen Kultur- und Sportvereinigungen noch stärker zu kontrollieren.

1938 wurden Kapitalvermögen und Grundeigentum der Juden eingezogen. Zudem erhielten sei eine Kennkarte mit aufgedrucktem „J" und einen Zwangsvornamen: „Sara" bzw. „Israel". Ab 1941 schließlich mussten dann alle Juden in der Öffentlichkeit einen gelben Stern tragen.

4 *Bewertet diese Vorgänge in Deutschland.*

2 **Die SS zwingt Alzeyer Juden, die Wände in der Antoniterstraße von antinazistischen Wahlkampfparolen zu säubern.** Dieses Foto wurde als Bildpostkarte zur Judenverfolgung verbreitet und erschien gleichzeitig in den „Rheinhessischen Volksblättern", 12. Mai 1933.

3 **Antijüdischer Karnevalswagen im Mainzer Faschingszug 1936.** Als Juden verkleidete Narren panschen Wein. Auf der Tafel steht: „Fremde Art hat so bestätigt – deutschen Handel schwer geschädigt." Foto.

15. September 1935: *Verabschiedung der Nürnberger Gesetze.*

Der sogenannte Judenstern.

Lesetipp:
Renate Welsh: Besuch aus der Vergangenheit, Würzburg: Arena-Taschenbuch 1999, 139 Seiten. Der Roman beschreibt die eher zufällige Begegnung der 14-jährigen Lena aus Wien mit der alten Frau Greenburg, die in Lenas Alter als Jüdin aus Wien geflohen war: Ihre Kindheit hatte sie in der Wohnung verbracht, in der nun Lenas Familie lebt …

Pogrome und „Endlösung"

1 **Nach einer Brandstiftung brennt die Synagoge von Landau nieder.** Foto, 1938.

Pogrome am 9./10. November 1938

Am 7. November 1938 wurde in Paris ein Beamter der deutschen Botschaft erschossen. Der Täter war ein 17-jähriger deutscher Jude, dessen Eltern und Geschwister wenige Tage zuvor von den Nationalsozialisten aus Hannover nach Polen ausgewiesen worden waren.

Die nationalsozialistische Hetzpropaganda nahm dies zum Anlass, die bis zu diesem Zeitpunkt größten ▶ Pogrome gegen die jüdische Bevölkerung in Deutschland zu organisieren. Am 9. November 1938 brannten in Deutschland 191 Synagogen. In zahlreichen Orten wurden die Synagogen verwüstet. Jüdische Friedhöfe wurden geschändet, jüdische Kaufhäuser, Anwaltsbüros und Wohnungen wurden ausgeraubt, verwüstet und die Besitzer deportiert oder ermordet. Allein im Zuge dieser Aktion wurden 30 000 Menschen in Lager verschleppt. Das geschah vor aller Augen. Der größte Teil der Bevölkerung stand diesen antisemitischen Ausschreitungen, die offiziell als „Reichskristallnacht"* bezeichnet wurden, passiv gegenüber.

Der nationalsozialistische ▶ Antisemitismus trat damit in eine neue Phase ein. Am 20. Januar 1942 wurde auf der Wannsee-Konferenz* die „Endlösung der Judenfrage" organisiert. Das hieß systematischer ▶ Völkermord* an den Juden in Deutschland und in den inzwischen von Deutschland besetzten Gebieten. Täglich gingen Transporte aus allen Teilen Deutschlands in ▶ Vernichtungslager wie Auschwitz oder Treblinka.

Vor ihrer Deportation erhielten alle Juden im Reichsgebiet folgendes Schreiben:

Q1 Es wird Ihnen hiermit eröffnet, dass Sie innerhalb von zwei Stunden Ihre Wohnung zu verlassen haben. Die beauftragten Beamten sind gehalten, bis Sie Ihre Koffer gepackt und Ihre Wohnung ordnungsgemäß hergerichtet haben, bei Ihnen zu bleiben und Sie alsdann zum Sammelplatz zu bringen. Sie werden ersucht, die Schlüssel an sämtlichen Behältnissen, Schränken usw. stecken zu lassen, ebenso die inneren Wohnungsschlüssel. Den Haus- und Korridorschlüssel haben Sie mit einem Bändchen und einem daran befestigten Stück Pappe zu versehen und Ihren Namen und Wohnung und Kennnummer darauf zu schreiben. Vor Verlassen der Wohnung ist das Ihnen ausgehändigte Vermögensverzeichnis genauestens ausgefüllt und unterschrieben abzugeben. Sie haben mitzunehmen:
1. Zahlungsmittel RM 50,–.
2. Rucksack oder Handgepäck mit Wäsche und sonstiges zur einfachen Lebensführung notwendiges Gerät.
3. Vollständige Bekleidung (es können auch zwei Mäntel und doppelte Unterwäsche angezogen werden).
4. Verpflegung für zwei Tage, Löffel, Teller oder Napf, Trinkbecher.
5. Reisepass, Kennkarte, Arbeits- und sonstige Ausweispapiere sowie Lebensmittelkarten, Kartoffel- und Kohlenbezugsscheine. Sie dürfen nicht eingepackt werden, sondern sind von jeder Person bei sich zu führen. Nicht mitgenommen werden dürfen: Wertpapiere, Devisen, Sparkassenbücher usw. sowie Wertsachen jeder Art.

„Reichskristallnacht"*:
von den Nationalsozialisten benutzte Bezeichnung für die von ihnen inszenierten Pogrome gegen die deutschen Juden am 9./10. 11. 1938.

Wannsee-Konferenz*:
Unter der Leitung Reinhard Heydrichs wurde am Großen Wannsee in Berlin durch Vertreter verschiedener Amtsstellen die Organisation des ▶ Völkermords („Endlösung") an den Juden geplant.

▶ Völkermord*
(auch: Genozid): Maßnahmen, die in der Absicht getroffen werden, eine nationale, ethnische, rassische oder religiöse Gruppe ganz oder teilweise zu vernichten. Dazu gehören nicht nur der Mord an verfolgten Angehörigen dieser Gruppen, sondern auch Taten wie
– körperliche und seelische Misshandlungen,
– Schaffen von Lebensbedingungen, die auf Vernichtung zielen (z. B. Aushungern),
– Maßnahmen zur Geburtenverhinderung.

Massenmorde in Vernichtungslagern

2 **Bei der Selektion* auf der Rampe von Auschwitz.** Foto, 1942.

3 **Auf dem Weg in die Gaskammern.** Foto, 1942.

Selektion*:
Auslese – hier: Aussonderung von arbeitsfähigen Gefangenen vor der Vergasung derer, die nicht arbeitsfähig waren.

Der Kommandant des Vernichtungslagers Auschwitz, Rudolf Höß, schrieb 1946 in einem Bericht:

Q2 ... Ich befehligte Auschwitz bis zum 1. Dezember 1943 und schätze, dass mindestens 2 500 000 Opfer dort durch Vergasung und Verbrennen hingerichtet und ausgerottet wurden; mindestens eine weitere halbe Million starb durch Hunger und Krankheit, was eine Gesamtzahl von ungefähr 3 Millionen Toten ausmacht. Diese Zahl stellt ungefähr 70 oder 80 % aller Personen dar, die als Gefangene nach Auschwitz geschleppt wurden; die übrigen wurden ausgesucht und für Sklavenarbeit in den Industrien des Konzentrationslagers verwendet. Unter den hingerichteten und verbrannten Personen befanden sich ungefähr 20 000 russische Kriegsgefangene, die früher von der Gestapo aus den Gefängnissen der Kriegsgefangenen ausgesondert waren; ... der Rest der Gesamtzahl der Opfer umfasste ungefähr 100 000 deutsche Juden und eine große Anzahl von ... Juden aus Holland, Frankreich, Belgien, Polen, Ungarn, der Tschechoslowakei, Griechenland oder anderen Ländern. Ungefähr 400 000 ungarische Juden wurden allein in Auschwitz im Sommer 1944 von uns hingerichtet.

Der damals neun Jahre alte Soschia Minz berichtete nach dem Zweiten Weltkrieg:

Q3 ... Der Lagerarzt ... stellte fest, dass ich noch nicht zur Arbeit tauglich sei und übergab mich dem Tod. Sie schlossen mich im Block ein. ... (Dort) traf ich meine Mutter, die auch für den Tod vorgesehen war. ... Ich war vollständig verzweifelt. ... Frühmorgens kamen die Autos an und wir fuhren zu jenem Platz, von dem niemand zurückkehrt. In der Gaskammer lag ich in den Armen meiner Mutter. Sie schaute mich mit weit aufgerissenen Augen voller Verzweiflung an, und ich hatte Angst, sie weiter anzusehen. ... Da kam ein SS-Mann herein und er betrachtete die Opfer. Er trat mit seinen genagelten Schuhen auf meinen Fuß. Ich schrie leise auf. Er bückte sich, schaute mich einen Moment lang an, dann nahm er plötzlich meine Hand und warf mich aus der Kammer heraus. Als ich wieder zu Bewusstsein kam, war die Gaskammer von außen verriegelt. Ich war allein. Ich hatte keine Mutter und ich musste weitermachen und gegen den Tod ankämpfen.

1 *Vergleicht Q2 und Q3 miteinander. Wie erinnern sich Opfer und Täter der Vorgänge? Achtet besonders auf die Sprache.*

Schätzung der Zahl der ermordeten Juden aus
- ***Polen:*** *2 800 000*
- ***Deutschland:*** *170 000*
- ***Russland:*** *1 500 000*
- ***Europa insgesamt:*** *5 978 000*

Das Warschauer Ghetto

1 **Hungernde und frierende Kinder am Straßenrand im Warschauer Ghetto.** Foto.

sadistisch*: *grausam.*

Leben und Sterben im Ghetto

Während des Zweiten Weltkriegs (Seite 34 ff.) verwirklichten die Nationalsozialisten ihre ► rassistische Vernichtungspolitik besonders auch gegenüber den osteuropäischen Juden, unter anderem, indem sie diese in Ghettos sperrten.

In der polnischen Hauptstadt Warschau lebten 1939 eine Million Einwohner, davon waren 350 000 Juden. 1940 wurden die jüdischen Einwohner gezwungen, wie im Mittelalter in einem engen Wohnbezirk, der von hohen Mauern umgeben war, zu wohnen. Das hoffnungslos überfüllte Ghetto war von der Außenwelt fast total abgeschottet, die Ausgänge wurden von der ► SS scharf bewacht. Die Menschen wurden besonders schlecht versorgt, die Tagesration von Lebensmitteln auf 200 Kalorien reduziert. Ein „Judenrat" wurde gezwungen, die Befehle der Deutschen gegenüber den eigenen jüdischen Mitgefangenen im Ghetto durchzusetzen. Marcel Reich-Ranicki, der als junger Mann im Ghetto leben musste, schrieb in seinen Erinnerungen:

Das einzige Transportmittel für über 500 000 Ghettobewohner war eine mit Davidstern gekennzeichnete Straßenbahn.

Q1 … Den deutschen Posten an dieser Brücke bereitete es ein Vergnügen, die Juden, die dort vorbeigehen mussten (anders konnte man nicht vom kleinen Ghetto ins große gelangen und umgekehrt), auf besondere Art zu behandeln. Viele wurden ohne weiteres durchgelassen, andere sadistisch* gequält. Ging etwa ein bärtiger, womöglich älterer Jude vorbei, wurde ihm befohlen: „Fünfzig Kniebeugen!" Keiner hat das ausgehalten, alle brachen nach zwanzig oder dreißig ohnmächtig zusammen. Wir wohnten einige Monate lang unmittelbar an dieser Holzbrücke. So habe ich den düsteren Zirkus, der sich dort beinahe täglich abspielte und an dem sich die Wachtposten offenbar nicht sattsehen konnten, oft vom Fenster aus beobachtet. … Am Straßenrand lagen, vor allem in den Morgenstunden, die mit alten Zeitungen nur dürftig bedeckten Leichen jener, die an Entkräftung oder Hunger oder Typhus gestorben waren …

Planmäßiger Mord

Im Sommer und Herbst 1942 begann die systematische Ermordung der Juden. Die Bewohner des Ghettos wurden zusammengetrieben und in Viehwaggons in das ► Vernichtungslager Treblinka gebracht. Etwa 250 000 Menschen fanden den Tod in den Gaskammern. Reich-Ranicki erinnerte sich:

Q2 … Am 5. September gab es wieder eine an allen Mauern plakatierte Anordnung: Sämtliche noch im Ghetto lebenden Juden hatten sich am nächsten Tag um zehn Uhr morgens auf den Straßen eines genau bezeichneten Bezirks … zu stellen: „zur Registrierung". Man sollte Lebensmittel für zwei Tage mitbringen und Trinkgefäße. Die Wohnungen durften nicht verschlossen werden. Was jetzt stattfand, nannte man die „große Selektion": 35 000 Juden, somit weniger als zehn Prozent der Bewohner, … erhielten gelbe „Lebensnummern" … Zehntausende wurden … direkt zu den Zügen abgeführt.

Nach einem mehrmonatigen bewaffneten Aufstand der Bewohner wurde das Ghetto im Mai 1943 von SS-Einheiten niedergebrannt.

1 *Lest Q1 und Q2 und sprecht über die Situation der Juden im Ghetto.*

Die Opfer und die „Volksgemeinschaft"

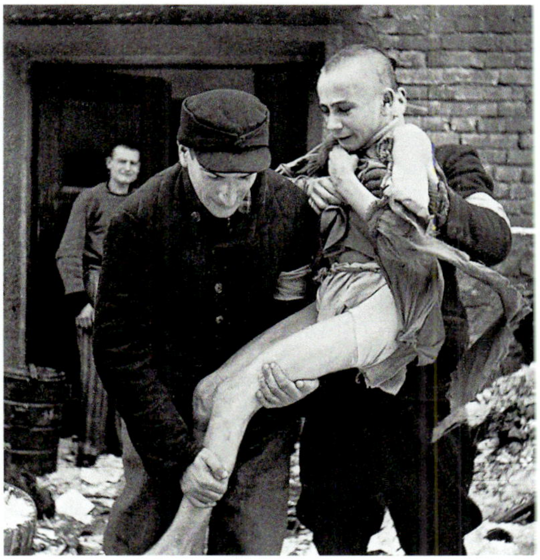

2 **Der entkräftete 15-jährige Iwan Dudnik wird aus dem Vernichtungslager Auschwitz geborgen.** Foto, Januar 1945.

Andere Opfer der Nationalsozialisten

Ein ähnliches Schicksal wie die Juden erlitt die gesellschaftliche Randgruppe der Sinti und Roma*, die 1939 in Deutschland knapp 30 000 Personen umfasste. Bis zum Ende der nationalsozialistischen Herrschaft wurden etwa 500 000 ▶ Sinti und Roma aus ganz Europa nach ihrer Einlieferung in Vernichtungslager ermordet.

Auch Menschen, die nicht nach den „Nürnberger Gesetzen" ausgegrenzt werden konnten, wurden verfolgt. Im Herbst 1939 hatte Hitler den Arzt Dr. Karl Brandt mit der Leitung des sogenannten „▶ Euthanasie*-Programms" beauftragt. Unmittelbar nach Inkrafttreten des „Euthanasie-Befehls" töteten Ärzte in deutschen Kliniken und Heimen in einer gemeinsamen Aktion etwa 20 000 körperlich und geistig behinderte Menschen durch Gift oder Gas. Nach Protesten von evangelischen und katholischen Geistlichen wurden die Mordaktionen zeitweilig eingestellt, dann aber verdeckt weitergeführt. Bis zum Ende des Nationalsozialismus fanden nach Schätzungen etwa 120 000 Behinderte und psychisch Kranke durch Euthanasie den Tod.

Mitwirkung und Mitschuld

Ohne die Mitwirkung vieler Menschen und Behörden hätten Verfolgungen, Deportationen und Morde nicht durchgesetzt werden können. So war z. B. der Transport von Menschen in ▶ Vernichtungslager allein mithilfe der Reichsbahn möglich. Und so entstammten Angehörige der ▶ SS und der Einsatzgruppen in der Regel nicht Randgruppen, sondern der Mitte und den oberen Schichten der deutschen Gesellschaft. Der Historiker Wolfgang Wippermann schrieb 1998 über Haltungen zu Verfolgung und Mord:

M ... Dass Menschen in Deutschland selber und vor allem im unbekannten „Osten" umgebracht wurden, davon hatte man mit Sicherheit gehört. Wie haben „die Deutschen" auf die Tatsache reagiert, dass in ihrem Namen und von ihren Landsleuten derartige ... Verbrechen begangen wurden? Hier sind Differenzierungen notwendig. Keineswegs auf Zustimmung, sondern auf eine weit verbreitete Kritik ist der Krankenmord gestoßen ... Dies trifft – leider – nicht auf die Verfolgung und Ermordung der „Asozialen", Homosexuellen und Sinti und Roma zu. Nach allem, was wir wissen ..., konnten sich die Vollstrecker dieser rassistisch motivierten Verbrechen keineswegs auf eine nur schweigende Zustimmung von großen Teilen der deutschen ... Bevölkerung verlassen. ... Viele nichtjüdische Deutsche aus allen sozialen Schichten haben die „Verdrängung" der Juden aus dem Wirtschaftsleben insgeheim begrüßt und sich häufig genug selber an der „Arisierung" beteiligt. ... Bei der bald darauf einsetzenden Deportation der noch im Lande verbliebenen, meist armen und alten Juden sahen die nichtjüdischen Deutschen dagegen in der Regel weg. ...

1 *Lest M und gebt den Inhalt wieder.*
2 *Überlegt, aus welchen Gründen die Menschen in Deutschland vermutlich zu der Vernichtungspolitik geschwiegen haben.*
3 *Diskutiert darüber, zu welchem Zeitpunkt ein Protest gegen die rassistische Politik Erfolg gehabt haben könnte.*

*▶ **Sinti und Roma*:** Die in Deutschland heute offizielle Bezeichnung für weltweit verbreitete Minderheitsgruppen, deren kulturelle Zusammengehörigkeit vor allem in ihrer Sprache, dem Romani, liegt. Zur Zeit des Nationalsozialismus wurden sie als „Zigeuner" verfolgt. Mit dem Namen Roma wird die Gesamtheit aller Romani sprechenden Gruppen bezeichnet, Sinti sind jene Gruppen der Roma, die sich schon seit dem Ende des Mittelalters im westeuropäischen Raum aufhielten. Als Zentrum des nationalsozialistischen ▶ Völkermords an den Sinti und Roma gilt Auschwitz.*

*▶ **Euthanasie*** (griechisch: leichter Tod): ursprünglich Bezeichnung für „Sterbehilfe", im nationalsozialistischen Sprachgebrauch jedoch die bewusste Vernichtung „lebensunwerten Lebens".*

Firmenwerbung im Zweiten Weltkrieg.

Vierjahresplan*: *Festlegung der wirtschaftlichen Investitionen, Ausrichtung, Betriebs- und Produktionszahlen für einen Zeitraum von vier Jahren im Voraus.*

Reichsarbeitsdienst*: *gesetzliche Verpflichtung von Jugendlichen ab 1935 zu einem haljährigen Arbeitsdienst.*

IG Farben*: *Aus dem Chemiekonzern IG Farben (Interessengemeinschaft Farbenindustrie, 1925 durch Firmenübernahmen der BASF gegründet) gingen nach dem Krieg Firmen wie Agfa, BASF, Cassella Farbwerke, Farbenfabriken Bayer, Farbwerke Hoechst und andere hervor.*

kapitalistisches Wirtschaftssystem*: *Wirtschaftssystem, in dem sich Betriebe in den Händen weniger privater Unternehmer befinden.*

Wirtschaft und Rüstung

1 Panzermontage in einer deutschen Rüstungsfabrik. Foto, 1941.

Machtstabilisierung durch Arbeitsbeschaffung

Mit verschiedenen arbeitspolitischen Maßnahmen stabilisierten die Nationalsozialisten ihre Macht. Mithilfe staatlich gesteuerter Großprojekte der Bauwirtschaft, z. B. dem Bau von Autobahnen und Militäreinrichtungen, begleitet von einer beeindruckenden Propaganda, gelang es dem NS-Regime, die Arbeitslosigkeit bis 1937 fast zu beseitigen. Frauen wurden in Haushalt und Familie zurückgedrängt und machten ihre Arbeitsplätze den Männern frei. Die 18- bis 25-Jährigen wurden durch ihren Einsatz im „Reichsarbeitsdienst*" von den Betrieben ferngehalten.

Bereits vor der Machtübernahme Hitlers hatten führende Nationalsozialisten mit Vertretern aus Wirtschaft und Militär erörtert, dass die Senkung der Arbeitslosigkeit vor allem durch massive Aufrüstung unter Beibehaltung des kapitalistischen Wirtschaftssystems* erreicht werden sollte. Zugleich wäre dies der Weg, die Reichswehr zur modernsten Armee Europas zu machen.

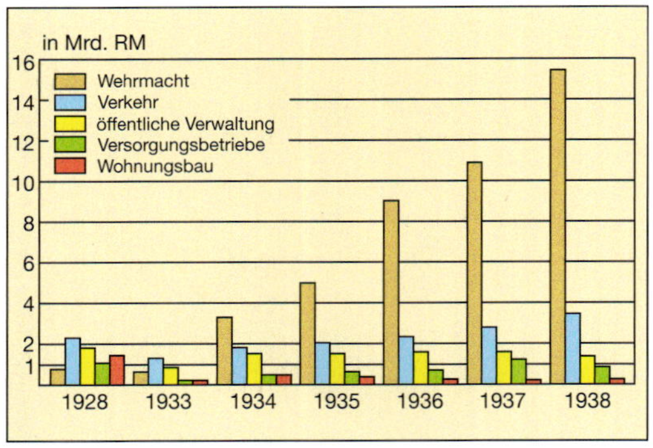

2 Die öffentlichen Ausgaben im Deutschen Reich.

Aufrüstung seit 1933

1 *Betrachtet die Abbildung 2 und untersucht die Entwicklung der Ausgaben für die Wehrmacht im Vergleich zu den anderen öffentlichen Ausgaben.*

2 *Verfolgt die Entwicklung der Ausgaben für Versorgung und Wohnungsbau und fasst eure Beobachtungen in einem Satz zusammen.*

3 *Stellt Vermutungen darüber an, warum die Ausgaben für Verkehr nach 1933 anstiegen.*

Durch staatlich gesteuerte Vierjahrespläne* richteten die Nationalsozialisten alle wirtschaftlichen Maßnahmen auf die Rüstung aus. Die Bewirtschaftung der Rohstoffeinfuhren und die besondere Förderung der Produktion einheimischer Rohstoffe und Ersatzstoffe sollten die deutsche Wirtschaft unabhängig von Einfuhren (autark) machen. Schon im Dezember 1933 garantierte die NS-Regierung dem Konzern IG-Farben* im sogenannten Benzinvertrag die Abnahme von synthetisch erzeugtem Benzin aus Kohle, dessen Produktion um ein Vielfaches teurer war als das aus Erdöl gewonnene Benzin.

Nach 1936 stellten die immer stärker werdenden staatlichen Lenkungen die Industrieproduktion fast ausschließlich in den Dienst der Aufrüstung. Die Versorgung der Bevölkerung wurde bewusst nachrangig behandelt. Statt für benötigte Wohnungen wurden die Mittel der Bauindustrie über-

Wirtschaft und Rüstung

Produktion in 1000 Tonnen	1928	1936	1939
Eisenerz	2089	2259	3928
Aluminium	33	95	194
Flugbenzin	0	43	302
Benzin	0	1214	1633

Selbstversorgungsgrad in Prozent	1927/28	1938/39
Brotgetreide	79	115
Kartoffeln	96	100
Fleisch	91	97
Fett	44	57

3 **Ausgewählte Wirtschaftszahlen 1928–1939.**

4 **Hitler bei einer KdF-Festrede.** Foto, 17.2.1938.

Plakat von 1939 für den KdF-Wagen: Der „Volkswagen" sollte 900 Reichsmark kosten. Mit monatlich 20 RM Spareinlage war man dabei. Doch infolge des Krieges wurde kein einziger Volkswagen an einen KdF-Sparer ausgeliefert.

wiegend für rüstungswichtige Objekte eingesetzt. 1939 wurden im Deutschen Reich 100 000 Wohnungen weniger fertiggestellt als 1929.

Die Finanzierung der Rüstung

Die Aufrüstung wurde von den Nationalsozialisten durch eine starke Staatsverschuldung finanziert, wobei sie sich komplizierter wirtschaftlicher Methoden bedienten, um den Menschen das Ausmaß der Rüstung und der Staatsverschuldung zu verschleiern. 1938 befand sich die NS-Wirtschaftspolitik in einer Krise. Bei der Annexion* Österreichs 1938 und dem Einmarsch in die Tschechoslowakei 1939 (Seite 33) fielen den Nationalsozialisten die Gold- und Devisenvorräte dieser Länder in die Hände, mit denen die deutsche Wirtschaftskrise kurzfristig überwunden werden konnte.

Die innere Ordnung in den Industriebetrieben hatten die Nationalsozialisten durch die Zerschlagung der Gewerkschaften 1933 in ihrem Sinne geregelt (Seite 12 ff.). Der Einsatz der Gestapo in den Rüstungsbetrieben brach jeden Widerstand gegen die Aufrüstungspolitik. Die Unternehmer, seit 1934 „Führer des Betriebes" mit alleiniger Entscheidungsgewalt, arbeiteten im Rahmen der Vierjahrespläne eng mit den Nationalsozialisten zusammen.

Die deutsche Rüstungs- und die gesamte Schwerindustrie waren insbesondere an den Militärprogrammen Hitlers interessiert, da hier die größten Aufträge ergingen. Die politische Zielsetzung der Nationalsozialisten wurde daher auch aktiv unterstützt oder doch zumindest als notwendiges Übel mitgetragen.

Das Beispiel Volkswagen

Manche wirtschaftliche Maßnahme, die als positive Errungenschaft dargestellt wurde, entsprang der nationalsozialistischen Vorbereitung auf den geplanten Krieg. So auch der „Volkswagen", der einerseits als preiswerter „KdF-Wagen" und Symbol des deutschen Wohlstandes geplant war, in seiner Entwicklung aber andererseits vor allem als störungsarmes und robustes Militärauto konzipiert wurde.

4 *Diskutiert, in welchem Umfang die deutschen Unternehmer – vor allem in der Rüstungsindustrie – mitverantwortlich für den Aufstieg der Nationalsozialisten und deren Kriegspolitik waren.*

Annexion*:
Aneignung eines fremden Gebiets.

Devisen:
Zahlungsmittel in ausländischer Währung.

Der Zweite Weltkrieg

1 Die Erweiterung des deutschen Machtbereichs bis 1939.

Friedensreden und Aufrüstung

Kurz nach der Machtübertragung, am 17. Mai 1933, erklärte Hitler vor dem Reichstag:

Q1 ... Die deutsche Regierung wünscht sich über alle schwierigen Fragen politischer und wirtschaftlicher Natur mit den anderen Nationen friedlich und vertraglich auseinanderzusetzen. Sie weiß, dass jeder militärische Akt in Europa, auch im Falle seines vollständigen Gelingens, gemessen an seinen Opfern in keinem Verhältnis steht zu möglichem, endgültigem Gewinn.

1 *Erklärt: Welche Politik scheint Hitler hier zu vertreten?*

Noch in vielen anderen Reden zwischen 1933 und 1938 betonte Hitler seinen Willen zum Frieden. Aber bereits drei Tage nach seiner Ernennung zum Reichskanzler hatte er der Reichswehrführung versprochen, aufzurüsten und die allgemeine Wehrpflicht einzuführen. Er deutete seine Absicht an, neuen „Lebensraum" im Osten zu erobern. 1938 formulierte Hitler in einer geheimen Rede vor deutschen Verlegern unverblümt seine wahren Ziele und Methoden:

Q2 ... Nur unter der fortgesetzten Betonung des deutschen Friedenswillens und der Friedensabsichten war es mir möglich, dem deutschen Volk Stück für Stück die Freiheit zu erringen und ihm die Rüstung zu geben, die immer wieder für den nächsten Schritt als Voraussetzung notwendig war. ... Es war nunmehr notwendig, das deutsche Volk psychologisch allmählich umzustellen und ihm langsam klarzumachen, dass es Dinge gibt, die, wenn sie nicht mit friedlichen Mitteln durchgesetzt werden können, mit Mitteln der Gewalt durchgesetzt werden müssen.... Es war notwendig, ... bestimmte außenpolitische Vorgänge so zu beleuchten, dass die innere Stimme des Volkes selbst langsam nach der Gewalt zu schreien begann.... Diese Arbeit hat Monate erfordert.

2 *Erläutert, wie Hitler jeweils die öffentliche Meinung beeinflusst hat (Q1, Q2).*

Die nationalsozialistische Außenpolitik

„Appeasement"

Viele politische Maßnahmen Hitlers hatten den Versailler Vertrag verletzt: die Wiedereinführung der allgemeinen Wehrpflicht 1935, die Stationierung deutschen Militärs im Rheinland 1936, die neuerliche Aufrüstung und Erhöhung der Truppenstärke, der Bruch von Zahlungsverpflichtungen. Doch die ehemaligen Hauptgegner Frankreich und Großbritannien wollten – nur zwanzig Jahre nach Ende des Ersten Weltkriegs – einen weiteren Krieg mit dem Deutschen Reich vermeiden. Selbst den Einmarsch deutscher Truppen in Österreich im März 1938 und die nun auch dort beginnende brutale Verfolgung von Juden, Sinti und Roma nahmen sie hin.

Erst als Hitler danach strebte, auch das zur Tschechoslowakei gehörende Sudetenland, wo viele Deutsche lebten, zu annektieren*, forderten ihn die Regierungschefs Großbritanniens, Frankreichs und Italiens zu einer Unterredung auf. Im September 1938 trafen sie sich in München – die Tschechoslowakei war nicht vertreten. Im Münchner Abkommen vom 29. September 1938 billigten die drei Mächte die deutschen Forderungen nach Abtretung des Sudetenlandes und vereinbarten dafür den Fortbestand der Rest-Tschechoslowakei. Diese musste die Vereinbarung hinnehmen.

3 *Überlegt gemeinsam, wie das außenpolitische Handeln Hitlers zunächst von außen gedeutet werden konnte.*

Der Weg in den Krieg

Schon im März 1939 besetzten deutsche Truppen die Rest-Tschechoslowakei. Böhmen und Mähren wurden als „Protektorat" in das Deutsche Reich eingegliedert. Die Slowakei blieb formal selbstständig. Das Münchner Abkommen war damit gebrochen. Die Vertragspartner erkannten, dass nicht die Überwindung des Versailler Vertrags Hitlers Ziel war, sondern die Herrschaft über Osteuropa. Mit einer Garantieerklärung an Polen zeigten die westeuropäischen Mächte nun, dass sie bereit waren, ihre ▶ Appeasement-Politik* aufzugeben.

2 **Karikatur zum Hitler-Stalin-Pakt.** D. Low, 1939.

Am 23. August 1939 schlossen das nationalsozialistische Deutschland und die Sowjetunion einen gegenseitigen Nichtangriffspakt, den sogenannten Hitler-Stalin-Pakt. In einem geheimen Zusatzprotokoll hieß es:

Q3 … Für den Fall einer … Umgestaltung der zu den baltischen Staaten gehörenden Gebiete bildet die nördliche Grenze Litauens zugleich die Grenze der Interessensphären Deutschlands und der UdSSR. … Für den Fall einer Umgestaltung der zum polnischen Staate gehörenden Gebiete werden die Interessensphären Deutschlands und der UdSSR ungefähr durch die Linie der Flüsse Narev, Weichsel und San abgegrenzt. Die Frage, ob die beiderseitigen Interessen die Erhaltung eines unabhängigen polnischen Staates erwünscht erscheinen lassen und wie dieser Staat abzugrenzen wäre, kann endgültig erst im Laufe der weiteren politischen Entwicklung geklärt werden. …

4 *Zeigt die „Interessensphären" auf Karte 1.*
5 *Erläutert, wie der Zeichner der Karikatur 2 den Hitler-Stalin-Pakt beurteilt. Nehmt Stellung dazu.*

annektieren*: *Aneignung eines fremden Gebiets.*

▶ ***Appeasement-Politik*:*** *(englisch = Beschwichtigung). Der Begriff bezeichnet die englische Beschwichtigungspolitik gegenüber Hitler, wie sie vor allem im Münchner Abkommen 1938 zum Ausdruck kam.*

Der Krieg beginnt ...

1. September 1939:
Mit dem deutschen Überfall auf Polen beginnt der Zweite Weltkrieg.

ab April 1940:
Besetzung Dänemarks und Norwegens durch deutsche Truppen.

22. Juni 1940:
Unterwerfung Frankreichs.

22. Juni 1941:
Einmarsch deutscher Truppen in die Sowjetunion.

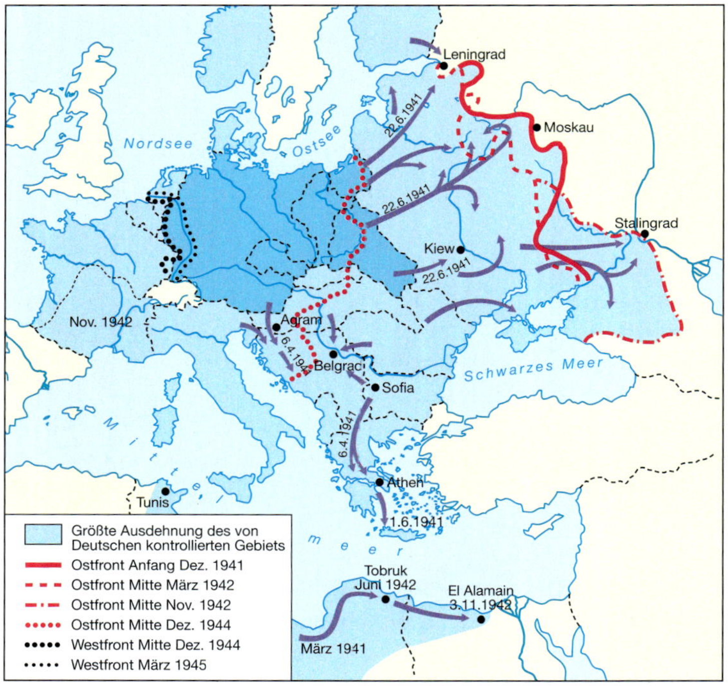

1 Größte Ausdehnung des deutschen Machtbereichs im Verlauf des Zweiten Weltkriegs.

Überfall auf Polen

Am 1. September 1939 überschritten deutsche Truppen die Grenze Polens. Hitler hatte die Wehrmachtführung bereits im April angewiesen, den Feldzug vorzubereiten. Der deutschen Öffentlichkeit gegenüber hieß es allerdings, Polen habe das Deutsche Reich angegriffen. Hitler verkündete im Rundfunk: „Seit 4.45 Uhr wird zurückgeschossen!" Zwei Tage darauf erklärten Großbritannien und Frankreich Deutschland den Krieg, konnten aber den deutschen Sieg über Polen nicht verhindern. Am 17. September marschierten auch sowjetische Truppen in Ostpolen ein und besetzten das Land bis zur Weichsel.

Ein Siegeszug Hitlers?

Zunächst schien es, als ob Deutschland bald ganz Europa in einem Blitzkrieg* unterwerfen könne. Mit der Blitzkriegsstrategie wollte die Militärführung verhindern, dass das Deutsche Reich wegen fehlender Rohstoffreserven in einem länger andauernden Krieg besiegt werden würde: Ab April 1940 wurden in weiteren Feldzügen Dänemark und Norwegen besetzt. Das Deutsche Reich kontrollierte nun den Nord- und Ostseehandel. Vor allem aber wurden wichtige Erzlieferungen gesichert.

Im Mai 1940 befahl Hitler den Angriff auf Frankreich: Unter Bruch der Neutralität Belgiens stießen die deutschen Panzertruppen nach Westen vor; zudem besetzten Fallschirmjäger und Panzertruppen die Niederlande. Als die französischen Truppen im Juni kapitulierten*, war Hitler auf dem Höhepunkt seiner Macht. Die deutsche Bevölkerung bejubelte seine Erfolge.

Obwohl sich der Machtbereich Hitlers nun weit über den europäischen Kontinent erstreckte, war der Krieg aber noch nicht gewonnen. Denn ein Sieg über Großbritannien, das von den USA durch umfangreiche Rüstungslieferungen Unterstützung erhielt, blieb aus. Auch die im August 1940 begonnene Bombardierung britischer Städte durch die deutsche Luftwaffe änderte den Zustand nicht.

kapitulieren*:
in aussichtsloser Lage alle Kriegshandlungen aufgeben.

Blitzkrieg*:
Bezeichnung für einen schnellen, erfolgreichen Angriffskrieg.

... und wird zum Weltkrieg

2 **London nach einem deutschen Luftangriff im September 1940.** Foto.

Am 22. Juni 1941 überfiel die deutsche Wehrmacht auf Weisung Hitlers überraschend auch die UdSSR und eröffnete damit eine zweite Kriegsfront. Bis zu diesem Zeitpunkt hatte die UdSSR das Deutsche Reich mit Rohstoffen, vor allem Erzen und Getreide, beliefert. Nach ersten Vorstößen kam der Vormarsch der deutschen Truppen mit dem Wintereinbruch zunächst zum Erliegen.

In den eroberten Gebieten errichteten die Deutschen eine brutale Besatzungsherrschaft. Beteiligt daran waren neben regulären Truppen der Wehrmacht auch Einheiten der ▶ SS und der Polizei. Sie führten insbesondere die Verfolgung von Juden durch, verschleppten sie oder ermordeten sie vor Ort (Seite 36 f.).

1 *Fasst mithilfe der Karte 1 und des Textes das Kriegsgeschehen in Europa bis zum Winter 1941/42 zusammen.*

Die Ausweitung zum Weltkrieg

Anfang der 1940er-Jahre verband das Deutsche Reich und das ▶ faschistisch* regierte Italien ein Pakt mit Japan, der unter anderem gegenseitige militärische Unterstützung vorsah.

Bereits seit 1936 führte Japan Krieg gegen China. Nachdem japanische Kriegsverbrechen bekannt geworden waren, versuchte der amerikanische Präsident Roosevelt 1941, durch einen Handelsboykott den Verzicht Japans auf eroberte chinesische Gebiete zu erzwingen. Die japanische Regierung entschloss sich daraufhin jedoch zum Angriff auf die USA: Am 7. Dezember 1941 bombardierte die japanische Luftwaffe ohne Kriegserklärung den US-Militärstützpunkt Pearl Harbour auf Hawaii. Etwa 3500 Amerikaner kamen bei dem Überraschungsangriff ums Leben. In der Folgezeit gelang es Japan, große Teil des Pazifikraumes und Südostasiens zu erobern.

Nach dem Angriff auf Pearl Harbour erklärten die USA und Großbritannien Japan den Krieg. Die deutsche Führung nahm dies ohne Zögern zum Anlass, den USA ihrerseits den Krieg zu erklären. Sie meinte, die amerikanischen Streitkräfte würden sich zwischen dem europäischen und dem asiatischen Kriegsschauplatz aufreiben. Präsident Roosevelt jedoch vereinbarte mit dem britischen Premierminister Churchill, die größte Anstrengung zunächst gegen das Deutsche Reich zu richten, das mit seinem Bombenkrieg für die Zivilbevölkerung in den englischen Städten eine massive Bedrohung darstellte. Gemeinsam mit der Sowjetunion gründeten die beiden westlichen Alliierten die Anti-Hitler-Koalition.

Auf einer Konferenz in Casablanca im Jahr 1943 erklärten Roosevelt und Churchill:

Q ... In Anbetracht der gesamten Kriegslage sind wir mehr denn je davon überzeugt, dass nur eine totale Beseitigung der deutschen und japanischen Kriegsmacht der Welt den Frieden bringen kann. Dies führt zu der einfachen Formulierung der Kriegsziele, welche eine bedingungslose Kapitulation Deutschlands, Japans und Italiens zum Inhalt hat. Die bedingungslose Kapitulation dieser Mächte kann allem Ermessen nach den Weltfrieden für Generationen sichern.

2 *Stellt die Bedeutung der Ereignisse des Jahres 1941 dar.*

3 *Beschreibt mithilfe von Q die Kriegsziele der Amerikaner und Briten.*

Winston Churchill *(1874–1965), der schon seit 1929 vor den von Hitler drohenden Gefahren gewarnt hatte, war von 1940 bis 1945 britischer Premierminister.*

▶ ***faschistisch*, Faschismus*** *(von lateinisch „fasces" = Bund, Bündel): nationalistische Herrschaftsform mit Führerkult in Italien (1922 bis 1945).*

Meldung der Einsatzgruppe A (= Sonderkommando der Wehrmacht) vom 15. Oktober 1941:

Übersicht über die Zahl der bisher durchgeführten Exekutionen (= Hinrichtungen)

Litauen:
80311 Juden
860 Kommunisten

Lettland:
30025 Juden
1843 Kommunisten

Estland:
474 Juden
684 Kommunisten

Weißrussland:
7620 Juden

Insgesamt:
118430 Juden
3387 Kommunisten

Freischärler*: *eigenständig handelnde Kampftruppen, die nicht unter Armeebefehl stehen, z. B. Partisanen und Widerstandskämpfer.*

Kommissar*: *Beamter mit besonderem Auftrag. Die politischen Kommissare der KPdSU sollten die Truppen der Roten Armee ideologisch im Sinne Stalins führen.*

Verbrechen in deutschem Namen

1 „Vergeltungsaktion" an polnischen Partisanen. Foto, 1942.

2 Ausführung des „Kommissarbefehls". Foto, um 1942.

„Leitlinien für den Krieg im Osten"
Entsprechend den Vorgaben Hitlers erließ die Wehrmachtsführung Anweisungen über die Art der Kriegführung im Osten.
In einem Befehl vom 13. Mai 1941 für den Russlandfeldzug stand:

Q1 … Freischärler* sind durch die Truppe im Kampf oder auf der Flucht schonungslos zu erledigen. … Für die Handlungen, die Angehörige der Wehrmacht und des Gefolges gegen feindliche Zivilpersonen begehen, besteht kein Verfolgungszwang, auch dann nicht, wenn die Tat zugleich ein militärisches Verbrechen oder Vergehen ist …

Am 6. Juni 1941 erging der so genannte Kommissarbefehl:

Q2 … Im Kampf gegen den Bolschewismus ist … von den politischen Kommissaren* … als den eigentlichen Trägern des Widerstands eine hasserfüllte, grausame und unmenschliche Behandlung unserer Gefangenen zu erwarten. … Sie sind daher … grundsätzlich sofort mit der Waffe zu erledigen; … der für Kriegsgefangene völkerrechtlich geltende Schutz findet auf sie keine Anwendung. …

1 *Fasst den Inhalt der Befehle zusammen.*

Die Juden als Feindbild der Armee
Aus einem Befehl des Oberbefehlshabers der 6. Armee, Feldmarschall von Reichenau, vom 10. 10. 1941:

Q3 … Der Soldat ist im Ostraum nicht nur ein Kämpfer nach den Regeln der Kriegskunst, sondern auch Träger einer unerbittlichen völkischen Idee und der Rächer für alle Bestialitäten, die deutschem oder artverwandtem Volkstum zugefügt wurden. Deshalb muss der Soldat für die Notwendigkeit der harten, aber gerechten Sühne am jüdischen Untermenschen volles Verständnis haben. …

Aus einem Befehl des Oberbefehlshabers der 11. Armee, Erich von Manstein, vom 20. 11. 1941:

Q4 … Das jüdisch-bolschewistische System muss ein für alle Mal ausgerottet werden. … Für die Notwendigkeit der harten Sühne am Judentum, dem geistigen Träger des bolschewistischen Terrors, muss der Soldat Verständnis aufbringen. Sie ist auch notwendig, um alle Erhebungen, die meist von Juden angezettelt werden, im Keime zu ersticken. …

2 *Untersucht und bewertet die in den Befehlen (Q1–Q4) verwendete Sprache.*

Verbrechen in deutschem Namen

Verbrechen von SS und Wehrmacht

Stellvertretend für Verbrechen von Einheiten der ► SS, aber auch der Wehrmacht stehen vor allem folgende Orte:

- Pančevo: Als Vergeltungsmaßnahme für die Erschießung zweier SS-Männer trieben Wehrmachtsangehörige die Einwohner der serbischen Stadt zusammen. Am 22. April 1941 wurden insgesamt 36 Menschen getötet, davon 18 Personen an der Friedhofsmauer erschossen.
- Babi Yar (westlich von Kiew): Hier wurden 33 000 Juden aus Kiew in einer Schlucht von einem Sonderkommando der SS umgebracht. Anschließend planierte eine zur Wehrmacht gehörende Pioniereinheit das Massengrab.
- Lidice (Tschechoslowakei): Als Rache für die Ermordung des Reichsprotektors in Böhmen und Mähren, Reinhard Heydrich, am 4. Juni 1942, ermordete die SS alle Männer (rund 190 Personen) des tschechischen Dorfes. Frauen und Kinder wurden in KZs verschleppt.
- Oradour-sur-Glane (Frankreich): Als Vergeltung für Partisanentätigkeit ermordeten im Juni 1944 Einheiten der Waffen-SS alle Einwohner auf barbarische Weise. Rund 180 Männer wurden erschossen, über 440 Frauen und Kinder in der Kirche verbrannt.
- Warschau: Den Aufstand der polnischen Juden im Warschauer Getto im April/Mai 1943 schlug die SS blutig nieder. Die Überlebenden wurden in KZs gebracht und ermordet. Im August 1944 erschossen SS-Einheiten nach Beginn des Warschauer Aufstands etwa 15 000 Menschen. Warschau wurde dem Erdboden gleichgemacht.

Die Mitschuld der Wehrmacht

Als nach dem Zweiten Weltkrieg die deutschen Verbrechen einer breiten Öffentlichkeit bekannt geworden waren, wurde die ausschließliche Schuld der SS oder der Gestapo zugemessen, während nach allgemeiner Auffassung der „Ehrenschild der Wehrmacht" unbefleckt geblieben sei. Diese

4 **Ermordung von Juden und so genannten Zigeunern* durch Wehrmachtstruppen in Pančevo.** Foto, 22. April 1941.

Legende von der „sauberen" Wehrmacht lässt sich nicht mehr aufrechterhalten. Es konnte inzwischen nachgewiesen werden, dass Teile dieser Streitkräfte am Vernichtungskrieg im Osten beteiligt waren. Dies reichte von einer Hilfeleistung durch Absperraktionen oder Materiallieferungen bis hin zu aktiver Beteiligung an Morden. Es bleibt aber festzuhalten, dass die meisten Wehrmachtsangehörigen von diesen Mordaktionen nichts wussten oder lediglich gerüchteweise davon erfuhren.

Aus einem Brief von Major Hellmuth Stieff an seine Frau über die Zustände in Polen, 21. November 1939:

Q5 … Diese Ausrottung ganzer Geschlechter mit Frauen und Kindern ist nur von einem Untermenschentum möglich, das den Namen Deutsch nicht mehr verdient. Ich schäme mich, ein Deutscher zu sein! Diese Minderheit, die durch Morden, Plündern und Sengen den deutschen Namen besudelt, wird das Unglück des ganzen deutschen Volkes werden, wenn wir ihnen nicht bald das Handwerk legen …

3 *Erläutert anhand der Texte, wie die Rolle der Wehrmacht heute beurteilt wird.*

Zigeuner*: *Diese Benennung der ► Sinti und Roma ist zwar im deutschen Sprachraum weit verbreitet, wird aber von den Angehörigen dieser Volksgruppen als diskriminierend abgelehnt.*

Zwangsarbeit

1 Zwangsarbeiterinnen aus dem Osten beim Arbeitseinsatz in Deutschland. Foto, 1942.

► Zwangsarbeit

Die Kriegsjahre zwischen 1939 und 1945 führten zu einem Mangel an Arbeitskräften in Deutschland, denn die Wehrmacht und die ► SS-Truppen brauchten Männer für den Krieg, die nun in den Wirtschaftsbetrieben als Arbeitskräfte fehlten. Um den Zusammenbruch der Wirtschaft zu vermeiden, kamen die Nazis auf die grausame Idee, Menschen aus ganz Europa nach Deutschland zu verschleppen, um sie als Zwangsarbeiter in den Wirtschaftsbetrieben einzusetzen. Kriegsgefangene und KZ-Häftlinge wurden zur Arbeit in der Landwirtschaft und der Rüstungsindustrie gezwungen, beispielsweise in Munitionsfabriken. Die im „Arbeitseinsatz" Befindlichen wurden bei den Bauern oder in der Nähe der Rüstungsbetriebe in Lagern untergebracht.

Es gab viele Formen, wie Bürger in den von der deutschen Wehrmacht eroberten Ländern zu Zwangsarbeitern „gemacht" und nach Deutschland „geschickt" wurden. Eine Form war die Zustellung von „Verpflichtungsbescheiden". Die Gesamtzahl der Deportierten und Kriegsgefangenen, die in Deutschland arbeiten mussten, betrug 1942 etwa 6 Millionen. Im Frühjahr 1942 wurden täglich 9000 bis 10 000 Bürger aus der Sowjetunion verschleppt, das waren 300 000 Menschen in einem Monat.

1 *Erkundigt euch nach dem Schicksal von Zwangsarbeitern in eurer Gegend.*

Harte Arbeitsbedingungen

Die Arbeitszeiten für die Zwangsarbeiter und -arbeiterinnen waren besonders lang. Bei dem Unternehmen Zeiss-Ikon zum Beispiel, das für Kameras und optische Geräte bekannt ist, betrug die einschichtige Arbeit wochentags 13 Stunden, von 6 bis 19 Uhr mit drei Pausen. Auch sonnabends wurde mindestens sechs Stunden gearbeitet. Der Verdienst war kärglich. Die Zwangsarbeiterin Hanka Batier beispielsweise erhielt monatlich 108,51 RM Nettolohn. Nach Abzug von Pflichtkosten für Lagerunterkunft und Lagerverpflegung wurden ihr nur 63,51 RM ausgezahlt. Davon war aber auch die Verpflegung am Arbeitsplatz zu bestreiten und alles andere als „freie Waren" zu entsprechend hohen Preisen zu besorgen, da „Fremdarbeiter" keine Lebensmittelkarten bzw. Kleider- und Seifenkarten erhielten. Bei Krankheit wurde kein Lohn bezahlt, und Verpflegungskosten und Miete wurden vom nächsten Monatslohn abgezogen. In vielen anderen Betrieben wurde besonders nach 1943 noch weniger Lohn gezahlt.

„Fremdarbeiter" waren meist in Barackenlagern untergebracht. Je nach Arbeitskräftebedarf waren sie über das ganze Land verteilt, kaum ein Ort blieb ausgenommen. Größere Lager waren mit Stacheldraht eingezäunt und lagen meistens in der unmittelbaren Nähe der Industriebetriebe.

Lesetipp:
Tatjana Wassiljewa: Ab jetzt zählt jeder Tag, Weinheim/Basel: Beltz & Gelberg 2005, 242 Seiten. Tagebuch einer russischen Zwangsarbeiterin, die 1942 als Vierzehnjährige nach Deutschland verschleppt wurde. Heute lebt sie in Murmansk am Polarkreis, wo sie nach Rückkehr und Studium als Deutschlehrerin arbeitete.

Zwangsarbeit

Je nach Herkunft wurden die Zwangsarbeiter sehr unterschiedlich behandelt: Mehr noch als Franzosen oder Niederländer wurden Polen oder Russen misshandelt und gedemütigt.

Der Deutsche Max Kirsten, der als Reparaturschlosser in einem Barackenlager gearbeitet hatte, erinnerte sich später:

Q1 Die Wohnbedingungen in den Baracken waren unmenschlich. Es gab keine Bettwäsche, einfache Bretter und darauf Stroh. Das waren die Bettstellen. Zwei Decken hatte jeder, eine zum Zudecken, die andere mussten sie auf das Stroh legen, wenn sie nicht direkt darauf liegen wollten. Sie konnten sich auch nirgendwo anders als in diesem Raum aufhalten.

Rücksichtslose Behandlung

Wilhelm Chittan war Werkspförtner. In einem Prozess sagte er aus:

Q2 Gegen 19 Uhr gingen wir am … Friedhof vorbei. Die dortigen Geschäftsleute gaben den „Ostmädeln" einige Lebensmittel. Als wir am Lager ankamen, nahm der Oberlagerführer K. den Mädchen alles weg, was sie erhalten hatten. Sie hatten sich gefreut, sich endlich mal satt essen zu können. Der Lagerführer verweigerte ihnen auch das Abendessen. Ich informierte den Abteilungsleiter. … Er brüllte in den Apparat: Herr Oberlagerführer K. war vollkommen im Recht. Es ist Gestapobestimmung, dass die Ostarbeiterinnen nicht die Geschäftsleute anbetteln dürfen. Dafür müssen sie bestraft werden. Ich wurde eine Woche später in einem Werkschutzbericht dafür zur Ordnung gerufen.

Auszug aus einer Regierungsverordnung zum Verhalten der „Ostarbeiter":

Q3 § 1 Ostarbeiter dürfen ihren Arbeits- und Aufenthaltsort nicht verlassen. … § 2 Die Benutzung öffentlicher Verkehrsmittel über den Ortsbereich hinaus ist Ostarbeitern verboten. … § 3 Ostarbeitern ist der Ausgang und der Aufenthalt außerhalb der Unterkünfte … vom 1. April bis 30. September zwischen 21 und 5 Uhr, … vom 1. Oktober bis 31. März zwischen 20 und 6 Uhr verboten. … § 5 Der Besuch von Gaststätten ist Ostarbeitern untersagt. … § 6 Deutsche, die die Nichteinhaltung der Vorschriften … pflichtwidrig fördern oder dulden, werden ebenfalls mit Geldstrafen bis zu 150 RM bestraft …

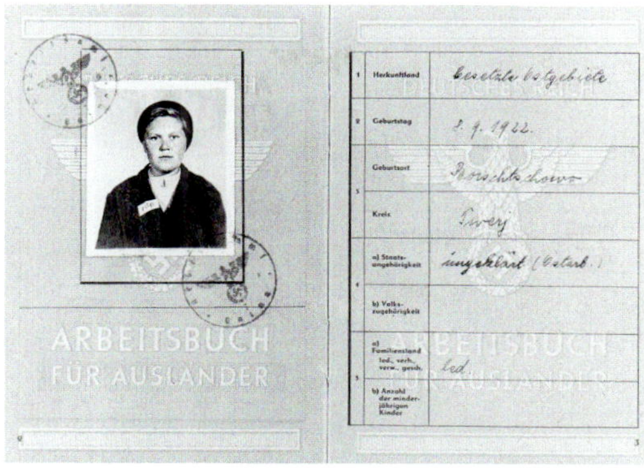

2 **Arbeitsbuch eines sowjetischen Mädchens als sogenannte Ostarbeiterin, Dezember 1943.**

Bei geringsten Verstößen gegen Arbeitsanweisungen, Lagerdisziplin, Verhaltensordnungen wurden die Zwangsarbeiter streng bestraft. Essenentzug, Bunkerhaft, körperliche Misshandlungen waren üblich.

Viele der verschleppten Frauen wurden zudem zwangssterilisiert: Damit wurde verhindert, dass „fremdvölkische Kinder" im Deutschen Reich aufwuchsen, gleichzeitig blieb die Arbeitskraft der Frau ohne Unterbrechung erhalten.

In der Frage der Entschädigungen für die geleistete Zwangsarbeit wurde nach dem Krieg zunächst keine allgemeine Lösung gefunden. Viele Menschen blieben ganz ohne Entschädigung. Erst im Jahr 2000 haben die Bundesregierung und die Industrie eine Regelung für alle diejenigen Überlebenden beschlossen, die bis dahin noch nicht entschädigt worden waren (Randspalte).

2 *Schildert das Leben der Zwangsarbeiterinnen und -arbeiter.*

3 *Begründet, warum nur wenige Deutsche versuchten, den ausländischen Menschen zu helfen.*

Der Entschädigungsfonds:
Erst im Juni 2000 ist es nach 15-monatigen Verhandlungen zum Abschluss einer Entschädigungsregelung für ehemalige Zwangsarbeiter gekommen. Aus einem Fonds von insgesamt rund 5 Milliarden Euro – je zur Hälfte vom deutschen Staat und der deutschen Wirtschaft getragen – sollen die noch lebenden Opfer des nationalsozialistischen Zwangsarbeitssystems entschädigt werden. 4,2 Milliarden Euro wurden bis 2005 ausgezahlt – etwa 96 Prozent der Mittel, die für die Entschädigung der ehemaligen Zwangsarbeiter zur Verfügung gestellt worden sind. Gezahlt wurde an 1,6 Millionen Empfänger, von denen über 80 Prozent in Osteuropa leben.

Niederlagen und „Totaler Krieg"

Januar 1943:
Die deutschen Truppen vor Stalingrad kapitulieren.

18. Februar 1943:
Reichspropagandaminister Goebbels ruft in seiner „Sportpalastrede" den „Totalen Krieg" aus.

Mai 1943:
Das deutsche Afrikakorps kapituliert.

Winter 1943/44:
„Battle of Berlin": Großangriffe britischer Bomber auf Berlin.

6. Juni 1944:
„D-Day": Landung der Alliierten in der Normandie.

1 Leichen gefallener deutscher Soldaten der 6. Armee vor Stalingrad.
Foto, Februar 1943.

Stalingrad

1942 wurde an der Ostfront der deutsche Vorstoß gestoppt. Bei Stalingrad an der Wolga entbrannte eine Schlacht, in deren Verlauf im November 280 000 deutsche Soldaten eingekesselt wurden. Die Schlacht von Stalingrad tobte zwei Monate lang. Sowohl die Kämpfe als auch die furchtbare Kälte (um –30 °C) forderten auf beiden Seiten zahlreiche Opfer. Hinzu kam, dass die Luftunterstützung für die Eingekesselten weitgehend fehlschlug. Die Luftwaffe verlor etwa 8000 Mann und rund 500 Flugzeuge.

Ende Januar 1943 gaben die völlig aufgeriebenen deutschen Truppen auf. Hitler, der eine Kapitulation abgelehnt hatte, sprach von „Feigheit vor dem Feind". Etwa 146 000 Soldaten waren allein auf deutscher Seite ums Leben gekommen; 108 000 wurden in sowjetische Kriegsgefangenschaft überführt, wobei allein auf dem Weg in die Lager 40 000 von ihnen an Entkräftung starben. Bis 1956 kehrten nur 5000 von den ehemals 280 000 Soldaten zurück.

Die Verluste auf sowjetischer Seite wurden auf etwa 500 000 Mann geschätzt. Darüber hinaus waren um 50 000 Bewohner Stalingrads durch die deutsche Belagerung ums Leben gekommen, weitere 65 000 Menschen im Verlauf der Kämpfe als Zwangsarbeiter nach Deutschland verschleppt worden. Die Stadt war völlig vernichtet.

Ein geheimer Lagebericht der Gestapo beschreibt die Reaktion der deutschen Bevölkerung auf die Niederlage:

Q1 … Die Meldung … hat im ganzen Volk eine tiefe Erschütterung ausgelöst. … In erster Linie ist es die Höhe der Blutopfer, nach denen die Bevölkerung fragt. … Die einen erklären, Gefangenschaft sei schlimmer als der Tod, weil die Bolschewisten die lebend in ihre Hände gefallenen Soldaten unmenschlich behandeln würden. Andere wiederum meinen, es sei doch ein Glück, dass nicht alle gefallen seien, so sei doch noch Hoffnung, dass später einmal ein Teil von ihnen in die Heimat zurückkehre. … Allgemein ist die Überzeugung vorhanden, dass Stalingrad einen Wendepunkt des Krieges bedeute.

Der deutschen Führung hatte die Niederlage deutlich gemacht, dass das Blitzkriegskonzept gescheitert war. Sie begann, Wirtschaft und Gesellschaft auf die Anforderungen eines längeren Krieges auszurichten.

1 *In diesem Text stehen viele Zahlen. Sprecht darüber, was sich dahinter an Schicksalen verbirgt.*

2 *Bewertet die Rolle Hitlers in den Geschehnissen um die Schlacht um Stalingrad.*

3 *Erklärt die verschiedenen Einschätzungen des Schicksals der Kriegsgefangenschaft (Q1).*

Internettipps:
www.dhm.de/lemo/html/wk2/kriegsverlauf/stalingrad
www.stalingrad-info.com

Niederlagen und „Totaler Krieg"

2 **Zuhörer der Goebbels-Rede im Berliner Sportpalast.** Foto, 18. Februar 1943.

3 **Koblenz nach einem alliierten Luftangriff.** Foto, 1945.

„Totaler Krieg" …

Am 18. Februar 1943 rief Reichspropagandaminister Goebbels im Berliner Sportpalast ausgesuchte Parteianhänger unter großem Beifall zum „Totalen Krieg" auf:

Q2 … Die Engländer behaupten, das deutsche Volk habe den Glauben an den Sieg verloren. Ich frage euch: Glaubt ihr mit dem Führer und mit uns an den totalen Sieg des deutschen Volkes? Ich frage euch: Seid ihr entschlossen, dem Führer in der Erkämpfung des Sieges durch dick und dünn und unter Aufnahme auch der schwersten persönlichen Belastungen zu folgen? … Ich frage euch, wollt ihr den totalen Krieg, wollt ihr ihn wenn nötig totaler und radikaler, als wir ihn uns heute überhaupt nur vorstellen können? … Ich frage euch, ist euer Vertrauen zum Führer heute größer … und unerschütterlicher denn je? …

Entgegen der NS-Ideologie wurden nun immer mehr Frauen dienstverpflichtet: zu Verwaltungsaufgaben, als „Luftwaffenhelferinnen" bei der Flugabwehr oder in der Rüstungsindustrie. Millionen von Verschleppten, Kriegsgefangenen und KZ-Häftlingen mussten in Landwirtschaft und Industrie Zwangsarbeit leisten.

4 *Stellt das Ziel der Goebbels-Rede dar.*

5 *Überlegt gemeinsam, wodurch die Begeisterung des Publikums zu erklären ist.*

… und Kriegsmüdigkeit

Im August 1940 hatte die deutsche Luftwaffe mit der Bombardierung englischer Städte den Luftkrieg gegen die britische Zivilbevölkerung eröffnet. Im Gegenzug erfolgten seit 1943 fast täglich britische und amerikanische Luftangriffe auf deutsche Städte. Allein über Berlin wurden bis 1945 mehr als 50000 Tonnen Bomben abgeworfen. Die Nächte in den Luftschutzkellern, der Verlust von Hab und Gut, extreme Versorgungsengpässe, die Suche nach Vermissten und die Trauer um Tote führten dazu, dass die propagandistischen Durchhalteparolen in der Zivilbevölkerung immer weniger Resonanz fanden.

Hinzu kamen die schlechten Nachrichten von der Front: Nach dem Sieg von Stalingrad drängte die sowjetische Armee 1943 die deutschen Truppen zurück, auf dem Kriegsschauplatz in Nordafrika wurde das deutsche Afrikakorps von einer amerikanisch-britischen Armee zur Kapitulation gezwungen, im Sommer 1944 landeten alliierte Truppen in der Normandie und konnten nach schweren Kämpfen Frankreich von der deutschen Besatzungsmacht befreien.

6 *Überlegt gemeinsam, welches Ziel die Alliierten mit der massiven Bombardierung der deutschen Städte verfolgten.*

7 *Orientiert euch anhand der Karte auf Seite 34 über die militärische Lage Ende 1944.*

Luftangriff auf Dresden
Vom 13. bis 15. Februar 1945 bombardierten mehr als 1300 Flugzeuge in vier aufeinander folgenden Angriffen Dresden. Die Innenstadt war nach 24 Minuten ein Flammenmeer, 10000 Menschen, die sich in den Großen Garten gerettet hatten oder auf den Elbwiesen Schutz suchten, wurden auch dort gezielt angegriffen. Dresden brannte fünf Tage lang. 35000 Menschen kamen in dem Flammenmeer um.

Widerstand

1 **Zeichnung von A. Paul Weber, 1932.** Ausschnitt.

Gegner des NS-Regimes

Obwohl die NSDAP nach den Reichstagswahlen von 1933 die stärkste Partei war, so hatten ihr immerhin „nur" 44 Prozent der Bevölkerung ihre Stimme gegeben. Von Beginn an trafen Hitler und seine Partei auf den Widerspruch von Kommunisten und Sozialdemokraten, aber auch vieler freiheitlich denkender oder christlich orientierter Menschen. Doch nach der Machtübernahme wurden politische Gegner schnell mundtot gemacht: Die ▶ Gestapo und Helfer aus NS-Organisationen wie der ▶ SA hielten Augen und Ohren offen: Wer allzu deutlich widersprach, musste mit „Schutzhaft" rechnen (Seite 14) und war seines Lebens nicht mehr sicher. Anders als in den besetzten Gebieten, wo sich Gruppen von Untergrundkämpfern, Partisanen, zusammenfanden und die deutschen Besatzer bekämpften, brachten in Deutschland auch während des Krieges nur wenige Menschen den Mut auf, Widerstand zu leisten. Oft waren es Einzelne, die z. B. englische Radionachrichten abhörten und sie auf selbst getippten Flugblättern verbreiteten – wie etwa Helmuth Hübener, ein Hamburger Mormone*, der 1942, erst 17-jährig, hingerichtet wurde.

Der evangelische Geistliche Martin Niemöller, der aus Protest gegen den „Arierparagrafen" (Seite 24) 1933 den „Pfarrer-Notbund" gegründet hatte und inhaftiert wurde, sagte 1976:

Mormone*:
Anhänger einer in den USA im 19. Jahrhundert gegründeten Kirche, die sich als Fortführung der von Jesus Christus beauftragten Urkirche versteht; bekannt als „Kirche Jesu Christi der Heiligen der Letzten Tage".

2 **Von Kommunisten 1936 verteilter Handzettel.**

M1 … Als die Nazis die Kommunisten holten, habe ich geschwiegen; ich war ja kein Kommunist. Als sie die Sozialdemokraten einsperrten, habe ich geschwiegen; ich war ja kein Sozialdemokrat. Als sie die Katholiken holten, habe ich nicht protestiert; ich war ja kein Katholik. Als sie mich holten, gab es keinen mehr, der protestieren konnte. …

1 *Erläutert anhand von M1, zu welcher Erkenntnis Martin Niemöller kommt.*

Einige der Motive des gegen Hitler und die NSDAP gerichteten Handelns verschiedener Gruppen und Personen lernt ihr auf den nächsten Seiten kennen.
Wertet die auf den Seiten 43–45 zusammengestellten Materialien in Gruppen aus: Untersucht, aus welchen Gründen und mit welchen Mitteln und Zielen gegen das Regime gearbeitet wurde.

Politisch motivierter Widerstand

Politisch motivierten ► Widerstand leisteten vor allem Kommunisten, Sozialdemokraten und Gewerkschaftler. Historiker schätzen, dass allein 1936 etwa 1,6 Millionen Flugblätter, die meisten von Kommunisten, verteilt wurden. Vor allem in den Anfangsjahren suchten KPD-Anhänger aber auch den offenen Kampf mit der SA, den SPD-Anhänger eher ablehnten. Der Historiker Peter Steinbach schrieb 2001 über den sozialdemokratischen Widerstand:

M2 … Sozialdemokratischer Widerstand war in den ersten Jahren … vor allem durch den Willen charakterisiert, den Zusammenhalt der Mitglieder zu erleichtern und die sozialdemokratische Gesinnung zu pflegen, um nach dem Sturz des Regimes politische Verantwortung übernehmen zu können. … Widerstand war konspirative* Pflege der Gesinnung und Schulung des Bewusstseins. Aller Machtmittel ledig, konnte es nur darum gehen, zu überleben und sich bereitzuhalten, still zu helfen, im kleinen Kreis des Betriebs und der Nachbarschaft ein Netz der Solidarität zu knüpfen. … Viele Sozialdemokraten fanden sich in den Konzentrationslagern wieder …

Seit 1939 waren etwa 150 Frauen und Männer in einer kommunistisch orientierten Gruppe um den Oberleutnant der Wehrmacht Harro Schulze-Boysen aktiv. Unter anderem sammelten sie militärische Informationen und betrieben während des Krieges Spionage für die UdSSR. Schulze-Boysen informierte 1941 z. B. einen Mitarbeiter des sowjetischen Nachrichtendienstes über die deutschen Angriffspläne. Ziel war es, mithilfe der UdSSR eine Beendigung des Krieges und außenpolitische Verständigung zu erreichen. Bis in den Winter 1942 konnte die Gruppe, die von den NS-Fahndern „Rote Kapelle" genannt wurde, unerkannt arbeiten, dann verriet sie sich durch ihren Funkkontakt in die Sowjetunion. 1942/43 verhaftete die Gestapo 126 zur Gruppe zählende Personen, 49 von ihnen wurden umgehend hingerichtet.

Christlicher Widerstand

Die Haltung der Kirchen zum Nationalsozialismus war uneinheitlich. Während das Regime auf das Oberhaupt der katholischen Kirche, den Papst, keinen unmittelbaren Druck ausüben konnte, gelang es bereits 1933, die evangelischen Landeskirchen weitgehend gleichzuschalten: Die wichtigsten Ämter wurden mit NSDAP-Anhängern, sogenannten „Deutschen Christen", besetzt. Widerständiges Handeln blieb einzelnen überlassen, auch in der katholischen Kirche. So prangerten der evangelische Bischof Wurm und der katholische Kardinal Graf von Galen in Schriften und Predigten das Euthanasie-Programm an. Der Jesuitenpater Alfred Delp und der evangelische Pfarrer Dietrich Bonhoeffer, der der aus dem Pfarrer-Notbund hervorgegangenen „► Bekennenden Kirche" angehörte, kritisierten offen das NS-Regime. Sie wurden verhaftet und hingerichtet. Ihr Schicksal teilten weitere Kirchenmänner, die es gewagt hatten, öffentlich gegen die Nationalsozialisten Stellung zu beziehen. Dietrich Bonhoeffer, der am 9. April 1945 gehängt wurde, kritisierte auch die Kirche als Institution: Sie habe den Ausgestoßenen und Verachteten die schuldige Barmherzigkeit verweigert. „Sie war stumm, wo sie hätte schreien müssen", formulierte er kurz vor seinem Tod.

3 **Martin Niemöller, evangelischer Pfarrer (1892–1984).** Foto.

4 **Dietrich Bonhoeffer, evangelischer Pfarrer (1906–1945), hingerichtet im KZ Flossenbürg.** Foto.

Georg Elser, *Schreiner (1903 bis 1945/hingerichtet). Der Kommunist verübte am 8. November 1939 bei einer Veranstaltung ein Bombenattentat auf Hitler, weil ihm klar geworden war, dass dieser einen Eroberungskrieg plante. Der Anschlag misslang, weil Hitler die Veranstaltung zu früh verließ.*

konspirativ*: *verschwörerisch*

Widerstand

1 **Die Geschwister Hans und Sophie Scholl – hier mit Christoph Probst – von der „Weißen Rose".** Beide wurden am 22. Februar 1943 im ▶ Gestapo-Gefängnis Berlin-Plötzensee hingerichtet. Hans war 24, Sophie erst 21 Jahre alt.

Jugendliche gegen Einschränkung der persönlichen Freiheit

An verschiedenen Orten gab es Gruppen von Jugendlichen, die sich nicht in die Hitlerjugend einreihen wollten. Sie bezeichneten sich als „Meute", „Navajos" oder „Piraten". Meist waren sie schon vor 1933 in Jugendgruppen organisiert und widersetzten sich nach der Machtübernahme der „Gleichschaltung". Vom Staat wurden sie deshalb hart verfolgt: Viele von ihnen kamen ab 1940 in ein Jugend-KZ*. Über ihre Motivation schrieb der ehemalige Kölner „Edelweißpirat" Jean Jülich:

M … Wir waren Jungen und Mädchen, denen der HJ-Drill nicht passte, und wir wollten unserem Protest dagegen Ausdruck verleihen. Uns ging es nicht um die große Politik, wir handelten nach dem, was uns der gesunde Menschenverstand gebot. In einer Diktatur war es aber nur ein kleiner Schritt von da zum politischen Widerstand. …

Jugend-KZ*: *Die Nationalsozialisten richteten drei Hauptlager für Kinder und Jugendliche ein: Eines 1940 in Moringen bei Göttingen (für Jungen ab 13). Ein Mädchen-KZ entstand 1942 in der Uckermark bei Berlin, und in Lodz wurde ein Lager für polnische Kinder errichtet. Seit 1943 wurden hier auch Kleinkinder ab zwei Jahre eingesperrt, deren Eltern zur Zwangsarbeit nach Deutschland verschleppt worden waren.*

Die „Weiße Rose"

Die „Weiße Rose", eine Münchner Studentengruppe um Hans und Sophie Scholl, Christoph Probst, Alexander Schmorell, Willi Graf und ihren Professor Kurt Huber, verteilte Flugblätter, die sich gegen das Regime richteten. In einer Schrift rief die Gruppe zu passivem Widerstand auf. Es hieß dort:

Q1 … Ein Ende muss diesem Unstaat möglichst bald bereitet werden – ein Sieg des faschistischen Deutschland in diesem Kriege hätte unabsehbare, fürchterliche Folgen. Nicht der militärische Sieg über den Bolschewismus darf die erste Sorge für jeden Deutschen sein, sondern die Niederlage der Nationalsozialisten. … Und jetzt muss sich ein jeder entschiedene Gegner des Nationalsozialismus die Frage vorlegen: Wie kann er gegen den gegenwärtigen „Staat" am wirksamsten ankämpfen, wie ihm die empfindlichsten Schläge beibringen? …
Sabotage in Rüstungs- und kriegswichtigen Betrieben, *Sabotage* in allen Versammlungen, … die durch die nationalsozialistische Partei ins Leben gerufen werden. Verhinderung des reibungslosen Ablaufs der Kriegsmaschine (einer Maschine, die nur für einen Krieg arbeitet, der *allein* um die Rettung und Erhaltung der nationalsozialistischen Partei und ihrer Diktatur geht). *Sabotage* in allen Veranstaltungen kultureller Art, die das „Ansehen" der Faschisten im Volke heben könnten. …

Widerstand

2 **Nach dem Attentat auf Hitler steht Generalfeldmarschall von Witzleben (1881–1944) vor Roland Freisler, dem Präsidenten des Volksgerichtshofs.** Foto, 8. August 1944. Von Witzleben wurde noch am gleichen Tag im Gestapo-Gefängnis Berlin-Plötzensee hingerichtet.

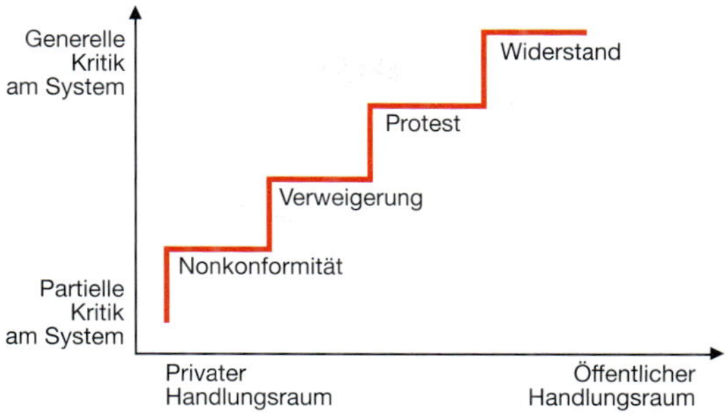

3 **Stufen abweichenden Verhaltens 1933–1945.** Von dem Historiker Detlev Peukert entwickeltes Schaubild.

Widerstand aus dem Militär

Mit Fortschreiten des Krieges entstanden unter Angehörigen aus Wehrmacht, Diplomatie, Universitäten, Kirchen und ehemaligen Gewerkschaften Überlegungen, welche Staatsordnung nach einer deutschen Niederlage angestrebt werden könnte. Die meisten der in diesen Kreisen Beteiligten lehnten es jedoch ab, die Umsetzung ihrer Pläne durch einen gewaltsamen Sturz Hitlers zu beschleunigen.

Eine Gruppe hochrangiger Wehrmachtsangehöriger aber plante ein Attentat auf Hitler, das am 20. Juli 1944 in die Tat umgesetzt wurde: Oberst Claus Schenk Graf von Stauffenberg gelang es, nach einer in Ostpreußen stattfindenden Besprechung eine Aktentasche mit einer Bombe in der Nähe Hitlers zu platzieren. Die Explosion tötete mehrere Anwesende, Hitler selbst wurde aber nur leicht verletzt. Da die überwiegende Mehrheit der Generäle sich nach dem Attentat auf die Seite Hitlers stellte, brach der Umsturzversuch schnell zusammen. Noch in der Nacht des 20. Juli wurden die engsten Beteiligten erschossen. Viele weitere Personen verhaftete die ► Gestapo in den darauffolgenden Monaten.

In einer Begründung, die nach Gelingen des Anschlags verbreitet werden sollte, hieß es:

Q2 … Um sich an der Macht zu halten, hat [Hitler] eine Schreckensherrschaft errichtet. … Er hat Ehre und Würde, Freiheit und Leben anderer für nichts erachtet. Zahllose Deutsche, aber auch Angehörige anderer Völker schmachten seit Jahren in Konzentrationslagern, den größten Qualen ausgesetzt und häufig schrecklichen Foltern unterworfen. … Durch grausame Massenmorde ist unser guter Name besudelt. … Daher ist kein Soldat, kein Beamter, überhaupt kein Bürger ihm mehr durch Eid verpflichtet … Unser Ziel ist die wahre, auf Achtung, Hilfsbereitschaft und soziale Gerechtigkeit gegründete Gemeinschaft des Volkes. Wir wollen Gottesfurcht anstelle von Selbstvergottung, Recht und Freiheit anstelle von Gewalt und Terror, Wahrheit und Sauberkeit anstelle von Lüge und Eigennutz. …

1 *Stellt der Klasse die Ergebnisse eurer Gruppenarbeit vor. Stellt dabei auch heraus, welche Risiken jeweils mit dem Handeln verbunden waren.*
2 *Erläutert das Schaubild 3 und ordnet die vorgestellten Gruppen und Handlungen ein.*
3 *War der deutsche Widerstand umsonst? Diskutiert darüber in der Klasse.*

Claus Schenk Graf von Stauffenberg *(1907–1945/hingerichtet) hatte zunächst begrüßt, dass Hitler Oberbefehlshaber der Wehrmacht wurde. Angesichts der deutschen Massenmorde, aber auch wegen Kritik an der militärischen Führung entschloss er sich 1942, Widerstandskreise zu unterstützen. Er war überzeugt, dass die Wehrmacht über die nötigen Machtmittel zum Umsturz verfügte. Nach dem Attentat wurde Stauffenberg noch am Abend des 20. Juli festgenommen und erschossen.*

Kriegsende

Führerbefehl!

„Die Stadt Trier ist mit allen Mitteln zu verteidigen!"

Dieser Befehl ist eindeutig und klar. Das Wort hat nur noch die Panzerfaust. Zu reden haben jetzt nur die Waffen in unseren Fäusten. Den Blick bei Tag und Nacht zum Feind, das Herz zum Bersten voll von Wut und Haß, so sperren wir das

TOR ZUR MOSEL!

Mit einem Schrei nach Rache stemmen wir uns immer wieder gegen die **Eindringlinge!** Jede Straße wird ein **Bollwerk!** Jedes Haus eine **Festung!** So ist Trier **uneinnehmbar!**

Wir Westsoldaten haben den Führerbefehl verstanden, wie die Kameraden aus dem Kurland, aus Ostpreußen u. Pommern.

Kein fremder Eindringling kommt in die Stadt und wenn wir ihn totschlagen, wenn wir ihn mit unseren Fäusten erwürgen müßten.

1 **Plakat, 1945.**

Deutsche auf der Flucht

Zum Jahreswechsel 1944/45 hatten die Alliierten die deutschen Grenzen erreicht. Bereits im Oktober war die Rote Armee in ostpreußisches Gebiet vorgedrungen. Vor den vorrückenden Soldaten, die sich mit Plünderungen, Vergewaltigungen und Morden für den brutalen Terror der Deutschen in der UdSSR rächten, flohen nun Millionen von Menschen, meist Frauen und Kinder, aus den deutschen Ostgebieten. In scheinbar endlosen Flüchtlingstrecks versuchten sie, nach Westen zu gelangen. Doch nicht zuletzt, weil die Nationalsozialisten mit ihren Durchhaltebefehlen die rechtzeitige Flucht der Menschen verhindert hatten, verloren unter den chaotischen Umständen im Winter 1944/45 Schätzungen zufolge etwa 2,8 Millionen Menschen ihr Leben. Und indem sie Gräueltaten der sowjetischen Soldaten noch ausschmückte, versuchte die nationalsozialistische Führung ein weiteres Mal, durch ► Propaganda den Widerstandswillen der Bevölkerung zu stärken.

Volkssturm und Verwüstungen

Gegen die heranrückenden Alliierten mobilisierten die Nationalsozialisten den sogenannten Volkssturm*, in den vor allem Jugendliche und Alte eingezogen wurden. Für kurze Zeit machten in den bereits verlorenen Gebieten junge Partisanen, die sich „Werwölfe" nannten und unter Führung der SS standen, mit Sabotageakten und Selbstmordanschlägen von sich reden. Gegen Zivilisten und Soldaten, die den Widerstand gegen die Alliierten aufgeben wollten, wurden ohne jegliches Gerichtsverfahren Todesurteile verhängt und vollstreckt.

Am 19. März erließ Hitler für das Reichsgebiet den „Nero-Befehl"*: Er sah vor, alle militärischen Anlagen, Verkehrs-, Nachrichten-, Industrie- und Versorgungsanlagen sowie Sachwerte zu zerstören. Dazu überliefert ist folgende Äußerung Hitlers:

Q1 … Wenn der Krieg verloren geht, wird auch das Volk verloren sein. Es ist nicht notwendig, auf die Grundlagen, die das deutsche Volk zu seinem primitivsten Weiterleben braucht, Rücksicht zu nehmen. Im Gegenteil ist es besser, selbst diese Dinge zu zerstören. Denn das Volk hat sich als das schwächere erwiesen, und dem stärkeren Ostvolk gehört ausschließlich die Zukunft. Was nach diesem Kampf übrig bleibt, sind ohnehin die Minderwertigen, denn die Guten sind gefallen. …

Nach erbitterten Kämpfen trafen sich am 25. April 1945 endlich amerikanische und sowjetische Einheiten in Torgau an der Elbe. Am 7. Mai 1945 wurde die bedingungslose Kapitulation durch die Führung der deutschen Wehrmacht in Reims unterzeichnet, sie trat am 9. Mai in Kraft. Hitler hatte zuvor, am 30. April, im Bunker der Reichskanzlei in Berlin Selbstmord begangen. In allen deutschen Gebieten übernahmen nun die Siegermächte die Regierungsgewalt.

1 *Berichtet über die Situation der Zivilbevölkerung in den letzten Kriegsmonaten.*

2 *Diskutiert mithilfe von Q1 und eurem Vorwissen über die NS-Ideologie die Einstellung Hitlers zum deutschen Volk.*

Volkssturm:*: *Regionale Kampfeinheiten aus allen noch nicht zur Wehrmacht eingezogenen Männern zwischen 16 und 60 Jahren, die meist nur im Umgang mit der Panzerfaust unterwiesen waren. Sein Einsatz war Teil des „Totalen Krieges", militärisch aber sinnlos.*

Nero-Befehl*: *Hitlers Befehl zur Selbstvernichtung Deutschlands. Der Begriff bezieht sich auf den römischen Kaiser Nero, der vermutlich Rom in Brand setzen ließ, um auf den Ruinen eine neue Stadt errichten zu können.*

Oktober 1944: *Einmarsch der Roten Armee in den deutschen Ostgebieten.*

8./9. Mai 1945: *bedingungslose Kapitulation der deutschen Wehrmacht und damit Kriegsende in Europa.*

Kriegsende

2 **Das zerstörte Hiroshima.** Foto, 1945.

Gesamtverluste: rund 55 Millionen Tote (Erster Weltkrieg: rund 10 Millionen Tote)		
Deutschland:	5 250 000	(500 000)
Sowjetunion:	20 600 000	(7 000 000)
USA:	259 000	
Großbritannien:	386 000	(62 000)
Frankreich:	810 000	(470 000)
Polen: ferner 1,5 Mio. in den von der Sowjetunion 1939 annektierten polnischen Ostgebieten	4 250 000	(4 200 000)
Italien:	330 000	
Rumänien:	378 000	
Ungarn:	420 000	(280 000)
Jugoslawien:	1 690 000	(1 200 000)
Finnland:	84 000	
Norwegen:	10 000	
Dänemark:	1400	
Bulgarien:	20 000	
Griechenland:	160 000	(140 000)
Belgien:	88 000	(76 000)
Niederlande:	210 000	(198 000)
Japan:	1 800 000	(600 000)

3 **Die Toten des Zweiten Weltkriegs.** Die Zahlen in Klammern geben den Anteil der Zivilisten wieder.

Das Kriegsende in Asien

In Ostasien gelang es den Alliierten bis zum Frühjahr 1945, die Japaner aus vielen ihrer Eroberungsgebiete wieder zu verdrängen. Die Kämpfe wurden unter hohen Verlusten auf beiden Seiten geführt. Doch auch als die USA die Lufthoheit* über Japan bereits errungen hatten, lehnte Kaiser Hirohito die Kapitulation noch ab. Der Krieg ging weiter.
In dieser Situation entschied sich der neue amerikanische Präsident Truman für den Einsatz einer neuen Waffe mit bis dahin ungekannter Zerstörungskraft: Am 6. August 1945 wurde über der japanischen Hafenstadt Hiroshima, in der 340 000 Menschen lebten, „Little Boy", die erste Atombombe, gezündet. Durch den sich unmittelbar in der Stadt ausbreitenden Feuersturm starben fast 100 000 Menschen sofort, weitere 40 000 erlagen innerhalb weniger Monate ihren Strahlenverletzungen und Verbrennungen. Mindestens 30 000 Überlebende erlitten zudem schwere Strahlenschäden; bis heute liegt die Rate an Krebserkrankungen und Missbildungen bei Neugeborenen weit über dem japanischen Landesdurchschnitt.
Hiroshima war fast völlig zerstört. Doch erst nachdem auch die UdSSR Japan den Krieg erklärt und die USA am 9. August mit einer weiteren Atombombe die Stadt Nagasaki zerstört hatte, war Japan zur Kapitulation bereit, der Zweite Weltkrieg beendet.
Präsident Truman äußerte sich 1965 im Rückblick zu seiner Entscheidung:

Q2 … Mir war natürlich klar, dass die Explosion einer Atombombe unvorstellbare Schäden und Menschenverluste zur Folge haben würde … Eines möchte ich klarstellen: Ich betrachte die Bombe als militärische Waffe und hatte nie den geringsten Zweifel daran, dass sie eingesetzt werden sollte.

3 *Recherchiert in der Schulbibliothek oder im Internet über die Auswirkungen des Abwurfs der Atombomben.*
4 *Erläutert die Haltung Präsident Trumans zur Atombombe, wie sie in Q2 zum Ausdruck kommt.*
5 *Nehmt Stellung zu der in Q2 vertretenen Auffassung, die Atombombe sei als „militärischen Waffe" einzusetzen.*

Lufthoheit*: *(im militärischen Sinn) die Kontrolle des Luftraums eines Landes, sodass in diesem kein Angriff von gegnerischen Flugzeugen befürchtet werden muss. Der Boden unter diesem Luftraum kann jedoch noch von dem Gegner kontrolliert werden.*

6./9. August 1945: *Atombombenabwürfe über Hiroshima und Nagasaki.*

2. September 1945: *Mit der Unterzeichnung der Kapitulationsurkunde durch den japanischen Kaiser ist der Zweite Weltkrieg zu Ende.*

Zum Weiterlesen: Ein Familiengeheimnis

1 Mirjam Pressler, Die Zeit der schlafenden Hunde. Umschlagabbildung.

Johannas Entdeckung

Johannas Großvater besaß das größte Kaufhaus der Stadt, „Modehaus Riemenschneider". Solange Johanna zurückdenken kann, heißt es über ihn, er habe Zeit seines Lebens hart für sein Geschäft gearbeitet. Doch auf einer Klassenreise in Israel gerät das Weltbild der 18-Jährigen ins Wanken: Zufällig erfährt sie, dass das Kaufhaus, das nun ihre Eltern führen, früher „Heimann & Compagnie" hieß: Bis 1938 gehörte es einer jüdischen Familie. Vor ihrer Flucht musste sie es weit unter Wert verkaufen – an einen Nazi, Johannas Großvater. Johanna spürt, wie die Entdeckung ihr den Boden unter den Füßen entzieht. Will sie herausfinden, was war – oder will sie es nicht? Was hat ihr Großvater, den sie doch als liebenswerten Menschen in Erinnerung hat, noch getan, damals? Nachdem diese Fragen einmal da sind, kann Johanna sie nicht mehr verdrängen, immer wieder muss sie daran denken.

Schlafende Hunde

Ihr Vater schlägt mit der Faust auf den Tisch, so fest, dass sein noch halb volles Glas umfällt, der Wein läuft über die Tischplatte und malt einen rot glänzenden Streifen über die lackierte Oberfläche. Der Vater zuckt zusammen, kippt die Knie zur Seite, aber es ist zu spät, er hat etwas abbekommen, auf seiner grauen Hose ist ein Fleck. Der Wein tropft auf den Teppich …
[Johanna] versteht nicht, wie es dazu gekommen ist, es war ein normaler Abend, sie haben sich nach dem Essen mit ihrem Nachtisch, Walnusseis, ins Wohnzimmer gesetzt und den Fernseher eingeschaltet, um Nachrichten anzuschauen. Der Sprecher berichtete von einem ehemaligen SS-Mann, der vielleicht aufgrund seines Gesundheitszustandes nicht mehr prozessfähig sei, und Johanna sagte, ohne nachzudenken, das kann Opa nicht mehr passieren, und da hat ihr Vater die Faust geballt und auf den Tisch gehauen.
… Ruhig, aber mit einer Stimme, der man den unterdrückten Zorn anhört, [sagt er], du lässt nicht locker, du willst unbedingt schlafende Hunde wecken, du bist genauso stur wie er, also, was willst du?
Sie nimmt ihren ganzen Mut zusammen und sagt, er war doch ein Nazi, was hat er wirklich gemacht, du musst es wissen, du musst ihn doch mal gefragt haben.
Sie hat erwartet, dass er wütend reagiert, aber so ist es nicht. Ja, sagt er, er war ein Nazi, daran ist nicht zu rütteln … Er zögert, dann sagt er, ich hätte auch lieber einen Vater gehabt, der kein Nazi war, aber es ist nun mal nicht zu ändern, im Nachhinein ist jeder klüger, du hast das nicht miterlebt, weißt du denn so genau, wie du dich damals verhalten hättest?
Stimmt, denkt sie, während er ein Papiertaschentuch aus der Hosentasche zieht und sich mit dem Weinfleck beschäftigt, wer kann das schon von sich wissen … Aber laut sagt sie, auch wenn man nicht weiß, was man selbst getan hätte, ändert es doch nichts daran, dass er Nazi war, und auch wenn man es selbst nicht erlebt hat, muss man sich doch ein eigenes Urteil bilden dürfen …
Er unterbricht sie, wirft das Taschentuch auf den Tisch. Du glaubst also, du könntest dir anmaßen, ein Urteil zu fällen? Sei doch nicht so verdammt überheblich, du hast kein Recht, dich hier als Richterin aufzuspielen. Dein Großvater war ein Nazi, na und, damit musst du leben, du kannst es dir jeden Morgen vorsagen, aber du kannst es nicht ändern, du kannst die Zeit nicht zurückdrehen, nichts, aber auch gar nichts lässt sich ungeschehen machen und jetzt ist er tot, kannst du ihn nicht wenigstens in Frieden ruhen lassen? …
… Was hat er gemacht, fragt [Johanna], weißt du, was er im Krieg wirklich gemacht hat?
Was soll er schon gemacht haben, er war an der Front, antwortet ihr Vater. Er war kein KZ-Aufseher, wenn du das meinst, er war ein einfacher Gefreiter an der Front … Er hatte ja das Geschäft, es ging ihm immer nur um das Geschäft, hat er gesagt. …

aus: Mirjam Pressler: Die Zeit der schlafenden Hunde, Roman. Weinheim/Basel: Beltz & Gelberg Taschenbuch 689, 2005, 269 Seiten

Zusammenfassung

Gleichschaltung und Erfassung des Volkes
Nach ihrer Machtübernahme festigten die Nationalsozialisten bis zum Sommer 1934 durch ▶ Propaganda, „▶ Gleichschaltung" und Terror gegen die politische Opposition ihre Macht. Diejenigen, die den Führungsanspruch Hitlers und der NSDAP nicht anerkannten, wurden verfolgt und in „▶ Konzentrationslagern" (KZs) inhaftiert. Gesinnung prägende NS-Organisationen erfassten die propagierte „▶ Volksgemeinschaft", aus der gesellschaftliche Randgruppen sowie Menschen, die nicht dem Rassenideal entsprachen, gezielt ausgeschlossen waren.

Von der Verfolgung zum Völkermord
Seit 1933 gingen die rassistische NS-Ideologie und die gesellschaftliche Ausgrenzung der Deutschen jüdischen Glaubens in Reichsgesetze ein. Durch die 1935 erlassenen „▶ Nürnberger Gesetze" wurden Juden zu Menschen minderen Rechts gestempelt. Seitdem häuften sich willkürliche Verhaftungen, Beschlagnahmungen und Abschiebungen bis hin zur Pogromnacht im November 1938. Im Januar 1942 beschloss die Parteiführung den systematischen ▶ Völkermord, der nach Beginn des Zweiten Weltkriegs auch in den besetzten Gebieten vollzogen wurde: In ▶ Vernichtungslagern und durch Massenmorde in Kriegsgebieten starben fast 6,5 Millionen Juden, Sinti und Roma.

Der Zweite Weltkrieg
Seit 1933 hatten die deutsche Wirtschafts- und Außenpolitik auf den Krieg hingearbeitet, der 1939 mit dem Einmarsch deutscher Truppen in Polen begann. Nach Eroberungserfolgen auf dem europäischen Kontinent, erklärte Deutschland 1941 zunächst Russland, dann den USA den Krieg. In den von Deutschen besetzten Gebieten verübten Einheiten von Wehrmacht und SS Verbrechen an der Zivilbevölkerung; Millionen von Menschen wurden als Zwangsarbeiter nach Deutschland verschleppt. Bereits 1943 zeichnete sich die deutsche Niederlage ab, doch erst am 8./9. Mai 1945 kapitulierte die Führung der Wehrmacht bedingungslos.

Widerstand in Deutschland
Nachdem bereits 1933 politische Gegner brutal verfolgt worden waren, entwickelte sich in Deutschland kein breiter Widerstand gegen das NS-Regime. Diejenigen, die sich vor allem während des Krieges auflehnten, waren unterschiedlich motivierte Einzelne oder kleinere Gruppen (wie z. B. die „Weiße Rose"). Den Sturz Hitlers konnten Widerstandskreise aber nicht erreichen.

Seit 1933

Durch gezielte Propagandamaßnahmen errichteten die Nationalsozialisten eine „Volksgemeinschaft".

9./10. November 1938

Seit der Pogromnacht konnte niemand mehr die Augen vor der Judenverfolgung verschließen.

Herbst 1940

Die deutsche Luftwaffe eröffnete den Luftkrieg gegen die britische Zivilbevölkerung.

Auch Jugendliche stellten sich dem NS-Regime entgegen.

2. Die Entstehung einer bipolaren Welt

Berlin, Friedrichstraße, Oktober 1961. Da stehen sie sich gegenüber: russische Panzer auf der östlichen, amerikanische auf der westlichen Seite der Stadt, ihre Kanonenrohre aufeinander gerichtet. Was war geschehen? Zwischen dem Ost- und dem Westteil Berlins begannen im August Soldaten, Stacheldraht auszurollen, Bauarbeiter fingen an, eine Mauer hochzuziehen. Berlin, seit 1945 von den Siegermächten kontrolliert, war damit eine geteilte Stadt. Knapp 20 Jahre war es her, seit sich die UdSSR und die USA zusammengefunden hatten, um gemeinsam Hitlerdeutschland zu bekämpfen und schließlich zu besiegen. Aus Verbündeten waren Feinde geworden; eine bipolare Welt – eine Welt zwischen den „Polen" Kommunismus und Kapitalismus – war entstanden.

► „Kalter Krieg" nannten die Menschen damals den Zustand zwischen West und Ost. In diesem Kapitel erfahrt ihr, wie der Kalte Krieg begann, wie er sich Schritt für Schritt über Europa und die übrige Welt legte, wie er sich auf das Leben der Menschen auswirkte, welche Gefahren für die Menschheit von ihm ausgingen …

Schauplatz: Feindbilder im Kalten Krieg

1 **1952 in der Bundesrepublik Deutschland verbreitetes Plakat.**

2 **1952 in der DDR verbreitetes Plakat.** Es bezieht sich auf den amerikanischen General Matthew Ridgway, dem 1952 u. a. die in der Bundesrepublik Deutschland stationierten Truppen der Siegermächte USA, Großbritannien und Frankreich unterstanden.

1 *Betrachtet die Abbildungen 1 und 2. Beschreibt, welchen Eindruck sie spontan auf euch ausüben.*

Feindschaft in Bildern und Sprache

Schon bald nachdem die siegreichen Alliierten des Zweiten Weltkriegs Deutschland besetzt hatten, bestimmten gegensätzliche politische Interessen zwischen den drei Westmächten und der Sowjetunion ihren Umgang miteinander. Deutschland wurde schnell zu einem der Schauplätze, an dem ihre wachsende Feindschaft zu spüren war, auch wenn sie nicht mit Waffen ausgetragen wurde: Mithilfe abschreckender Bild- und Wortschöpfungen verunglimpften Anhänger beider Regime die jeweils andere Seite. So gingen Schlagwörter wie „schrecklicher Iwan", „Amisöldner" oder „rote Flut" in die Sprache der Deutschen ein – je nachdem, in welchem Teil Deutschlands sie lebten. Feindbilder nahmen Einfluss auf die Vorstellungen der Menschen – nicht nur über die Großmächte USA und UdSSR, sondern auch über beide deutsche Staaten. Der Historiker Wolfgang Benz schrieb 2001 über westliche Feindbilder im ► Kalten Krieg:

M … Wir wussten …, dass die Kommunisten in der Ostzone hausten, … ein fernes Land, von dem die Eltern mit Abscheu sprachen, denn dort geschahen geheimnisvolle Gräueltaten … (Es) war alles so schlimm, dass man bösen Menschen im heimatlichen Westen, wenn sie etwas besonders Schlechtes getan hatten, empört riet, „nach drüben in die Ostzone" zu gehen, wie die Umschreibung für Hölle lautete …

2 *Sprecht darüber, welche der im Text genannten Schlagwörter von welcher Seite verwendet wurden. Begründet eure Auffassungen.*

3 *Erläutert, aus welchem Grund die Abbildungen 1 und 2 Feindbilder darstellen.*

4 *Befragt eure Großeltern, welche Aktionen oder Plakate, die zur Verbreitung und Festigung von Feindbildern beitrugen, ihnen in Erinnerung geblieben sind. Tragt die Ergebnisse zusammen.*

Arbeitstechnik: Feindbilder untersuchen

Für oder gegen uns …?

Wenn Feindbilder geschaffen werden, geschieht dies meist, um Ängste vor dem kulturell oder politisch „Fremden“ zu wecken. Darüber hinaus kann die Verbreitung eines Feindbildes aber auch dazu dienen, die Bevölkerung für die eigenen Positionen einzunehmen: Denn sehe ich die Kultur, in der ich lebe, bedroht, schließe ich mich enger mit denen zusammen, die „auf meiner Seite“ sind … Manchmal ist uns gar nicht bewusst, von welchen Feindbildern wir umgeben sind. Eine Analyse von Negativdarstellungen kann helfen, ihre Funktionen zu erkennen – und letztlich das dahinterstehende Feindbild abzubauen. Die folgenden Schritte zeigen euch, wie ihr solche Darstellungen kritisch beleuchten könnt.

3 **Plakat, 1950er-Jahre.**

5 *Wendet die nebenstehenden Arbeitsschritte 1–3 auf das abgebildete Plakat (3) an.*

1. Inhalt und Medium bestimmen

Beschreibt die Darstellung.

- Wie ließe sich ihre Botschaft grob umreißen (jemanden lächerlich machen, als einfältig, gierig o. Ä. darstellen)?

Mit welchem Medium wurde das Motiv dargestellt und verbreitet?

- Handelt es sich um ein Bild (z. B. eine Karikatur oder ein Foto), einen Text (z. B. eine Zeitungsmeldung), eine Mischform von Bild und Text (z. B. ein Plakat oder ein Flugblatt), einen Film?

2. Gestalterische Mittel untersuchen

Analysiert, wie Gestaltungsmittel eingesetzt wurden, z. B.:

- Wurden Einzelmotive in ihren Formen und/oder Farben vereinfacht, verzerrt, verfremdet?
- Welche Wirkung wird durch die verwendeten Gestaltungsmittel erzielt?
- Wurden Figuren, Formen und/oder Farben mit Symbolgehalt verwendet? Worauf deuten sie hin?
- Wie wurde der Text eingesetzt? Unterscheidet zwischen sachlichen Aussagen, Aufrufen und Schlagworten.

3. Auftraggeber und Adressat ermitteln

Prüft z. B. mithilfe der Bildlegende oder der Textquelle, wer die Darstellung verbreitete.

- Wen wollten die Auftraggeber/Urheber vermutlich erreichen? Überlegt, wie die Darstellung bei ihrer Veröffentlichung auf die Adressaten gewirkt haben mag.

4. Die Darstellung reflektieren

Prüft mithilfe von Zusatzinformationen, welche Funktion die Darstellung erfüllen sollte.

- Informiert euch, in welcher geschichtlichen Situation sie entstand.
- Welches Bild vermitteln die Urheber der Darstellung von sich selbst? Findet Adjektive. Versucht, ihre Absichten vor dem Hintergrund der historischen Situation einzuordnen.

So geht es weiter …

Künftig Frieden durch die UNO?

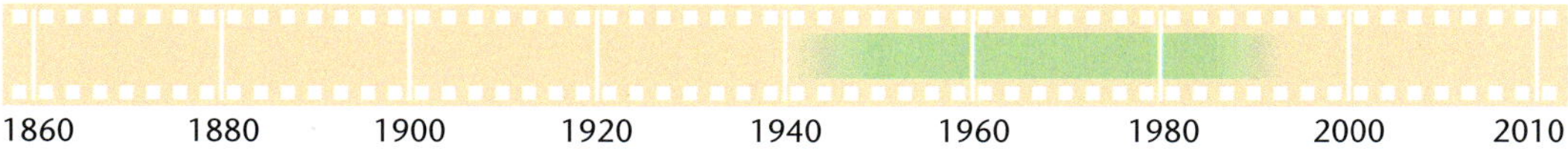

Hauptsitz der UNO ist New York. Heute gehören der UNO 184 Staaten an. Das sind fast alle Staaten der Welt, mit Ausnahme der Schweiz, Taiwans und seit 1992 Serbiens sowie einiger anderer Länder.

1 **Die UNO-Vollversammlung in New York.** Foto.

2 **Sitzung des UN-Sicherheitsrates in New York.** Foto, 1994.

Vetorecht*:
Das Vetorecht (lat. veto = „ich erhebe Einspruch“) ist das festgelegte Recht eines einzelnen Angehörigen einer Institution, einen Beschluss zu verhindern, auch wenn alle anderen Mitglieder dafür sind.

Kollektivmaßnahmen*:
Regelungen, die von einer Gemeinschaft von Staaten oder Menschen gemeinsam vorgenommen werden.

Hoffnung auf Frieden durch die UNO

Unter dem Eindruck der Verluste und Verbrechen des Zweiten Weltkriegs einigten sich die Siegermächte schon 1945, eine Weltfriedensorganisation nach dem Vorbild des Völkerbundes zu schaffen: die United Nations Organization (▶ UNO). Doch bereits vor der Gründung gab es gegenseitiges Misstrauen. Daher einigten sich die Gründungsmitglieder darauf, dass die USA, Großbritannien, Frankreich, die UdSSR und die Republik China als ständige Mitglieder in dem wichtigsten Ausschuss der UNO, dem Sicherheitsrat, vertreten sein sollten und ihnen dort ein Vetorecht* zugestanden werde.

Die Gründungserklärung der UNO

Am 26. Juni 1945 unterzeichneten 51 Staaten in San Francisco (Kalifornien) die Charta der Vereinten Nationen:

Q … Die Vereinten Nationen setzen sich folgende Ziele:
1. den Weltfrieden und die internationale Sicherheit zu wahren und zu diesem Zweck wirksame Kollektivmaßnahmen* zu treffen, um … Angriffshandlungen und andere Friedensbrüche zu unterdrücken und internationale Streitigkeiten … durch friedliche Mittel nach den Grundsätzen der Gerechtigkeit und des Völkerrechts zu bereinigen oder beizulegen;
2. freundschaftliche, auf der Achtung vor dem Grundsatz der Gleichberechtigung und Selbstbestimmung der Völker beruhende Beziehungen zwischen den Nationen zu entwickeln …;
3. eine internationale Zusammenarbeit herbeizuführen, um internationale Probleme wirtschaftlicher, sozialer, kultureller und humanitärer Art zu lösen und die Achtung vor den Menschenrechten und Grundfrei-

Künftig Frieden durch die UNO?

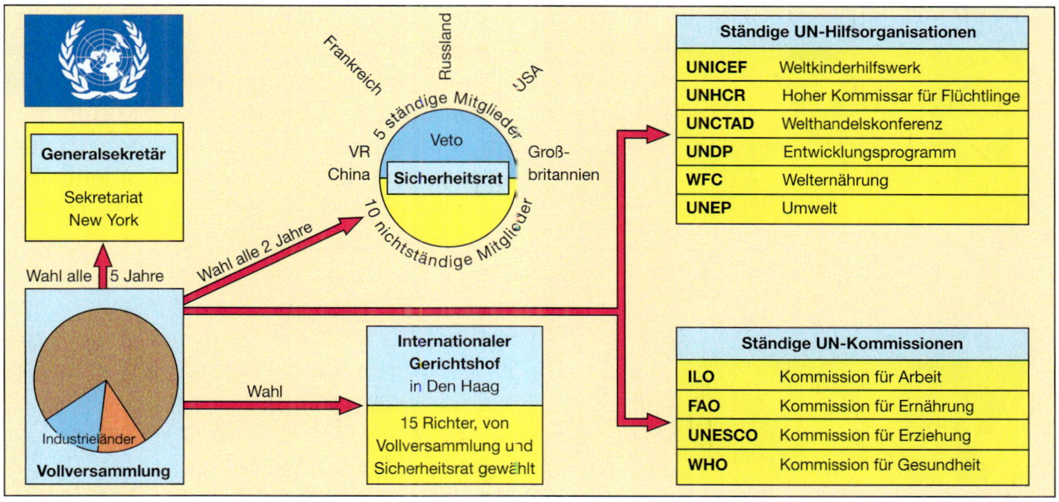

3 **Organe und Gliederung der UNO.** Schaubild.

heiten für alle ohne Unterschiede der Rasse, des Geschlechts, der Sprache oder der Religion zu fördern. …

Art. 41 Der Sicherheitsrat kann beschließen, welche Maßnahmen – unter Ausschluss von Waffengewalt – zu ergreifen sind, um seinen Beschlüssen Wirksamkeit zu verleihen. … Sie können die vollständige oder teilweise Unterbrechung der Wirtschaftsbeziehungen, des Eisenbahn-, See- und Luftverkehrs, der Post-, Telegrafen- und Funkverbindungen sowie sonstiger Verkehrsmöglichkeiten und den Abbruch der diplomatischen Beziehungen einschließen.

Art. 42 Ist der Sicherheitsrat der Auffassung, dass die in Artikel 41 vorgesehenen Maßnahmen … sich als unzulänglich erwiesen haben, so kann er mit Luft-, See- oder Landstreitkräften die zur Wahrung oder Wiederherstellung des Weltfriedens und der internationalen Sicherheit erforderlichen Maßnahmen durchführen. …

1 *Nennt mit euren Worten die Ziele der 1945 gegründeten Weltorganisation.*

2 *Beschreibt die Machtmittel der UNO, um in Konflikte einzugreifen.*

3 *Erläutert, welche Folgen das Vetorecht für die Handlungsfähigkeit der UNO haben könnte.*

Die Organe der UNO

Das zentrale Gremium der UNO ist die Vollversammlung. Sie tritt einmal im Jahr in New York zur Beschlussfassung über die wichtigsten Fragen der Weltpolitik zusammen. Jedes Mitgliedsland hat dabei eine Stimme. Die Beschlüsse sind für die Mitglieder aber nicht bindend. Der Sicherheitsrat kann für alle Mitgliedstaaten verbindliche Beschlüsse fassen. Neben den ständigen Mitgliedern mit Vetorecht gehören ihm zehn nichtständige Mitglieder an. Sie werden alle zwei Jahre mit Zweidrittelmehrheit der Vollversammlung gewählt: fünf aus Afrika und Asien, zwei aus Lateinamerika, zwei aus den westeuropäischen Industriestaaten und eins aus einem osteuropäischen Land. Der Sicherheitsrat kann in einem Konfliktfall die streitenden Parteien auffordern, die Differenzen in Verhandlungen beizulegen. Wenn dies nicht ausreicht, kann er Zwangsmaßnahmen nach Artikel 41 und 42 der UNO-Charta verhängen. Neben diesen Gremien gibt es noch viele Unterorganisationen (Kommissionen und Hilfsorganisationen) für die verschiedensten Bereiche der Weltpolitik (Schaubild 3).

4 *Erklärt anhand des Schaubildes den Aufbau der UNO und die Funktion der einzelnen Organe.*

Vom Miteinander zum Gegeneinander

1 **Die Anti-Hitler-Koalition.** Sowjetisches Plakat, 1944.

Volksdemokratie*: *Staatsform kommunistischer Länder, bei der die gesamte Staatsmacht in den Händen der kommunistischen Partei liegt.*

Ängste und gegenseitiges Misstrauen

Als Verbündete im Zweiten Weltkrieg waren sich die Regierungen der USA, Großbritanniens und der Sowjetunion in ihrem Ziel, das nationalsozialistische Deutschland besiegen zu müssen, einig gewesen. Auf Konferenzen in der iranischen Hauptstadt Teheran 1943 und in Jalta am Schwarzen Meer – im Februar 1945 – hatte man bereits über Richtlinien für eine Besatzung Deutschlands, an der auch französische Streitkräfte beteiligt werden sollten, verhandelt. Doch schon 1945 verschlechterte sich das Verhältnis der Siegermächte USA und UdSSR so sehr, dass man von einem ▶ „Kalten Krieg" zu sprechen begann. Bereits im April hatte Stalin erklärt:

Q1 … Dieser Krieg ist nicht wie in der Vergangenheit; wer immer ein Gebiet besetzt, der legt ihm auch sein eigenes gesellschaftliches System auf. Jeder führt sein System ein, soweit seine Armee vordringen kann. Es kann ja gar nicht anders sein …

Totalitarismus*: *Staatsform, die aufgrund einer bestimmten Ideologie für sich in Anspruch nimmt, in alle Bereiche des menschlichen Zusammenlebens hineinregieren zu dürfen.*

Die amerikanische Politik verfolgte zunächst die Idee einer vereinten Welt, in der freier Handel den Wohlstand der Völker sichern sollte. Um die Ausdehnung des Kommunismus auf Mitteleuropa zu verhindern, befürwortete der amerikanische Präsident Truman den schnellen Abzug der sowjetischen Truppen aus den osteuropäischen Ländern. Der sowjetische Regierungschef Stalin hingegen fürchtete, dass es der durch den Krieg völlig geschwächten UdSSR nicht gelingen würde, ihr politisches System zu erhalten, wenn die wirtschaftlich deutlich überlegenen USA in Europa weiter an Einfluss gewännen.
Um ihren Machtbereich zu stärken, unterstützte die Sowjetunion in den von der Roten Armee befreiten Gebieten in der Folgezeit kommunistische Gruppen und verfolgte Gegner: Nach und nach wurden kommunistische Regierungen eingesetzt; osteuropäische Länder wie Polen, Ungarn, Bulgarien oder die Tschechoslowakei wurden in sogenannte ▶ Volksdemokratien* umgewandelt. Vor dem Hintergrund dieser Politik der UdSSR wandte sich der damals an der amerikanischen Botschaft in Moskau tätige Diplomat Kennan Mitte 1945 an den US-Präsidenten:

Q2 … Die Idee, Deutschland gemeinsam mit den Russen regieren zu wollen, ist ein Wahn. Ein ebensolcher Wahn ist es, zu glauben, die Russen und wir könnten uns eines schönen Tages höflich zurückziehen und aus dem Vakuum werde ein gesundes und friedliches, stabiles und freundliches Deutschland steigen. Wir haben keine andere Wahl, als unseren Teil von Deutschland … zu einer Form von Unabhängigkeit zu führen … Besser ein zerstückeltes Deutschland, von dem wenigstens der westliche Teil als Prellbock für die Kräfte des Totalitarismus* wirkt, als ein geeintes Deutschland, das diese Kräfte wieder bis an die Nordsee vorlässt …

Der britische Premierminister Winston Churchill äußerte sich im März 1946 über die Politik der Sowjetunion:

Vom Miteinander zum Gegeneinander

Q3 ...Von Lübeck an der Ostsee bis nach Triest an der Adria hat sich ein ▶ Eiserner Vorhang über den Kontinent gesenkt. Dahinter liegen die Hauptstädte der vormaligen Staaten Zentral- und Osteuropas: Warschau, Berlin, Prag, Wien, Budapest, Belgrad, Bukarest und Sofia. Alle diese berühmten Städte und die umwohnende Bevölkerung befinden sich in der Sowjetsphäre ... und unterstehen im hohen Maße der Kontrolle Moskaus ...

1 *Stellt dar, wodurch die Politik der beiden Großmächte 1945 geprägt war (Text, Q1, Q2).*

2 *Erklärt den Begriff „Eiserner Vorhang".*

2 **„The Rock"**. Karikatur in der Zeitung „Daily Herald", 13. Februar 1945.

3 **„Entwurf für ein Siegerdenkmal"**. Karikatur in der „Schweizer Illustrierten Zeitung", 11. April 1945.

Die Politik der Eindämmung

Die sowjetischen Bemühungen um eine Ausdehnung des eigenen Machtbereichs beschränkten sich nicht auf die besetzten Gebiete Osteuropas. Auch in der Türkei, im Iran und in Griechenland unterstützte die UdSSR kommunistische Gruppen. Als sich in China schließlich ein Erstarken der Kommunistischen Partei abzeichnete, rief der amerikanische Präsident Truman zu einer Politik der Eindämmung* auf. In einer Rede vor dem Kongress sagte er am 12. März 1947:

Q4 ... Im gegenwärtigen Abschnitt der Weltgeschichte muss fast jede Nation ihre Wahl in Bezug auf ihre Lebensweise treffen. Nur allzu oft ist es keine freie Wahl. Die eine Lebensweise gründet sich auf den Willen der Mehrheit und zeichnet sich durch freie Institutionen, freie Wahlen, Garantie der individuellen Freiheit, Rede und Religionsfreiheit und Freiheit vor politischer Unterdrückung aus. Die zweite Lebensweise gründet sich auf den Willen einer Minderheit, der der Mehrheit aufgezwungen wird. Terror und Unterdrückung, kontrollierte Presse und Rundfunk, fingierte* Wahlen und Unterdrückung persönlicher Freiheit sind ihre Kennzeichen.

Ich bin der Ansicht, dass es die Politik der USA sein muss, die freien Völker zu unterstützen, die sich der Unterwerfung durch bewaffnete Minderheiten oder durch Druck von außen widersetzen ... Ich bin der Ansicht, dass unsere Hilfe in erster Linie in Form wirtschaftlicher und finanzieller Unterstützung gegeben werden sollte ... Die Saat der totalitären Regime gedeiht in Elend und Mangel ... Sie wächst sich vollends aus, wenn in einem Volk die Hoffnung auf ein besseres Leben ganz erstirbt ...

3 *Erklärt, wie in den Abbildungen 1–3 die Politik der Großmächte im Jahr 1945 dargestellt ist.*

4 *Erläutert anhand von Q4, wie Präsident Truman die Entwicklung beurteilt und welche Lösung er vorschlägt.*

Politik der Eindämmung* *(auch: Containment-Politik): Politik mit dem Ziel, die Ausbreitung des Kommunismus einzudämmen. Hintergrund war die Angst, dass sich der Kommunismus unkontrolliert ausweiten könne. Diese Vorstellung vermittelt die sogenannte „Domino-Theorie", die besagte, dass einem Land, das kommunistisch wurde, sogleich benachbarte Länder folgen würden – wie fallende Dominosteine.*

Containment*: *engl. = Eindämmung.*

fingiert*: *scheinbar, vorgetäuscht.*

Der Marshall-Plan ...

5. Juni 1947: *Verkündung des Marshall-Plans.*

1 Werbung für den Marshall-Plan im Westen. Plakat, 1950.

Der ▶ Marshall-Plan

Am 5. Juni 1947 kündigte US-Außenminister Marshall in einem Vortrag an der berühmten Harvard Universität in Cambridge/ Massachusetts ein Hilfsprogramm für den Wiederaufbau Europas (European Recovery Program = ERP) an, in das alle Länder einschließlich der UdSSR einbezogen sein sollten, wenn sie die Bedingungen des Programms annähmen. Damit sollte die von Präsident Truman im März angekündigte Politik umgesetzt werden. Marshall sagte:

Q1 … Die Wahrheit ist, dass die Bedürfnisse Europas für die nächsten drei oder vier Jahre an ausländischen Nahrungsmitteln und anderen lebenswichtigen Produkten, in der Hauptsache aus Amerika, um vieles größer sind, als die gegenwärtige Fähigkeit Europas, dafür zu bezahlen. Europa muss deshalb eine wesentliche zusätzliche Hilfe erhalten … Unsere Politik ist nicht gegen irgendein Land oder irgendeine Doktrin*, sondern gegen Hunger, Armut, Verzweiflung und Chaos gerichtet. Ihr Zweck soll es sein, die Weltwirtschaft wiederherzustellen, um das Entstehen politischer und sozialer Verhältnisse zu ermöglichen, unter welchen freie Institutionen* existieren können …

Die amerikanische Hilfe bestand in der Gewährung langfristiger Kredite und der Lieferung von Investitionsgütern* und Lebensmitteln. Ihre Annahme setzte die Beibehaltung oder Wiederzulassung der freien Marktwirtschaft voraus. Nach der Rede Marshalls legten 16 europäische Länder einen Entwurf für ein Aufbauprogramm vor. Der Marshall-Plan hatte in den westeuropäischen Ländern günstige psychologische und wirtschaftliche Folgen. Er verstärkte hier den begonnenen Wiederaufbau und legte in Westdeutschland die Grundlage für das spätere „Wirtschaftswunder" (Seite 102f.).

Die UdSSR untersagte den osteuropäischen Ländern und der Sowjetischen Besatzungszone Deutschlands die Teilnahme, weil sie im Marshall-Plan ein Mittel zur direkten Einflussnahme auf die Politik der Länder Osteuropas sah. Auch widersprach die Forderung nach Zulassung der freien Marktwirtschaft völlig den Vorstellungen von einer sozialistischen Wirtschaftsordnung.

1 *Erklärt, welche Ziele die USA mit dem Marshall-Plan verfolgten und warum die UdSSR den osteuropäischen Staaten die Teilnahme untersagte.*

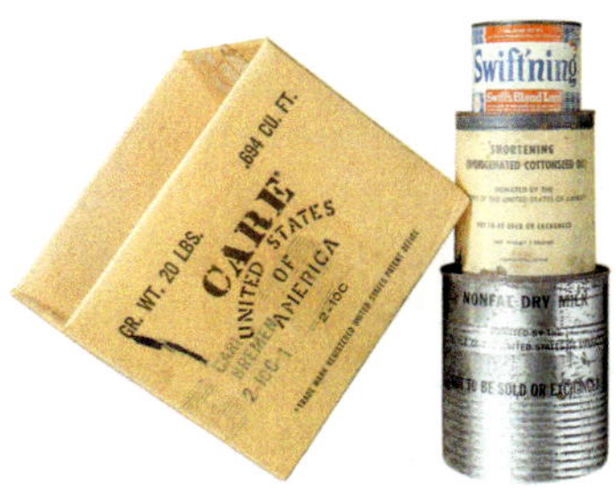

2 Lebensmittelpaket der Organisation CARE. Die private amerikanische Wohltätigkeitsorganisation „Cooperative for American Remittance to Europe" verteilte in den Jahren 1946 und 1947 fünf Millionen Lebensmittelpakete in Deutschland.

Institutionen*: *Öffentliche Einrichtungen mit staatlicher oder kirchlicher Trägerschaft.*

Investitionsgüter*: *Güter, die der Produktion dienen.*

Doktrin*: *Politischer Lehrsatz.*

Die Antwort der UdSSR

Als Antwort auf den Marshall-Plan gründete die UdSSR ein Kommunistisches Informationsbüro (Kominform), mit dem die Arbeit der kommunistischen Parteien Osteuropas besser organisiert und kontrolliert werden sollte.

Der sowjetische Delegierte Malenkow erklärte auf der Gründungsversammlung des „Kominform" im September 1947 zur Politik der Sowjetunion und der USA:

Q2 ... Es bildeten sich zwei entgegengesetzte Richtungen in der internationalen Politik heraus. Die eine Politik wird von der Sowjetunion und den Ländern der neuen Demokratie verfolgt. Die Außenpolitik der Sowjetunion und der demokratischen Länder ist auf die Untergrabung des Imperialismus, auf die Sicherstellung eines festen demokratischen Friedens zwischen den Völkern und auf den größtmöglichen Ausbau der freundschaftlichen Zusammenarbeit der friedliebenden Völker gerichtet ...

In der anderen Richtung der internationalen Politik ist die herrschende Clique der amerikanischen Imperialisten führend. In dem Bestreben, die Position zu festigen, die das amerikanische Monopolkapital* während des Krieges in Europa und Asien erobert hat, hat diese Clique nun den Weg der offenen Expansion betreten, den Weg der Versklavung der geschwächten kapitalistischen Länder Europas, ... den Weg der Vorbereitung neuer Kriegspläne gegen die UdSSR und die Länder der neuen Demokratie, wobei sie sich des Vorwandes eines Kampfes gegen die „kommunistische Gefahr" bedient. Den klarsten und konkretesten Ausdruck fand diese Politik in den Plänen von Truman und Marshall ...

2 *Klärt, wer mit der Bezeichnung „Länder der neuen Demokratie" gemeint ist.*

3 *Arbeitet heraus, welche Ziele die Sowjetunion und die „Länder der neuen Demokratie" laut Malenkow verfolgen.*

4 *Was unterstellt Malenkow der amerikanischen Politik?*

3 **Ablehnung des Marshall-Plans in der sowjetischen Zone.** Plakat, 1947.

Die politische Situation 1947/48

Im November 1947 schrieb ein hoher amerikanischer Beamter dem US-Außenminister einen Brief, in dem er die politische Situation bewertete:

Q3 ... Der politische Vormarsch der Kommunisten in Westeuropa konnte wenigstens zeitweise aufgehalten werden. Dies ist das Ergebnis mehrerer Faktoren, von denen einer die Aussicht auf US-Hilfe ist ... Der Stillstand des kommunistischen Vormarsches zwingt Moskau, seinen Einfluss in Osteuropa zu konsolidieren* ... Alles in allem muss unsere Politik darauf ausgerichtet sein, ein Kräftegleichgewicht in Europa und Asien wiederherzustellen. Das bedeutet, dass wir ... darauf bestehen müssen, Westdeutschland von kommunistischer Kontrolle freizuhalten. Wir müssen dann sehen, dass es besser in Westeuropa integriert wird ...

5 *Erläutert, welche politische Entwicklung der Beamte erwartet und welche Schlüsse er daraus zieht.*

Der Marshall-Plan
1948–1952

Großbritannien
3,6 Mrd. Dollar

Österreich
0,6 Mrd. Dollar

Frankreich
3,1 Mrd. Dollar

Griechenland
0,8 Mrd. Dollar

Italien
1,6 Mrd. Dollar

Belgien/Luxemburg
0,6 Mrd. Dollar

Niederlande
1,0 Mrd. Dollar

Verschiedene
1,8 Mrd. Dollar

Westzonen, Bundesrepublik Deutschland
1,5 Mrd. Dollar

Monopolkapital*: *Im Sinne der Wirtschaftstheorie von Karl Marx Bezeichnung für die Unternehmen, die aufgrund ihrer marktbeherrschenden Stellung ohne Konkurrenten hohe Gewinne erzielen können.*

konsolidieren*: *in seinem Bestand sichern, festigen.*

Atomare Rüstung und Blockbildung

1 **Karikatur von Horst Haitzinger.** 1981.

Die Großmächte und die Atombombe
1945 waren die USA der Sowjetunion, die Kriegsschauplatz gewesen war, nicht nur wirtschaftlich, sondern auch militärisch überlegen: Als einzige Macht der Welt verfügten sie über die Atombombe und setzten sie in ▶ Hiroshima und Nagasaki auch ein. Doch bereits 1949 besaß auch die Sowjetunion eine Atombombe.
Ursprünglich als letztes Mittel der Alliierten im Kampf gegen das nationalsozialistische Deutschland geplant, war die Atombombe seit 1941 entwickelt worden. Nachdem den deutschen Chemikern Otto Hahn und Fritz Straßmann 1938 die Kernspaltung des Uranatoms gelungen war, bestanden bei den Alliierten große Befürchtungen, dass es in Deutschland zuerst gelingen würde, die neue Technik militärisch zu nutzen. Bereits 1939 forderte der aus Deutschland in die USA emigrierte Physiker Albert Einstein den damaligen amerikanischen Präsidenten Roosevelt auf, die Entwicklung der Waffe einzuleiten. Rückblickend schrieb Einstein:

Q … Wenn ich gewusst hätte, dass die Deutschen nicht mit Aussicht auf Erfolg an der Atomwaffe arbeiten, hätte ich nichts für die Bombe getan. … Ich habe niemals gesagt, dass ich die Anwendung der Atombombe gegen die Deutschen gebilligt haben würde. Ich glaubte, wir müssten die Möglichkeit Deutschlands vermeiden, unter Hitler im alleinigen Besitz der Waffe zu sein. Das war die wirkliche Gefahr dieser Zeit.

strategische Waffen*: *Waffensysteme (z. B. Atomraketen), die aufgrund ihrer Reichweite eine Bedrohung für das Land des Gegners darstellen.*

1 *Stellt anhand von Q heraus, welches Ziel Albert Einstein mit seiner Empfehlung, eine Atombombe zu entwickeln, verfolgte.*
2 *Diskutiert das Für und Wider beiderseitigen Atomwaffenbesitzes.*

Militärische Bündnisse entstehen
Nachdem auch in China die Machtübernahme durch ein kommunistisches Regime immer wahrscheinlicher geworden war, gründeten die USA, Kanada und zehn westeuropäische Staaten am 4. April 1949 die ▶ NATO (North Atlantic Treaty Organization). Als schließlich 1955 die Sowjetunion mit sechs osteuropäischen Ländern und der DDR den ▶ Warschauer Pakt bildete, standen sich die Großmächte in zwei Machtblöcken gegenüber.
Die Rivalität des Kalten Krieges schlug sich in der Folge in einem „Rüstungswettlauf" nieder, der auf atomare Abschreckung zielte. Mit der Zahl der Atomraketen stieg aber auch die Belastung der Staatshaushalte, was vor allem in der Sowjetunion zu wirtschaftlichen Krisen führte.
Obwohl seit den 1970er-Jahren unter den Präsidenten Nixon (USA) und Breschnew (UdSSR) eine Phase der Annäherung eingesetzt hatte und erste Verträge zur Begrenzung der Zahl strategischer Waffen* unterzeichnet worden waren, verfügten beide Seiten in den 1980er-Jahren über so viele Atomraketen, dass damit sämtliche Länder der Erde mehrfach hätten vernichtet werden können. Diesen Zustand bezeichnet der Begriff „Overkill".
Erst nach drei Jahrzehnten des Wettrüstens konnte man sich auf eine Politik des Abrüstens verständigen.
3 *Diskutiert: Verschärften die Bündnisse die Konfrontation zwischen den Großmächten?*

Der Nordatlantikpakt
Der 1949 geschlossene Bündnisvertrag der NATO-Staaten besitzt bis heute Gültigkeit. Die Unterzeichner betonen ihren Wunsch nach weltweitem Frieden, zeigen sich aber auch entschlossen, die demokratischen Grundrechte sowie das kulturelle Erbe und

NATO und Warschauer Pakt

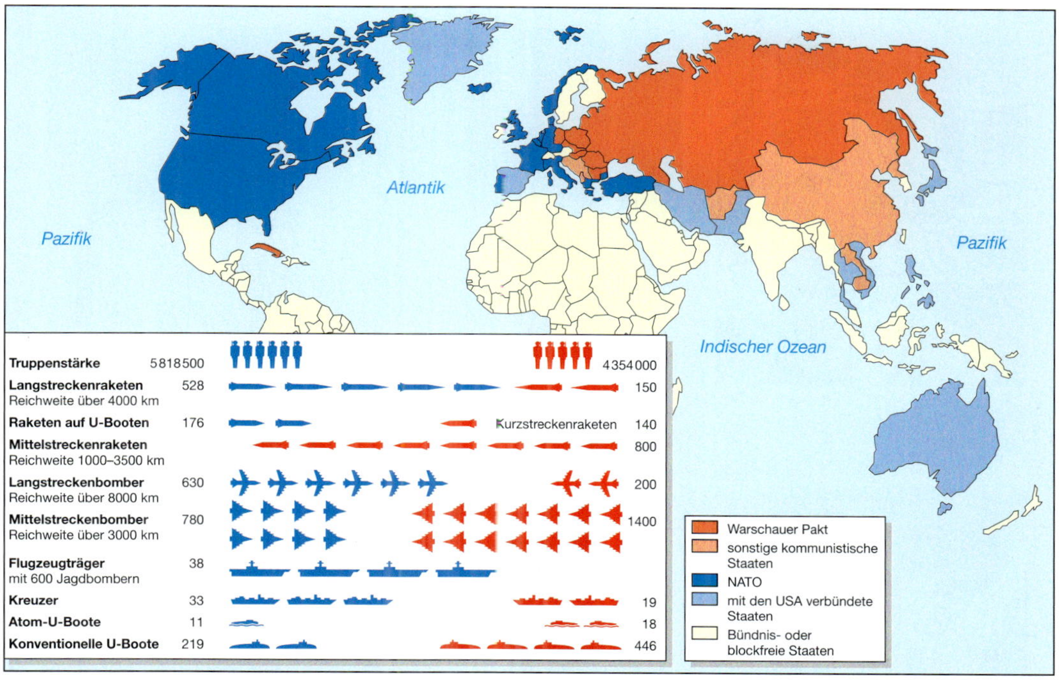

3 Die Stärke der Militärblöcke um 1965.

den Wohlstand ihrer Länder gemeinsam zu verteidigen.
Im Vertrag verpflichten sie sich, den Frieden in der Welt nicht zu gefährden und internationale Konflikte mit gewaltlosen Mitteln zu lösen. Um die einzelnen Mitgliedstaaten gegen Angriffe schützen zu können, wollen sie einzeln, aber auch gemeinsam ihre militärische Stärke so ausbauen, dass die nationale Sicherheit wie auch die der Bündnispartner gewährleistet ist. Falls einer der Staaten angegriffen werden sollte, unterstützen ihn die anderen, „um die Sicherheit des nordatlantischen Gebietes wiederherzustellen und aufrechtzuerhalten".

Der Warschauer Pakt

Der „Vertrag über Freundschaft, Zusammenarbeit und gegenseitigen Beistand" wurde am 15. Mai 1955 zwischen der Sowjetunion und den meisten osteuropäischen Staaten geschlossen. Er wurde aber – im Gegensatz zur NATO – durch gegenseitige Freundschafts- und Beistandspakte der einzelnen Mitgliedstaaten ergänzt.

Die Unterzeichner versicherten, dass sie zum Weltfrieden beitragen und Streitfragen auf diplomatischem Weg klären würden. Sie erklärten sich zu internationaler Zusammenarbeit im Sinne der Friedenssicherung bereit. Wenn eines der Mitglieder angegriffen würde, so verpflichteten sich alle anderen, diesem beizustehen. Die Staaten des Warschauer Paktes beschickten aus ihren nationalen Streitkräften ein gemeinsames Kommando. Darüber hinaus war vereinbart, alle Maßnahmen zu unterstützen, die das Bündnis stark genug machten, „die friedliche Arbeit ihrer Völker zu sichern".

4 *Besprecht in der Klasse: Wem dienten NATO und Warschauer Pakt mehr – der Abschreckung oder der Verteidigung? Nutzt die Informationen auf dieser Doppelseite.*

5 *Setzt euch kritisch mit der Aussage von Abbildung 1 auseinander.*

Streit der Systeme in Kultur und Wissenschaft

Kunst von Roy Lichtenstein.

Denkmal: „Arbeiter und Kolchosbäuerin".

„Krieg der Sterne" (Star Wars): Szene mit C3 PO (li.) und R2 D2, 1977.

Sänger und Filmidol: Elvis Presley (um 1958).

Ballett: „Schwanensee"-Aufführung des Bolschoi-Theaters.

Kultur und Lebensart

Seit den 1950er-Jahren entwickelte sich in den USA mit dem wirtschaftlichen Aufschwung ein neues Lebensgefühl, das nach Westeuropa „exportiert" und dort von vielen Menschen gern übernommen wurde: Der Rock 'n' Roll, eine rebellische, lebensfrohe Musik, begeisterte vor allem die Jugend. Die Pop-Art, eine neue Kunstrichtung, die sich vor allem in den 1960er-Jahren verbreitete, wandte sich von den traditionellen Themen der Kunst ab, bediente sich der Mittel der Werbung und des Comics und machte Alltägliches bildwürdig: Suppendosen und Zahnpastatuben wurden zu Motiven der Kunst und durch drucktechnische Verfahren in Serien verbreitet. Auch die Graffity-Kunst entstand in diesem Umfeld. Die Unterhaltungsindustrie machte Mickey Mouse, Charlie Brown und andere Comicfiguren in aller Welt bekannt, und Sciencefiction-Helden bestanden im Film Abenteuer in fernen Galaxien.

Dieser eher oberflächlichen amerikanischen Kultur stand eine traditionsgebundene, ernste sowjetische Kunst und Kultur gegenüber: Im Westen waren vor allem die seit 1956 auch im Ausland auftretenden klassischen Tänzerinnen und Tänzer des Moskauer Bolschoi-Theaters berühmt, ebenso der Donkosakenchor mit seinen schwermütigen Liedern. Maler und Bildhauer verherrlichten in ihren Werken im Sinne des sogenannten „Sozialistischen Realismus"* die Taten der Menschen für ihr Vaterland und für den Aufbau des Kommunismus: Oft stellten sie Arbeiterinnen und Arbeiter in Heldenpose dar.

1 *Betrachtet die Abbildungen und findet zutreffende Adjektive. Ordnet sie den kulturellen Ausrichtungen in Ost und West zu.*

2 *Erstellt eine Collage, die Einflüsse amerikanischer Lebensart in unserem Alltag zeigt.*

Sozialistischer Realismus*:
Offiziell vorgegebene Kunstrichtung in den Staaten des Warschauer Paktes, die im Sinne der herrschenden Weltanschauung eine „geschönte" Wirklichkeit zum Ziel hatte.

Streit der Systeme in Kultur und Wissenschaft

12. 4. 1961:
Juri Gagarin (sowjetischer Kosmonaut) fliegt als erster Mensch ins All.

18./19. 3. 1965:
Alexej Leonow (sowjetischer Kosmonaut) schwebt als erster Mensch frei im All.

20. 2. 1962:
John Glenn umkreist als erster Amerikaner in einer Weltraumkapsel die Erde.

21. 7. 1969:
Die Amerikaner Neil Armstrong und Edwin Aldrin betreten als erste Menschen den Mond.

Der Wettstreit im All

Am 4. Oktober 1957 sorgte ein schwaches Signal aus dem All für Unruhe. Ausgesendet wurde es von „Sputnik": Zum ersten Mal war es Wissenschaftlern gelungen, einen Satelliten in die Erdumlaufbahn zu bringen. Er umrundete die Erde in 96 Minuten. Das Ereignis versetzte vor allem die westliche Welt in helle Aufregung, denn „Sputnik" war ein sowjetischer Satellit. War man im Westen bisher von der militärischen, wissenschaftlichen und technischen Überlegenheit der USA ausgegangen, musste man nun erkennen, dass die Sowjetunion in der Weltraumtechnik über einen großen Vorsprung verfügte. Schlagzeilen sprachen vom „Sputnik-Schock". Die USA setzten mit hohen Investitionen umgehend alles daran, diesen Vorsprung der Sowjetunion wieder wettzumachen: Im Weltraum der Beste zu sein, wurde zu einer der ersten Fragen des nationalen Prestiges. Nach dem Weltraumflug Juri Gagarins im April 1961 hieß es in einer Erklärung des Ministerrats der UdSSR:

Q ... Der erste Mensch, der in den Kosmos vorgestoßen ist, ist ein Sowjetmensch. ... In dieser Heldentat ... verkörpern sich der Genius des Sowjetvolkes und die machtvollen Kräfte des Sozialismus. ... Unser Land hat alle anderen Staaten der Welt überflügelt und als erstes den Weg in den Kosmos gebahnt.

Neue Ziele

Seit den 1970er-Jahren richtet sich das Forschungsinteresse beider Seiten zunehmend auf die Entwicklung von Raumstationen und wieder verwendbaren Raumgleitern. Mit der Ankopplung einer sowjetischen an eine amerikanische Raumkapsel in einer Höhe von 225 Kilometern über der Erdoberfläche kam es 1975 sogar zu Bekundungen politischer Entspannung. Doch erst nach dem Ende des ▶ Kalten Krieges, das 1992 mit der Auflösung der Sowjetunion eintrat, war der „Wettlauf im All" zu Ende.

3 *Überlegt gemeinsam, warum der Weltraumtechnik ein so großer Stellenwert beigemessen wurde.*

4 *Lest Q1 und erklärt, wie der Vorsprung im Weltraum hier gedeutet wird.*

5 *Informiert euch im Internet über aktuelle Ziele in der Raumfahrttechnik.*

Krisen und Kriege

Wo zeigten sich Konflikte?

Nach Herausbildung der Bündnissysteme herrschte offene Feindschaft zwischen den USA und der UdSSR. Weil Krieg zwischen den Mächten aber nur noch unter der Gefahr der gegenseitigen atomaren Vernichtung denkbar war, versuchten beide Seiten, die direkte Konfrontation zu vermeiden. Innerhalb Europas respektierten beide Mächte die zwischen 1945 und 1949 abgesteckten Machtbereiche. Außerhalb Europas aber kam es in den folgenden Jahren vermehrt zu sogenannten ▶ Stellvertreterkriegen, geführt von Staaten, die sich politisch unter dem Einfluss der Großmächte befanden und von ihnen militärisch unterstützt wurden.

Auf den folgenden Doppelseiten sind einige dieser Krisen und Konflikte zwischen den Machtblöcken dargestellt.

- *Bearbeitet die Seiten in Gruppen anhand der Aufgaben.*
- *Sprecht in der Gruppe darüber, welche Haltungen der Großmächte an eurem Beispiel deutlich werden.*
- *Tragt anschließend eure Ergebnisse in der Klasse vor.*

1 **Der Koreakrieg 1950–1953.**

1950–53: Koreakrieg.

Korea 1950: Der „Kalte Krieg" wird „heiß"

1945 hatten die Alliierten Korea von der Kolonialherrschaft Japans befreit und in zwei Besatzungszonen aufgeteilt: Nördlich des 38. Breitengrades lag die sowjetische, südlich davon die amerikanische Zone. Beide Mächte führten in ihrer Zone ihr jeweiliges politisches System ein. Zwar wurden 1949 die Besatzungstruppen beider Mächte abgezogen, Korea blieb aber weiter geteilt: der Norden unter einer kommunistisch, der Süden unter einer kapitalistisch orientierten Führung.

Demarkationslinie:* Grenzlinie.

Nachdem seit Oktober 1949 im angrenzenden China eine kommunistische Führung regierte, schien die Möglichkeit, der Kommunismus könne sich auch in ganz Korea durchsetzen, gekommen. Im Juni 1950 überschritten nordkoreanische Truppen, von der UdSSR und China ausgerüstet und politisch unterstützt, die Demarkationslinie* und besetzten fast ganz Südkorea.

Der UN-Sicherheitsrat verlangte vergeblich die Einstellung der Kämpfe und beschloss schließlich, den Abzug der nordkoreanischen Truppen mithilfe von UNO-Truppen zu erzwingen. Dieser Beschluss konnte nur deshalb gefasst werden, weil die UdSSR der ▶ UNO aus Protest ferngeblieben war und

Fall 1: Korea

2 **Koreaner fliehen nach Süden, während UNO-Truppen nach Norden vorrücken.**
Foto, August 1950.

daher ihr Vetorecht im Sicherheitsrat nicht nutzen konnte. Ihr Protest richtete sich gegen die Nichtanerkennung der kommunistischen Volksrepublik China* durch die UNO. Nach anfänglichen Erfolgen der UNO-Truppen, die mehrheitlich aus Amerikanern gebildet wurden, griff ein 300 000 Mann starkes Heer der mit der UdSSR verbündeten Volksrepublik China ein.
Als sich die Front nach schweren Kämpfen schließlich wieder am 38. Breitengrad stabilisierte, kam es 1951 zu Waffenstillstandsverhandlungen, die sich aber bis zum 26. Juli 1953 hinzogen. Eine Million Zivilisten und zwei Millionen Soldaten hatten ihr Leben lassen müssen. Ein Friedensvertrag zwischen Nord- und Südkorea steht bis heute noch aus. Das Land ist weiterhin geteilt.

Politische Auswirkungen

Dieser Krieg hatte wie ein Schock auf die USA und ihre europäischen Verbündeten gewirkt. Was in Asien geschehen war, befürchteten sie auch in Europa. Dies bestärkte sie in der Ansicht, dass eine Wiederbewaffnung der Bundesrepublik Deutschland unerlässlich sei, um Westeuropa erfolgreich zu verteidigen, zumal die UdSSR in der sowjetischen Zone bereits 1948 eine militärähnliche „Kasernierte Volkspolizei" aufgestellt hatte.
Nachdem der französische Vorschlag einer Europäischen Verteidigungsgemeinschaft (EVG) 1954 endgültig gescheitert war, wurde die Bundeswehr als neue Streitmacht aufgebaut. Die Bundesrepublik wurde in den „Pariser Verträgen" in die Westeuropäische Union aufgenommen, gleichzeitig trat sie der NATO bei.
Auch im Fernen Osten wurden als Folge des Koreakrieges Sicherheitspakte geschlossen. Die USA, Australien und Neuseeland unterzeichneten 1951 den Anzus-Pakt; England, Frankreich, die USA, Neuseeland, Australien, Pakistan, Thailand und die Philippinen 1954 den SEATO-Vertrag. Staaten des Nahen Ostens (Türkei, Iran, Irak und Pakistan) gründeten 1955 mit England den CENTO-Pakt. Dieses Netz aus verschiedenen Sicherheitsbündnissen war ein sichtbares Zeichen der westlichen Eindämmungspolitik („Containment") und ein direktes Ergebnis des Koreakrieges.

1 *Fasst den Verlauf des Krieges – auch mithilfe der Karte – zusammen.*
2 *Überlegt gemeinsam, ob man den Koreakrieg als Stellvertreterkrieg bezeichnen kann.*
3 *Diskutiert die globalen Folgen des Koreakrieges. Setzt euch insbesondere mit den Sorgen europäischer Länder auseinander.*

Nichtanerkennung der Volkrepublik China durch die UNO*:
Die Volksrepublik China unter Führung des Kommunisten Mao Zedong war am 1. Oktober 1949 nach einem langjährigen Bürgerkrieg proklamiert worden. Ständiges Mitglied im UN-Sicherheitsrat war jedoch die Republik China, deren Führung sich nach Taiwan zurückgezogen hatte und die kommunistische Führung nicht anerkannte.

1 Sturz des Stalin-Denkmals in Budapest.
Foto, Oktober 1956.

Imre Nagy
(1898–1958/hingerichtet), ungarischer Kommunist, war 1953–55 Ministerpräsident von Ungarn und musste wegen seiner Reformpolitik zurücktreten. 1956 stand er an der Spitze des Aufstandes in Ungarn.

Volksaufstand in Ungarn

Seit 1948 gab es in den Ostblockstaaten immer wieder Versuche, die kommunistische Herrschaft abzuschütteln oder wenigstens Reformen durchzusetzen. Meist wurden sie von sowjetischen Truppen niedergeschlagen. Die Westmächte griffen in diese Konflikte aber nicht ein. Sie beschränkten sich auf eine scharfe Verurteilung des sowjetischen Vorgehens und respektierten die bestehenden Einflusssphären der Großmächte, wie sie in Jalta 1945 beschlossen worden waren.

Am 27. Oktober 1956 veröffentlichte die „New York Times" folgenden Korrespondentenbericht* aus Ungarn:

Q1 … Dienstag, 23. Oktober 1956.
Die Revolte begann mit einer Serie von Demonstrationen, die bis Dienstagabend, 22.30 Uhr, friedlich verliefen. Turbulent wurde die Situation, als eine Abordnung, die im Budapester Rundfunkhaus um Sendung ihrer sechzehn Forderungen nachsuchte, von den zum Schutz des Funkhauses eingesetzen Sicherheitspolizisten festgenommen wurde. Die Menge forderte ihre Freilassung und versuchte, die Eingänge zu stürmen. Zunächst wollte die Polizei die Demonstranten mit Tränengas zurücktreiben. Dann eröffnete sie das Feuer, tötete einen Demonstranten und verwundete mehrere andere. Als ich um Mitternacht ankam, war das Funkhaus gestürmt …

Korrespondent*:
Presseberichterstatter, die sich nicht auf bloße Nachrichten beschränken, sondern längere Darstellungen von Ereignissen sowie Stimmungsberichte zur aktuellen Lage weitergeben.

Diesem Aufstand schlossen sich viele Menschen an. Die kommunistische Partei Ungarns zerfiel, die Armee und die Polizei gingen zu den Aufständischen über. Neuer ungarischer Ministerpräsident wurde der Reformkommunist Imre Nagy. Er versuchte, die Sowjets zum Abzug aus Ungarn zu bewegen. Am 1. November 1956 richtete er folgendes Telegramm an Moskau:

Q2 Die Regierung der Ungarischen Volksrepublik wünscht sofortige Verhandlungen über den Abzug der sowjetischen Truppen aus ungarischem Gebiet. Unter Bezugnahme auf die jüngste Erklärung der sowjetischen Regierung, … sie sei bereit, mit den Regierungen Ungarns und der anderen Mitgliedstaaten des Warschauer Pakts über den Abzug der sowjetischen Truppen aus Ungarn zu verhandeln, ersucht die Ungarische Regierung die Regierung der Sowjetunion, eine Abordnung zu benennen, damit die Gespräche so bald als möglich beginnen können …

Um Zeit zu gewinnen, gingen die Sowjets zunächst auf die Aufforderung der Ungarn ein und zogen ihre Truppen zurück.
Schon am 3. November 1956 berichtete aber die französische Zeitung „Le Monde":

Q3 Die zwölf sowjetischen Divisionen, die während der letzten 48 Stunden eingerückt sind, waren heute Mittag im Besitz aller strategischen Schlüsselpunkte auf dem flachen Lande. In Budapest hingegen ist kein einziger sowjetischer Soldat zu sehen … Die rücksichtslose und brutale Weise, in der die Sowjets ihre militärische Macht demonstrieren, hat die Ungarn erschüttert, obwohl sie eigentlich zur Genüge an die Doppelzüngigkeit der Sowjets gewöhnt sind …

Fall 2: Ungarn

2 **Aufstand in Budapest.** Foto, 29.10.1956.

3 **Sowjetische Panzer in Budapest.** Foto, 1956.

23. Oktober bis 11. November 1956: *Ungarnaufstand.*

Am 4. November um 5.19 Uhr gab Ministerpräsident Nagy über den freien Radiosender Kossuth bekannt:

Q4 Sowjetische Truppen haben im Morgengrauen zu einem Angriff auf unsere Hauptstadt angesetzt, mit der eindeutigen Absicht, die gesetzmäßige demokratische Regierung zu stürzen …

Um 14.34 Uhr sendete die freie Radiostation Petőfi einen verzweifelten Aufruf:

Q5 Völker der Welt! Hört uns – helft uns! Nicht mit Erklärungen, sondern mit Taten, mit Soldaten und Waffen! Vergesst nicht, dass es für die Sowjets bei ihrem brutalen Ansturm kein Halten gibt. Wenn wir untergegangen sind, werdet ihr das nächste Opfer sein. Rettet unsere Seelen! … Völker der Welt! Im Namen der Gerechtigkeit, der Freiheit und des verpflichtenden Prinzips der tatkräftigen Solidarität, helft uns! … Reicht uns eure brüderliche Hand. SOS! SOS! Gott sei mit euch!

Am Abend desselben Tages meldete der Moskauer Rundfunk, der Aufstand sei niedergeschlagen und eine neue kommunistische Regierung unter János Kádár habe die Sowjetunion um weitere Hilfe gegen die Aufständischen gebeten. Der Sender erklärte weiter, die Aufständischen seien von ehemaligen Offizieren der Hitler-Wehrmacht geführt worden. Der nun wieder kommunistische Sender Kossuth grüßte die Sowjetunion, die „zum zweiten Mal das ungarische Volk befreit" habe. Trotz des Einsatzes von 200 000 Mann und mehr als 1000 Panzern dauerten die Kämpfe bis zum 11. November 1956 an. Rund 25 000 Ungarn und 7000 Sowjetsoldaten wurden getötet. Die Westmächte griffen in die Kämpfe nicht ein.

1 *Beschreibt mithilfe des Textes und Q1 die Entstehung des Aufstandes.*

2 *Stellt Vermutungen darüber an, warum die UdSSR in Ungarn so massiv einschritt.*

3 *Versucht zu erklären, warum der Westen den Ungarn nicht zu Hilfe kam.*

János Kádár *(1912–1989), ungarischer Kommunist, war im Ungarn-Aufstand zunächst Mitglied der Reformregierung unter Imre Nagy, bildete jedoch bald eine Gegenregierung und rief die UdSSR zum militärischen Eingreifen auf. Von 1956 bis 1988 war er als Generalsekretär der KP Ungarns ungarischer Staatsführer.*

Krisen und Kriege

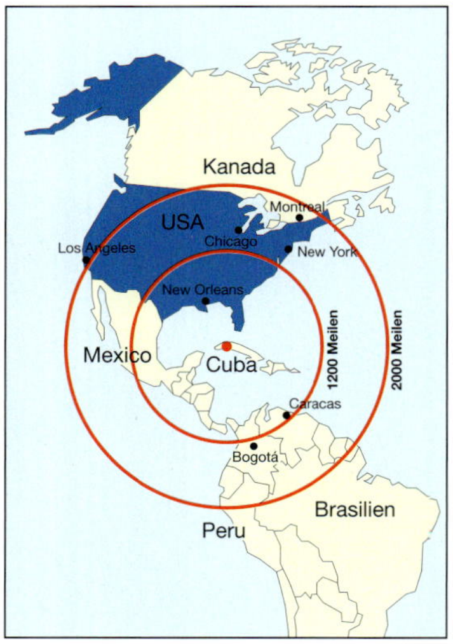

1 Links: Reichweite sowjetischer Raketen auf Kuba, 1962. Rechts: Reichweite amerikanischer Raketen in der Türkei, 1962.

Guerillas*: *Untergrundkämpfer. Der Begriff „Guerilla" (spanisch: kleiner Krieg) stammt aus der Zeit des spanischen Widerstandes gegen Napoleon 1808.*

Fidel Castro Ruz *(geboren 1927), kommunistischer Revolutionsführer. Seit 1959 regiert Castro als Ministerpräsident, Parteivorsitzender der kubanischen Kommunisten und „Höchster Führer" in Kuba.*

Kuba wird sozialistisch

Kuba war seit Beginn des 20. Jahrhunderts ein selbstständiger Staat, aber wirtschaftlich und politisch von den USA abhängig. Die amerikanische Regierung unterstützte den kubanischen Machthaber, Fulgencio Batista, der 1952 durch einen Militärputsch an die Macht gekommen war. Als Diktator schaffte er die Verfassung ab und ließ politische Gegner verfolgen. Bereits kurz nach der Machtübernahme Batistas bildete sich unter der Führung des jungen Rechtsanwaltes Fidel Castro eine Widerstandsbewegung gegen das Regime des Diktators heraus. Doch erst im Jahr 1959 gelang es kubanischen Guerilla*-Truppen unter der Führung Castros, den Diktator zu stürzen.

Fidel Castro, der die Regierungsgeschäfte übernahm, führte als Erstes eine Landreform durch und enteignete die Großgrundbesitzer. Die kubanische Zuckerindustrie, die zu siebzig Prozent von amerikanischen Firmen kontrolliert war, wurde verstaatlicht, das gesamte im Land befindliche US-Vermögen beschlagnahmt. Ein durch amerikanische Truppen unterstützter Versuch, Castro zu stürzen, schlug im April 1961 fehl. Mit aktiver sowjetischer Unterstützung wurde Kuba schließlich in eine sozialistische Republik umgewandelt.

Gegenseitige Bedrohungen

Im Herbst 1962 fotografierten amerikanische Aufklärungsflugzeuge auf Kuba stationierte sowjetische Raketenabschussbasen. Der amerikanische Präsident John F. Kennedy informierte am 2. Oktober 1962 die Weltöffentlichkeit über die Stationierung der Raketen. Er forderte die UdSSR und Kuba auf, diese wieder abzuziehen. Gleichzeitig stoppte die amerikanische Marine vor Kuba sowjetische – wahrscheinlich mit Raketen beladene – Frachter und zwang sie zur Rückkehr. Aus dem Blickwinkel Kennedys war das „militärische Selbstverteidigung", für den sowjetischen Regierungschef Chruschtschow „Piraterie". Die Sowjetunion ließ wissen, jeder Angriff auf Kuba werde einen Atomkrieg auslösen. Mit der Stationierung der Atomraketen auf Kuba hatte die UdSSR auf die Stationierung von Atomraketen der USA in Italien und in der Türkei geantwortet, durch die sie sich unmittelbar bedroht fühlte. Sie waren bereits seit April 1962 einsatzfähig.

Kennedy antwortete Chruschtschow in einer Fernsehansprache:

Q1 ... Im Laufe der letzten Wochen haben eindeutige Beweise die Tatsache erhärtet, dass derzeit auf dieser unterdrückten Insel mehrere Anlagen für Angriffsraketen errichtet werden. Der Zweck dieser Anlagen

Fall 3: Kuba

2 Chruschtschow und Kennedy während der Kubakrise: „Einverstanden, Herr Präsident, wir wollen verhandeln“. Englische Karikatur, 1962.

kann nur darin bestehen, die Möglichkeit eines Atomschlages gegen die westliche Hemisphäre zu schaffen … Wir werden das Risiko eines weltweiten Atomkrieges nicht voreilig und ohne Not eingehen … Wir werden dieses Risiko aber auch nicht scheuen, falls es zu irgendeinem Zeitpunkt eingegangen werden muss …

Die Entschlossenheit des amerikanischen Präsidenten bewog die Sowjetunion, ihre Raketen von Kuba wieder abzuziehen. Im Gegenzug sicherten die USA zu, Kuba nicht anzugreifen, und stellten in Aussicht, ihre Raketen aus der Türkei abzuziehen.

Die Welt am Rande des Atomkriegs?
Die Gefahr eines Dritten Weltkrieges war gebannt. Kennedy sagte dazu in einer Rede am 10. Juni 1963:

Q2 … Nach welchem Frieden streben wir? Nicht nach einer Pax Americana*, die der Welt durch amerikanische Kriegswaffen aufgezwungen wird. Ich spreche hier von dem echten Frieden – jenem Frieden, der das Leben auf Erden lebenswert macht …, nicht nur ein Friede für Amerikaner, sondern ein Friede für alle Menschen. Nicht nur Frieden in unserer Generation, sondern Frieden für alle Zeiten.
Ich spreche vom Frieden, weil der Krieg ein neues Gesicht bekommen hat. Ein totaler Krieg ist sinnlos in einem Zeitalter, in dem eine einzige Atomwaffe fast das Zehnfache an Sprengkraft aller Bomben aufweist, die von den gesamten alliierten Luftstreitkräften während des Zweiten Weltkrieges abgeworfen wurden. Und er ist sinnlos in einem Zeitalter, in dem die bei einem Atomkrieg freigesetzten tödlichen Giftstoffe von Wind und Wasser, Boden und Staaten bis in die entferntesten Winkel des Erdballs getragen und sich selbst auf die noch ungeborenen Generationen auswirken würden …

Nur knapp zwei Monate später wurde in Moskau der Vertrag über die Einstellung aller Atomversuche mit Ausnahme unterirdischer Tests unterzeichnet. Zudem vereinbarten die beiden Atommächte die Einrichtung einer direkten Telefonleitung, des „roten Telefons“, um in Krisen direkten Kontakt aufnehmen zu können.

1 *Betrachtet die Karten. Begründet, warum beide Mächte im Krisenfall von „militärischer Selbstverteidigung“ hätten sprechen können.*
2 *Beschreibt die Abbildung 2 und versucht anhand dieser Karikatur, das politische Klima zwischen den Supermächten 1962 zu erläutern.*
3 *Erklärt, warum die USA sich bedroht fühlten, und warum die Weltmächte doch bereit waren zu verhandeln.*

Oktober 1962 bis Januar 1963: *Kubakrise.*

Pax Americana*: *(lateinisch: pax = Frieden). Gemeint ist ein Friedensschluss nach den Bedingungen der Amerikaner.*

Krisen und Kriege

Ein Opferschicksal:
Das neunjährige Mädchen Kim Phuc (in der Bildmitte) überlebte trotz schwerster Verbrennungen an Rücken und Armen. Länger als ein Jahrzehnt blieb sie aber auf medizinische Betreuung angewiesen. Und erst 1984 konnte sie durch eine Spezialoperation von den schlimmsten Verwachsungen an Nacken und Armen befreit werden. Zurückgeblieben sind aber bis heute schwere Hautallergien, Asthma, chronische Nervenschmerzen und entstellende Narben.

Vietcong*:
Eine in Südvietnam 1960 gegründete kommunistische Befreiungsfront, die von Nordvietnam aus finanzielle und militärische Unterstützung erhielt.

Napalmbomben*:
Benzinbrandbomben mit dem Stoff Napalm, der nicht mit Wasser gelöscht werden kann.

1 **Kinder nach einem Napalmangriff der US-Luftwaffe.** Dies ist eines der berühmtesten Fotos der Pressegeschichte. 1972 trug das Foto in den USA sehr viel zur kritischen Auseinandersetzung mit dem Vietnamkrieg bei. Die „New York Times" schrieb damals: „Es fällt schwer, angesichts solcher Aufnahmen den Glauben an die Menschheit nicht zu verlieren." Foto, 8. Juni 1972.

Der Vietnamkrieg 1968–1973

1954 hatte sich Vietnam in einem Bürgerkrieg von seiner alten Kolonialmacht Frankreich befreit. Das Land wurde in eine kommunistisch orientierte Republik in Nordvietnam und eine kapitalistisch orientierte Republik in Südvietnam geteilt. Für 1956 waren allerdings Wahlen zur Vereinigung des Landes vereinbart. Weil die südvietnamesische Regierung aber einen Sieg der Kommunisten befürchtete, verhinderte sie diese Wahl. Bis 1960 entwickelte sich als Folge daraus in Südvietnam ein Bürgerkrieg, in dem eine kommunistisch orientierte Gruppe, der Vietcong*, die Regierung zu stürzen versuchte.
Weil die USA Südvietnam als Bollwerk gegen den Kommunismus betrachteten, unterstützten sie die südvietnamesische Regierung militärisch bei der Bekämpfung des Vietcongs, zunächst mit Militärberatern, dann mit regulären Truppen. Zwischen 1964 und 1968 stieg die Zahl der US-Soldaten in Vietnam von 16 000 auf 500 000 an. Nordvietnam unterstützte seinerseits den Vietcong mit regulären Truppen. Die UdSSR und China lieferten Waffen für den Vietcong und die nordvietnamesische Armee.

Alltag des Vietnamkrieges

Im Dschungel- und Guerillakrieg waren die Vietcong den US-Soldaten überlegen. Die amerikanische Luftwaffe begann mit systematischen Flächenbombardierungen, zunächst auf Nachschubwege des Vietcongs, ab 1965 auch auf den Norden Vietnams. Dabei wurden auch chemische Kampfstoffe eingesetzt. Die Zivilbevölkerung litt fürchterlich: Dörfer, in denen man Vietcong-Sympathisanten vermutete, wurden rücksichtlos mit Napalmbomben* in Schutt und Asche gelegt. Tausende von Kindern verloren ihre Eltern und wanderten ziellos durch das Land auf der Suche nach Nahrung und einer Bleibe. Doch die Streitkräfte der USA konnten sich gegen den Vietcong letztlich nicht durchsetzen. 1973 wurde endlich ein Waffenstillstand geschlossen. Etwa fünf Millionen Vietnamesen waren dem Krieg zum Opfer gefallen.
Drei Jahre später wurde das Land unter kommunistischer Herrschaft als „Sozialistische Republik Vietnam" wiedervereinigt.

Fall 4: Vietnam

2 Demonstration gegen den Vietnamkrieg in Washington. Foto, November 1969.

Widerstand gegen den Vietnamkrieg

Tagtäglich berichtete das amerikanische Fernsehen über die Grauen des Vietnamkrieges. Bilder verwundeter und toter Soldaten erschütterten viele Amerikaner. In den Familien ging die Angst um, einen Angehörigen, der in Vietnam kämpfte, zu verlieren. Bilder verbrannter Kinder, die Opfer von US-Luftangriffen mit Napalmbomben geworden waren, und Berichte über Massaker, die amerikanische Soldaten in Dörfern angerichtet hatten, schockierten die Öffentlichkeit und führten zunehmend zu einer kritischen Betrachtung der Sinnhaftigkeit dieses grausamen Krieges. Im ganzen Land protestierten Studenten gegen den Krieg.

Neben Demonstrationen gab es noch andere Formen des Protestes: Junge Männer verbrannten öffentlich ihre Einberufungsbefehle und gingen lieber ins Gefängnis als nach Vietnam. Neben der militärisch schwierigen Lage trugen auch die massiven Proteste dazu bei, dass sich die USA 1973 aus Vietnam zurückzogen.

Bilanz des Vietnamkrieges

Als am 29. März 1973 die letzten US-Soldaten Vietnam verließen, offenbarte sich für die USA die ganze Tragödie der Beteiligung am Vietnamkrieg: 56 241 Amerikaner hatten ihr Leben verloren, 1344 wurden vermisst, 303 616 waren verwundet worden. Sieben Millionen Tonnen Bomben waren abgeworfen worden (zum Vergleich: im Zweiten Weltkrieg waren es insgesamt 2 Millionen Tonnen). 150 Milliarden Dollar hatte der Krieg die USA gekostet.

Nach ihrer Rückkehr von der Front fanden viele Vietnamveteranen keine Arbeitsstelle und wurden zu Außenseitern der Gesellschaft. Viele von ihnen waren von den Kriegserlebnissen so schockiert, dass sie aus der Gesellschaft „ausstiegen" und sich in Drogen flüchteten. Andere litten noch jahrelang nicht nur wegen körperlicher Verwundungen, sondern auch psychisch unter dem Eindruck der schrecklichen Erlebnisse.

Unter der Niederlage hatte nicht nur das politische Selbstbewusstsein der USA gelitten: Die Niederlage im Allgemeinen, aber auch die von US-Truppen verübten Gräueltaten im Besonderen stellten den politisch-moralischen Führungsanspruch der USA in der westlichen Welt infrage.

Auch in Europa entzündete sich am Vietnamkrieg eine grundlegende Kritik der linksintellektuellen Jugend, insbesondere der Studentenschaft, aber zunehmend auch bürgerlicher Kräfte.

Bis heute ist Vietnam für die USA ein unbewältigtes nationales Trauma.

1 *Stellt die Interessen der am Vietnamkrieg beteiligten Parteien gegenüber.*

2 *Betrachtet Abbildung 1 und lest den erläuternden Text. Sprecht darüber, welche „Macht" ihr Bildern wie diesem zutraut: Welche Wirkung mögen sie 1969 entfaltet haben, wie werden sie heute wahrgenommen?*

3 *Stellt in Stichworten verschiedene Gründe und Formen des Protestes von US-Bürgern gegen den Vietnamkrieg zusammen.*

4 *Erläutert die Folgen des Vietnamkrieges für die USA und ihre Verbündeten.*

Ein US-Helikopter versprüht das hochgradig giftige Entlaubungsmittel „Agent Orange" über dem Mekong-Delta. Bis heute verursachen Umweltschäden, die auf das Gift zurückgeführt werden, schwere Behinderungen bei Neugeborenen. Foto, Juli 1969.

Krisen und Kriege

1 **Protest gegen Panzer.** Auf dem Safárikplatz in Bratislava (heutige Slowakei) stellte sich Emil Gallo, ein Installateur der Stadtwerke, am Morgen des 21. August protestierend vor einen der sowjetischen Panzer. (Er wurde dabei nicht verletzt.) Foto, 1968.

Alexander Dubček *(1921–1992), 1963–69 Mitglied des Politbüros der tschechoslowakischen KP, war der politische Kopf des tschechoslowakischen Reformversuchs.*

Manifest*: *öffentliche Grundsatzerklärung.*

In einem DDR-Schulbuch hieß es 1972 zum Ende des „Prager Frühlings": *„Entsprechend den Prinzipien des sozialistischen Internationalismus erwiesen im August 1968 die sozialistischen Bruderländer der ČSSR die notwendige, auch militärische Hilfe zum Schutz ihrer sozialistischen Errungenschaften …"*

Tschechoslowakei 1968: „Prager Frühling"

1968 versprach die neugewählte Führung der Kommunistischen Partei der Tschechoslowakei (ČSSR) unter Alexander Dubček einen „Kommunismus mit menschlichem Antlitz". Das Reformprogramm enthielt u. a. Garantien für Rede-, Presse- und Versammlungsfreiheit, Reisefreiheit und vor allem Reformen in der Wirtschaftspolitik.

Der neue Kurs machte auch offene Kritik an der Kommunistischen Partei möglich. In einem Manifest* hieß es im Juli 1968:

Q1 … Noch schlimmer aber war, dass wir einander, einer dem anderen, so gut wie gar nicht mehr vertrauen konnten. Die persönliche und die gemeinsame Ehre gingen verloren … Es war die Macht einer kleinen Gruppe, die mithilfe des Parteiapparates von Prag aus hineinwirkte … Dieser Apparat bestimmte, wer was tun durfte oder nicht … Keine Organisation, auch keine kommunistische, gehörte in Wirklichkeit ihren Mitgliedern. Die Hauptschuld und der allergrößte Betrug dieser Herrscher ist es, dass sie ihren Willen für den Willen der Arbeiterschaft ausgegeben haben …

Der Einmarsch in die Tschechoslowakei

Der neue Kurs der Reformkommunisten veranlasste die Führer der übrigen Ostblockstaaten zum Handeln. Am 21. August 1968 marschierte eine Invasionsarmee des Warschauer Paktes unter Beteiligung der DDR, jedoch ohne Rumänien, in die Tschechoslowakei ein und beendete die Reformen gewaltsam. Der Generalsekretär der KPdSU, Leonid Breschnew, rechtfertigte sich im November 1968. Diese Erklärung wird auch als Breschnew-Doktrin bezeichnet:

Q2 … Und wenn die inneren und äußeren, dem Sozialismus feindlichen Kräfte die Entwicklung irgendeines sozialistischen Landes auf die Wiederherstellung der kapitalistischen Ordnung zu wenden versuchen, wenn eine Gefahr für den Sozialismus in diesem Land, eine Gefahr für die Sicherheit der gesamten sozialistischen Staatengemeinschaft entsteht, ist das … ein allgemeines Problem, um das sich alle sozialistischen Staaten kümmern müssen …

1 *Beschreibt, welche Veränderungen in der Tschechoslowakei 1968 versucht wurden.*

2 *Stellt dar, womit und wie Breschnew den Einmarsch der Truppen begründete.*

Die Fälle 5 und 6: ČSSR und Polen

Polen – Veränderungen aus eigener Kraft

In den Jahren 1944/45 hatten sowjetische Truppen Polen besetzt und es von der NS-Herrschaft befreit. Mit dem Ende des Zweiten Weltkrieges wurde Polen, dessen Grenzen auf sowjetischen Druck nach Westen verschoben wurden, faktisch ein kommunistisch regiertes Land. Seit 1949 übte eine kommunistische Einheitspartei die alleinige Macht nach sowjetischem Vorbild aus. Im Unterschied zu anderen Ostblockstaaten existierte in Polen aber stets eine starke innenpolitische Gegenkraft, die katholische Kirche.

Die schlechte wirtschaftliche Lage Polens führte in den Jahren 1956, 1970 und 1976 zu großen Streikbewegungen der polnischen Arbeiter, die jeweils durch drastische Preiserhöhungen ausgelöst wurden. Diese Streiks wurden mit Waffengewalt blutig unterdrückt, zahlreiche Arbeiter starben, viele wurden zu hohen Haftstrafen verurteilt. In dieser Situation gründeten polnische Intellektuelle ein Komitee zur Verteidigung der Arbeiter (KOR). 1977 forderte das KOR:

Q3 … 1. Kampf gegen Repression aus politischen, weltanschaulichen oder rassistischen Gründen sowie Hilfestellung für diejenigen, die aus diesen Gründen verfolgt werden. 2. Kampf gegen Verletzung der Gesetze und Hilfe für die Benachteiligten. 3. Kampf um gesetzmäßige Gewährleistung der Freiheits- und Bürgerrechte. 4. Förderung und Schutz jeglicher Bürgerinitiativen, welche die Verwirklichung der Menschen- und Bürgerrechte anstreben …

Nach dem Beispiel des KOR entstanden in ganz Polen zahlreiche Selbstverteidigungskomitees, die von der katholischen Kirche unterstützt und geschützt wurden. Die Wahl eines Polen zum Papst (Johannes Paul II.) im Jahre 1978 stärkte die Position der Kirche in besonderer Weise. Bei seinem Besuch in Polen übernahm der Papst viele Forderungen der Opposition.

2 **Der Elektriker Lech Walesa führt den Streik auf der Danziger Lenin-Werft an.** Foto, 1980.

„Solidarność" – „Solidarität"

1980 wurde die unabhängige Gewerkschaft „Solidarität" unter der Führung von Lech Walesa gegründet. Ihr gelang es im Bunde mit Intellektuellen und der katholischen Kirche Polens, gegenüber der kommunistischen Führung wirtschaftliche Verbesserungen und eine freiere Informationspolitik durchzusetzen.

Am 13. Dezember 1981 beendete das polnische Militär unter General Jaruzelski die Situation durch einen Staatsstreich: Über Polen wurde das Kriegsrecht* verhängt, die „Solidarność" wurde verboten. 1982 wurde Jaruzelski Staats- und Parteichef. Die wirtschaftlichen Schwierigkeiten des Landes konnten aber nicht behoben werden. Die Gewerkschaft „Solidarität" blieb auch nach Aufhebung des Kriegsrechts 1983 verboten, wirkte aber trotz aller Verfolgungen im Untergrund weiter.

3 *Stellt aus dem Text die Ursachen der Streikbewegung in Polen zusammen.*

4 *Überlegt anhand des Textes, warum in Polen – anders als in der ČSSR – die Sowjets nicht direkt eingriffen.*

Lech Walesa
(1943 geboren), 1980 zum Vorsitzenden von Solidarność gewählt, stand während des Kriegsrechts bis November 1982 unter Hausarrest. 1983 erhielt er den Friedensnobelpreis und erreichte 1989 die Öffnung Polens zur Demokratie. Von 1990 bis 95 war Walesa polnischer Staatspräsident.

Kriegsrecht*:
das in einem Staat geltende Recht nach Außerkraftsetzen der Verfassung und Ausrufen des Kriegs- oder Ausnahmezustands. Dieser kann eintreten, wenn eine Regierung den Staat von innen her bedroht sieht, z. B. durch Bürgeraufstände.

Entspannung!

Die 35 Teilnehmerstaaten der KSZE:
Belgien
BRD
Bulgarien
ČSSR
Dänemark
DDR
Finnland
Frankreich
Griechenland
Großbritannien
Irland
Island
Italien
Jugoslawien
Kanada
Liechtenstein
Luxemburg
Malta
Monaco
Niederlande
Norwegen
Österreich
Polen
Portugal
Rumänien
San Marino
Schweden
Schweiz
Spanien
Türkei
UdSSR
Ungarn
USA
Vatikanstaat
Zypern

Status quo*: *lateinisch: der gegenwärtige Zustand.*

1 **„Der Kalte Krieg im Lichte der KSZE."** Karikatur, 1990.

2 **Erich Honecker und Helmut Schmidt, die Regierungschefs der beiden deutschen Staaten, bei den KSZE-Verhandlungen.** Foto, 1975.

KSZE – Der Vertrag von Helsinki

Angesichts der Gefahr der fortschreitenden Hochrüstung kam es seit den 1960er-Jahren nach und nach zu Dialogen zwischen den Großmächten USA und UdSSR. Ziel war es, durch eine bessere Verständigung und durch Schritte zur Abrüstung den Atomkrieg zu vermeiden. Auf Anregung der UdSSR wurde 1973 in Helsinki die „Konferenz für Sicherheit und Zusammenarbeit in Europa" (▶ KSZE) einberufen, um über eine europäische Sicherheitsordnung zu beraten. Die sowjetische Regierung sah als Ziel des Zusammentreffens, den Status quo* in Europa festzuschreiben.

Das im August 1975 veröffentlichte Abschlussdokument der KSZE war von den Regierungschefs der 35 teilnehmenden Staaten unterzeichnet worden. Es unterschied drei „Körbe" mit Zielen und Vereinbarungen. „Korb 1" umfasste das Thema Sicherheit und enthielt „zehn Prinzipien für das friedliche Zusammenleben der Staaten". Darin hieß es unter anderem:

Q1 … Die Teilnehmerstaaten erklären, folgende Prinzipien … zu achten und in die Praxis umzusetzen:
1. Souveräne Gleichheit,
2. Enthaltung von der Androhung oder Anwendung von Gewalt,
3. Unverletzlichkeit der Grenzen, (…)
5. Friedliche Regelung von Streitfällen,
6. Nichteinmischung in innere Angelegenheiten,
7. Achtung der Menschenrechte und Grundfreiheiten, einschließlich der Gedanken-, Gewissens-, Religions- oder Überzeugungsfreiheit,
8. Gleichberechtigung und Selbstbestimmungsrecht der Völker,
9. Zusammenarbeit zwischen den Staaten,
10. Erfüllung völkerrechtlicher Verpflichtungen nach Treu und Glauben …

„Korb 2" der Schlussakte enthielt „Zusammenarbeit in Wirtschaft, Wissenschaft und Technik" sowie „Umweltfragen". In „Korb 3" ging es um „menschliche Kontakte", „kulturelle Zusammenarbeit" und die „Lösung humanitärer Probleme". Hier verpflichteten sich alle Staaten, Verwandtenbesuche über die Blockgrenzen hinweg zuzulassen und jedem Bürger das Reisen zu erleichtern. Ziele waren „freiere Bewegung und Kontakte …, sei es auf privater oder offizieller Grundlage zwischen Personen, Institutionen und Organisationen der Teilnehmerstaaten".

Die Beschlüsse der KSZE hatte die UdSSR so nicht erwartet, sich aber nach langen Verhandlungen zu dem Vertrag bekannt. In den Staaten des Ostblocks, besonders in der

Atomare Bedrohung und Abrüstung

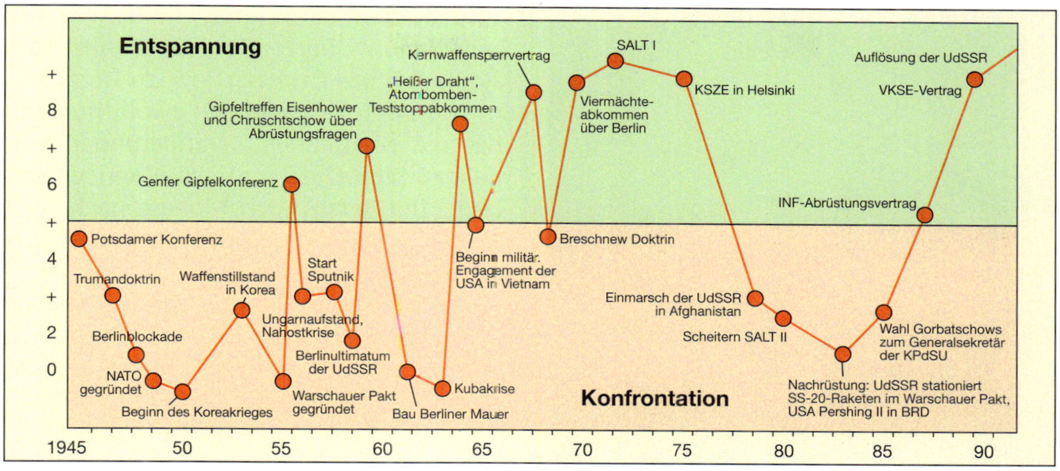

3 **Entwicklung der Beziehungen zwischen den Supermächten 1945–89.**

1963 Atomtestvertrag: *verbietet Atomversuche im Weltraum.*

1972 SALT I-Vertrag: *Begrenzung der Raketenabwehrsysteme, der Raketen auf dem Land und unter Wasser.*

1973 MBFR: *Vertrag über beiderseitigen Truppenabbau in Europa.*

1976 Atomteststopp: *begrenzt unterirdische Atomversuche.*

DDR, empfanden viele Menschen sowohl die Beschlüsse als auch deren Veröffentlichung als Sensation.
In den westlichen Staaten dagegen fanden die Beschlüsse nur wenig Aufmerksamkeit.

1 *Lest noch einmal Q1 und überlegt, warum die KSZE-Beschlüsse den Menschen in den Ostblockstaaten so wichtig erschienen.*

2 *Sprecht darüber, warum im Westen die KSZE-Beschlüsse von den Bürgern als nicht so wichtig aufgefasst wurden.*

3 *Analysiert und kommentiert die Bilder 1 und 2.*

NATO-Doppelbeschluss

Direkte Verhandlungen zwischen den Großmächten blieben lange Zeit erfolglos oder wurden in aktuellen Krisen ganz unterbrochen. Dies geschah etwa, als die UdSSR Ende 1979 in Afghanistan einmarschierte, um die dortigen kommunistischen Gruppen im Bürgerkrieg massiv zu unterstützen.
Im gleichen Jahr wurde durch den Westen der NATO-Doppelbeschluss gefasst, mit dem er die Sowjetunion aufforderte, ihre auf Westeuropa gerichteten Mittelstreckenraketen soweit abzubauen, dass sie der Zahl der westlichen Mittelstreckenraketen entsprechen würden. Sofern die UdSSR dieser Aufforderung nicht folgen würde, wollte der Westen ab 1983 atomare Mittelstreckenraketen aufstellen, besonders auf dem Gebiet der Bundesrepublik Deutschland.

Die Friedensbewegung

Gegen diese gefassten Pläne protestierten in allen westlichen Staaten, besonders in der Bundesrepublik Deutschland, Hunderttausende, vor allem junge Menschen. In vielen Städten fanden Kundgebungen, öffentliche Mahnwachen und Schweigekreise statt, mit denen gegen die „Nachrüstung“ demonstriert wurde.
Die Aktion Sühnezeichen Friedensdienste* erklärte 1981:

Q2 … Bisher gilt der Satz: Die Angst, die ich meinem Gegner mache, sichert meinen Frieden. Dagegen wächst die Erkenntnis, die Angst, die ich dem Gegner nehme, sichert meine eigene Sicherheit. Deshalb treten wir für kalkulierte einseitige Abrüstungsschritte ein … Wir müssen uns der Frage stellen, wie Frieden ohne Waffen geschaffen werden kann …

4 *Berichtet über das Wettrüsten und seine politische Zielsetzung.*

5 *Sprecht über Q2 und überlegt, ob ihr die Aussage für richtig haltet.*

6 *Erkundigt euch über heutige Abrüstungsverhandlungen und die Beseitigung von Atomraketen.*

Aktion Sühnezeichen Friedensdienste*: *1958 gegründete Hilfsorganisation zur Wiedergutmachung von Unrecht, das im Zweiten Weltkrieg durch Deutsche begangen wurde.*

Friedensdemonstration in den 1980er-Jahren. Foto.

Nach dem Ende des Kalten Krieges

1 **Michail Gorbatschow spricht vor dem Obersten Sowjet.** Foto, 1. Oktober 1988.

Coup*
(französisch: Faustschlag): ein kühn angelegtes erfolgreiches Unternehmen; hier verwendet als Kurzform von Coup d'État (Staatsstreich); gemeint der Putschversuch gegen Gorbatschow 1991.

Die Auflösung der Blöcke und die neue Unsicherheit am Ende des Jahrtausends

Seit Mitte der 1980er-Jahre hatte sich abgezeichnet, dass das anhaltende Wettrüsten den Ostblock in eine nicht zu bewältigende Wirtschaftskrise geführt hatte. Militärische Desaster wie der verlustreiche sowjetische Afghanistankrieg (1979–89) verschlechterten die Situation zusätzlich. Die Sorge wuchs, der Ostblock könnte zur Überwindung seiner Probleme eine große Konfrontation mit dem Westen suchen. Unter der Führung Michail Gorbatschows wandte sich die UdSSR aber schließlich von der Richtung dieser Politik ab, um politische und wirtschaftliche Spielräume für die Bewältigung ihrer innenpolitischen Konflikte zu gewinnen. Der Ostblock weichte auf und zerfiel schließlich, was letztlich auch die Voraussetzungen für die deutsche Wiedervereinigung schuf (Seite 122 ff.). Der ▶ Kalte Krieg fand so ein unblutiges Ende und wurde von einer Phase der weltpolitischen Entspannung abgelöst.

USA – die verbliebene Großmacht

Im Januar 1992 erklärte der damalige amerikanische Präsident George Bush in einer Botschaft zur Lage der Nation unter Anspielung auf den im August 1991 gescheiterten Versuch, den damaligen Präsidenten der Sowjetunion und Generalsekretär der KPdSU, Michail Gorbatschow, zu stürzen:

Q … In den vergangenen zwölf Monaten hat die Menschheit Veränderungen von nahezu biblischen Ausmaßen kennen gelernt. Und jetzt, noch Monate nach dem fehlgeschlagenen Coup*, der ein fehlgeschlagenes System zum Untergang verurteilte, bin ich mir nicht sicher, ob wir die vollen Auswirkungen begriffen haben. Aber der Kommunismus ist in diesem Jahr gestorben. Das Größte, was in der Welt in meinem Leben – in unserem Leben – passiert ist, ist dies: Dank der Gnade Gottes hat Amerika den Kalten Krieg gewonnen …
Viel Gutes kann aus dem klugen Gebrauch von Macht resultieren: Eine einstmals in zwei bewaffnete Lager geteilte Welt anerkennt jetzt eine einzige und herausragende Macht, die Vereinigten Staaten von Amerika. Und sie betrachtet dies ohne Schrecken, denn die Welt vertraut in unsere Macht – und die Welt hat recht. Sie vertraut darauf, dass wir fair und zurückhaltend sind, sie vertraut darauf, dass wir auf der Seite der Anständigkeit stehen, sie vertraut darauf, dass wir das Richtige tun …

1 *Untersucht die Rede von Präsident Bush und prüft, ob sie auch Elemente der Sprache des Kalten Krieges enthält. Wie wird Amerika und wie wird die Sowjetunion dargestellt?*

Wachsende Unsicherheit

Diese Entspannung im letzten Jahrzehnt des 20. Jahrhunderts wurde aber von einer wachsenden Unsicherheit über die regionalen Konsequenzen des Zerfalls der großen Blöcke begleitet. So schlimm die ständige Angst vor einer globalen Konfrontation zwischen den zwei großen Lagern zuvor gewesen war, so sehr hatten diese Blöcke doch auch für Berechenbarkeit und sogar Stabilität in ihren Herrschaftsgebieten gesorgt. Während der bisherige Westblock mit NATO, Europäischer Union und kapitalistischem Weltwirtschaftssystem im Wesentlichen bestehen blieb und sich sogar

Nach dem Ende des Kalten Krieges

2 **„Fröhliches Begräbnis"**. Karikatur von Horst Haitzinger, 1990.

ausdehnte (NATO-Osterweiterung und Erweiterung der Staaten der Europäischen Union), kam es in der Einflusssphäre des früheren Ostblocks zu zahlreichen regionalen Konflikten um die zukünftige politische, wirtschaftliche oder religiöse Orientierung der neuen oder wieder selbstständig gewordenen Staaten.

In einigen Nachfolgestaaten der UdSSR kam es zu Bürgerkriegen, die ehemaligen Satellitenstaaten hatten mit erheblichen Wirtschaftsproblemen zu kämpfen.

Zum Teil führten ethnische Konflikte zu ihrem Auseinanderbrechen – im Fall der Tschechoslowakei friedlich, im Fall Jugoslawiens mit der Folge mehrerer blutiger Bürgerkriege. Abgesehen von den schweren humanitären Problemen, ergaben sich daraus zwei neue weltpolitische Herausforderungen: Zum einen verfügten einige der Nachfolgestaaten der UdSSR weiterhin über Atomwaffen. Zum anderen gewann die Bewegung des islamischen Fundamentalismus in einigen Ländern rapide an politischem Einfluss, nachdem der Ost-West-Konflikt überwunden war. Denn die Zugehörigkeit zu dem einen und die Gegnerschaft gegenüber dem anderen Bündnissystem hatte über Grenzen hinweg auch Staaten und Ethnien* vereint.

2 *Überlegt, warum das Ende des Kalten Krieges neben der Entspannung auch gleich wieder zu neuen Konflikten führte.*

3 *Orientiert euch in der Presse über die aktuellen weltpolitischen Krisenregionen und ordnet sie nach gemeinsamen Konfliktfeldern.*

Der islamische Fundamentalismus

Im Zuge dieser Entwicklungen verschärften sich auch alte Krisenfelder erneut: Der Nahostkonflikt (Seite 180 ff.) droht ständig zu eskalieren, in Afrika kam es zu zahlreichen Bürgerkriegen, in den Staaten des Nahen bis Fernen Ostens erhielt der islamische Fundamentalismus erheblichen Zulauf in der dortigen Bevölkerung. In vielen Staaten führte dies zu großen innenpolitischen Spannungen, da die Regierungen sich wirtschaftlich und politisch nahe an die USA und den Westen angelehnt hatten.

4 *Untersucht die Karikatur (Abbildung 2) und prüft ihre politische Aussage unter Berücksichtigung ihres Entstehungsjahres.*

Ethnien*: *Menschengruppen mit einheitlicher Kultur.*

Arbeitstechnik: Projektarbeit

Intensives Arbeiten: Projekt

Bei einem Projekt arbeitet eine Arbeitsgruppe selbstständig an einem Problem mit unterschiedlichen Fragestellungen. Dabei werden innerhalb der Gruppe Themenbereiche aufgeteilt. Jede und jeder widmet sich im Projekt den Fragen, die ihr/ihm besonders liegen.

Projekte benötigen längere und intensivere Arbeitsphasen. Am Ende steht als Ergebnis ein Produkt, das ihr gemeinsam in eigener Verantwortung erstellt habt. Der folgende Leitfaden hilft euch bei der Durchführung.

Vorschläge für Projekte aus dem Themenkreis dieses Kapitels:

- Die Supermacht USA und ihre Konflikte in der Gegenwart
- Der „American Way of Life" und die Lebensart in der Bundesrepublik Deutschland
- Feindbilder in Filmen: Das Beispiel James Bond
- Der Vietnamkrieg als Thema Hollywoods: Blickwinkel und Botschaften von Filmen wie *Apocalypse Now* (1979), *Rambo I und II* (1982/1985), *Full Metal Jacket* (1987), *Good Morning Vietnam* (1988), *Platoon* (1991)

1. Vorbereitung

Themen sammeln

- Was könnte untersucht werden? Welcher Einzelaspekt interessiert besonders?
- Ziel und Thema des Projekts: Auf welches Thema kann sich die Gruppe festlegen, sodass alle engagiert mitarbeiten?

Teilnehmer festlegen

Häufig möchten sich auch Lehrerinnen und Lehrer anderer Fächer an einem Projekt beteiligen, um ein intensiveres Arbeiten am Thema zu ermöglichen. Fragt z. B. eure Deutsch-, Kunst-, Musik- oder Fremdsprachenlehrerinnen und -lehrer, ob sie an eurem Projekt mitarbeiten.

Zeitplan bestimmen

Projekte dauern mindestens eine, zumeist zwei bis drei Wochen. Erstellt vor Beginn des Projekts einen genauen Arbeitsplan, um die Arbeit besser überschauen zu können.

Vorstellung der Ergebnisse

Macht euch vor Beginn des Projekts Gedanken, wie ihr eure Arbeitsergebnisse präsentieren wollt. Ihr könnt z. B. eine Wandzeitung erstellen, eine Dokumentation oder eine Ausstellung anfertigen, um auch anderen Schülerinnen und Schülern eure Ergebnisse vorzustellen.

2. Durchführung

Arbeitsgruppen einteilen

Legt fest, wer mit wem arbeitet, und verteilt die Arbeit auf die einzelnen Gruppen. Auch innerhalb der Arbeitsgruppen solltet ihr genau klären, wer wofür verantwortlich ist, sodass es immer einen Ansprechpartner für die einzelnen Aufgabenstellungen gibt.

Material besorgen

Material findet ihr z. B. im Internet oder in der Schulbibliothek. Vielleicht könnt ihr auch Videoaufzeichnungen auswerten oder im Rahmen eurer Präsentation Ausschnitte daraus vorstellen.

Arbeitsergebnisse überprüfen

Zwischendurch solltet ihr euch immer wieder in der ganzen Klasse zusammensetzen und eure Zwischenergebnisse vorstellen. Verständnisfragen und Nachfragen anderer Schüler, die das Gruppenthema nicht bearbeiten, helfen euch, Schwachpunkte der Arbeit zu erkennen. Diese Kritik innerhalb der Arbeitsphase ist sehr wichtig, weil dadurch das von der einzelnen Gruppe zu verantwortende Arbeitsergebnis immer wieder hinterfragt wird und verbessert werden kann.

3. Vorstellung der Ergebnisse

Präsentation

Bevor ihr die Arbeitsergebnisse vorstellt, heißt es, aus den einzelnen Gruppenbeiträgen ein Gesamtwerk zu erstellen. Diese Phase sollte in der ganzen Klasse besprochen werden, sodass die einzelnen Gruppenbeiträge aufeinander abgestimmt werden können. Sie leidet häufig darunter, dass der Elan zwischenzeitlich durch die intensive Gruppenarbeit ein wenig nachgelassen hat. Dennoch solltet ihr versuchen, hier noch einmal konzentriert gemeinsam zu arbeiten.

4. Auswertung der Projektwoche

Nachdem ihr die Ergebnisse präsentiert habt, solltet ihr in der Klasse die gemeinsame Arbeit auswerten: Sprecht darüber, was gut lief, wo es zu Spannungen kam und was ihr hättet besser machen können.

Zusammenfassung

Bündnisse und Friedenspläne
Während des Zweiten Weltkrieges hatten gemeinsame Ziele der USA und der Sowjetunion ihre weltanschaulichen Unterschiede überdeckt – hier Demokratie und ►Marktwirtschaft, dort Kommunismus und ►Planwirtschaft. Bereits im Frühjahr 1945 einigten sich die Regierungen beider Staaten, die weltweit als führende Großmächte galten, auf die Gründung einer Weltfriedensorganisation, der ►UNO, die künftig Kriege verhindern sollte.

Vom Miteinander zur Konfrontation
Bereits 1945 zeichnete sich die Konfrontation ab. Denn aus Furcht vor einer entstehenden Übermacht der jeweils anderen Seite begannen beide Mächte, in den im Krieg befreiten und von ihren Truppen besetzten Gebieten die eigenen politischen und wirtschaftlichen Systeme einzuführen. Bald warfen die USA und andere Westmächte der UdSSR vor, sie teile Europa durch einen ► „Eisernen Vorhang“, hinter dem Unterdrückung herrsche. Demgegenüber sah die durch den Krieg geschwächte UdSSR vor allem in der wirtschaftlichen Stärke der USA eine Bedrohung der eigenen Existenz.

Atomares Wettrüsten und Blockbildung
Die Überlegenheit der USA traf auch in militärischer Hinsicht zu: Zunächst verfügten sie als einzige Macht der Welt über die Atombombe. Seit 1949 war aber auch die UdSSR Atommacht. Nachdem beide Seiten Militärbündnisse – NATO und Warschauer Pakt – errichtet hatten, begann ein atomarer Rüstungswettlauf, der auf gegenseitige Abschreckung zielte und erst nach etwa dreißig Jahren unterbrochen werden konnte.

Krisen und Kriege
Seit den 1950er-Jahren kam es in den osteuropäischen Staaten immer wieder zu Versuchen, sich der sowjetischen Vormacht zu entziehen. Volksaufstände wurden aber durch militärisches Eingreifen der UdSSR immer wieder unterdrückt. Zu kriegerischen Konflikten kam es unter anderem in Asien. Meist begannen die Kriege als ► Stellvertreterkriege, doch griffen die Großmächte im Verlauf von Kampfhandlungen auch mit eigenen Truppen ein, um ihre Interessen durchzusetzen.

Das Ende des „Kalten Krieges“
Angesichts der atomaren Bedrohung traten die Großmächte mehrfach in Verhandlungen miteinander ein. Zum Ende des „Kalten Krieges“ kam es aber erst nach Reformversuchen von Präsident Gorbatschow, die zur Auflösung der Sowjetunion im Jahr 1992 führten.

26. Juni 1945

Gründungserklärung der UNO

1945–1949

Bereits kurz nach Kriegsende wurden unterschiedliche Ziele der Großmächte USA und UdSSR sowie gegenseitiges Misstrauen deutlich.

1962/63

Die Kubakrise brachte die Welt an den Rand eines Atomkrieges.

1980er-Jahre

Trotz Verhandlungen zwischen den Blöcken schritt die Aufrüstung fort. In der Bundesrepublik Deutschland führte dies zu heftigen Protesten der Friedensbewegung.

3. Deutschland nach 1945

Am 3. Oktober 1990 versammelten sich Menschen aller Altersgruppen vor dem Reichstagsgebäude in Berlin, um die wiedergewonnene Einheit Deutschlands zu feiern. 45 Jahre waren seit dem Ende des Zweiten Weltkriegs vergangen – Jahre, in denen das Leben der Menschen in Deutschland intensiv von dem Gegensatz zwischen Ost und West geprägt war. Auch die Lebensentwürfe und Zukunftschancen der Jugendlichen stellten sich in den beiden deutschen Staaten ganz unterschiedlich dar.
Wie die Deutschen die Nachkriegszeit erlebten, wie es zur Teilung Deutschlands und schließlich zur Wiedervereinigung kam, erfahrt ihr auf den folgenden Seiten.

Schauplatz: In Trümmern und Baracken

1 **Kriegszerstörungen in deutschen Städten.**

Frauen beseitigen die Trümmer

Die Bombenangriffe hatten vor allem in den Städten verwüstete Trümmerlandschaften hinterlassen. Rund ein Viertel aller Wohnungen, in vielen Städten sogar mehr als die Hälfte, waren zerstört. Durch Flucht, Ausweisung oder Umsiedlung von mehr als 10 Millionen Menschen aus den deutschen Ostgebieten und aus Osteuropa vergrößerte sich die Wohnungsnot noch mehr. 1946 standen für 14 Millionen Haushalte nur 8 Millionen Wohnungen zur Verfügung. Die ausgebombte Bevölkerung wurde in Kellern oder notdürftig errichteten Baracken untergebracht. Oft mussten sich zwei oder drei Familien eine Wohnung teilen.

Fast 4 Millionen Männer waren im Krieg gefallen, fast 12 Millionen deutsche Soldaten befanden sich in Kriegsgefangenschaft. Die meisten Frauen mussten sich nun mit ihren Kindern ohne ihre Männer durchschlagen.

Frauen zwischen 15 und 50 Jahren wurden von den Besatzungsmächten verpflichtet, den Schutt der zerbombten Städte beiseite zu räumen. Danach wurden Millionen Ziegelsteine von Zement und Mörtel gesäubert. Damit schufen die „Trümmerfrauen" die Voraussetzung für den Wiederaufbau der zerstörten Häuser.

1 *Erläutert den Begriff „Trümmerfrauen" mithilfe des Textes.*

2 **Deutsche Städte 1945.** Fotos.

Schauplatz: In Trümmern und Baracken

Ein Zeitzeuge berichtet über die Einweisung in eine Wohnung:

Q Die Wohnung bestand aus fünf schönen, hellen Zimmern, der Küche und der Toilette. Die einzige Wasserstelle war in der Küche. Die Westfenster (zwei Zimmer) waren vernagelt, denn die Scheiben waren in den letzten Kriegstagen durch Explosionen am Bahnhof zerstört worden. Bevor meine Schwester und ich ankamen, waren in die Wohnung eingewiesen worden: eine Familie mit Großmutter, Mutter und Kind und eine zweite Familie, bestehend aus einer Frau mit ihren beiden Kindern. Nach unserer Aufnahme wohnten nun neun Personen in der Wohnung. Einige Zeit später kam auch meine Tante mit ihren zwei Kindern aus dem Osten. Nun waren wir zu zwölft in der Wohnung.

Die Kälte war barbarisch und unser Holz reichte nur noch zum Essenkochen. … Ich kroch oft schon nach dem Mittagessen mit einem Buch ins Bett. Mit Mütze und Handschuhen war es da ganz gut auszuhalten. Wenn ich morgens aufwachte, war oft auf der Decke im Atembereich eine dichte Raureifschicht. Wegen des Kohlenmangels war auch die Schule geschlossen. In ganz Göttingen waren nur zwei Schulen geheizt, in denen für alle Göttinger Schüler die Aufgaben ausgegeben und eingesammelt wurden. Einmal in der Woche musste ich zur Schule, gab meine Arbeiten ab und schrieb mit klammen Fingern die Aufgaben für die kommende Woche von der Tafel ab. … Die Schularbeiten machte ich dann im Bett oder in der Wärmestube in der Geiststraße. Auf dem Rückweg von der Wärmestube ging ich immer über den Güterbahnhof, um zu sehen, ob ich Kohle erwischen konnte.

2 *Beschreibt anhand der Abbildungen 3 bis 5 die Situation der Kinder und Jugendlichen in der Nachkriegszeit. Wer hatte die Verantwortung für ihre Erziehung zu tragen?*

3 **Frauenalltag in einer Wellblechbaracke.** Foto, 1945.

4 **Jagd nach ein paar Brocken Kohle.** Foto, 1946.

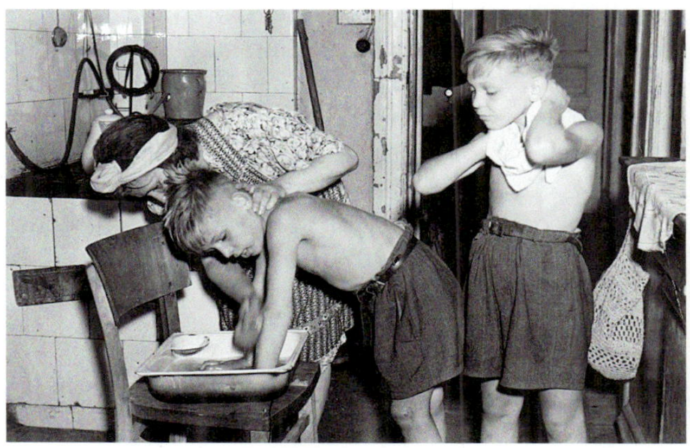

5 **„Badezimmer".** Foto, um 1945.

Schauplatz: In Trümmern und Baracken

1 **„Hamsterzug.“** Foto.

2 **Soldaten der US-Besatzungstruppen bei Worms unterhalten sich mit Kindern, die neugierig ihren Jeep umstehen.** Foto, 1948.

Sorgen um Lebensmittel

Die Sorge um die Ernährung der Familie war das größte Problem für die Frauen in der Nachkriegszeit. An die Bevölkerung wurden Lebensmittelkarten ausgegeben. Man konnte nur die Mengen kaufen, die für einen bestimmten Zeitraum angegeben waren.

Auf dem Land war die Ernährungssituation günstiger als in der Stadt. Mit Zügen, Bollerwagen, Fahrrädern oder zu Fuß machten sich die Stadtbewohner auf, um bei den Bauern gegen Wertgegenstände Lebensmittel zu „hamstern“.

Eine Frau aus Merzig (Saar) erinnert sich:

Q1 … Zunächst sind wir, mit einem Rucksack voll gutem Porzellan, zum Mettlacher Bahnhof gegangen, von dort ca. 60 km in die Eifel gefahren, um bei den Bauern Mehl zu bekommen. Ein paar Pfund Mehl für ein ganzes Kaffeeservice. Doch die Bauern hatten genug von dem Porzellan. Ich muss so traurig dreingeschaut haben, dass die Bäuerin mir 2 Pfund Mehl schenkte. Den schweren Rucksack habe ich wieder zurückgeschleppt. 2 km von zu Hause war ich so fertig, dass ich mich am Straßenrand ausruhen wollte. Es krachte, ich hatte mich vor Müdigkeit auf das Porzellan gesetzt. Ich konnte nicht mal mehr weinen. …

Schwarzer Markt

Die offizielle Währung – die Reichsmark (RM) – war fast wertlos geworden. Auf dem „schwarzen Markt“ aber konnte man fast alles bekommen. Dabei galten Zigaretten als wichtigste Ersatzwährung. Obwohl dieser Handel verboten war und die Polizei scharfe Kontrollen durchführte, hielt sich der Schwarzmarkt bis zur Einführung der D-Mark im Jahr 1948.

In einem Bericht über Tauschgeschäfte hieß es:

Q2 Einem hungrigen Freund wurde ein Pfund Butter für 320 RM angeboten. Er nahm sie auf Kredit, weil er so viel Geld nicht hatte. Er wollte sie morgen bezahlen. Ein halbes Pfund bekam seine Frau. Mit dem Rest gingen wir „kompensieren“: In einem Tabakladen gab es für das halbe Pfund 50 Zigaretten. Zehn Stück behielten wir für uns. Mit dem Rest gingen wir in eine Kneipe. Wir rauchten eine Zigarette, und das Geschäft war perfekt: Für die 40 Zigaretten erhielten wir eine Flasche Wein und eine Flasche Schnaps. Den Wein brachten wir nach Hause. Mit dem Schnaps fuhren wir auf das Land. Bald fand sich ein Bauer, der uns für den Schnaps zwei Pfund Butter eintauschte. Am nächsten Morgen brachte mein Freund dem ersten Butterlieferanten sein Pfund zurück, weil es zu teuer war. Unsere Kompensation hatte 1½ Pfund Butter, eine Flasche Wein, zehn Zigaretten und das Vergnügen eines steuerfreien Gewerbes eingebracht.

1 *Schreibt mithilfe der Abbildungen sowie Q1 und Q2 einen Bericht über die Ernährungssituation der Menschen nach 1945.*

3 **Ein russischer Soldat entwendet einer Frau das Fahrrad.**
Foto, 1945.

4 **Die ersten Polizistinnen in der Geschichte Berlins.**
Foto, 1946.

2 *Beschreibt Abbildung 3. Achtet auch darauf, wie sich die Zuschauer verhalten.*

„Das Recht des Siegers"

In den ersten Wochen und Monaten nach Kriegsende bekamen viele Frauen die Niederlage und das „Recht des Siegers" schmerzlich zu spüren: Die Soldaten der Siegermächte nahmen ihnen Uhren, Schmuck, Fahrräder und andere Wertgegenstände ab. Besonders erniedrigend waren zahlreiche Vergewaltigungen von Frauen durch die Besatzungssoldaten. Aber manche jungen Mädchen – von den Soldaten meist „Fräulein" genannt – oder auch verheiratete Frauen knüpften Beziehungen zu den Soldaten der Besatzungstruppen an und wurden von der deutschen Bevölkerung oft abschätzig als „Soldatenliebchen" bezeichnet.

3 *Diskutiert, ob der Begriff „Recht des Siegers" in dem oben beschriebenen Zusammenhang zutreffend ist.*

Neues Selbstbewusstsein – neue Lebensformen

Frauen vollbrachten in der Nachkriegszeit enorme Leistungen: Sie räumten die Trümmer auf. Hausarbeit und Kindererziehung lastete allein auf ihren Schultern. Sie tauschten Waren auf dem Schwarzmarkt oder besorgten bei „Hamsterfahrten" Lebensmittel. Frauen ersetzten die abwesenden Männer in der Industriearbeit, im Handwerk oder in Dienstleistungsberufen. Dadurch wurden viele Frauen selbstbewusster, bestimmten ihre Rolle neu. Millionen von Frauen mussten auf die Ehe verzichten, denn es waren fast ganze Jahrgänge von heiratsfähigen Männern nicht aus dem Krieg zurückgekehrt. 1945 lebten in Deutschland 7,3 Millionen mehr Frauen als Männer. Viele Frauen, deren Männer im Krieg gefallen waren, wollten nicht wieder heiraten, sondern lebten mit einem Lebenspartner ohne Trauschein zusammen. Dadurch behielten sie die Witwenrente und blieben finanziell unabhängig. Man bezeichnete das als „wilde Ehe" oder „Onkelehe".

4 *Klärt, wodurch sich die Rolle der Frau in der Nachkriegszeit wandelte.*

5 *Vermutet, wie sich die Rückkehr der Männer aus der Kriegsgefangenschaft auf die Rolle der Frau in der Gesellschaft auswirkte.*

1 **Frauen suchen nach ihren Angehörigen.** Foto, 1946.

1 *Beschreibt M1. Welche Gefühle könnten die dargestellten Personen gehabt haben?*

Die Rückkehr der Männer

Nach und nach kehrten die Männer aus der Kriegsgefangenschaft zurück. Vielen von ihnen fiel es schwer, sich den veränderten Bedingungen im Nachkriegsdeutschland anzupassen.

Andererseits waren viele Frauen nicht bereit, ihre in der Nachkriegszeit erworbenen Freiheiten aufzugeben. Deshalb stieg die Scheidungsrate enorm an. Dabei spielte auch eine Rolle, dass die heimkehrenden Männer manchmal von den Kindern zunächst als Fremde empfunden wurden. In einem Leserbrief einer Frau an die Zeitschrift „Constanze" aus dem Jahr 1948 hieß es:

Q1 Nach fast fünf Jahren ist mein Mann aus der Gefangenschaft zurückgekommen. Die ersten drei, vier Wochen waren wir sehr glücklich. Aber nun gibt es einen Streit nach dem anderen. Grund: Er kommandiert herum und ist mit allem unzufrieden. Ich hätte mich so verändert, sagt er, und ich wäre gar keine richtige Frau mehr. Als wir heirateten, war ich 23. Jetzt bin ich 31. Von den acht Jahren war ich sechs Jahre allein und musste zusehen, wie ich durchkam. Jetzt müsste er mir doch eigentlich eine Hilfe sein. Aber er verlangt, dass ich den ganzen Haushalt (wir haben zwei niedliche Kinder) besorgen soll, und er sitzt in der Ecke, liest Zeitung, schimpft und kommandiert.

	Eheschließungen im Bundesgebiet	Ehescheidungen
1946	380 575	48 422
1947	454 398	76 091
1948	493 606	87 013
1949	476 806	79 409
1950	506 101	74 638
1951	493 563	55 862

Der Heimkehrer Gerd Knobloch schilderte:

Q2 … Meine Frau hatte sich überhaupt durch den Krieg sehr verändert gehabt. Wir hatten sehr jung damals geheiratet. Ich war ihr erster Mann gewesen. Im Bildungsstand war ich etwas weiter als sie, sodass sie zu mir aufblickte, wie das so schön heißt … Aber das hatte sich nach den vielen Jahren alleine natürlich sehr geändert. Sie hatte sich durchboxen müssen und war selbstständig geworden, sie nahm nicht mehr alles so hin … Und es wurde ja dann auch gleich tragisch zwischen uns, gleich in der ersten Nacht. Meine Frau teilte mir mit, dass sie seit zwei Jahren einen Freund hatte. Der Mann, mit dem sie mich betrogen hat, war Fleischer. Das ist dann schön … Was wollen Sie denn machen? Und da hab ich mir meine beiden Jungs angesehen und hab mir gesagt, na ja, du hast ja auch kein Töpfchen anbrennen lassen, solange du weg warst …

2 *Klärt, welche unterschiedlichen Auffassungen von den Rollen in der Familie aus den Texten (Q1, Q2) hervorgehen. Diskutiert und beurteilt diese Auffassungen.*

Arbeitstechnik: Zeitzeugen befragen

Persönliche Erlebnisse vermitteln Geschichte

Viele Menschen, die die Nachkriegszeit erlebt haben, können über persönliche Erfahrungen berichten. Doch nicht alle Erlebnisse werden erinnert und Erinnerungen bleiben nicht unverändert bestehen: Je länger Erlebnisse zurückliegen, umso wahrscheinlicher ist es, dass Einzelheiten im Gedächtnis durcheinander geraten oder Fakten vergessen werden. Das kennt ihr sicher von euch selbst: Manchmal weiß man nicht genau, ob man sich an eine Begebenheit aus der eigenen Kindheit als Erlebnis erinnert – oder ob von dieser Begebenheit in der Familie immer wieder erzählt wurde und sie als Geschichte erinnert wird. Dennoch sind Zeitzeugenberichte eine wichtige Ergänzung zu politischen Dokumenten und sonstigen historischen Quellen. Denn sie stellen Geschichte „von unten" dar, aus dem Blickwinkel des Durchschnittsbürgers. Die folgenden Hinweise helfen euch, eine Zeitzeugenbefragung vorzubereiten und durchzuführen.

1. Befragung vorbereiten

- Grenzt das Thema ein, mit dem ihr euch befassen wollt, z. B. „Aufgaben von Frauen in der Nachkriegszeit".
- Sammelt grundlegende Informationen, damit ihr Fragen entwickeln könnt.
- Bereitet einen Fragebogen vor und spielt die Befragung zur Probe einmal durch. Überarbeitet einzelne Fragen bei Bedarf.

2. Kontakte mit Zeitzeugen aufnehmen

- Zeitzeugen findet ihr vermutlich in der Familie und im Bekanntenkreis. Anfragen könnt ihr aber auch bei Parteien, Kirchen, Vereinen oder Gewerkschaften. Bei bestimmten Fragen kann es sinnvoll sein, Personen mit unterschiedlicher Herkunft (z. B. aus Ost und West) zu befragen, um Aussagen vergleichen zu können.
- Klärt mit den Zeitzeugen Ort, Zeit und Ablauf der Befragung. Wichtig auch: Wie dürfen die Aussagen verwendet/ausgewertet werden?
- Dürfen Tonaufnahmen/Fotos/ein Video gemacht werden?

3. Befragung durchführen

- Schafft für die Befragung eine angenehme Atmosphäre. Begrüßt die Anwesenden und klärt den Ablauf.
- Bestimmt, wer die Gesprächsführung übernimmt und wer Protokoll führt.
- Gebt den Befragten Gelegenheit, frei zu erzählen. Scheut euch nicht, nachzufragen.
- Wichtig auch: Dank und Verabschiedung.

4. Ergebnisse auswerten

Bei der Nachbereitung solltet ihr euch fragen:

- Wie ist die Befragung gelaufen?
- Welche (neuen) Informationen haben wir erhalten? Passen sie zu unseren Vorkenntnissen?
- Wo sind „Lücken" geblieben? Wie könnten wir sie schließen?
- Müssen wir etwas an unserer Art der Befragung ändern?

So geht es weiter ...

Deutschland wird besetzt

1 Die „Großen Drei" während der Potsdamer Konferenz. Foto, 1945.

Die „4 D" der Alliierten:
– Denazifizierung
– Demilitarisierung
– Demontage
– Demokratisierung

Pläne der Alliierten vor Kriegsende

1 *Betrachtet die Karte 2 auf Seite 89 und notiert, welche Veränderungen sich für Deutschland und Polen im Vergleich zu den Grenzen von 1937 ergeben haben.*

Während des Krieges trafen die „Großen Drei" – der amerikanische Präsident Roosevelt, der sowjetische Diktator Stalin und der britische Premierminister Churchill – mehrmals zusammen, um darüber zu beraten, wie mit dem besiegten Deutschland umzugehen sei. Im Februar 1945 beschlossen sie in Jalta am Schwarzen Meer u. a. Folgendes:
- Einteilung Deutschlands in vier Besatzungszonen,
- Einsetzung eines ▶ Alliierten Kontrollrates* unter Beteiligung Frankreichs,
- Verschiebung des polnischen Staatsgebietes nach Westen auf Kosten Deutschlands und Abtretung Ostpolens an die Sowjetunion,
- Verwaltung Berlins durch die USA, Sowjetunion, Großbritannien und Frankreich, am 5.6.1945 offiziell verkündet.

▶ Alliierter Kontrollrat*: *von den Alliierten eingesetzte Institution mit Sitz in Berlin, in der die Maßnahmen abgestimmt werden sollten, die für die Besatzungszonen getroffen wurden.*

Die Konferenz von Potsdam

Nach dem Sieg über Deutschland errichteten die Sieger auf einem bereits um die Ostgebiete verkleinerten Staatsgebiet die vier Besatzungszonen. In ihnen bestimmte der jeweilige Oberbefehlshaber nach den Anweisungen seiner Regierung. Entscheidungen für ganz Deutschland konnten nur einstimmig im Alliierten Kontrollrat getroffen werden. Auf einer Konferenz in Potsdam im August 1945 legten die „Großen Drei" weitere Punkte für ihre Deutschlandpolitik fest. In vielen Punkten konnten sie sich nur noch mühsam auf Kompromisse einigen. Unter anderem wurde beschlossen,
- alle aktiv tätig gewesenen Nationalsozialisten aus den öffentlichen Ämtern und Führungspositionen in wichtigen Privatfirmen zu entfernen,
- in ganz Deutschland alle demokratischen politischen Parteien zu erlauben,
- das Erziehungswesen nach demokratischen Grundsätzen zu gestalten,
- Deutschland trotz der Besatzungszonen als eine wirtschaftliche Einheit zu betrachten (die Besatzungszonen sollten sich gegenseitig unterstützen),
- dass jede Besatzungsmacht Entschädigungen für Kriegskosten aus ihrer Zone entnehmen konnte (und die Sowjetunion zusätzlich aus den westlichen Zonen bestimmte Güter erhielt),
- die Verwaltung der deutschen Ostgebiete durch Polen, (entgültige Regelung erst in einem Friedensvertrag).

2 *Lest den Text und gestaltet ein Plakat mit Stichworten zum Thema „Die Zukunft Deutschlands 1945".*

Deutschland wird besetzt

Langsamer Wiederaufbau

Es zeigte sich aber bald, dass die Alliierten die Probleme der Nachkriegsjahre ohne tatkräftige deutsche Hilfe nicht lösen konnten. So besetzten sie bald untere Verwaltungsstellen mit Personen, die frei vom Verdacht des Nationalsozialismus waren. Allerdings entwickelte sich die deutsche Beteiligung an politischen Entscheidungen in den einzelnen westlichen Besatzungszonen recht unterschiedlich.

3 *Listet mithilfe der Karte 2 auf, wann sich welche Länder durch die Siegermächte gründeten.*

Parteien werden wieder gegründet

Schon im Sommer 1945 fanden sich auf örtlicher Ebene politisch Gleichgesinnte und bildeten Parteien: Die 1933 zerschlagenen Parteien SPD und KPD wurden als erste wieder gegründet. In der CDU (in Bayern CSU) schlossen sich Christen beider Bekenntnisse zu einer Partei zusammen.

Die FDP entstand erst etwas später aus dem Zusammenschluss liberaler Parteien der Westzonen und Westberlins. Nachdem die alliierten Militärregierungen die Gründungen offiziell zugelassen hatten, organisierten sich die Parteien in Kreis- und Landesverbänden.

Länder werden gegründet

In der Sowjetischen Besatzungszone (SBZ) gründete die Sowjetische Militäradministration (SMAD) bereits im Sommer 1945 die Länder Mecklenburg, Sachsen, Thüringen und die Provinzen Brandenburg und Sachsen-Anhalt. Mit der Gründung von elf Zentralverwaltungen im Sommer 1945, die den Ländern übergeordnet waren, legte die sowjetische Regierung den Grundstein für eine sozialistische Staats- und Gesellschaftsordnung in ihrer Zone. 1952 wurden die Länder in der DDR aufgelöst und durch Bezirke ersetzt.

Mit den Ländern Bayern und Württemberg-Baden konnten die Amerikaner 1945 auf schon vorher bestehende Ländertraditionen aufbauen. Aus dem ehemaligen Hessen und

2 **Ländergründungen in den Besatzungszonen Deutschlands.**

den früheren preußischen Provinzen Kurhessen und Nassau bildeten sie neu das Land Großhessen.

In der französischen Zone wurde 1946 das Land Rheinland-Pfalz gegründet, dazu kamen 1947 die aus Verwaltungsbezirken entstandenen Länder Baden und Württemberg-Hohenzollern.

Eine Sonderrolle nahm das Saarland ein. Im Sommer 1946 trennte Frankreich das Saarland von seiner Zone ab. Parteien wurden im Saarland nur unter der Bedingung zugelassen, dass sie sich nicht für einen Anschluss an Deutschland einsetzten. Erst 1957 wurde das Saarland nach einer Volksabstimmung ein Bundesland der Bundesrepublik Deutschland.

Wappen westdeutscher Länder

Nordrhein-Westfalen

Rheinland-Pfalz

Hessen

Saarland

Baden-Württemberg

Flucht und Vertreibung

Nissenhütten im Lager Friedland. Foto, um 1946.

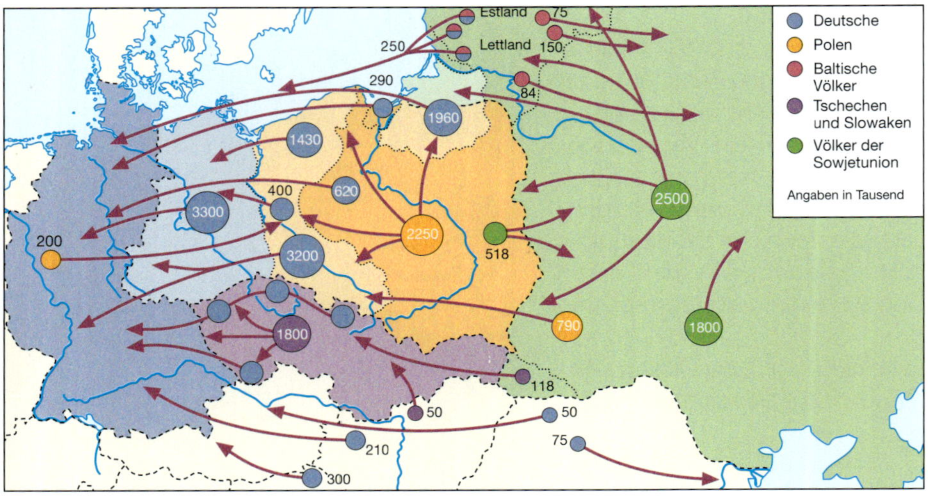

1 Flucht, Vertreibung und Umsiedlung 1945–50.

Tomatenzucht in den Trümmern von Frankfurt/M. zur Selbstversorgung. Foto, 1946.

Flucht als Folge des verlorenen Krieges
Zu Beginn des Zweiten Weltkriegs lebten in Ostpreußen, Pommern, Brandenburg, Schlesien und Danzig 9,9 Millionen Deutsche.
In der Sowjetunion, in Polen, in der Tschechoslowakei, in Ungarn, in Rumänien und Jugoslawien und in den Baltischen Staaten lebten etwa weitere 9 Millionen Deutsche oder Deutschstämmige als nationale Minderheiten.
Als sich die deutsche Niederlage an fast allen Fronten abzeichnete, flohen ab Mitte 1944 Deutsche und Deutschstämmige aus Rumänien und Jugoslawien vor den russischen Truppen. Im Winter 1944/45 wurde die Flucht vieler Deutscher vor den russischen Truppen aus Ostpreußen aufgrund der mangelnden Vorbereitung und der Durchhalteparolen der Nationalsozialisten zur Katastrophe (vgl. S. 46).
In einer großen Rettungsaktion gelang es aber, 1,5 Millionen Menschen aus dem eingeschlossen Ostpreußen über die Ostsee in den Westen Deutschlands zu bringen. Aus Schlesien flohen die Menschen zunächst nach Böhmen und Mähren. Ab März 1945 räumten die deutschen Truppen die besetzte Tschechoslowakei und veranlassten die Flüchtlinge unter oft chaotischen Umständen, nach Süddeutschland weiterzuziehen. Nicht wenige Sudetendeutsche blieben aber in ihrer Heimat. Nach der deutschen Kapitulation (Mai 1945) versuchten viele Flüchtlinge, wieder in ihre Heimat zurückzukehren, da sie sich eine endgültige Vertreibung aus ihrem Zuhause nicht vorstellen konnten.
Die Gebiete der heutigen ostdeutschen Bundesländer, die damalige Sowjetische Besatzungszone (SBZ), wurde im Spätsommer 1945 von Flüchtlingsströmen überrannt. Im November 1945 zählte man bereits eine Million Flüchtlinge aus dem Osten. Insgesamt blieben 3,5 Millionen Flüchtlinge und Vertriebene aus dem Osten in der SBZ, etwa 3 Millionen zogen nach kurzem Aufenthalt weiter in die westlichen Besatzungszonen. Die westlichen Zonen nahmen etwa 8 Millionen Flüchtlinge und Vertriebene auf.

2 Ankunft von Flüchtlingen in Bebra. Foto, 1946.

Flucht und Vertreibung

Vertreibung

Bereits im Juni 1945 setzten in Polen, in den polnisch verwalteten Gebieten und in der Tschechoslowakei „wilde" Vertreibungen ein. Eine neue Flüchtlingswelle von etwa 2,5 Millionen Menschen gelangte unter schlimmen Umständen in den Westen. 1946 wurden dann, entsprechend den Absprachen der Siegermächte, fast alle Deutschen aus den Gebieten östlich von Oder und Neiße, aus Ungarn und der Tschechoslowakei planmäßig vertrieben. Die Sieger waren sich darin einig, „dass diese Überführung auf eine geregelte und menschliche Weise erfolgen soll". Aus einem Tschechoslowakischen Ausweisungsbescheid:

Q1 Ich ordne Ihnen an, dass Sie sich heute bis zur 7. Stunde zum Verlassen des Gebietes der Tschechoslowakischen Republik vorbereiten.
Es ist Ihnen erlaubt, Gepäck von höchstens 30 kg für eine Person mitzunehmen, Verpflegung für fünf Tage. ... Die Schlüssel der Wohnung und des Hauses, versehen mit einem Zettel mit Ihrer Anschrift, übergeben Sie den Sicherheitsorganen. ...

Hals über Kopf mussten die Menschen ihre Heimat verlassen und durften nur so viel mitnehmen, wie sie tragen konnten. Historiker schätzen, dass etwa 2 Millionen Menschen infolge von Hunger, Entkräftung und eisiger Kälte starben. Bei der Vertreibung kam es zu schweren Verbrechen und furchtbaren Racheakten.

1 *Unterscheidet die Begriffe „Flucht" und „Vertreibung".*

2 *Erläutert die verschiedenen Fluchtbewegungen anhand der Karte 1. Berechnet die Zahl der betroffenen Menschen.*

Schwierige Lebensbedingungen

Am Ende wurden 12 Millionen Vertriebene in Deutschland gezählt. Die Menschen waren meist völlig mittellos und so lebten sie anfänglich in größter materieller Not. Schon die Unterbringung bereitete Probleme, es fehlte an Wohnraum und Arbeit. Die Integration der Menschen ging nur langsam

3 **Zusammengetriebene Deutsche in Prag.** Foto, 1945.

voran, zu unterschiedlich waren die Lebenssituationen.

Eine Frau erinnerte sich 1990 an die Ankunft in einem Dorf:

Q2 ... Da haben sie uns ausgeladen am Dorfplatz. Und dann haben wir dagestanden, wie die armen Sünder, mit unserem Gepäck und den Kindern. Und dann sind die gekommen und haben sie uns, haben sie ausgesucht. Na ja, und die mit den kleinen Kindern, die wollte niemand haben. ... Na ja, jedenfalls hat uns der Bürgermeister dann ja eingewiesen. Also, die mussten ja nehmen. Also sind wir eben zum Bauern gekommen. Das war halt ein ganz kleines Zimmerchen. Können Sie sich ja denken, wenn vier Leute dann, also ich und die drei Kinder, in so ein kleines Zimmerchen. ...

3 *Überlegt, was die Integration der neu angekommenen Menschen erschwert haben könnte.*

4 *Erkundigt euch, ob auch eure Heimatgemeinde nach dem Krieg Flüchtlinge integrieren musste.*

5 *Auch heute gibt es noch Flüchtlingsbewegungen. Informiert euch darüber mit Hilfe des Internets. Stellt zusammen, welche Gründe die Flüchtlingsbewegungen haben und welche Probleme damit verbunden sind.*

Die Gründung von Rheinland-Pfalz

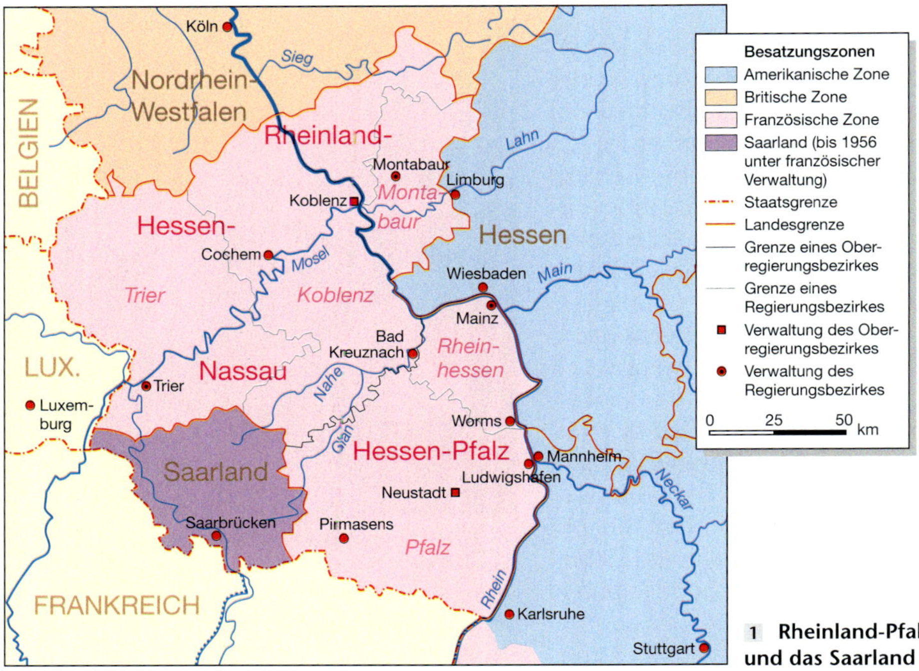

1 Rheinland-Pfalz und das Saarland 1945/1946.

Kriegsende im Südwesten

Für die Bevölkerung auf dem Gebiet der heutigen Bundesländer Rheinland-Pfalz und Saarland war der Zweite Weltkrieg schon vor der Kapitulation der deutschen Wehrmacht am 8. Mai 1945 zu Ende. Die Amerikaner, im Südosten auch die Franzosen, hatten diesen Teil Deutschlands bis Ende März 1945 vollständig erobert und besetzt. Die amerikanischen Offiziere machten sich sofort daran, in Dörfern, Städten und Landkreisen arbeitsfähige Verwaltungen einzurichten. Als Bürgermeister oder Landräte wurden Deutsche eingesetzt, die keine Nationalsozialisten gewesen waren. Die alten Regierungsbezirke Trier und Koblenz wurden wieder eingerichtet und mit den neu gebildeten Regierungsbezirken Saarland, Pfalz und Rheinhessen Anfang Juni 1945 zur Verwaltungseinheit Mittelrhein-Saar zusammengeschlossen. Im Juni 1945 wurden diese Gebiete der französischen Besatzungszone vom ▶ Alliierten Kontrollrat zugewiesen, die Amerikaner zogen ab und übergaben den Franzosen ihre neue Besatzungszone.

Für die Bevölkerung begann eine schwere Zeit. Der Kampf um die täglichen Lebensmittelrationen, um Brennmaterial, Kleidung und Schuhe und das Überleben zwischen Schutt und Trümmern in den Städten prägte den Alltag. Frankreich schotte seine Zone zunächst streng von den anderen Besatzungszonen ab und unterband weitgehend menschliche Kontakte zwischen den Zonen. Mit Lieferungen aus der wieder anlaufenden Produktion, vor allem von saarländischer Kohle, musste die französische Zone in besonderem Maße zum Wiederaufbau Frankreichs beitragen.

Das neue Land Rheinland-Pfalz

Ähnlich wie die anderen Besatzungsmächte gründete auch Frankreich in seiner Zone Länder. Mit der Verordnung Nr. 57 verfügte der französische Oberkommandierende in Deutschland, General Koenig, die „Schaffung eines rhein-pfälzischen Landes". Das neue Land wurde aus verschiedenen alten Landesteilen zusammengefügt: Rheinhessen hatte zu Hessen-Darmstadt gehört, die Regierungsbezirke Koblenz und Trier zur Preußischen Rheinprovinz, die Pfalz zur Kurpfalz bzw. zu Bayern, Hessen-Nassau gehörte zu Preußen.

Die Gründung von Rheinland-Pfalz

Q Verordnung Nr. 57

Artikel 1 Es wird hiermit ein Land geschaffen, welches die Pfalz und die gegenwärtigen Regierungsbezirke Trier, Koblenz, Mainz und Montabaur umfasst.

Artikel 2 Als Hauptstadt dieses Landes wird Mainz bestimmt, wo die Regierung ihren Sitz haben wird, sobald die entsprechenden wohnlichen Voraussetzungen geschaffen werden konnten.

Artikel 3 Eine beratende Versammlung, die sich aus den erwählten Vertretern der im Artikel 1 bezeichneten Gebiete zusammensetzt, wird alsbald nach den Wahlen am 13. Oktober gemäß den Bedingungen gebildet, die später bekannt gegeben werden.

Artikel 4 Die vorläufige Regierung des Landes wird nach Befragen der oben erwähnten Versammlung, und zwar spätestens am 30. November, gebildet werden.

Artikel 5 Die beratende Versammlung wird im Einvernehmen mit der vorläufigen Regierung einen Verfassungsentwurf ausarbeiten, der insbesondere die Beziehungen zwischen den verschiedenen Teilen des neuen Landes festlegen soll. Über den Verfassungsentwurf wird durch Volksentscheid entschieden werden. ...

Baden-Baden, den 30. August 1946

Le Général d'Armee

P. Koenig Commandant en Chef Francais en Allemagne

1 *Schreibt die wichtigsten Anordnungen der Besatzungsmacht heraus, die bei der Gründung von Rheinland-Pfalz beachtet werden mussten.*

2 *Überlegt, in welcher Weise das demokratische Prinzip beachtet wurde.*

Demokratischer Aufbau

Den Anordnungen entsprechend fanden am 15. September 1946 Gemeinderatswahlen statt – die ersten demokratischen Wahlen seit 1933. Am 13. Oktober 1946 folgten die Kreistagswahlen. Die zugelassenen Parteien hatten dabei allein das Recht zur Kandidatenaufstellung. Am 17. November 1946 wählten schließlich die Vertreter der Kreise und der Städte mit über 7000 Einwohnern die Beratende Landesversammlung, deren Aufgabe die Ausarbeitung einer Verfassung für das neue Land war. Am 22. November 1946 trat die Beratende Landesversammlung zum ersten Mal zusammen. Nach vielen Vorarbeiten verabschiedete sie am 25. April 1947 die Verfassung des zukünftigen Landes Rheinland-Pfalz. Am 18. Mai 1947 wurde die Verfassung durch Volksentscheid angenommen. Gleichzeitig wählten die Bürgerinnen und Bürger des neuen Landes den ersten Landtag von Rheinland-Pfalz.

2 Schild in Mainz. Foto um 1946.

Eine neue Regierung

Am 2. Dezember 1946 ernannte die französische Militärbehörde nach Rücksprache mit den Parteien Dr. Wilhelm Boden zum ersten Ministerpräsidenten des Landes Rheinland-Pfalz. Nach den Landtagswahlen bildete er auch die erste frei gewählte Regierung, nach kurzer Zeit folgte ihm Peter Altmeier (CDU), der das Land bis 1969 regierte und prägte.

3 *Sucht in Bibliotheken und im Internet weitere Informationen zur Geschichte des Landes.*

Ergebnisse der ersten Landtagswahl in Rheinland-Pfalz 18.5.1947

CDU	*47,2 %*
SPD	*34,4 %*
Sozialer Volksbund	*3,6 %*
Liberale Partei	*6,1 %*
KPD	*8,7 %*

Wahlbeteiligung 77,7 %

Peter Altmeier, *der langjährige rheinland-pfälzische Ministerpräsident.*

Internet-Tipp: *http://www.landeshauptarchiv.de/geschichte/neubeginn.html*

Abrechnung mit dem NS-Regime

1 Die Hauptangeklagten im Nürnberger Prozess 1945/46. In den ersten Reihen die Verteidiger, dahinter in zwei Reihen die Angeklagten. Foto, 1946.

1945/46: *Nürnberger Prozesse.*

Die Aufarbeitung der NS-Verbrechen

In den Richtlinien des Generalstabs der amerikanischen Streitkräfte an den Oberbefehlshaber der Besatzungstruppen in Deutschland vom 26.4.1945 hieß es unter anderem:

Q Das Hauptziel der Alliierten ist es, Deutschland daran zu hindern, je wieder eine Bedrohung des Weltfriedens zu werden. Wichtige Schritte zur Erreichung dieses Ziels sind die Ausschaltung des Nazismus und des Militarismus in jeder Form, die sofortige Verhaftung der Kriegsverbrecher zum Zwecke der Bestrafung … und die Vorbereitung zu einem späteren Wiederaufbau des deutschen politischen Lebens auf demokratischer Grundlage. …

Alle Mitglieder der Nazipartei, die nicht nur nominell in der Partei tätig waren, alle, die den Nazismus oder Militarismus aktiv unterstützt haben, … sollen entfernt und ausgeschlossen werden aus öffentlichen Ämtern und aus wichtigen Stellungen in halbamtlichen und privaten Unternehmungen wie Organisationen des Bürgerstandes, des Wirtschaftslebens und der Arbeiterschaft, … Industrie, Handel, Landwirtschaft und Finanzen, Erziehung und Presse, Verlagsanstalten.

1 *Fasst zusammen, mit welchen Mitteln die Amerikaner eine Demokratisierung der deutschen Bevölkerung erreichen wollten.*

Die ▶ Nürnberger Prozesse 1945/46

Mitglieder der Naziregierung, Führer der NSDAP und Befehlshaber der Wehrmacht wurden vor einen internationalen Gerichtshof in Nürnberg gestellt. Ihnen wurden Verbrechen gegen den Frieden und die Menschlichkeit vorgeworfen. Nach einjähriger Verhandlung verhängte das Gericht zwölf Todesurteile (z.B. über Hermann Göring), sieben Haftstrafen (drei lebenslange), sprach aber auch drei Angeklagte frei. Es hat manche Kritik an der juristischen Rechtmäßigkeit dieser Verfahren gegeben, da es sich um ein einseitiges Gericht der Sieger über die Besiegten handelte und Kriegsverbrechen anderer ausgespart blieben. Sicher ist aber, dass dadurch ein großer Teil der politischen NS-Elite* ausgeschaltet wurde. Außerdem konnten in diesem Prozess die NS-Verbrechen in ihrem ganzen Ausmaß erstmalig einer breiten Öffentlichkeit sichtbar gemacht werden.

NS-Elite* *(französisch: elite = Auslese): Der Begriff meint die Führungsschicht der Partei.*

2 *Berichtet über den Nürnberger Prozess und seine Folgen.*

Abrechnung mit dem NS-Regime

Ausweitung der ▸ Entnazifizierung*

In den einzelnen Besatzungszonen wurden danach weitere führende Militärs, SS-Leute, aber auch Wirtschaftsführer angeklagt, in den Westzonen 5133 Personen. Es gab 688 Todesurteile, aber nicht alle wurden vollstreckt; einige Wirtschaftsführer wie Friedrich Flick oder Alfred Krupp wurden sogar nach verkürzter Haftzeit entlassen.

Anfang 1946 wurde das Entnazifizierungsverfahren auf die gesamte Bevölkerung ausgedehnt. So musste beispielsweise in der amerikanischen Zone jeder einen Fragebogen ausfüllen, der über die Mitgliedschaft in NS-Organisationen, aber auch über entlastende Punkte Aufschluss geben sollte. Von „Spruchkammern", in denen unbelastete Deutsche ohne juristische Vorbildung saßen, wurde das Urteil gefällt. Es konnte in fünf Abstufungen von „unbelastet" über „Mitläufer" bis „Hauptschuldiger" lauten.

Mit sogenannten Persilscheinen versuchten viele, ihre Unschuld zu beweisen. „Persilschein" nannte man eidesstattliche Erklärungen, in denen etwa Juden, politisch Verfolgte oder Geistliche jemandem untadeliges Verhalten in der Nazizeit bescheinigten. Mit einem „Persilschein" wurde mit etwas finanziellem Einsatz aber auch manche „schmutzige Weste" reingewaschen.

Ein besonderes Problem lag darin, dass die Abwicklung der gesamten Entnazifizierung sehr lange dauerte. Da in der ersten Zeit sehr streng vorgegangen wurde, die „größeren Fälle" oftmals aber erst später verhandelt wurden, kamen einige der schwerer Belasteten mit relativ milden Strafen davon.

3 *Schildert die Probleme der Entnazifizierung in der amerikanischen Zone.*

Entnazifizierung in der SBZ

Mit der Parole von der „Ausrottung der Überreste des Faschismus" wurden die bisherigen Eliten in Schule, Justiz, Verwaltung, Polizei und Wirtschaft radikal entmachtet und durch Sozialisten bzw. Kommunisten ersetzt. Die Kommunisten nutzten die Entnazifizierung aber auch, um gemäßigte politische Gegner unter schwer nachprüfbaren

2 **Plakat zur Anwerbung von Neulehrern in der SBZ 1945.**

Vorwänden auszuschalten. Bei der Entnazifizierung wurde klar unterschieden zwischen aktiven Nazis und Mitläufern. Bis 1948 wurden etwa 520 000 Personen aus ihren Stellungen entfernt. „Volksrichter" und „Neulehrer" ohne fachliche Ausbildung, angelernt in Schnellkursen, ersetzten die bisherigen Amtsinhaber in Justiz und Schule.

Die Verantwortlichen gingen davon aus, dass die antifaschistische Gesinnung wichtiger sei als Fachkenntnisse, die man sich erwerben könne. Andererseits wurden bereits nach wenigen Jahren auch in der DDR viele ehemalige Fachleute wieder in staatlichen Funktionen (Polizei, Militär) eingesetzt, soweit ihnen nicht konkrete Vergehen angelastet wurden und sie vor allen Dingen nur glaubhaft die „richtige" Gesinnung zeigten.

4 *Beschreibt die Verfahrensunterschiede in der sowjetischen und amerikanischen Zone.*

5 *Erkundigt euch bei älteren Menschen nach der Entnazifizierung in eurer Heimat.*

Hermann Röchling, Miteigentümer der saarländischen Stahlwerke Völklinger Hütte, war im Nationalsozialismus an führender Position im Rahmen der Organisation der Kriegswirtschaft tätig. Nach Kriegsende wurde er von der französischen Besatzungsmacht angeklagt und von einem Gericht wegen „Verbrechen gegen die Menschlichkeit" zu zehn Jahren Haft verurteilt, sein Privatvermögen wurde beschlagnahmt. Er durfte das Saarland nicht mehr betreten. Hermann Röchling starb 1955.

▸ Entnazifizierung*: *Versuch der vier Besatzungsmächte, die für den Nationalsozialismus engagierten Deutschen mithilfe von Befragungen und Prozessen zu identifizieren, um sie von verantwortlichen Stellungen, z. B. in der Verwaltung, fernzuhalten.*

Unterschiedliche Wege

1 **Wahlplakat der SED kurz nach der Vereinigung von SPD und KPD 1946.**

Plakat zur Bodenreform in der SBZ 1945.

Ostorientierung der Sowjetischen Besatzungszone (SBZ)

Während in den westlichen Besatzungszonen das Wirtschaftssystem und die demokratische Ordnung, ähnlich wie sie die Deutschen aus der Zeit der Weimarer Republik (1918–1933) kannten, weitergeführt wurden, kam es in der sowjetisch besetzten Ostzone zu großen politischen Veränderungen. Schrittweise führte die Sowjetunion ihr sozialistisches System ein. Bereits frühzeitig hatte sie in ihrer Besatzungszone Maßnahmen getroffen, die auf die Übernahme der sozialistischen Gesellschaftsordnung abzielten. Noch vor Kriegsende war eine Gruppe von deutschen Kommunisten unter der Leitung des früheren KPD-Reichstagsabgeordneten Walter Ulbricht in Moskau auf die Übernahme der Macht vorbereitet worden. Der Verwaltungsaufbau und das Parteiensystem der SBZ wurden ab Mai 1945 nach sowjetischem Muster unter Kontrolle der Sowjetunion umgestaltet. Die bestimmende Kraft wurde dabei die 1946 gegründete Sozialistische Einheitspartei Deutschlands (SED), ein erzwungener Zusammenschluss aus Sozialdemokraten und Kommunisten in der SBZ (Abbildung 1). Ihre Politik wurde von Moskau aus kontrolliert und weitgehend bestimmt.

▶ Bodenreform in der SBZ

Auf wirtschaftlichem Gebiet drängten die Kommunisten schnell auf Änderungen der bisherigen Wirtschaftsordnung im Gegensatz zur Politik der Westmächte in deren Besatzungszonen.

Aus einer Verordnung der Provinz Sachsen vom 3. September 1945:

Q1 Folgender Grundbesitz wird … unabhängig von der Größe der Wirtschaft enteignet:

a) der Grundbesitz der Kriegsverbrecher und Kriegsschuldigen …

b) der Grundbesitz …, der den Naziführern … sowie den führenden Personen des Hitlerstaates gehörte. …

… Gleichfalls wird der gesamte … Großgrundbesitz über 100 Hektar enteignet.

Das enteignete Land wurde anschließend neu verteilt als privates, vererbbares Eigentum. An Ackerland erhielten 119 121 landlose Bauern und Landarbeiter im Durchschnitt 7,8 Hektar, 82 483 landarme Bauern 3,3 Hektar, 91 155 Umsiedler 8,4 Hektar. Auf einem Drittel des enteigneten Landes entstanden „Volkseigene Güter" (VEG).

Industriereform

Im Oktober 1945 führte ein Befehl der Sowjetischen Militärregierung zur Beschlagnahmung allen Eigentums des deutschen Staates, der NSDAP und der Wehrmacht. Einen Teil der schwerindustriellen Betriebe nahm die Sowjetunion in Besitz, den übrigen Teil stellte die Militärregierung der deutschen Verwaltung zur Verfügung. Insgesamt wurden acht Prozent der Industriebetriebe enteignet. Diese lieferten aber fast die Hälfte der gesamten Industrieproduktion.

Unterschiedliche Wege

Im Sommer 1946 wurde in Sachsen auf Initiative der SED ein Volksentscheid über die „Überführung der Betriebe von Kriegs- und Naziverbrechern in das Eigentum des Volkes" durchgeführt. 77 Prozent stimmten mit Ja, 16 Prozent mit Nein.

1 *Beschreibt anhand von Q1 und des Textes die politischen und wirtschaftlichen Maßnahmen der Sowjetunion in der SBZ.*

Währungsreform in den Westzonen

Die Kluft zwischen den Siegermächten wurde in den Jahren von 1946 bis 1949 immer größer. Die Westmächte schlossen ihre Zonen eng zusammen. Der Hunger der Bevölkerung wurde durch amerikanische Lebensmittel gelindert. Der Wiederaufbau eines westlichen Wirtschaftssystems wurde mit Krediten unterstützt (Marshall-Plan). Diese Hilfen konnten für die Westzonen erst dann richtig wirksam werden, wenn auch das deutsche Geld wieder etwas wert war. Am 20. Juni 1948 (in Westberlin am 24. Juni) trat in den Westzonen eine Währungsreform in Kraft. Jeder Westdeutsche erhielt zunächst 40 DM und später noch einmal 20 DM („Kopfgeld"). Bargeld wurde im Verhältnis RM : DM = 10 : 1 umgetauscht. Sparguthaben in einem Verhältnis von zirka 15 : 1. Grundbesitz, Produktionsstätten und Aktien behielten ihren Wert und wurden weiter frei gehandelt. Die bisherige Rationierung vieler Produkte und die Preiskontrollen entfielen. Der Bonner „Generalanzeiger" berichtete am 20. Juni 1958 zum 10. Jahrestag der Währungsreform:

Q2 … Die DM erwirkte schnell das erwartete Wunder. Am Montag, dem 21. Juni, war Bonn wie verwandelt. Waren, die man jahrelang nicht gesehen hatte, erschienen in den Schaufenstern, vor allem Haushaltsartikel. Wer sich seit Jahren um einen Bezugsschein für einen Topf oder eine Pfanne bemüht hatte, sah mit Erstaunen, wie sich die begehrten Dinge nun in erstaunlicher Vielzahl präsentierten. Einer der ersten Artikel, die wieder auftauchten, waren übrigens Fahrradreifen. Sie fanden Stück für Stück um 7,50 DM reißenden Absatz.

2 Verkauf ohne Marken. Mit der Einführung des neuen Geldes fiel das bisherige Markensystem weg. Foto, 1948.

2 *Betrachtet die Abbildung 2 und lest Q2. Beschreibt die Stimmung der westdeutschen Bevölkerung am Tag der Währungsreform.*

Die Berlinblockade

Berlin wurde seit 1945 von den vier Siegermächten gemeinsam verwaltet. Die Stadt war in vier Teile geteilt, allerdings war der Ostsektor locker von den anderen Teilen getrennt.

Die Einführung der neuen DM in den Westteilen Berlins führte zu einer großen Krise zwischen der Sowjetunion und den Westmächten. Die Sowjetunion sperrte alle Zugangswege nach Westberlin, um auf diese Weise Druck auf die Westmächte auszuüben. Daraufhin versorgte die amerikanische Regierung Westberlin über eine Luftbrücke. Bis zum Ende der Blockade im Mai 1949 trafen täglich im Minutentakt Transportmaschinen in Westberlin ein, die die Versorgung der Stadt sicherten.

3 *Befragt eure Großeltern nach ihren Erinnerungen an die Berlinkrise und die Luftbrücke.*

Luftbrückenhelfer entladen Mehlsäcke.

Das 1951 eingeweihte Luftbrückendenkmal am Flughafen Tempelhof in Berlin erinnert an die Leistungen und Opfer der Berliner Luftbrücke. Der Berliner Volksmund nennt es die „Hungerharke".

Die Gründung zweier deutscher Staaten

DP:*
Die konservative Deutsche Partei bestand von 1949 bis 1961.

23. Mai 1949:
Verkündung des Grundgesetzes und damit Gründung der Bundesrepublik Deutschland.

7. Oktober 1949:
Inkrafttreten der Verfassung und damit Gründung der DDR.

1 **Behelfsmäßiger Wegweiser zum Parlamentarischen Rat, der eine Verfassung für den neuen Weststaat erarbeiten sollte.** Foto, 1948.

Besatzungsmächte im Konflikt

Bereits Ende 1947 war deutlich, dass die Siegermächte unvereinbare Konzepte für die Behandlung des besetzten Deutschlands hatten: Eine Deutschlandkonferenz in London wurde abgebrochen, nachdem sich die Außenminister der Westmächte mit dem sowjetischen Außenminister in keiner der verhandelten Fragen (zu Reparationen, zum Marshall-Plan oder zur deutschen Einheit) einigen konnten. Als sich kurz darauf die Vertreter der drei Westmächte auf ein gemeinsames Vorgehen in ihren Besatzungszonen einigten, zerbrach der ▶ Alliierte Kontrollrat: Die sowjetische Seite warf den Westmächten vor, durch ihre eigenmächtige Handlungsweise den Kontrollrat unterlaufen zu haben. Dennoch: Am 1. Juli 1948 wurden die Ministerpräsidenten der Länder in den Westzonen feierlich ermächtigt, einen Parlamentarischen Rat einzuberufen, der eine Verfassung für einen „Weststaat" ausarbeiten sollte.

Die Staatsgründungen

Am 1. September 1948 nahm der Parlamentarische Rat seine Arbeit auf. Er bestand aus 65 Abgeordneten: je 27 von CDU und SPD, zudem waren FDP, KPD, Zentrum und DP* vertreten. Die erarbeitete Verfassung nannten sie „▶ Grundgesetz", um den provisorischen Charakter zu betonen. Dem Entwurf stimmten die drei Westalliierten zu, ebenso die gewählten Landtage mit Ausnahme des bayerischen. So konnte am 23. Mai 1949 das Grundgesetz der Bundesrepublik Deutschland verkündet und im August der erste deutsche Bundestag gewählt werden. In der Folge erhielt Konrad Adenauer (CDU) das Amt des Bundeskanzlers und Theodor Heuss (FDP) das des Bundespräsidenten. In der Einleitung des Grundgesetzes heißt es:

Q1 … Von dem Willen beseelt, seine nationale und staatliche Einheit zu wahren und als gleichberechtigtes Glied in einem vereinten Europa zu dienen, hat das deutsche Volk …, um dem staatlichen Leben für eine Übergangszeit eine neue Ordnung zu geben, kraft seiner verfassunggebenden Gewalt dieses Grundgesetz der Bundesrepublik Deutschland beschlossen. Es hat auch für jene Deutsche gehandelt, denen mitzuwirken versagt war.

Parallel zur Staatsgründung im Westen bereitete die SED die Gründung eines eigenen Staates nach dem Muster kommunistischer ▶ Volksdemokratien vor. Nach einem Entwurf der ▶ SED aus dem Jahr 1946 wurde von einem Volksrat eine Verfassung ausgearbeitet. Ein mehrheitlich von SED-Mitgliedern zusammengesetzter Volkskongress bestätigte die Verfassung und wählte einen neuen Volksrat, der sich am 7. Oktober 1949 zur Provisorischen Volkskammer der Deutschen Demokratischen Republik erklärte. Diese sprach sich für die Bildung einer provisorischen Regierung aus. An der Spitze des neuen Staates standen Wilhelm Pieck als Präsident und Otto Grotewohl als Ministerpräsident. Die entscheidende politische Macht erhielt jedoch der Erste Sekretär des Zentralkomitees der SED, Walter Ulbricht.

1 *Erklärt die Bedeutung des Provisorischen bei beiden Staatsgründungen.*

2 *Vergleicht, auf welche Weise die beiden deutschen Staaten gegründet wurden.*

Die Gründung zweier deutscher Staaten

Zweierlei Sicht

Aus der Erklärung von Ministerpräsident Otto Grotewohl (SED) am 12. Oktober 1949 vor der Provisorischen Volkskammer der DDR:

Q2 … Die Entwicklung unseres deutschen demokratischen und friedlichen Staates wird am stärksten behindert von den imperialistischen Westmächten, die die Spaltung Deutschlands bis zu dem heutigen beklagenswerten Stand vorwärtsgetrieben haben. … Statt der im Potsdamer Abkommen vorgesehenen Demokratisierung, Entmilitarisierung und ▶ Entnazifizierung Deutschlands sind sie bestrebt, die von ihnen besetzten Teile Deutschlands in eine Kolonie zu verwandeln, die mit den traditionellen Methoden imperialistischer Kolonialherrschaft regiert und ausgebeutet wird. … Die Regierung wird sich niemals damit abfinden, dass in den westlichen Besatzungszonen Deutschlands ein jeder Rechtsgrundlage entbehrendes ▶ Besatzungsstatut* benutzt wird, um einen Teil unseres Vaterlandes in eine Kolonie zu verwandeln. Wir werden den Weg des deutschen Volkes zu einem einheitlichen, demokratischen und friedliebenden Deutschland zu finden wissen. …

Wir wissen, dass wir in unserem Kampf um die Einheit Deutschlands, der ein Bestandteil des Kampfes um den Frieden ist, nicht allein stehen. Wir haben das Glück uns in diesem Kampf auf das große Lager des Friedens in der Welt stützen zu können, dessen ständig zunehmende Stärke die imperialistischen Kriegsinteressenten Schritt um Schritt zurückdrängt. Diese Kräfte des Friedens in der ganzen Welt werden geführt von der Sowjetunion, die eine andere Politik als die Politik des Friedens weder kennt noch kennen kann.

Aus der Erklärung des Bundeskanzlers Konrad Adenauer (CDU) vom 24. Oktober 1949 vor dem Deutschen Bundestag:

Q3 … Entgegen dem Potsdamer Abkommen vom 2. August 1945, in dem beschlossen wurde, Deutschland während der Besetzungszeit als eine politische und wirtschaftliche Einheit zu betrachten, traten schon sehr bald verschiedene Auffassungen über die Deutschland gegenüber zu beobachtende Haltung unter den Alliierten zu Tage. In der Sowjetzone wurden schon im Jahr 1945 im Gegensatz zu den drei anderen Zonen Zentralverwaltungen eingerichtet, die den unverkennbaren Zweck hatten, die ganze sowjetische Zone staatlich einheitlich zu verwalten. …

Diese Volkskongresse sind nicht aus freien Wahlen, das heißt aus freien Wahlen, an denen jeder sich hätte beteiligen können, hervorgegangen. Für den Dritten Volkskongress durfte nur eine Einheitsliste aufgestellt werden. …

Es wird niemand behaupten können, dass die nunmehr geschaffene Organisation der Sowjetzone auf dem freien Willen der Bevölkerung dieser Zone beruht. … Sie ist zu Stande gekommen auf Befehl Sowjetrusslands und unter Mitwirkung einer kleinen Minderheit ihm ergebener Deutscher. … Ich stelle Folgendes fest. In der Sowjetzone gibt es keinen freien Willen der deutschen Bevölkerung. … Das, was dort geschieht, wird nicht von der Bevölkerung getragen …

Die Bundesrepublik Deutschland stützt sich dagegen auf die Anerkennung durch den frei bekundeten Willen von rund 23 Millionen stimmberechtigten Deutschen. Die Bundesrepublik Deutschland ist somit bis zur Erreichung der deutschen Einheit insgesamt die alleinige legitimierte staatliche Organisation des deutschen Volkes.

3 *Untersucht beide Erklärungen (Q2 und Q3) auf ihre Gemeinsamkeiten und Unterschiede. Listet sie auf.*

Otto Grotewohl
(1894–1964): Mitglied der SPD, vollzog 1946 unter dem Druck der sowjetischen Besatzungsmacht mit Wilhelm Pieck den Zusammenschluss von SPD und KPD zur SED, die er bis 1950 mit leitete.

Konrad Adenauer
(1876–1967) kam als Gegner der Nationalsozialisten zweimal in Haft. 1945 wurde das ehemalige Mitglied der Zentrumspartei Mitbegründer der CDU. Von 1948 bis 1949 war er Präsident des Parlamentarischen Rates. Von 1949 bis 1963 amtierte er als erster Bundeskanzler der Bundesrepublik.

▶ Besatzungsstatut*:
Die Grundregelung des Besatzungsrechts im Gebiet der Bundesrepublik Deutschland, die am 21. 9. 1949 von den drei Westalliierten in Kraft gesetzt wurde und Vorrang vor dem Grundgesetz hatte.

Die Bundesrepublik

Die bisherigen Bundespräsidenten der Bundesrepublik und ihre Amtszeiten:

Theodor Heuss (FDP): 1949–59

Heinrich Lübke (CDU): 1959–69

Gustav Heinemann (SPD): 1969–74

Walter Scheel (FDP): 1974–79

Karl Carstens (CDU): 1979–84

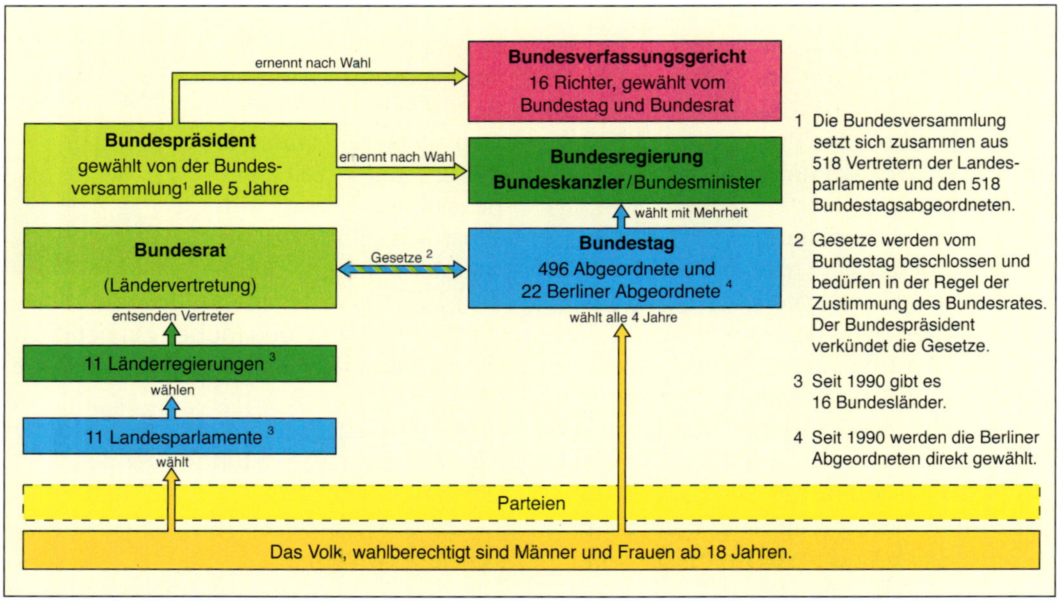

1 **Staatsaufbau der Bundesrepublik Deutschland bis 1990.** Schaubild.

Stabile Regierungen

Die Bestimmungen des ▶ Grundgesetzes und des Parteiengesetzes über die Wahl des Bundeskanzlers und des Bundestages sorgten in Westdeutschland im Unterschied zur Weimarer Republik für stabile Regierungen.

Aus dem Grundgesetz über die Bundesregierung:

Q1 Artikel 63: Der Bundeskanzler wird auf Vorschlag des Bundespräsidenten vom Bundestage ohne Aussprache gewählt. Gewählt ist, wer die Stimmen der Mehrheit der Mitglieder des Bundestages auf sich vereinigt …
Artikel 65: Der Bundeskanzler bestimmt die Richtlinien der Politik und trägt dafür die Verantwortung. Innerhalb dieser Richtlinien leitet jeder Bundesminister seinen Geschäftsbereich selbstständig und unter eigener Verantwortung. Über Meinungsverschiedenheiten zwischen den Bundesministern entscheidet die Bundesregierung. …
Artikel 67: Der Bundestag kann dem Bundeskanzler das Misstrauen nur dadurch aussprechen, dass er mit Mehrheit seiner Mitglieder einen Nachfolger wählt. …

Aus dem Bundeswahlgesetz in der Fassung von 1975:

Q2 §6 Abs. 4: Bei Verteilung der Sitze … werden nur Parteien berücksichtigt, die mindestens 5 vom Hundert … Zweitstimmen erhalten oder in mindestens drei Wahlkreisen einen Sitz errungen haben …

1 *Beschreibt anhand des Schaubilds 1 die Aufgaben der Institutionen.*
2 *Überlegt, welches Ziel die hier wiedergegebenen Gesetzesbestimmungen haben. Berücksichtigt dabei die Probleme, die sich am Ende der Weimarer Republik für die Arbeit von Regierung und Reichstag ergeben haben.*
3 *Erkundigt euch, welche Parteien im Augenblick die Bundesregierung bilden und wie die wichtigsten Amtsträger (Bundespräsident, Bundestagspräsident, Bundesratspräsident, Bundeskanzler) heißen.*

Die Bindung an den Westen

Die Westorientierung der Bundesrepublik

Nachdem die Gründung der Bundesrepublik Deutschland vor allem auch von den drei Westalliierten herbeigeführt worden war, lag es nahe, dass sich der erste Bundeskanzler, Konrad Adenauer, um einen dauerhaften Anschluss an den Westen bemühte. In seinen Erinnerungen beschrieb er 1965 die Grundzüge seiner Außenpolitik:

Q3 … Sowjetrussland stand mitten in Deutschland, an der Elbe. Das Gleichgewicht in Europa war zerstört. Das bedeutete für Westeuropa, einschließlich des nicht den Sowjets übergebenen Teiles Deutschlands, eine dauernde ernste Gefahr. … Diese Gefahr wurde zunächst von den drei Westmächten nicht in vollem Umfang erkannt. Die Einsicht, dass Westeuropa einschließlich Deutschlands als einheitlicher Machtfaktor gegen die weiter nach Westeuropa drängende Sowjetunion betrachtet werden müsse …, hatte zuerst Churchill. …

Das Sicherheitsverlangen gegenüber Deutschland bei allen seinen Kriegsgegnern war außerordentlich stark. Es galt einen Weg zu finden, der sowohl dem Sicherheitsbedürfnis der europäischen Länder Rechnung trug, wie auch den Wiederaufbau Westeuropas einschließlich Deutschlands durchzuführen gestattete. Über diesen Weg würden wir auch, darüber war ich mir klar, Schritt für Schritt unsere Gleichberechtigung unter den freien Völkern der Welt zurückerlangen. …

Eine Zuspitzung erfuhren die Besorgnisse der westlichen Welt durch den Ausbruch des Koreakriegs 1950. Adenauer sah jetzt eine gute Möglichkeit, über das Angebot einer deutschen Wiederbewaffnung in einem westlichen Bündnis die erstrebte Gleichberechtigung schneller zu verwirklichen. Die SPD-Opposition befürchtete dagegen mit der Wiederbewaffnung eine Zementierung der deutschen Teilung.

Nach schwierigen Verhandlungen wurde die Bundesrepublik Deutschland 1955 Mitglied im Nordatlantikpakt (▶ NATO). Im gleichen Jahr erlangte sie mit dem Inkrafttreten des schon 1952 unterzeichneten „Deutschlandvertrags" zwischen der Bundesrepublik und den drei Westmächten ihre volle staatliche Souveränität.

1949–1957	Konrad Adenauer, CDU (Koalition aus CDU/CSU, FDP, DP)
1957–1961	Konrad Adenauer, CDU (Alleinregierung der CDU/CSU)
1961–1963	Konrad Adenauer, CDU (Koalition aus CDU/CSU, FDP)
1963–1966	Ludwig Erhard, CDU (Koalition aus CDU/CSU, FDP)
1966–1969	Kurt Georg Kiesinger, CDU (Koalition aus CDU/CSU, SPD)
1969–1974	Willy Brandt, SPD (Koalition aus SPD, FDP)
1974–1982	Helmut Schmidt, SPD (Koalition aus SPD, FDP)
1982–1998	Helmut Kohl, CDU (Koalition aus CDU/CSU, FDP)
1998–2005	Gerhard Schröder, SPD (Koalition aus SPD, Bündnis 90/Die Grünen)
Seit 2005	Angela Merkel, CDU (Koalition aus CDU/CSU, SPD)

2 Die Bundeskanzler bis 2005.

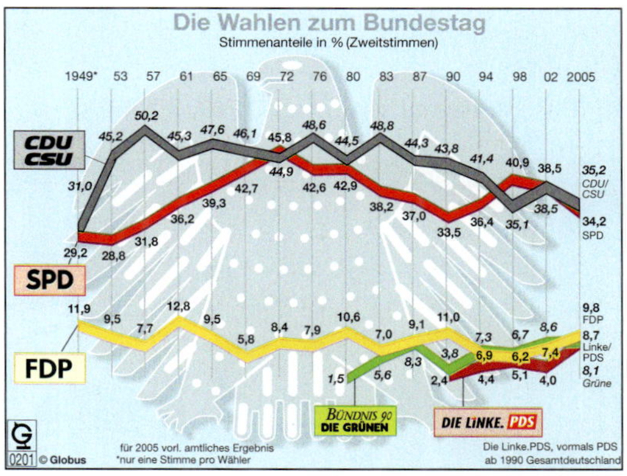

3 Ergebnisse der Bundestagswahlen 1949–2005 (in Prozent der Zweitstimmen).

4 *Nennt die wesentlichen Ziele Adenauers und untersucht, wie er sie begründet (vgl. auch S. 97).*

Die bisherigen Bundespräsidenten der Bundesrepublik und ihre Amtszeiten:

Richard von Weizsäcker (CDU): 1984–94

Roman Herzog (CDU): 1994–99

Johannes Rau (SPD): 1999–2004

Horst Köhler (CDU): seit 2004

Das „Wirtschaftswunder"

*Fließbandproduktion des **VW-Käfers** in Wolfsburg. Foto, um 1952.*

Mit dem steigenden Wohlstand steigt auch der Grad privater Motorisierung. Werbeplakat der Firma Messerschmidt, 1955.

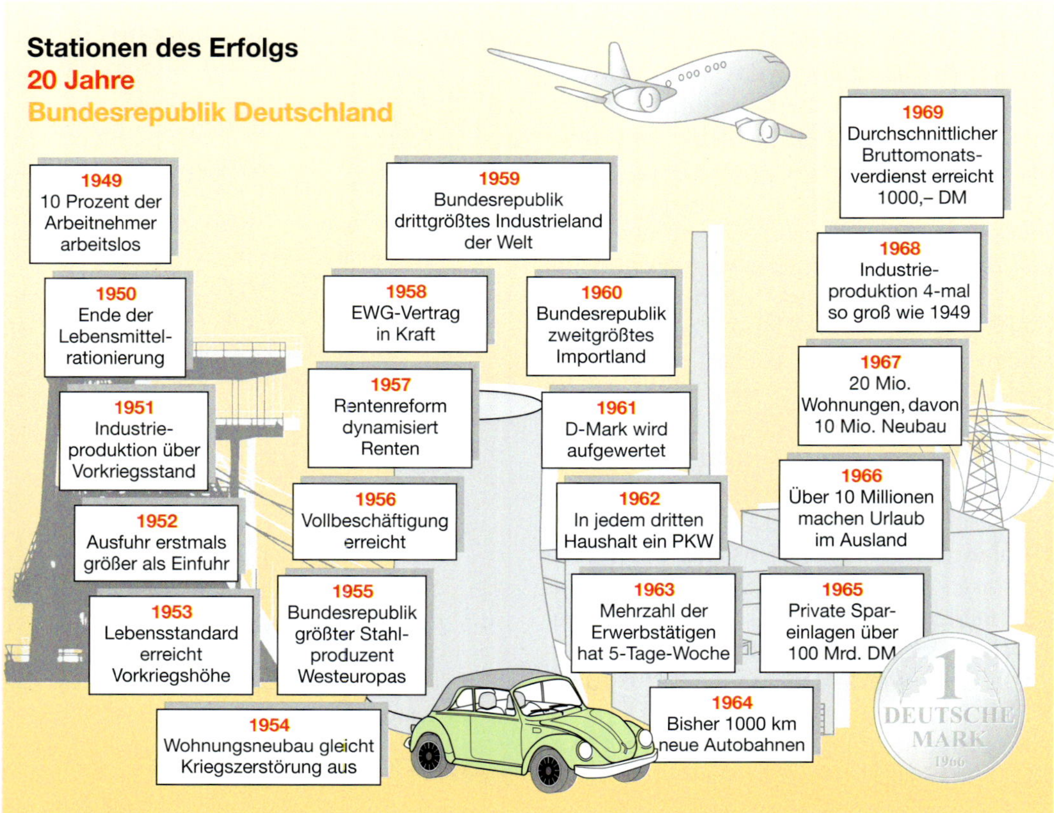

1 **Das „Wirtschaftswunder", 1969.** Schaubild.

2 **Die 1950er-Jahre.** Collage.

„Wie viel freundlicher beginnt der Arbeitstag für den Mann, wenn auch seine Frau frisiert und adrett gekleidet ist." Originaltext aus einem in der Bundesrepublik verbreiteten Haushaltsbuch, um 1955.

Das „Wirtschaftswunder"

Der wirtschaftliche Aufschwung

1 *Fragt eure Großeltern und älteren Verwandten nach Erinnerungen an die Zeit der 1950er- und 1960er-Jahre.*
2 *Beschreibt die wirtschaftliche Entwicklung der ersten zwanzig Jahre der Bundesrepublik mit dem Schaubild und der Collage.*
3 *Beschreibt, in welchen Rollen Frauen auf den Fotos und in dem Zitat (Randspalte) erscheinen. Vergleicht das Bild mit dem der Seiten 85 f.*

In den 1950er-Jahren begann der wirtschaftliche Wiederaufstieg in Westdeutschland. Die mit westlicher Hilfe wiederaufgebauten oder neu errichteten Industrieunternehmen konnten billige und gute Waren für den Export, aber auch für das Inland produzieren. Nach den Jahren der Entbehrung seit 1945 kam es nun zu Konsumwellen: der „Fresswelle" folgte die „Wohn- und Automobilwelle". Am Beginn der 1960er-Jahre folgte die „Reisewelle". Gestiegene Löhne und ein zunehmender Anspruch auf Urlaubstage machten Ferien auch im Ausland möglich. Diesen sprunghaften wirtschaftlichen Aufschwung bezeichnete man allgemein als das deutsche „Wirtschaftswunder". Der wirtschaftliche Aufstieg im Rahmen der von der CDU/CSU verfolgten Politik einer „Sozialen ▶ Marktwirtschaft" wurde begleitet von einem schrittweisen Ausbau des Sozialstaates. So kam es unter anderem zu einer Rentenreform 1957, die die Rentner am gestiegenen Einkommen teilhaben ließ.
Wichtige Anstöße zu den sozialen Verbesserungen kamen immer wieder von den zahlreichen Verbänden und Interessengruppen, vor allem von den Arbeitgeberverbänden und den Gewerkschaften. Rückblickend sah es der damalige Vorsitzende der Gewerkschaft IG Metall, Otto Brenner, 1969 so:

Q1 … Es kam nur zu stückchenweisen Verbesserungen, meist als „Wahlgeschenke" für die Arbeitnehmer, widerwillig und unter Druck der organisierten Arbeitnehmer. Im Bereich der Krankenversicherung führte der große Metallarbeiterstreik an der Jahreswende 1956/57 in Schleswig-Holstein zur Verabschiedung des ersten Lohnfortzahlungsgesetzes* für Arbeiter. …

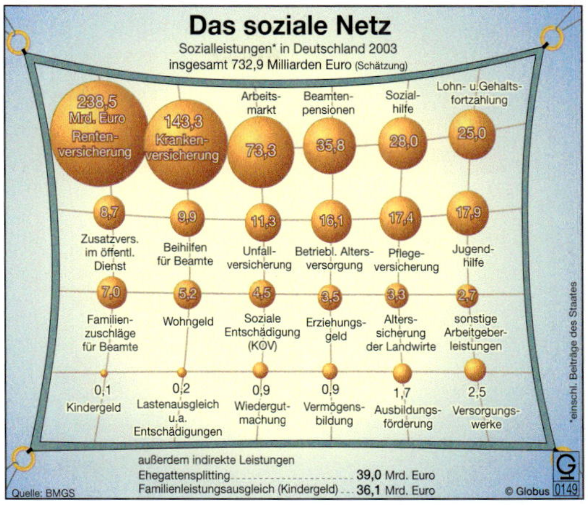

3 **Bereiche der sozialen Sicherung 1990.**

4 *Zeigt auf, welche Mittel Otto Brenner für die Erreichung gewerkschaftlicher Ziele nennt.*

„Sozialpartner"

Wegen ihrer Bedeutung für die sozialpolitische Entwicklung wurden Arbeitgeberverbände und Gewerkschaften auch „Sozialpartner" genannt. Bis heute handeln sie untereinander Löhne und Gehälter für Arbeiter und Angestellte aus. Eine große Bedeutung hatte die Frage der wöchentlichen Arbeitszeit. In jahrzehntelangen Auseinandersetzungen gelang es den Gewerkschaften, zunächst die 40-Stunden-Woche und dann im Metallbereich eine wöchentliche Arbeitszeit von 35 Stunden pro Woche durchzusetzen. Die soziale Absicherung der Bürgerinnen und Bürger wurde jeweils zur Hälfte durch die Arbeitgeber und die Arbeitnehmer finanziert, in vielen Bereichen kamen noch staatliche Zuschüsse hinzu.
5 *Erkundigt euch nach den heutigen Problemen der Renten- und Krankenversicherungen, fragt eure Eltern nach den Beitragssätzen.*

Ludwig Erhard *(1897–1977), Mitglied der CDU, war von 1949 bis 1963 Bundeswirtschaftsminister und führte das Prinzip der „sozialen Marktwirtschaft" ein. 1963–66 war Erhard Bundeskanzler. Er gilt als Vater des „Wirtschaftswunders".*

Lohnfortzahlungsgesetz*:
Dieses Gesetz regelt die Auszahlung des Lohns an den Arbeitnehmer, auch wenn dieser krankheitsbedingt der Arbeit fernbleiben muss.

Die Entwicklung in der DDR

Walter Ulbricht *(1893–1973) war 1928–1933 Reichstagsabgeordneter der KPD. Er emigrierte 1933 und hielt sich seit 1938 in der UdSSR auf. Ab 1945 war Ulbricht am Aufbau der kommunistischen Strukturen in der SBZ führend beteiligt („Gruppe Ulbricht"). Von 1949 bis 1971 verfügte er über die entscheidenden Machtpositionen der DDR: stellvertretender Ministerpräsident der DDR (1949–60), Generalsekretär der SED (ab 1950), Erster Sekretär des ZK der SED (1953–71) und Vorsitzender des Staatsrats (ab 1960).*

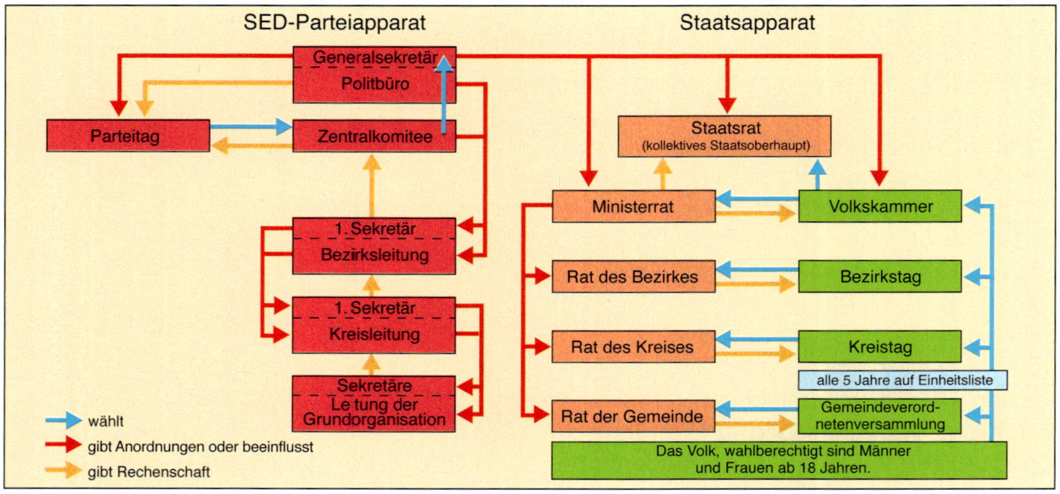

1 **Staatsaufbau und Herrschaftsverhältnisse in der DDR bis Ende 1989.** Schaubild.

Die Sowjetisierung der DDR

1946 wurde in der Sowjetischen Besatzungszone die ▶ SED durch die erzwungene Vereinigung von SPD und KPD gebildet. Sie wurde zu einer marxistisch-leninistischen Kaderpartei* nach sowjetischem Vorbild geformt. Mit dem Vorbild Sowjetunion plante die SED auch die Errichtung einer sozialistischen Gesellschaftsordnung. Im August 1948 sagte dazu Walter Ulbricht:

Q ... Die enge Verbundenheit mit der Sowjetunion ist die Grundbedingung, dass die Arbeiterklasse in Deutschland den Sieg erringen kann, und ohne die Sowjetunion im Rücken, ohne die brüderlich kameradschaftliche Hilfe der Sowjetunion können wir nicht siegen, können wir die Macht nicht erringen.

Die wichtigen Entscheidungen in Staat und Wirtschaft sowie in allen kulturellen Bereichen lagen in der Hand des Zentralkomitees der SED. Dieses ständig tagende Leitungsgremium der Partei hatte den Anspruch, im Namen der Arbeiter- und Bauernklasse* eine neue und gerechte Gesellschaftsordnung aufzubauen. Bewusst wollte man ein Gegenmodell zum Westen errichten.

Ihren Machtanspruch setzte die SED auch mit Gewalt durch. Dabei stützte sie sich auf die sowjetischen Truppen und den streng kontrollierten Polizeiapparat. Wahlen wurden nur auf Einheitslisten durchgeführt, die wiederum die Mehrheit der SED garantierten. Bei den Wahlen galten Ergebnisse von 98 Prozent für diese Einheitsliste als normal. Eine geheime Stimmabgabe war praktisch nicht möglich.

1 *Untersucht das Schaubild 1 und erläutert die Einflussmöglichkeiten der SED auf politische Entscheidungen. Erklärt die Unterschiede zum parlamentarischen System der Bundesrepublik Deutschland.*

Die „Stasi"

Um ihre Macht zu festigen und zu erhalten, schuf die SED das Ministerium für Staatssicherheit (MfS). Es hatte die Aufgabe, die gesamte Bevölkerung zu überwachen. Die Spitzel des MfS unterwanderten Kirchen und Sportvereine und waren in Jugendverbänden, Krankenhäusern, Schulen und Betrieben tätig.

Zuletzt arbeiteten 80 000 fest angestellte und weit über 100 000 inoffizielle, getarnte Mitarbeiter für die Staatssicherheit („Stasi").

In der zentralen Personendatenbank wurden Angaben über 6 Millionen DDR-Bürger gespeichert.

Ein Aufstieg im Beruf oder die Zulassung zum Universitätsstudium waren in der Regel nur mit Zustimmung des MfS möglich.

Kaderpartei*: *Partei, die dem System von Befehl und Gehorsam folgt.*

Arbeiter- und Bauernklasse*: *gesellschaftliche Gruppe, die die herrschende Rolle in der sozialistischen Gesellschaft übernehmen sollte.*

Die Entwicklung in der DDR

2 *Erläutert, welche Auswirkungen das Spitzelsystem auf das tägliche Verhalten der Bürgerinnen und Bürger hatte.*

Sozialistische Planwirtschaft

Schon in der Sowjetischen Besatzungszone (SBZ) waren früh die Weichen für eine sozialistische ► Planwirtschaft nach sowjetischem Vorbild gestellt worden. An die Stelle des privaten Eigentums der Unternehmer trat das „gesellschaftliche Eigentum" der Genossenschaften und des Staates. Jedem Betrieb wurde von zentralen staatlichen Planungsbehörden genau vorgeschrieben, was er zu produzieren hatte. Aufgrund der langfristig erstellten Planvorgaben reagierten die Betriebe nur sehr schwerfällig auf veränderte wirtschaftliche Forderungen.

Im Wettbewerb mit den sozialistischen Staaten war es der DDR aber bis 1966 gelungen, zum zweitgrößten Industriestaat des Ostblocks nach der Sowjetunion aufzusteigen, hinsichtlich des Lebensstandards stand sie sogar an der Spitze. Die Bürger der DDR verglichen ihren Lebensstandard aber mit dem der Bundesrepublik Deutschland. Ihr gegenüber wurde der Abstand immer größer.

Auch die Landwirtschaft wurde umgestaltet. Schrittweise wurde die Bildung landwirtschaftlicher Produktionsgenossenschaften (LPGs) vorangetrieben und der Privatbesitz an landwirtschaftlichen Gütern fast vollständig aufgehoben. Ab Mitte 1960 gab es in der DDR keine selbstständigen Bauern mehr. Die genossenschaftliche Produktion unter staatlicher Aufsicht führte aber nicht zu einer Produktivitätssteigerung. Nach einem dramatischen Rückgang der Produktionsmengen stabilisierte sich die DDR-Landwirtschaft erst gegen Ende der 1960er-Jahre, blieb aber hinter dem Produktivitätsfortschritt der westdeutschen Landwirtschaft weit zurück.

3 *Betrachtet das Werbeplakat der DDR (Abbildung 2) und vergleicht es mit der Autowerbung, die ihr kennt.*

4 *Vergleicht Kennziffern des Lebensstandards in der DDR mit denen der Bundesrepublik (Randspalte).*

2 Werbung für den Trabant, 1965.

DDR im RGW

Seit 1950 war die DDR Mitglied im „Rat für gegenseitige Wirtschaftshilfe" (RGW), in dem alle sozialistischen Länder zusammengeschlossen waren. Durch die Produktion wichtiger Güter in bestimmten Ländern des Ostblocks wollte man mit dem westlichen Wirtschaftssystem Schritt halten. So produzierte die DDR für den Ostblock u. a. Werkzeugmaschinen, Reisezugwagen, und Produkte der Elektroindustrie. Im Warschauer Pakt, dem Militärbündnis des Ostblocks war die DDR seit 1955 Mitglied (vgl. S. 61).

Wirtschaftlicher Rückstand

Nach 1970 wurde der große Wohnungsmangel durch riesige Wohnsiedlungen aus Fertigteilen (Plattenbauten) weitgehend beseitigt. Die Altbauten in den Innenstädten verfielen aber weiterhin.

Im Vergleich mit der Weltwirtschaft fiel die DDR immer stärker zurück. Um im Export eine West-Mark einzuhandeln, musste die DDR 1980 etwa 2,50 Ost-Mark aufwenden, 1989 aber 4,40 Ost-Mark. Deswegen fehlten ihr auch Mittel zur Erneuerung der Betriebe und Geld für Investitionen in den Umweltschutz. Mitte der 1980er-Jahre verschlechterte sich die wirtschaftliche Situation auch für die Bevölkerung spürbar und trug zur wachsenden Unzufriedenheit bei.

5 *Erläutert mit Stichworten die wirtschaftliche Lage der DDR in den Achtzigerjahren.*

Verteilung wichtiger Konsumgüter auf die Haushalte der DDR *(in Klammern die Zahlen für die Bundesrepublik Deutschland 1978):*

Pkw
1955 0,2 %
1966 9 %
1970 15 %
1978 34 % (62 %)

Fernseher
1955 1 %
1966 54 %
1970 69 %
1978 87 % (94 %)

Waschmaschine
1955 0,5 %
1966 32 %
1970 53 %
1978 79 % (82 %)

Kühlschrank
1955 0,4 %
1966 31 %
1970 56 %
1978 99 % (98 %)

Belastungen des Staatshaushalts der DDR:
Von je 100 DDR-Mark Kosten wurden durch staatliche Zuschüsse gedeckt:
bei Nahrungsmitteln 46 Mark,
Verkehrsleistungen 65 Mark,
Wohnungsmieten 70 Mark.

Verschuldung der DDR gegenüber dem Ausland in DM:
1976 5 Milliarden
1980 30 Milliarden
1989 49 Milliarden

Die Rolle der Frau

„Gleiche Leistung – gleicher Lohn."
SED-Wahlplakat von 1954.

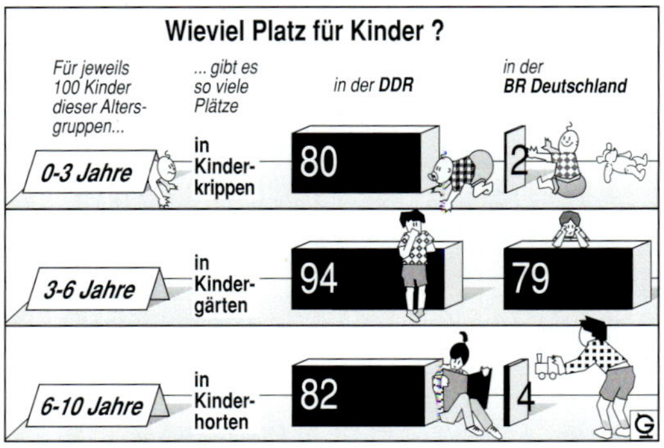

1 **Unterbringungsmöglichkeiten für Kinder.**

1 *Arbeitet die Aussagen des Schaubilds 1 heraus. Überlegt, welche Konsequenzen sich für Familien in Ost und West ergaben.*

Ziel: Gleichberechtigung

In der wirtschaftlich aufblühenden Bundesrepublik der 1950er-Jahre waren vorwiegend die Männer berufstätig. Die Frauen wurden aus ihrer in der Nachkriegszeit gewonnenen Selbstständigkeit gezielt in eine Hausfrauen- und Mutterrolle zurückgedrängt. Zwar galten Frauen und Männer der Verfassung zufolge als gleichberechtigt, doch hieß es in der bis 1977 geltenden Fassung des Bürgerlichen Gesetzbuches, das die Rechtsbeziehungen zwischen Privatpersonen regelt:

Q1 … Die Frau führt den Haushalt in eigener Verantwortung. Sie ist berechtigt, erwerbstätig zu sein, soweit dies mit ihren Pflichten in Ehe und Familie vereinbar ist …

Ganz anders in der DDR: Die Gleichberechtigung von Frau und Mann war nicht nur laut Verfassung ein erklärtes Ziel; auch sollte mithilfe von Gesetzen zur Frauenförderung die Gleichstellung der Geschlechter im Beruf erreicht werden. So wurde durch die Einrichtung von ausreichend Krippen- und Kindergartenplätzen jungen Müttern ermöglicht, ihren Beruf weiterhin auszuüben; für Mütter mit mehreren Kindern galten kürzere Arbeitszeiten. Frauenförderung war auch aus wirtschaftlichen Gründen wichtig: Für den Aufschwung wurde die Arbeitskraft aller gebraucht.

Jahr	BRD	DDR
1960	54 %	67 %
1965	54 %	75 %
1970	53 %	81 %
1975	51 %	85 %
1980	51 %	85 %

2 **Weibliche Berufstätigkeit in Ost und West.**

2 *Vergleicht die Entwicklung weiblicher Berufstätigkeit in Ost und West.*

Anspruch und Wirklichkeit

In dem Buch „Die Frau in der DDR" aus dem Jahr 1979 wurde beschrieben, wie die gesellschaftliche Rolle der Frau auch durch Schulbücher verbreitet wurde:

M1 … (In den Texten und Bildern) wird … sehr eindeutig die gesellschaftliche Stellung der Frau sowie die neuen Beziehungen von Mann und Frau in der Familie einschließlich der Arbeitsteilung bei der Lösung der familiären Aufgaben widergespiegelt. Der Prototyp der Frau in den Lesebüchern unserer Schulen ist die berufstätige Frau … (Der Mann) nimmt gemeinsam mit der Frau die Pflichten wahr, die sich aus dem Zusammenleben in Ehe und Familie, bei der Haushaltsführung und Kindererziehung ergeben. …

Eine 1979 in der DDR durchgeführte Befragung von 1109 verheirateten Frauen und Männern im Alter von 18 bis 28 Jahren ergab:

M2 … Die Hauptlast der Hausarbeit wird auch in den meisten jungen Ehen von der Frau, die überwiegend voll berufstätig ist, bewältigt. Nur etwa ein Drittel der jungen Frauen bestätigte z. B. die regelmäßige Hilfe des Ehemannes im Haushalt … Weiterhin qualifizieren* sich nach der Eheschließung weniger Frauen als Männer und bekunden auch in geringerem Maße die Absicht, sich zu qualifizieren* …

4 *Lest die Aussagen von M1 und M2 und bewertet die Rolle der Frauen in der DDR.*

sich qualifizieren*: *die Befähigung erwerben oder die Voraussetzungen erbringen, um für eine bestimmte Aufgabe geeignet zu sein.*

Jugend in der DDR

Erziehung zum Sozialismus

Ein wichtiger Baustein für die Festigung des Sozialismus in der DDR war die Erziehung der Jugend. Margot Honecker, seit 1963 Ministerin für Volksbildung, formulierte das Ziel, junge Menschen zu „hervorragend ausgebildeten Facharbeitern und klugen Sozialisten mit den Eigenschaften revolutionärer Kämpfer" zu erziehen.
Die Erziehung der Jugend fand nicht nur in der Schule, sondern auch durch den staatlichen Jugendverband „Freie Deutsche Jugend" (FDJ) statt. Bereits 1946 gegründet, verstand sich die FDJ als Nachwuchsorganisation für die SED und hatte vor allem die Aufgabe, die Jugend mit den Ideen des Sozialismus vertraut zu machen. Daneben war für die Organisation die Freizeitbetreuung ihrer Mitglieder eine wesentliche Aufgabe: In jeder größeren Stadt gab es ein so genanntes „Pionierhaus", wo vielfältige Arbeitsgemeinschaften angeboten wurden. Darüber hinaus wurden z. B. Ferienlager und Fortbildungsveranstaltungen wie Literaturtreffs organisiert. Durch die FDJ erhielten die Mitglieder auch die Möglichkeit, Kontakte zu Jugendlichen anderer Städte und Länder des Ostblocks aufzubauen.

Allerdings war es schwierig, sich der – offiziell freiwilligen – Mitgliedschaft in der FDJ zu entziehen: Mitgliedsanträge wurden meist unter Aufsicht des Klassenlehrers in den Schulen ausgefüllt. Wer nicht eintreten wollte, bekam oft den Druck der Lehrer zu spüren. Auch hatten Nicht-Mitglieder Nachteile zu befürchten, wenn sie eine weiterführende Schule besuchen oder eine Lehre aufnehmen wollten.
Im ersten Schuljahr kamen die Kinder zunächst zu den „Jungen Pionieren", einer Kinderorganisation der FDJ, danach zu den „Thälmannpionieren". Die eigentliche FDJ umfasste Jugendliche und junge Erwachsene im Alter von 14 bis 27 Jahren. 1989 waren etwa 85 Prozent aller Jugendlichen in der DDR Mitglied der FDJ.

2 **FDJ-Kundgebung, 1987.** Foto.

In offiziellen Berichten der FDJ hieß es:

Q2 … Unsere FDJ-Mitglieder mit den besten Leistungen in einzelnen Unterrichtsfächern übernehmen Patenschaften über Freunde mit unzureichenden Lernergebnissen. Sie berichten in der Mitgliederversammlung darüber, wie sie mit den Freunden arbeiten, welche Probleme auftreten, wo Fortschritte erkennbar sind.

Q3 … In allen Kollektiven* begann die ideologische Auseinandersetzung über die Machenschaften des Imperialismus [gemeint sind die kapitalistischen Länder], um die Pioniere und FDJ-Mitglieder zu Überzeugungen und einer klassenmäßigen Haltung, zur antiimperialistischen Solidarität zu führen … Ständige Kontrollen der einzelnen Arbeitsgruppen und Kollektive halfen, mögliche Pannen und Unklarheiten zu vermeiden.

1 *Stellt anhand der Texte zusammen, welche Aufgaben die FDJ hatte.*
2 *Bewertet, welche Vor- und Nachteile das System für die Jugendlichen in der DDR hatte.*

Aus einer Umfrage aus dem Jahr 1992 unter ostdeutschen Jugendlichen über die Gründe, warum sie Mitglied der FDJ waren:

1. Weil es für die schulische und berufliche Entwicklung nötig war: 76 %

2. Weil fast alle Mitglieder waren: 62,5 %

3. Weil ich keinen Ärger wollte: 59,9 %

4. Weil ich gern unter Gleichaltrigen war: 44,9 %

5. Weil hier eine interessante Freizeitgestaltung möglich war: 30,4 %

6. Weil die FDJ meine Interessen vertrat: 29,5 %

7. Weil interessante politische Diskussionen möglich waren: 20,6 %

Kollektiv*:
hier: Arbeitsgruppe.

Der Volksaufstand vom 17. Juni 1953

1 **Ostberlin, 17. Juni 1953.** Foto.

Der 17. Juni 1953

1952 beschloss die ▶ SED, den Sozialismus verstärkt aufzubauen. In der Folgezeit wurden zahlreiche Gewerbetreibende und Unternehmer verhaftet und enteignet. Die Schwerindustrie wurde auf Kosten der Konsumgüterindustrie und Landwirtschaft vorrangig ausgebaut. Im Frühjahr 1953 kam es zu einer Verschlechterung bei der Versorgung der Bevölkerung mit Lebensmitteln. Im Mai erhöhte die SED die Arbeitsnormen* in den volkseigenen Betrieben bei gleich bleibendem Lohn. Das bedeutete für die Arbeiter praktisch erhebliche Lohnkürzungen. Am 16. Juni 1953 formierten sich 3000 Bauarbeiter auf der Stalinallee in Berlin zu einem Demonstrationszug. Bald war der Zug auf 10 000 Menschen angewachsen. Am Haus der Ministerien forderte die Menge zunächst das Erscheinen des Ersten Sekretärs des Zentralkomitees der SED, Walter Ulbricht, und des Ministerpräsidenten Otto Grotewohl, am Ende aber den Rücktritt der Regierung und freie und geheime Wahlen. Auf Plakaten und in Sprechchören formulierten die Demonstranten ihre Forderungen:

Q … Bauarbeiter fordern Normsenkung.
Wir wollen keine Sklaven sein!
Fort mit der Normerhöhung!
Die HO* macht uns tot!
Keine Volksarmee – wir brauchen Butter!
Weg mit Ulbricht!
Wir wollen freie Wahlen!
Räumt euren Mist in Bonn jetzt aus,
in Pankow* säubern wir das Haus! …

Für den 17. Juni wurde der Generalstreik ausgerufen. In zirka 250 Orten der DDR wurde gestreikt und demonstriert. Parteibüros der SED gingen in Flammen auf, die Regierung verkündete den Ausnahmezustand*. Die Volkspolizei* war nicht mehr Herr der Lage. Da griff die Sowjetarmee ein. Mit Panzern warf sie die Unruhen nieder. Es gab nach Schätzungen einige hundert Tote. In der Folge ging die Regierung mit aller Härte gegen „Schuldige" vor, es gab sogar Todesurteile. Die Normerhöhungen wurden aber zurückgenommen, die Preise gesenkt und die Renten erhöht. An dem 1952 beschlossenen Ziel, den Sozialismus einzuführen, hielt die DDR-Regierung dennoch fest.

1 *Beschreibt, was ihr auf der Abbildung oben erkennen könnt.*

2 *Untersucht die Forderungen der Demonstranten (Q). Welche politische Entwicklung deutet sich darin an?*

3 *Lest die Texte durch. Fertigt eine Tabelle der Ereignisse an.*

Arbeitsnorm*: *Bestimmung über die innerhalb einer festgelegten Frist zu erzeugenden Produktmengen.*

HO*: *Abkürzung für „Handelsorganisation"; staatliche Kette von Einzelhandelsgeschäften in der DDR.*

Pankow*: *Ostberliner Stadtteil, Wohnort zahlreicher DDR-Funktionäre.*

Ausnahmezustand*: *Situation, in der die individuellen Rechte eingeschränkt und die Polizeibefugnisse erweitert sind.*

Volkspolizei*: *Polizei der DDR.*

konterrevolutionär*: *hier: gegen die sozialistische Gesellschaftsordnung gerichtet.*

Arbeitstechnik: Textinterpretation

Kritischer Umgang mit historischen Darstellungen

Eine geschichtliche Darstellung ist in der Regel das Ergebnis einer Untersuchung vieler unterschiedlicher Quellen. Das können Texte, aber auch Bilder oder Gegenstände aus der untersuchten Zeit sein. Der Historiker versucht daraus eine zusammenhängende und der Wahrheit möglichst nahekommende Darstellung der Ereignisse zu erzählen. In seine Erzählung fließen aber, wie bei jeder Alltagserzählung von euch, eigene Annahmen, eigene politische Überzeugungen und Deutungen ein. Diese „Zugaben“ kann der nicht so gut informierte Leser nicht sofort erkennen. Erst durch den Vergleich vieler Darstellungen kann man sich selbst ein eigenes Bild der Ereignisse machen. Durch den Vergleich verschiedener Darstellungen kann man aber auch eine bestimmte Absicht hinter einer Darstellung erkennen. An jede historische Darstellung muss man kritische Fragen stellen, um zu erkennen, wo der Erzähler, der Historiker oder Schulbuchschreiber seine eigene Meinung den Ereignissen „unterlegt“.

Solche Fragen können lauten:

a) Wann und von wem wurde der Text verfasst?
b) Zu welchem Zweck, mit welcher Absicht wurde er geschrieben?
c) Wie unterscheidet sich die Schilderung von anderen mir bekannten Darstellungen? Welche Wertungen werden deutlich?
d) Sind die Schlussfolgerungen, sind die Deutungen, die der Autor zu den Ereignissen gibt, überzeugend?

Beispiel einer Textanalyse

In einem DDR-Geschichtsbuch konnte man 1971 lesen:

M1 Am 17. Juni 1953 gelang es Agenten verschiedener imperialistischer Geheimdienste, die von Westberlin aus massenhaft in die Hauptstadt und einige Bezirke der DDR eingeschleust worden waren …, einen kleinen Teil der Werktätigen zu zeitweiligen Arbeitsniederlegungen und Demonstrationen zu verleiten. … Durch das entschlossene Handeln der fortgeschrittensten Teile der Arbeiterklasse und ihrer Verbündeten, gemeinsam mit sowjetischen Streitkräften und bewaffneten Organen der DDR, brach der konterrevolutionäre* Putsch innerhalb von 24 Stunden zusammen.

Beispielhafte Beantwortung der Fragen an den Text M1

Zu Frage a:
M1 wurde 1970/71 von einem Schulbuchautor der damaligen DDR verfasst.

Zu Frage b:
M1 soll den damaligen DDR-Schülern die politische Meinung der DDR-Regierung zum 17. Juni 1953 vermitteln.

Zu Frage c:
M1 stellt die Ereignisse erheblich anders dar als die Darstellung in diesem Schulbuch. (Beispiel: 3000 Bauarbeiter/Agenten imperialistischer Geheimdienste; 10 000 Menschen/ein kleiner Teil der Werktätigen; Generalstreik/zeitweilige Arbeitsniederlegungen; „verleiten“, „entschlossenes Handeln“, „fortgeschrittenste Teile der Arbeiterklasse“)

Zu Frage d:
Wenn man M1 mit dem Bild und der Quelle auf der linken Seite vergleicht, sind die Schlussfolgerungen des Autors wenig überzeugend.

Der französische Politikwissenschaftler Alfred Grosser schrieb 1974 in einer Darstellung der Geschichte Deutschlands:

M2 Am 17. Juni 1953 findet das statt, was die kommunistischen Autoren einen „von den westlichen Agenten unterstützten Putschversuch …“ nennen. Es ist oft genug berichtet worden, wie die Unzufriedenheit der Bauarbeiter, denen … weiterhin erhöhte Normen vorgeschrieben wurden, zu einem Streik am 16. Juni führte, dann zu einer Demonstration und schließlich am nächsten Tag zu einem … Volksaufstand. Der sowjetische Militärbefehlshaber erklärt den Ausnahmezustand. In Magdeburg, Leipzig, Dresden und der Mehrzahl der Industriestädte kommt es zu Unruhen, die vom Streik bis zum Sturm auf die Gefängnisse reichen. Die anfängliche Angst und Verwirrung der Behörden verhindert nicht, dass die erste von Arbeitern ausgehende Revolte gegen ein kommunistisches Regime rasch niedergeschlagen wird.

1 *Erläutert, welche Meinung ihr über den 17. Juni 1953 gewonnen hättet, wenn euch nur der Text aus dem DDR-Geschichtsbuch im Unterricht gegeben worden wäre.*
2 *Versucht mit M2 selbst eine Textanalyse.*

Geschlossene Grenzen

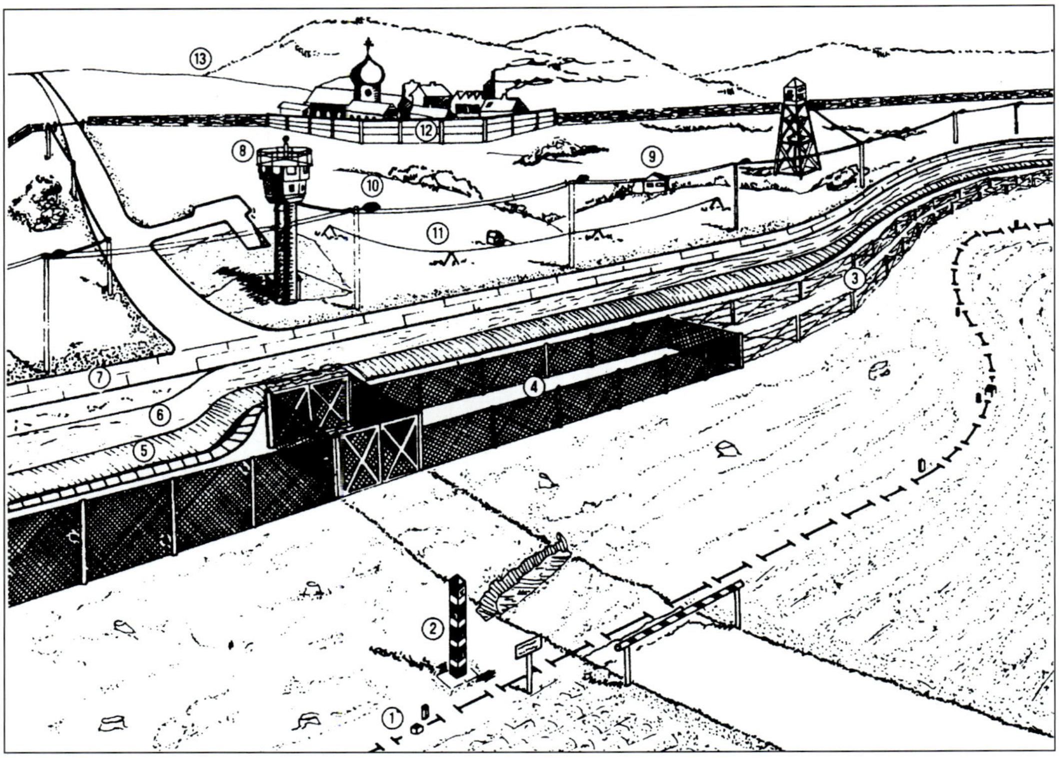

1 **Die innerdeutsche Grenze schematisch dargestellt: ① eigentlicher Grenzverlauf; ② DDR-Markierungssäule; ③ Stacheldraht, zweireihig; ④ Metallgitterzaun (mit Selbstschussanlage bis 1984); ⑤ Spurensicherungsstreifen (6 m breit); ⑥ Kolonnenweg; ⑦ Kfz-Sperrgraben; ⑧ betonierter Beobachtungsturm; ⑨ Betonbeobachtungsbunker; ⑩ Lautsprecher und Lichtanlagen; ⑪ Hundelaufanlage; ⑫ Betonsperrmauer/Sichtblende; ⑬ Sperrgebiet (15 km tief).**

*Im Mai 1952 wurde an der Grenze zwischen Mecklenburg und der Bundesrepublik Deutschland eine **5-km-Sperrzone** errichtet.*

Die DDR schottet sich ab

Gleich nach ihrer Gründung 1949 hatte die DDR die meisten Verkehrswege zur Bundesrepublik Deutschland unterbrochen. Gesperrt wurden unter anderem die Autobahn zwischen Hof und Chemnitz, 29 Bundesstraßen, 126 Landstraßen und 35 Eisenbahnstrecken. Nur nachts konnte man noch auf Schleichwegen die Grenze überschreiten. 1952 wurde auch das anders.

Ein Augenzeuge berichtete von einer Einwohnerversammlung eines Dorfes unmittelbar an der Grenze:

Q … Überall im Versammlungssaal verteilt saßen ortsfremde Männer in Ledermänteln. Ein Vertreter der ► SED-Kreisleitung eröffnete die Versammlung. Er sprach von der Aufrüstung Westdeutschlands und der dadurch entstandenen drohenden Kriegsgefahr. In den letzten Wochen seien Grenzposten, sogar Zivilisten und Kinder von Westdeutschland aus beschossen worden. Zum Schutze der Bevölkerung müsse nun die Grenze abgeriegelt werden. – Nur Wenige hatten den Mut und verurteilten in der Diskussion die angekündigten Maßnahmen.

1 *Stellt dar, wie die Abriegelung der innerdeutschen Grenze begründet wurde (Q).*

Mauerbau am 13. August 1961

Bis 1961 konnten jedoch insgesamt rund 2,6 Millionen Menschen (1/9 der Gesamtbevölkerung) aus der DDR fliehen. Die Ursachen für die Flucht waren unterschiedlich: Viele wollten nicht weiter in Unfreiheit unter der Diktatur der SED leben, andere erhofften sich im „goldenen Westen" einen gut bezahlten Arbeitsplatz und Wohlstand.

Geschlossene Grenzen

2 **Der Bau der Mauer in Berlin.** Foto, Mai 1962.

3 **Innerdeutsche Grenze mit Metallgitterzaun.** Foto, 1986.

In Ostberlin fehlten 45 000 Arbeitskräfte. 53 000 Ostberliner fuhren jeden Tag zur Arbeit nach Westberlin, da sie mit ihrem Lohn in D-Mark praktisch dreimal so viel verdienten wie im Osten.

Im Sommer 1961 hatte sich die Lage aus der Sicht der DDR-Führung dramatisch zugespitzt. Teile der Ernte blieben auf den Feldern, da Arbeitskräfte fehlten. Auf dem Land war die medizinische Versorgung stark gefährdet. Am 13. August schloss die DDR auch die Grenze in Berlin vollkommen ab, sie baute dazu eine Mauer zwischen West- und Ostberlin.

Der Mauerbau löste bei vielen Menschen in der DDR einen Schock aus, jetzt fühlten sie sich endgültig eingeschlossen. Reisen waren für DDR-Bürger nur noch in sozialistische Staaten nach umständlichen Anträgen möglich. Nach dem Bau der Mauer starben zahlreiche Menschen bei dem Versuch, das Land zu verlassen, da die Soldaten der DDR die Anweisung hatten, sofort auf jeden Flüchtling zu schießen. Erst ab Mitte der 1980er-Jahre wurde der Schießbefehl auf Drängen der Bundesregierung eingeschränkt.

Auswirkungen des Mauerbaus auf die Menschen

Joachim Gauck, bis 1989 Pfarrer in Rostock und Mitglied der Bürgerrechtsbewegung* der DDR, schrieb 1991:

M ... Mit dem Bau der Mauer wurde gleichsam die Leibeigenschaft zur Staatsdoktrin* erhoben, denn von da an konnte nur derjenige diesem System noch entgehen, der bereit war, sein eigenes Leben aufs Spiel zu setzen. ... Die Vorstellung der SED, im Besitz der absoluten Wahrheit zu sein, ihr Anspruch auf die absolute Macht bestimmten von nun an das Leben der DDR-Bürger buchstäblich von der Wiege bis zur Bahre. ...

In dieser Situation wirkte die Angst gleichsam als ein Signalsystem, das ein unauffälliges Alltagsleben durch Anpassung gewährleistete. Sie wurde für mehrere Generationen zum ständigen Ratgeber, ja geradezu zum Motor, der vieles in Gang setzte: Angst bewirkte Anpassung oder sogar Überanpassung. ... Sehr selten bewirkte die Angst auch Protest ...

2 *Erläutert mithilfe von M und den Abbildungen die Folgen des Mauerbaus für die Menschen in Deutschland.*

Bürgerrechtsbewegung*: *eine Gruppe von Menschen, die sich für die Wahrung der individuellen Freiheitsrechte einsetzte.*

Doktrin*: *herrschende Lehre.*

Mine, die an der innerdeutschen Grenze bei Mölln gefunden wurde. Foto, 1975.

Neue Wege

Willy Brandt *(1913–1992) hatte bereits als Jugendlicher Widerstand gegen die Nationalsozialisten geleistet. Er flüchtete 1933 nach Norwegen und war bis 1945 für die dortige Widerstandsbewegung tätig, bevor er 1947 nach Deutschland zurückkehrte. Als Mitglied der SPD stieg er politisch auf und war von 1957 bis 1966 Regierender Bürgermeister von Berlin sowie seit 1964 Parteivorsitzender, 1961 und 1964 Kanzlerkandidat der SPD und von 1966 bis 1969 deutscher Außenminister in der Großen Koalition. 1969 wurde er Bundeskanzler und erhielt 1971 den Friedensnobelpreis für seine europäische Versöhnungspolitik. 1974 trat er wegen einer Spionage-Affäre im Bundeskanzleramt zurück, blieb aber bis zu seinem Tod einer der führenden Politiker seiner Partei.*

1 **„Entschärfung"**. Karikatur vom 18. März 1970.

„Wandel durch Annäherung"

Der Mauerbau in Berlin verschärfte den Ost-West-Konflikt. Dies zeigte sich bereits ein Jahr später, nachdem mithilfe sowjetischer Ingenieure auf Kuba Raketenabschussbasen errichtet worden waren. Die sich entwickelnde Kubakrise (Seite 68 f.) führte in Ost und West zum Nachdenken darüber, wie der Frieden angesichts der gegenseitigen Bedrohung mit atomarer Vernichtung weltweit erhalten werden könne. Seit 1969 kam es zu verschiedenen Abrüstungsverhandlungen zwischen den USA und der UdSSR, die darauf zielten, ein friedliches Nebeneinander der beiden Mächte zu ermöglichen.
Im Rahmen dieser Entwicklungen verfolgte die 1969 aus SPD und FDP gebildete Bundesregierung unter Bundeskanzler Willy Brandt und Außenminister Walter Scheel (FDP) eine „neue Ostpolitik", die das bisher gespannte Verhältnis zwischen der Sowjetunion und der Bundesrepublik und zwischen den beiden deutschen Staaten verändern sollte.

Bereits am 15. Juli 1963 hielt Egon Bahr, der spätere enge Mitarbeiter des Bundeskanzlers Willy Brandt, eine Rede über die Chancen der deutschen Wiedervereinigung:

Q1 … Die Voraussetzungen zur Wiedervereinigung sind nur mit der Sowjetunion zu schaffen. Sie sind nicht in Ostberlin zu bekommen, nicht gegen die Sowjetunion, nicht ohne sie. … Die Wiedervereinigung ist ein außenpolitisches Problem. … Die amerikanische Strategie des Friedens lässt sich auch durch die Formel definieren, dass die kommunistische Herrschaft nicht beseitigt, sondern verändert werden soll. …

Die Umsetzung dieses Vorschlags wurde aber erst nach dem Ende des Vietnamkriegs (S. 70 f.) möglich, der noch einmal zu einem großen Ost-West-Konflikt geführt hatte.

1 *Erläutert das Ziel der „neuen Ostpolitik".*

Der Moskauer Vertrag

Die neue Regierung aus SPD und FDP trat sofort in Verhandlungen mit Moskau ein. Auch in der Sowjetunion gab es Bedenken gegenüber der neuen deutschen Politik. Der Generalsekretär der KPdSU, Breschnew, erklärte gegenüber dem späteren Generalsekretär der SED, Erich Honecker, es dürfe zu keiner Annäherung der beiden deutschen Staaten kommen.
Nach langen Verhandlungen kam 1970 der Vertrag von Moskau zustande. Im Vertrag mit der Sowjetunion hieß es in Artikel 3:

Q2 … Die Bundesrepublik Deutschland und die Union der Sozialistischen Sowjetrepubliken [stimmen] in der Erkenntnis überein, dass der Friede in Europa nur erhalten werden kann, wenn niemand die gegenwärtigen Grenzen antastet. … Sie betrachten heute und künftig die Grenzen aller Staaten in Europa als unverletzlich … einschließlich der Oder-Neiße-Linie … und der Grenze zwischen der Bundesrepublik Deutschland und der Deutschen Demokratischen Republik. …

2 *Nennt die Zielsetzung des Vertrages.*

2 **Bundeskanzler Brandt vor dem Mahnmal im ehemaligen Warschauer Ghetto.** Foto, 1970.

Der Warschauer Vertrag

Noch im Dezember desselben Jahres wurde auch ein Vertrag mit der Volksrepublik Polen abgeschlossen:

Q3 ... Die Bundesrepublik Deutschland und die Volksrepublik Polen in der Erwägung, dass mehr als 25 Jahre seit Ende des Zweiten Weltkriegs vergangen sind, dessen erstes Opfer Polen wurde und der über die Völker Europas schweres Leid gebracht hat; ... in dem Bewusstsein, dass die Unverletzlichkeit der Grenzen ... eine grundlegende Bedingung für den Frieden ist, sind wie folgt übereingekommen: ...

(2) Sie bekräftigen die Unverletzlichkeit ihrer bestehenden Grenzen jetzt und in der Zukunft.

(3) Sie erklären, dass sie gegeneinander keinerlei Gebietsansprüche haben und solche auch in Zukunft nicht erheben werden.

3 *Erarbeitet, worin sich dieser Vertrag von dem Moskauer Vertrag unterscheidet.*

4 *Was ist mit dem 1. Absatz von Q3 gemeint?*

Der Grundlagenvertrag

Parallel zu den Ostverträgen einigten sich die ehemaligen Besatzungsmächte über ein Berlinabkommen, das 1971 unterzeichnet wurde. Darin garantierte die UdSSR den ungehinderten Verkehr zwischen Westberlin und der Bundesrepublik Deutschland. Schließlich regelte die sozialliberale Koalition auch die Beziehungen zur DDR vertraglich.

Im Grundlagenvertrag mit der DDR hieß es 1972:

Q4 Artikel 1: Die Bundesrepublik Deutschland und die Deutsche Demokratische Republik entwickeln normale gutnachbarliche Beziehungen auf der Grundlage der Gleichberechtigung. ...

Artikel 6: ... Sie respektieren die Unabhängigkeit und Selbstständigkeit jedes der beiden Staaten in seinen inneren und äußeren Angelegenheiten ...

5 *Nennt die wichtigsten Punkte von Q3 und Q4.*

„Menschliche Erleichterungen". Karikatur zu den Ostverträgen.

Krise, Protest ...

1 **Anti-Vietnamkrieg-Demonstration in Westberlin, 1968.** Foto.

Politische Unbeweglichkeit bricht auf

Mit dem Rücktritt Konrad Adenauers als Bundeskanzler im Jahr 1963 ging eine längere Phase der politischen Stabilität zu Ende. Unter seinen Nachfolgern, Ludwig Erhard (CSU, 1963–66) und Kurt Georg Kiesinger (CDU, 1966–69), wurden zunehmend innenpolitische Probleme deutlich. Eine wirtschaftliche Krise mit 600 000 Arbeitslosen führte im Herbst 1966 zur Bildung einer Koalitionsregierung von CDU/CSU und SPD. In dieser „Großen Koalition" war der Vorsitzende der SPD, Willy Brandt, Außenminister und Vizekanzler. Es gelang zwar schnell, die wirtschaftliche Krise zu überwinden; über die inneren Reformen und ein neues Verhältnis zur DDR konnte man sich aber nicht einigen.

„APO"-Protestbewegung

Die Empörung über das grausame Kriegsgeschehen in Vietnam (Seite 70 f.) führte dazu, dass sich auch in Deutschland nach amerikanischem Vorbild eine studentische Protestbewegung an den Universitäten bildete. Verstärkt wurde diese Bewegung durch die Reformunwilligkeit deutscher Professoren und die von der Großen Koalition 1968 beschlossenen Notstandsgesetze. Sie ermöglichten es der Regierung, im Krisen- und Verteidigungsfall Teile der Grundrechte aufzuheben. Da im Bundestag die beiden großen Parteien CDU/CSU und SPD über eine erdrückende Mehrheit verfügten, bezeichnete sich die neue Protestbewegung als „Außerparlamentarische Opposition" (► APO). Während sich die Unzufriedenen des linken Spektrums in der APO sammelten, gelang der rechtsradikalen Nationaldemokratischen Partei (NPD) bei den Landtagswahlen 1968 in Baden-Württemberg ein völlig überraschender Erfolg mit 9,8 Prozent der Stimmen. Die bisherigen stabilen Parteienverhältnisse lösten sich an den Rändern links und rechts auf.

1 *Berichtet über die politische Entwicklung in der Bundesrepublik in den1960er-Jahren.*

2 *Betrachtet Abbildung 1. Erkennt ihr einige Köpfe auf den Schildern? Was sagt dies über die Ziele der Demonstranten aus?*

„Mehr Demokratie wagen"

Die Bundestagswahl vom September 1969 brachte einer Koalition aus SPD und FDP eine Mehrheit von zwölf Abgeordneten.

Bundeskanzler Willy Brandt umriss in seiner Regierungserklärung die Grundsätze des gemeinsamen politischen Programms:

Q1 ... Wir wollen mehr Demokratie wagen. Mitbestimmung, Mitverantwortung in den verschiedenen Bereichen der Gesellschaft wird eine bewegende Kraft der kommenden Jahre sein. Wir wollen eine Gesellschaft, die mehr Freiheit bietet und mehr

1976/77: Demonstrationen von Zehntausenden von Atomkraftgegnern gegen den Bau des Atomkraftwerks Brokdorf. Es kommt zu schweren Ausschreitungen.

Mitverantwortung fordert. Die Regierung kann in der Demokratie nur erfolgreich wirken, wenn sie getragen wird vom demokratischen Engagement der Bürger. Wir suchen keine Bewunderer; wir brauchen Menschen, die kritisch mitdenken, mitentscheiden und mitverantworten. Das Selbstbewusstsein dieser Regierung wird sich als Toleranz zu erkennen geben. Wir sind keine Erwählten; wir sind Gewählte. Wir stehen nicht am Ende unserer Demokratie, wir fangen erst richtig an. ...

Reform und Überprüfung

Zahlreiche Reformen in der Bildungspolitik und der Sozialpolitik sowie die Erweiterung der Mitbestimmungsmöglichkeiten im politischen und betrieblichen Bereich kennzeichneten die Politik der 1970er-Jahre. Auf der anderen Seite gab es auch den „Radikalenerlass", mit dem der Staat, der „mehr Demokratie" wagen wollte, zu verhindern versuchte, dass Extremisten in den Staatsdienst gelangten.

3 *Erläutert, wie sich Radikalenerlass und Demokratiekonzept in Einklang bringen ließen.*

2 **Fahndungsplakat.**

Terrorismus

Seit Ende der 1960er-Jahre radikalisierte sich ein Teil der linken Studenten und erklärte dem Staat den offenen bewaffneten Krieg. Als „Rote Armee Fraktion" (RAF) wollten diese kleinen Gruppen ein politisch unklares sozialistisches Programm mit Gewalt in Westdeutschland durchsetzen. Im Gründungsaufruf von 1970 hieß es:

Q2 ... Die Konflikte auf die Spitze treiben heißt: dass die nicht mehr können, was die wollen, sondern machen müssen, was wir wollen. ... Die Klassenkämpfe entfalten. Das Proletariat organisieren. Mit dem bewaffneten Widerstand beginnen! ...

Mit der Entführung und Ermordung prominenter Persönlichkeiten sowie mit Brandanschlägen auf die Deutsche Botschaft in Schweden und auf das US-Hauptquartier in Europa bei Heidelberg versuchte die RAF, ihre Politik durchzusetzen – ohne jede politische Resonanz bei den Wählern. Die Ermordung des Arbeitgeberpräsidenten Hanns-Martin Schleyer und seiner Begleiter, die gleichzeitige Entführung einer Lufthansa-Maschine und der gemeinsame Selbstmord führender bereits inhaftierter RAF-Mitglieder stellten 1977 den Höhepunkt des Terrors dar. Der Nachfolger Willy Brandts, Bundeskanzler Helmut Schmidt (SPD), sagte 1977 vor dem Bundestag:

Q3 ... Wir haben in Wahrheit zwei Aufgaben zu leisten: Zum Ersten, den Terrorismus ohne Wenn und ohne Aber und ohne jede sentimentale Verklärung der Tätermotive zu verfolgen, bis er aufgehört haben wird, ein Problem zu sein. Aber die andere Aufgabe muss es sein, die Meinungsfreiheit kämpferisch und entschlossen zu verteidigen.

4 *Untersucht die Ziele des Terrorismus der 1970er-Jahre und die Antwort des Staates.*

Helmut Schmidt *(geboren am 23. 12. 1918), Mitglied der SPD, war von 1969 bis 1972 Bundesverteidigungsminister und von 1972 bis 1974 Bundesfinanzminister unter Willy Brandt. Von 1974 bis 1982 war er dessen Nachfolger als Bundeskanzler. Foto.*

Kleine Schritte

Ergebnisse der Bundestagswahl vom 5. 10. 1980

SPD	42,9 %
CDU	34,2 %
CSU	10,3 %
FDP	10,6 %
Grüne	1,5 %
Sonstige	0,4 %

Ergebnisse der Bundestagswahl vom 6. 3. 1983

SPD	38,2 %
CDU	38,2 %
CSU	10,6 %
FDP	7,0 %
Grüne	5,6 %
Sonstige	0,4 %

► Misstrauensvotum:*
Der Bundestag kann dem Bundeskanzler mit der „konstruktiven Mehrheit" (51 %) das Misstrauen aussprechen, indem es einen neuen Bundeskanzler wählt.

1 **Protest von Atomkraftgegnern.** Foto, 1983.

2 **Wahlplakat der „Grünen" zur Bundestagswahl 1983.**

Regierungswechsel

Im Oktober 1982 wurde der Vorsitzende der CDU/CSU-Fraktion im Bundestag, Helmut Kohl, im Wege eines konstruktiven ► Misstrauensvotums* gegen den bisherigen Bundeskanzler Helmut Schmidt (SPD) zum Bundeskanzler gewählt. Der Sturz der sozialliberalen Regierung Schmidt gelang, weil die FDP mitten in der Wahlperiode, entgegen ihren Wahlaussagen, der SPD die Koalition aufkündigte und mit der CDU/CSU die Bildung einer neuen Regierung vereinbarte. Innerhalb der SPD war Schmidts Unterstützung des NATO-Doppelbeschlusses (vgl. S. 75) umstritten.

Der Regierungswechsel sorgte für erhebliche innenpolitische Unruhe, aber die Neuwahlen des Bundestages im Frühjahr 1983 bestätigten die Regierung Kohl im Amt. Das Grundgesetz und die demokratische Ordnung der Bundesrepublik hatten eine wichtige Bewährungsprobe bestanden.

1 *Lest im Grundgesetz die Bestimmungen über die Wahl des Bundeskanzlers nach und erklärt das Verfahren, nach dem Helmut Kohl Bundeskanzler wurde.*

„Die Grünen" im Bundestag

Die Neuwahlen 1983 zeigten aber auch einen tiefgreifenden Wandel in der Bundesrepublik an. Mit einer neuen Partei, den „Grünen", zogen erstmals die bis dahin nur wenig ernst genommenen Umweltschutz- und Bürgerrechtsgruppen in den Bundestag ein. In dieser Partei sammelten sich alle diejenigen, die sich kritisch zur bisherigen Rüstungs- und Umweltpolitik verhielten. Im Bundesprogramm der Grünen von 1980 stand:

Q1 ... Die Zerstörung der Lebens- und Arbeitsgrundlagen und der Abbau demokratischer Rechte haben ein so bedrohliches Ausmaß erreicht, dass es einer grundlegenden Alternative für Wirtschaft, Politik und Gesellschaft bedarf. Deshalb erhob sich spontan eine demokratische Bürgerbewegung. Es bildeten sich Tausende von Bürgerinitiativen, die in machtvollen Demonstrationen gegen den Bau von Atomkraftwerken antreten, weil deren Risiken nicht zu bewältigen sind und weil deren strahlende Abfälle nirgends deponiert werden können; sie stehen auf gegen die Verwüstung der Natur, gegen die Betonierung unserer Landschaft, gegen die Folgen und Ursachen einer Wegwerfgesellschaft, die lebensfeindlich geworden ist.

Ein völliger Umbruch unseres kurzfristig orientierten wirtschaftlichen Zweckdenkens ist notwendig.

Kleine Schritte

3 **Bundeskanzler Kohl empfängt Erich Honecker mit militärischen Ehren in Bonn.** Foto, 1987.

Wir halten es für einen Irrtum, dass die jetzige Verschwendungswirtschaft noch das Glück und die Lebenserfüllung fördere; im Gegenteil, die Menschen werden immer gehetzter und unfreier. Erst in dem Maße, wie wir uns von der Überschätzung des materiellen Lebensstandards freimachen, wir wieder die Selbstverwirklichung ermöglichen und uns wieder auf die Grenzen unserer Natur besinnen, werden auch die schöpferischen Kräfte frei werden für die Neugestaltung eines Lebens auf ökologischer Basis. …

2 *Schreibt die wichtigsten Punkte des Programms der Partei „Die Grünen" heraus und erläutert, was sie im Gegensatz zur bisherigen Politik verändern wollte.*

Fortsetzung der Ostpolitik

Die CDU/CSU-FDP-Regierung unter Bundeskanzler Helmut Kohl setzte die Außenpolitik der sozialliberalen Vorgängerregierung fort, besonders aber ihre Ostpolitik und die Politik gegenüber der DDR. So kam es zwar einerseits zur Nachrüstung mit Pershing-II-Raketen, andererseits aber auch weiter zur „Politik der kleinen Schritte" gegenüber der DDR. Diese sollte im Verkehr zwischen beiden Staaten zu menschlichen Erleichterungen für die Bürger führen. Im „Bericht zur Lage der Nation" von 1984 hieß es:

Q2 … Wir wollen das Erreichte bewahren und ausbauen, wir wollen die Chancen des Grundlagenvertrages und der anderen innerdeutschen Verträge und Vereinbarungen nutzen. Wir sind bereit, die Beziehungen zur DDR auf der Basis von Ausgewogenheit, Vertragstreue und Berechenbarkeit und mit dem Ziel praktischer, für die Menschen unmittelbar nützlicher Ergebnisse weiterzuentwickeln. Die Bundesrepublik Deutschland und die DDR stehen in einer Verantwortungsgemeinschaft für den Frieden und die Sicherheit in Europa, beide müssen sich um eine Entschärfung der internationalen Lage bemühen.

Der Besuch des Staatsratsvorsitzenden der DDR und Generalsekretärs der SED, Erich Honecker, im Jahr 1987 mit allen militärischen Ehren in Bonn war Ausdruck des Nebeneinanders beider Staaten. Stillschweigend war die Frage der deutschen Einheit auf die lange Bank geschoben worden, das Gleichgewicht in Europa sollte nicht gestört werden.

3 *Untersucht die Ziele der Politik der neuen Bundesregierung gegenüber der DDR.*

Helmut Kohl *(geboren am 3. 4. 1930). Kohl ist seit 1947 Mitglied der CDU und war 1969–1974 Ministerpräsident von Rheinland-Pfalz, 1973–1998 Parteivorsitzender der CDU. Er war von 1982 bis 1998 Bundeskanzler der Bundesrepublik Deutschland. Kohls Politik als Bundeskanzler hatte zunächst einen Schwerpunkt im Bereich der europäischen Politik (Erweiterung der EU, Einführung des Euro). 1989 (beim Zusammenbruch der DDR), ergriff er die Chance zur Wiederherstellung der deutschen Einheit und vetrat eine konsequente Politik der Integration der neuen Bundesländer in das wiedervereinigte Deutschland.*

Widerstand und Mauerfall

1 **Aufmarsch von Betriebskampfgruppen zum 30. Jahrestag der DDR.** Foto, 1979.

Militarisierung und Protestverhalten

In den 1960er-Jahren war es gelungen, die Wirtschaft in der DDR soweit zu festigen, dass sich ein bescheidener Wohlstand ausbreiten konnte. Dennoch: Die DDR – als kleinerer, wirtschaftlich schwächerer und bevölkerungsärmerer der beiden deutschen Staaten – wurde von ihrer politischen Führung stets in seiner Eigenständigkeit bedroht gesehen. Um mögliche Übergriffe abwehren zu können, wurde das öffentliche Leben in der DDR zunehmend militarisiert, z. B. durch die Einführung des Wehrkundeunterrichts in den Oberschulen im Jahr 1978. Mädchen und Jungen der Jahrgänge 9 und 10 erlernten dort u. a. den Umgang mit Schusswaffen.

Doch zugleich entstanden in Anlehnung an die Friedens- und Umweltgruppen in der Bundesrepublik immer mehr kleine oppositionelle Gruppierungen, die sich kritisch mit der DDR-Führung auseinandersetzten. Die SED und die Regierung der DDR reagierten mit der offenen Verfolgung dieser Gruppen oder mit der Ausbürgerung einzelner kritischer Künstler oder Bürgerrechtler. Seit 1983 stieg aber auch die Zahl der offiziellen Ausreisegenehmigungen sprunghaft an.

1 *Erkundigt euch im Internet nach Aktivitäten oppositioneller Gruppen in der DDR nach 1980.*

Stillstand und Krise der Wirtschaft

Nach Jahren der wirtschaftlichen Verbesserung und der Entspannung in der Wohnungsversorgung stagnierten Anfang der 1980er-Jahre die wirtschaftliche Entwicklung und der Lebensstandard in der DDR, während die Auslandsschulden des Staates zugleich anstiegen. Die Folgen der ersten großen Ölkrise* 1973/74 mit der enormen Steigerung der Ölpreise hatte die DDR-Wirtschaft nachhaltig getroffen, da die Sowjetunion jetzt ihre Energielieferungen an die DDR zu Weltmarktpreisen in US-Dollar abrechnete. Die zweite Ölkrise von 1979/80 führte im Jahr 1982 zur drohenden Zahlungsunfähigkeit der DDR, die nur durch ei-

Ölkrise*:
Im Zuge des israelisch-arabischen „Yom-Kippur-Krieges" 1973 (S. 181) verfügten die arabischen Ölförderländer drastische Preiserhöhungen und einen Lieferstopp. Damit sollten die westlichen Länder, die Israel unterstützten, unter Druck gesetzt werden. In der Bundesrepublik führte diese „Ölkrise" zum Beispiel zu Autofahrverboten an Sonntagen.

nen Milliardenkredit westlicher Banken abgewendet werden konnte.
Dennoch blieb die DDR-Wirtschaft unfähig zu Investitionen und der Modernisierung ihrer Fabriken. Der Anschluss an den Weltmarkt gelang immer weniger, besonders im Bereich der Computerindustrie vergrößerte sich der Abstand zum Westen. Die Umweltverschmutzung durch die veraltete und zerfallende Industrie erreichte dramatische Ausmaße. An ihr und der im Vergleich zum Westen schlechten Versorgung entzündete sich immer häufiger der Unmut der Bevölkerung. Über das „Westfernsehen" war den meisten DDR-Bürgerinnen und -Bürgern der direkte Vergleich mit den Lebensverhältnissen der Menschen in der Bundesrepublik möglich.

2 *Erklärt, wie sich die wirtschaftliche Lage der DDR in den 1980er-Jahren entwickelte.*

3 *Warum war die Bundesrepublik zu Krediten an die DDR bereit? Hätte deren Ruin dem Westen nicht besser gedient? Diskutiert Erklärungsmöglichkeiten.*

1 Marode Produktionsanlage in einem DDR-Chemiewerk bei Bitterfeld. Foto, 1990.

In dem 1978 in der DDR verbotenen, 1981 im Westen erschienenen Roman „Flugasche" der DDR Schriftstellerin Monika Maron wurden die Umwelt- und Arbeitsbedingungen in der DDR beschrieben.

Die Ich-Erzählerin des Romans führt ein Interview mit dem Kraftwerker Hodriwitzka:

M … Was sollte ich ihn fragen, Luise. Mir reichte, was ich gesehen hatte, uralte Anlagen, zugige Hallen, schwere, schmutzige Arbeit, gebeugte Männer in den Aschekammern, in denen nur Zwerge hätten stehen können, Frauen mit fünf Meter langen Feuerhaken vor den Öfen. Was hätte ich den Heizer Hodriwitzka fragen können? … „Warum wehren Sie sich nicht?", fragte ich, „Sie sind doch schließlich die herrschende Klasse."… Er sah überrascht auf. „Wehren? Wogegen?" – „Gegen das alte Kraftwerk. Warum fordern Sie nicht die Stilllegung?" Der Ausdruck in Hodriwitzkas runden braunen Augen schwankte zwischen Unglauben, Belustigung und Interesse. „Das muss schon der Generaldirektor machen. Der soll wohl sogar schon einen Brief geschrieben haben", sagte er … „Wenn sie nicht stilllegen, werden sie wohl nicht können. Mit Absicht werden sie uns ja nicht im Dreck sitzen lassen." – „Aber erklären muss man es Ihnen", redete ich auf ihn ein, „das müssen Sie verlangen. Verstehen Sie doch, das ist nichts Verbotenes, mit Streik hat das nichts zu tun. Im Gegenteil: Sie verderben sonst die ganze Demokratie."

4 *Gebt mit euren Worten die Situation in dem Kraftwerk wieder und beschreibt die Stimmung des Arbeiters.*

5 *Bittet euren Deutschlehrer, den Roman oder Auszüge im Unterricht zu lesen.*

Opposition in der DDR

Michail Gorbatschow *(geboren am 2. 3. 1931), Jurist, 1985–1991 Generalsekretär der KPdSU, Friedensnobelpreisträger 1991.*

1 **Montagsdemonstration in Leipzig, 4. Dezember 1989.** Foto.

Wandel im Ostblock

Die tiefgreifenden Veränderungen in der Sowjetunion seit der Mitte der 1980er-Jahre waren eine der Voraussetzungen für die Öffnung der Mauer am 9. November 1989 und der Vereinigung der beiden deutschen Staaten im Herbst 1990.

1985 war in der Sowjetunion Michail Gorbatschow zum neuen Generalsekretär der Kommunistischen Partei gewählt worden. Er leitete eine umfassende Reformpolitik ein, die zum Ende des Wettrüstens zwischen dem Ostblock und dem Westen führte. Der ▶ Kalte Krieg, der seit 1945 andauerte, wurde schrittweise beendet.

Die Sowjetunion ließ zu, dass die sozialistischen Staaten, vor allem Polen, eigene politische Wege gehen konnten. Im Unterschied zu den 1950er- und 1960er-Jahren unterdrückte die UdSSR demokratische Reformbewegungen in den Staaten des Ostblocks nicht mehr, wie es 1953 in der DDR (Seite 108) und 1968 in der Tschechoslowakei (Seite 72) geschehen war. Diese neue Politik ermutigte Widerstandsgruppen in der DDR; sie machte es aber auch möglich, dass eine erneuerte ▶ SED-Führung unter dem Druck der Bevölkerung am 9. November 1989 die Mauer öffnete.

Widerstand in der DDR

Die Normalisierung der Beziehungen beider deutscher Staaten führte dazu, dass im Westen lange Zeit nicht richtig wahrgenommen wurde, wie sich der politische Widerstand in der DDR gegen das SED-Regime verstärkte. Doch seit Beginn des Jahres 1989 wurde die Unzufriedenheit vieler Bürger mit den Zuständen im Land immer deutlicher. Die Proteste zeigten ein wachsendes Selbstbewusstsein der Opposition in der DDR. So protestierten während der Leipziger Messe DDR-Bürger für ihre Ausreise. Bei den Kommunalwahlen Anfang Mai 1989 wiesen Kirchenvertreter und Oppositionsgruppen der Regierung Wahlbetrug nach. Auf dem Berliner Alexanderplatz forderten Tausende Anfang Juni 1989 mehr Freiheitsrechte und Demokratie. Im Anschluss an die Demonstration wurden über 120 Oppositionelle verhaftet.

Bereits seit Mai 1989 nutzten viele DDR-Bürger zudem ihr Visum für einen Aufenthalt in Ungarn oder Polen, um von dort in die Bundesrepublik zu gelangen. Bis zum Herbst waren es über 10 000 Menschen, die die DDR auf diese Weise verließen.

Seit September entstanden die ersten Organisationen der Opposition: „Neues Forum",

Opposition in der DDR

2 **In der Nacht vom 9. auf den 10. November 1989 an einem Grenzübergang in Berlin.** Foto, 1989.

Erich Honecker *(1912–1994), gelernter Dachdecker und seit 1929 Mitglied der KPD, war unter den Nationalsozialisten von 1937 bis 1945 inhaftiert. Er baute nach dem Krieg seit 1946 die FDJ auf und stieg in der politischen Hierarchie der DDR kontinuierlich auf. Seit 1971 Generalsekretär der SED und seit 1976 Vorsitzender des DDR-Staatsrats wurde er 1989 aller Ämter enthoben und ging 1990 ins Exil nach Chile. Hier erlag er 1994 einem Krebsleiden.*

„Demokratischer Aufbruch", „Demokratie jetzt" nannten sie sich. Auch die Neugründung der SPD fand in diesen Tagen statt. In Leipzig kam es nun jeden Montag im Anschluss an Friedensgottesdienste zu riesigen Demonstrationen, bei denen Reisefreiheit und eine Demokratisierung der DDR gefordert wurden: Am 9. Oktober 1989 zogen weit über 100 000 Menschen durch die Stadt. Die SED hatte die Stadt mit Polizei und Militär umstellt. Im letzten Augenblick wurde der Einsatzbefehl auf Drängen prominenter Bürger und Kirchenvertreter zurückgenommen.

Konrad Weiß, ein Sprecher oppositioneller Gruppen in der DDR, erinnerte sich an die Zeit von September bis November 1989:

Q … Gemeinsam ging es uns um Demokratie und Menschenrechte, um die Abschaffung der Zensur, um Reisefreiheit. … Niemand hätte damals im September geglaubt, dass so viele unseren Ruf hören und weitertragen würden, dass aus unseren leisen Stimmen der Ruf würde: WIR SIND DAS VOLK. Wir hatten Angst und waren entschlossen, nie mehr zu schweigen. …
Anfang Oktober waren wir noch ein halbes Hundert beim Friedensgebet in der [Berliner] Gethsemanekirche. Anfang November demonstrierten im Herzen Ostberlins eine halbe Million.

1 *Fragt Eltern und Bekannte nach ihren Erinnerungen an den Herbst 1989.*
2 *Beschreibt, wie aus den kleinen Bürgerrechtsgruppen in der DDR eine so große Bewegung wurde.*
3 *Setzt euch mit den in Abbildung 1 erkennbaren Transparenten auseinander: Welche Forderungen könnt ihr erkennen? Was bedeuten sie?*

Öffnung der Grenze

Nach dem Rücktritt des bisherigen Generalsekretärs der SED, Erich Honecker, am 18. Oktober 1989 versuchte sein Nachfolger Egon Krenz, die Lage zu beruhigen. Überall in der DDR kam es aber weiter zu Massendemonstrationen mit den Forderungen nach Reisefreiheit und Demokratisierung. In der Nacht vom 9. zum 10. November 1989 gab die DDR-Führung dem Druck der Bevölkerung nach und öffnete die Grenzen zur Bundesrepublik und Westberlin.
4 *Berichtet über die Ereignisse im Herbst 1989.*

Der Weg zur Einheit

1 **Präsident Gorbatschow und Bundeskanzler Kohl treffen im Kaukasus zusammen.** Foto, 16. Juli 1990.

„2 plus 4"-Verhandlungen

Der Weg zur deutschen Einheit musste auch außenpolitisch geebnet werden. Nach 1945 übten die vier Siegermächte des Zweiten Weltkriegs die Oberhoheit über Deutschland aus. Teile ihrer Rechte übertrugen sie auf die beiden deutschen Staaten.

1990 wurden in Verhandlungen zwischen den beiden deutschen Staaten und den USA, der Sowjetunion, Frankreich und Großbritannien auch noch die letzten Vorrechte der Siegermächte des Zweiten Weltkriegs abgelöst. Diese Verhandlungen wurden „2 plus 4"-Verhandlungen genannt. Ein besonderes Problem stellte dabei die Frage dar, ob ein vereintes Deutschland der ► NATO angehören dürfe. In einem Interview meinte der russische Deutschlandexperte Falin im Frühjahr 1990:

Q1 … Im gemeinsamen europäischen Haus können alle Staaten gutnachbarlich miteinander leben, wenn sie gegeneinander militärisch neutralisiert sind, der Faktor Gewalt so abgebaut ist, dass kein Staat den anderen als potenziellen Gegner ansieht. …

Wer dafür ist, dass ganz Deutschland an die NATO fällt, ist nicht für die deutsche Einheit. Wer dafür ist, dass ein halbes Deutschland in der NATO bleibt, der ist halbherzig für die deutsche Einheit.

Der Westen trat demgegenüber für ein Verbleiben Gesamtdeutschlands in der NATO ein. Bundeskanzler Kohl und Außenminister Genscher versuchten in Verhandlungen, sowjetische Sicherheitsbedenken auszuräumen. Außerdem versprach die deutsche Seite auch eine tiefergehende Zusammenarbeit mit der UdSSR, vor allem in Wirtschaftsfragen.

Bei einem Treffen des Bundeskanzlers mit dem Präsidenten der UdSSR, Michail Gorbatschow, am 15. und 16. Juli 1990 stimmte die Sowjetunion der Zugehörigkeit eines vereinigten Deutschlands zur NATO zu. Die sowjetischen Truppen sollten innerhalb von vier Jahren aus der DDR abgezogen werden. Im Gegenzug sollte die dann gesamtdeutsche Bundeswehr von 500 000 Mann auf 370 000 verkleinert werden.

1 *Beschreibt, wie die deutschen Politiker die sowjetischen Sicherheitsbedenken gegen eine Einigung ausräumen konnten.*

2 *Untersucht, was die Abbildung 1 über die Atmosphäre bei den Verhandlungen zwischen Bundeskanzler Kohl und Präsident Gorbatschow aussagt.*

Nach diesem Erfolg war der Weg für den Abschluss der „2 plus 4"-Verhandlungen frei. Am 12. September wurde in Moskau der „Vertrag über die abschließende Rege-

lung in Bezug auf Deutschland" von den Außenministern Großbritanniens, Frankreichs, der USA, der UdSSR und beider deutscher Staaten unterschrieben.
Die wichtigsten Vereinbarungen lauteten:

Q2 Artikel 1
(1) Das vereinte Deutschland wird die Gebiete der Bundesrepublik Deutschland, der Deutschen Demokratischen Republik und ganz Berlins umfassen. …
(2) Das vereinte Deutschland und die Republik Polen bestätigen die zwischen ihnen bestehende Grenze in einem völkerrechtlich verbindlichen Vertrag.
(3) Das vereinte Deutschland hat keinerlei Gebietsansprüche gegen andere Staaten und wird solche auch in Zukunft nicht erheben.
Artikel 2
Die Regierungen der Bundesrepublik Deutschland und der Deutschen Demokratischen Republik bekräftigen ihre Erklärungen, dass von deutschem Boden nur Frieden ausgehen wird. …
Artikel 3
(2) … Die Regierung der Bundesrepublik Deutschland verpflichtet sich, die Streitkräfte des vereinten Deutschlands innerhalb von drei bis vier Jahren auf … 370 000 Mann … zu reduzieren.

3 *Fasst zusammen, welche Bedingungen für die Vereinigung beider deutscher Staaten gelten.*

Vertrag mit Polen

Am 15. November 1990 unterzeichnete Bundesaußenminister Genscher in Warschau einen Vertrag mit der Republik Polen, in dem der Grenzverlauf zwischen Deutschland und Polen entlang der Grenze der ehemaligen DDR bestätigt wurde. In einer Erklärung vor dem Bundestag dankte er den Regierungen von Großbritannien, Frankreich, der USA und der UdSSR für ihre Hilfe zur Verwirklichung der Einheit Deutschlands.

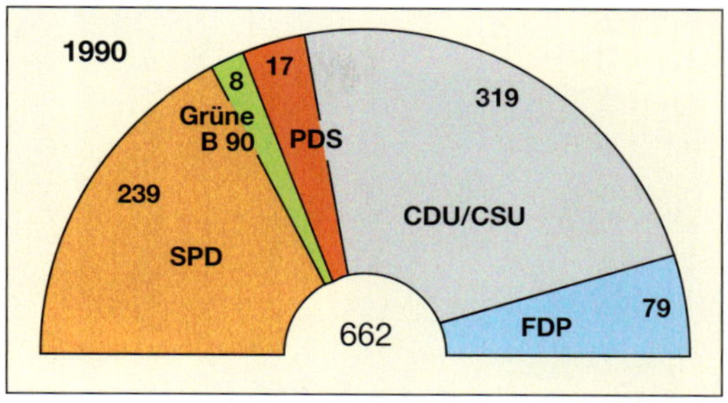

2 Ergebnis der Bundestagswahl und Sitzverteilung im Bundestag nach der Wahl vom 2. Dezember 1990. Schaubild.

Zum Polenvertrag sagte er:

Q3 … Für Millionen Deutsche, die ihre Heimat unter schmerzlichen Bedingungen aufgeben mussten, bedeutet diese Entscheidung einen besonderen und persönlichen Beitrag zum Frieden in Europa. Schon mit dem Warschauer Vertrag (1970) haben wir den Teufelskreis von Unrecht und Gegenunrecht für immer durchbrochen und damit den Weg für die Aussöhnung mit dem polnischen Volk geebnet. Unser Verhältnis zu Polen drückt in besonderer Weise unsere europäische Berufung aus.
… Wir Deutschen wollen nichts anderes als in Freiheit, in Demokratie und in Frieden mit allen Völkern Europas und der Welt leben.

4 *Arbeitet den Grundgedanken von Genschers Rede heraus.*
5 *Vergleicht die Regelung der Grenzfrage mit den Aussagen der Konferenz zu Potsdam 1945 und überlegt dabei, ob die vertraglichen Vereinbarungen auf dieser Doppelseite als „Friedensvertrag" angesehen werden können.*
6 *Befragt Eltern und Bekannte über die Ereignisse von 1990 und wie sich diese auf das Leben in eurem Ort ausgewirkt haben.*
7 *Wertet das Schaubild 2 aus. Überlegt, welche Voraussetzungen die Wahl für die erste Regierung des vereinigten Deutschlands geschaffen hat.*

Stationen der Vereinigung 1990:

18. 3. *Volkskammerwahlen. Unter einer großen Koalition aus CDU, DSU, DA, Liberalen und SPD wird Lothar de Maizière (CDU) Ministerpräsident der DDR.*

1. 7. *Staatsvertrag zwischen der Bundesrepublik Deutschland und der DDR. Es wird eine Wirtschafts-, Währungs- und Sozialunion geschaffen, in der die DDR im Wesentlichen die Bestimmungen der Bundesrepublik Deutschland übernimmt. Die D-Mark wird zur gemeinsamen Währung.*

23. 8. *Die Volkskammer beschließt den Beitritt der DDR zur Bundesrepublik Deutschland.*

20. 9. *Volkskammer und Bundestag billigen den Einigungsvertrag.*

3. 10. *Vollzug der Einigung mit einem feierlichen Festakt in Berlin. Der 3. Oktober löst als neuer „Tag der Deutschen Einheit" den bisherigen Feiertag am 17. Juni ab.*

14. 10. *Wahlen in den neuen Bundesländern.*

2. 12. *Gesamtdeutsche Bundestagswahlen. Helmut Kohl wird mit einer Koalition aus CDU/CSU und FDP erster Bundeskanzler im geeinten Deutschland.*

Probleme der Einheit

Arbeitslosenquotoen in den Bundesländern (Durchschnitt 2005; Angaben in Prozent; Quelle: Statistisches Bundesamt):

Baden-Württemberg:	*7,0*
Bayern:	*7,8*
Berlin:	*19,0*
Brandenburg:	*18,3*
Bremen:	*16,8*
Hamburg:	*11,3*
Hessen:	*9,7*
Mecklenburg-Vorpommern:	*20,3*
Niedersachsen:	*11,6*
Nordrhein/Westfalen:	*12,0*
Rheinland-Pfalz:	*8,8*
Saarland:	*10,7*
Sachsen:	*18,3*
Sachen-Anhalt:	*20,3*
Schleswig-Holstein:	*11,6*
Thüringen:	*17,1*

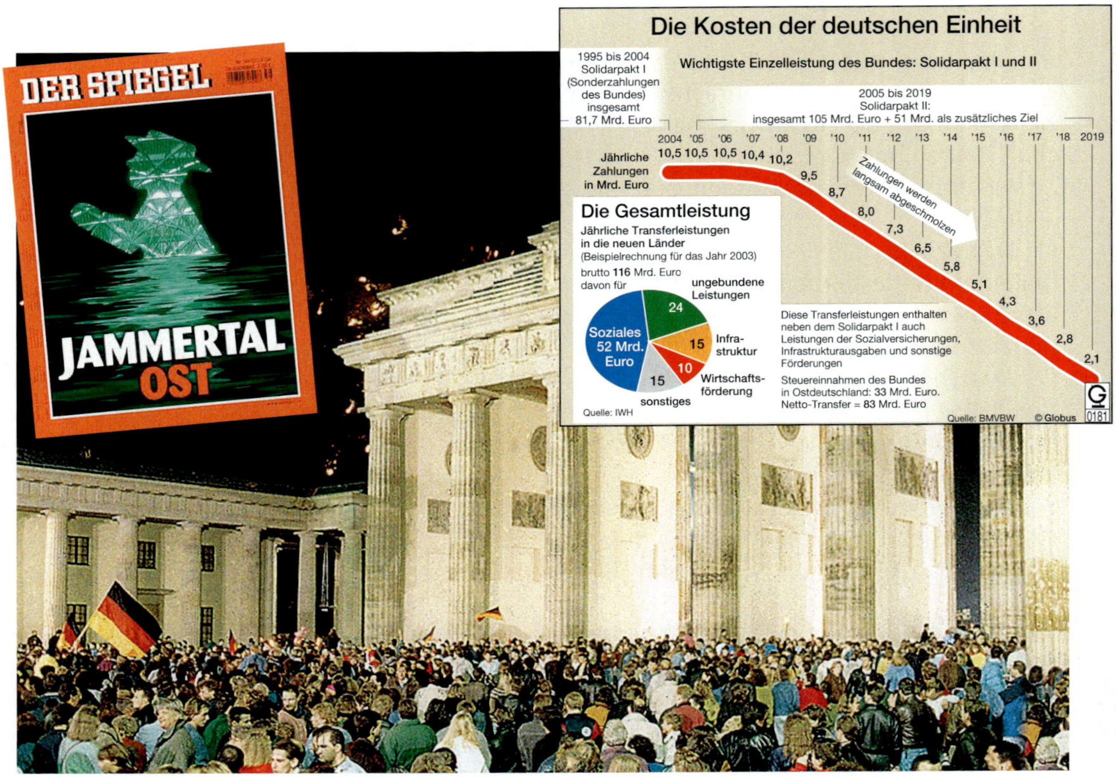

1 **Feier zur deutschen Einheit am 3.Oktober 1990.** Foto. Rechts oben: Die Kosten der deutschen Einheit.

Soziale Probleme der deutschen Einheit
In der DDR war Arbeitslosigkeit nahezu unbekannt. Es war für die Menschen ein Schock, als nach der Wende mit der Privatisierung der Wirtschaft plötzlich viele Menschen arbeitslos wurden. Vor allem Ältere und Frauen waren davon betroffen und ihre Chancen auf einen Arbeitsplatz stehen auch heute nicht gut. Gemessen an westlichen Maßstäben, gab es in den Verwaltungen und Betrieben der DDR viel zu viele Arbeitsplätze. Deswegen fielen nach der Wende etwa vier Millionen Arbeitsplätze als „überflüssig" weg.

Über die Entwicklung nach 15 Jahren schrieb „Der Spiegel" im Oktober 2005:

M1 15 Jahre nach der Wiedervereinigung haben Politiker beim zentralen Festakt ein kritisches Resümee gezogen. Bundestagspräsident Thierse und Landespremier Platzeck erinnerten vor allem an die dramatische Lage auf dem Ost-Arbeitsmarkt. …
„Der Osten ist kein Jammertal und auch kein Milliardengrab", betonte Thierse mit Blick auf sanierte Städte oder die Modernisierung der Infrastruktur. Allerdings werde die Angleichung der Lebensverhältnisse mehr Zeit brauchen als 1990 erhofft. Nach 15 Jahren Aufbauarbeit sei „die Mitte des Weges erreicht". Er erinnerte an die mit durchschnittlich 18,4 Prozent noch immer fast doppelt so hohe Arbeitslosenquote wie im Westen.
Auch Platzeck nannte die Arbeitslosigkeit das größte Problem der neuen Länder. „In den Zwischenbilanzen zum Aufbau Ost kommen stets diejenigen zu kurz, die ohne Arbeitsplatz dastehen". … Im Interesse ganz Deutschlands müsse es gelingen, auch in den neuen Ländern eine wettbewerbsfähige Wirtschaftsstruktur zu schaffen.
Bundeskanzler Schröder sicherte den neuen Ländern auch künftig Unterstützung „mit ganzer Kraft" zu. Dabei bleibe die Be-

reitschaft der Menschen im Westen zur Hilfe unentbehrlich. Köhler unterstrich, „nicht überall in Deutschland" könnten gleiche Lebensbedingungen geschaffen werden.

Im September 2004 schrieb „Der Stern":

M2 Der Osten will mehr Hilfe. Der Westen sagt: Es reicht. Einig sind sich beide Seiten nur in einem: Jetzt sind wir mal dran. …
So ist es eben, wenn man nur sieht, was man sehen will. Wenn westdeutsche Politiker zurzeit den Osten bereisen, sehen sie statt Arbeitslosigkeit, Abwanderung und Pleiten nur noch Glaspaläste und Marmorklos, wenn Ostler in den Westen reisen, sitzen sie offenbar auch nur am Springbrunnen in der schicken Fußgängerzone. …
Und es ist schon sonderbar, was Statistikern alles einfällt, um das Glück zu vermessen oder wenigstens die Gerechtigkeit. So wissen wir jetzt, dass der Ostdeutsche im Schnitt weniger Auto hat, aber mehr Videokamera und Gefriertruhe als der Westdeutsche. Dafür hat der Westdeutsche mehr Reise, mehr Hose, mehr Haus. Die einen beziffern den Nettotransfer von West nach Ost auf rund 83 Milliarden pro Jahr. Die anderen sagen, reine Sonderleistungen seien nur die 15 Milliarden pro Jahr aus dem Solidarpakt. Die einen sagen, dass die 14 Euro weniger, die Hartz IV einem Langzeitarbeitslosen im Osten zubilligt, eine Demütigung seien. Die anderen sagen, dass im Osten doch alles billiger sei. Die einen sagen, dass das Rentenniveau der Ostdeutschen bei vergleichbarer Lebensleistung niedriger sei. Die anderen halten entgegen, dass die Rentenauszahlung pro Kopf im Osten höher liege als im Westen. Und weil dort so gut wie alle Frauen gearbeitet haben, sind die Haushaltseinkommen aus der Rente fast doppelt so hoch. Ja, sagen die Nächsten, aber: Die Ostdeutschen hätten keine Immobilien und keine Betriebsrenten, Bundesschatzbriefe und was der Westdeutsche noch so angehäuft habe nach einem Leben im Wirtschaftswunderland. Und deswegen haben alte „Wessis" mehr Geld als alte „Ossis". …

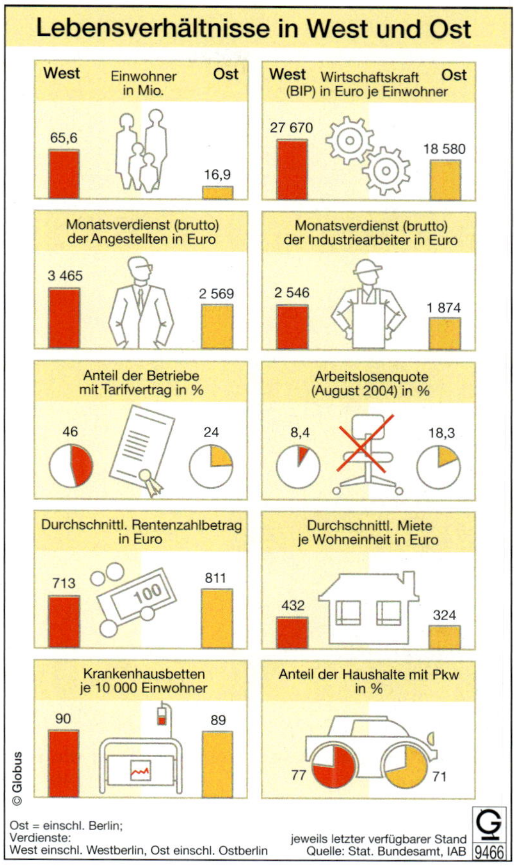

2 Lebensverhältnisse in Ost- und Westdeutschland 2004.

Die alte BRD steckt dem neuen Deutschland bis heute im Magen wie ein unverdaulicher Brocken. Was den Ostdeutschen seit 14 Jahren abverlangt wird, haben die Westdeutschen noch vor sich: den endgültigen Abschied von der eigenen Wohlstandslüge. …

1 *Diskutiert mit Hilfe der Materialien dieser Doppelseite die Probleme, die sich aus der Vereinigung der beiden deutschen Staaten ergeben.*

2 *Gestaltet mit Materialien über das Zusammenwachsen Deutschlands eine Wandzeitung.*

Aus einer von der Zeitschrift „Stern" im Jahr 2004 veröffentlichten Umfrage *(Angaben in Prozent):*

1. Im Vergleich zur Zeit vor der Wende geht es mir heute persönlich

… besser
57 (Ost); 20 (West)

… unverändert
29 (Ost), 56 (West)

… schlechter
14 (Ost); 24 (West)

2. Die bisherigen finanziellen Hilfen für Ostdeutschland waren

… zu hoch
5 (Ost); 37 (West)

… gerade richtig
46 (Ost); 44 (West)

… zu niedrig
31 (Ost); 9 (West)

… weiß nicht
18 (Ost); 10 (West)

3. Es wäre besser, wenn die Mauer zwischen Ost und West heute noch stehen würde.

ja
12 (Ost); 24 (West)

weiß nicht
3 (Ost); 2 (West)

nein
85 (Ost); 74 (West)

Wunschbild Freiheit – Sichtweisen eines Künstlers

1 **„Hinter den sieben Bergen“.** Gemälde von Wolfgang Mattheuer, 1973, Öl auf Hartfaser, 170×130 cm. Leipzig, Museum der bildenden Künste.

2 **„Hinter die 7 × 7 Berge“.** Gemälde von Wolfgang Mattheuer, 1995, Öl auf Leinwand, 200×170 cm.

Freiheit – ein hohes Gut?

Wolfgang Mattheuer (geboren 1927) gehörte seit den 1960er-Jahren zu den bekanntesten Künstlern der DDR. Sein Gemälde „Hinter den sieben Bergen“ zeigt den Blick über eine weite Landschaft. Schlängelnd führt eine Straße auf ein in sonnigem Dunst liegendes Mittelgebirge zu, hinter dem am Horizont eine übergroße Frauenfigur erscheint. Fast der gesamte Verkehr auf der Straße bewegt sich auf sie zu. Mattheuer erinnert mit der Art, wie er sie gestaltete, an eine berühmte Freiheitsdarstellung aus der Zeit der Französischen Revolution, die mit Gewehr und hochgerecktem Arm protestierende Bürger anführt. In Mattheuers Bild erscheint sie aber – mit Blumenstrauß und Luftballons – nicht kämpferisch. Dafür, dass es dem Maler wohl um etwas anderes ging, spricht auch der Bildtitel: Er erinnert an ein Märchen, denn hinter den sieben Bergen lebt Schneewittchen bei den sieben Zwergen … Und auf den Verkehrsschildern, denen die Autoschlange folgt, ist „ei“ – „a“ – „po“ – „pei“… zu lesen, ein Zitat aus Versen des Dichters Heinrich Heine, die er im 19. Jahrhundert über eine Sängerin schrieb:

Q1 … Sie sang das alte Entsagungslied,
Das Eiapopeia vom Himmel,
Womit man einlullt, wenn es greint,
Das Volk, den großen Lümmel. …

Mattheuer selbst erklärte zu seinem Gemälde:

Q2 … In meinem Bild „Hinter den sieben Bergen“ von 1973 gewinnt die unstillbare Sehnsucht nach dem vermuteten Glück hinter den gesperrten Horizonten der eingegrenzten DDR-Gesellschaft Gestalt.

Wie aber ist seine Haltung dazu zu deuten? Wodurch zeichnet sich die Freiheit bei Mattheuer aus? Und wie stellte er sie auf seinem Gemälde „Hinter die 7 x 7 Berge“ nach der Wiedervereinigung dar?

1 *Versucht, die in Abbildung 1 gezeigte Freiheitsdarstellung zu charakterisieren und das Gemälde zu deuten.*

2 *Betrachtet anschließend das in Abbildung 2 wiedergegebene Gemälde und analysiert es mithilfe der auf Seite 200 zusammengefassten Arbeitsschritte zum Umgang mit Bildern und Kunstwerken als Quellen.*

Zusammenfassung

Überleben und orientieren

In den Jahren zwischen 1945 und 1949 war das Leben der Menschen von der allgemeinen Not im besiegten Nachkriegsdeutschland bestimmt. Hunger und Kälte, die oft notdürftige Unterbringung und die ungewisse politische Zukunft in den vier Besatzungszonen prägten den Alltag. Nur langsam kam das öffentliche Leben wieder in Gang; in den meisten Ländern öffneten die Schulen im Herbst 1945 wieder.

Zwei deutsche Staaten

Im Herbst 1949 wurde in den drei westlichen Besatzungszonen die Bundesrepublik Deutschland gegründet, wenig später in der sowjetisch besetzten Zone (SBZ) die Deutsche Demokratische Repubik (DDR). Während die Bundesrepublik sich am westlichen Modell der parlamentarischen Demokratie mit freien Wahlen und einer marktwirtschaftlichen Ordnung orientierte, folgte die DDR dem Modell einer sozialistischen Gesellschaftsordnung, in dem eine sozialistische Einheitspartei, die ▶ SED, allein die Politik und die Gesellschaftsordnung prägte. Die Wirtschaft wurde nach dem Vorbild der sowjetischen ▶ Planwirtschaft organisiert. Im Westen bestimmte das „Wirtschaftswunder" den Alltag. In der DDR führte die Planwirtschaft nach anfänglichen Erfolgen zu wirtschaftlichen und sozialen Problemen. Seit Ende der 1950er-Jahre kam es infolge dessen zu vermehrten Fluchtbewegungen aus der DDR. Durch den Bau der Mauer 1961 verschärfte sich die Lage der Menschen in der DDR, viele wollten das Land verlassen, wurden aber mit Gewalt daran gehindert.

Auf dem Weg zur Wiedervereinigung

Die Politik der Anerkennung des Status quo zwischen den Blöcken im ▶ Kalten Krieg und den beiden deutschen Staaten führte zwischen 1970 und 1989 zu einem Ausbau der Kontakte zwischen den Menschen in Ost und West und auch zu einem verstärkten Kontakt der Menschen in beiden deutschen Staaten.
Die Vereinigung beider deutschen Staaten 1990 nach dem Zusammenbruch der SED-Herrschaft brachte vor allem für die Jugendlichen und Frauen im Osten große Umstellungsprobleme. Auch mehr als zehn Jahre nach der Überwindung der Teilung sind die großen Unterschiede im Alltag in beiden Teilen Deutschlands noch nicht eingeebnet.

17.6.–2.8.1945

Die „Großen Drei" bei der Potsdamer Konferenz.

1961

Die DDR schließt die gesamte Grenze zur Bundesrepublik durch Mauer, Zäune, Wachtürme und Schießanlagen.

9./10. November 1989

Der Fall der Mauer an einem Berliner Grenzübergang.

3. Oktober 1990

Mit dem Inkrafttreten der Einigungsverträge werden die zwei deutschen Staaten vereinigt.

4. Europa auf dem Weg zur Einheit

Weltweit sind Erzeugnisse aus Europa gefragt. Doch bei dem, was aus europäischen Ländern in die übrige Welt geht, sollten wir nicht nur an Waren denken. Auch viele Ideen aus Bereichen wie Kunst, Kultur, Sprache, Gesellschaft oder Politik sind überall auf der Erde anerkannt und haben Anregungen geliefert oder Veränderungen ausgelöst – im guten Sinn wie leider auch mitunter im schlechten.
Die Einigung Europas und die damit verbundene Sicherung des Friedens in Europa ist das Thema dieses Kapitels.

Schauplatz: Die Wurzeln Europas

1 **Kathedrale von Canterbury, England (ab 1175).** Foto.

2 **Magdeburger Dom (ab 1209; erster gotischer Bau in Deutschland).** Foto.

Was ist Europa?
Diese Frage ist offenbar schwieriger, als man denken möchte. Ein Geograf etwa betrachtet das Problem aus der Sicht seines Fachs:

M1 Wenn man Karten und den Globus anschaut, erkennt man sofort, dass Europa im Norden, Westen und Süden durch Meere abgegrenzt ist. Als östliche Grenze gelten seit langem das Uralgebirge und der Uralfluss sowie im Südosten das Kaspische Meer und der Höhenzug des Kaukasus. Es wäre jedoch auch verständlich, wenn man diese letztere Grenze weiter nördlich zöge. Die meisten Völker am und im Kaukasus sind nämlich mit asiatischen Völkern verwandt.

Ein EU-Beamter versteht die Frage dagegen so (hier etwas vereinfacht wiedergegeben):

M2 Europa – das ist das Gebiet der Europäischen Union. Allerdings wollen jetzt immer mehr Staaten der EU beitreten. Damit wird dieses Europa immer größer.

Aus der Sicht eines Russen sieht das ganz anders aus:

M3 Wo endet Europa denn eigentlich? Diese Frage ist gar nicht so leicht zu beantworten. Selbstverständlich gehören St. Petersburg und Moskau meiner Meinung nach zu Europa. Andererseits ist der Ural keine wirkliche Grenze. Die Russen in Sibirien haben doch dieselbe europäische Kultur. Aber auch wir rechnen Sibirien nicht mehr zu Europa.

1 *Überlegt, wodurch sich die drei verschiedenen Ansichten unterscheiden? Was wird von den drei Befragten jeweils als eigentlicher Gehalt des Europabegriffs verstanden?*

3 **Santa Maria del Mar in Barcelona, Spanien (ab 1329).** Foto.

Europäische Gemeinsamkeiten

Gemeinsam ist allen Völkern, die sich zu Europa zählen, dass ihre Kultur durch die christliche Religion und das antike Erbe geprägt sind: Mehr als 500 Jahre Zugehörigkeit zum römischen Großreich haben fast überall in Europa Spuren hinterlassen. Doch die Wurzeln reichen noch weiter zurück, weil die Römer ihrerseits viele Ideen von den Griechen aufgenommen haben. Nicht nur an Bauwerken und Sachfunden wird dieser Bezug deutlich. Auch die lateinische Sprache wirkt bis in die Gegenwart: Aus ihr gingen moderne Sprachen wie Französisch, Italienisch, Spanisch oder Rumänisch hervor.

Urkunden aus dem 9. Jahrhundert bezeichnen Karl den Großen (748–814) als „pater Europae". Sein christliches, ehemals Weströmisches Reich grenzte sich gegen die arabische Welt einerseits und das Oströmische Reich mit seiner Hauptstadt Konstantinopel (heute Istanbul) andererseits ab. Die katholische Religion mit dem Papst in Rom als Oberhaupt bildete über viele Jahrhunderte das einigende Band zwischen den ansonsten eher verfeindeten europäischen Völkern.

Sichtbares Zeichen der Gemeinsamkeit der christlichen Europäer sind die in ganz Europa in ähnlichen Baustilen errichteten großen Gotteshäuser. Ab dem 12./13. Jahrhundert etwa entstanden in ganz Europa neuartig gebaute Kirchen, die teils auch von den Bürgern der Städte geplant, gebaut und finanziert wurden. Diese neuen Kathedralen im „gotischen Stil" zeichneten sich durch ihre Höhe, ihre schlanken Bauelemente und durch die dem Himmel zulaufenden Spitzbögen aus. Strebebogen und Pfeiler stützten die hohen Wände von außen. Das Innere der Kirchen mit den lichten bunten Glasfenstern sollte dem Gläubigen eine Vorstellung vom Himmel vermitteln. „Alles drängt nach oben, zu Gott", war die Botschaft der hohen Kirchenschiffe.

Der gotische Baustil entstand um 1150 im französischen Kronland, der Île-de-France. Frühe Beispiele sind die Kathedralen von Noyon (um 1150), Laon (um 1170) und Soissons (um 1180). In den nächsten fünfzig Jahren folgten ähnliche Bauwerke in ganz Europa. Auch spätere Baustile wie z. B. das Barock verbreiteten sich europaweit.

2 *Beschreibt mit euren Worten das Innere der drei gotischen Kathedralen. Worin bestehen die Gemeinsamkeiten?*

3 *Diskutiert: Wo würdet ihr die Grenzen Europas ansetzen? Was macht eurer Meinung nach das Gemeinsame der Bewohner Europas heute aus?*

Schauplatz: Die Wurzeln Europas

Rheinland-Pfalz – ein Land in der Mitte Europas
Als Bundesland nimmt Rheinland-Pfalz eine „Randposition" ein; als Gebiet in Europa aber liegt es zentral. Die folgenden Abbildungen zeigen, welch unterschiedliche historische Einflüsse in den vergangenen 2000 Jahren die Kultur des Landes geprägt haben.

1 *Sammelt in Gruppenarbeit zu je einer Abbildung Informationen zu dem Thema „Rheinland-Pfalz, ein Land in Europa".*

2 *Tragt in der Gruppe weitere Spuren der jeweiligen Epoche zusammen, die heute noch im Alltagsleben erkennbar sind (z. B. an Gebäuden, Bildern, Gegenständen, in der Sprache, an Sitten oder Speisen …)*

3 **Denkmal für den französischen General Marceau, der 1794 Koblenz eroberte.** Foto, 2003. 1794 geriet das Rheinland unter französische Herrschaft. Die Verwaltung änderte sich grundlegend …

1 **Römisches Weinschiff.** Nachbildung am Fundort Neumagen, Original im Landesmuseum Trier. Foto. Von 50 v. Chr. bis ins 5. Jh. n. Chr. waren Gebiete des heutigen Rheinland-Pfalz unter römischer Herrschaft …

4 **„Deutsches Eck": Denkmal Kaiser Wilhelms I., erbaut 1892/97.** Foto. 1814/15 fiel das Rheinland an Preußen. 1870/71, 1914–18 und 1939/40 war die preußische Rheinprovinz militärisches Aufmarschgebiet …

2 **Burg Stahleck bei Bacharach.** Foto, 2003. Zahlreiche Burgen zeugen davon, dass das Gebiet des heutigen Rheinland-Pfalz im Mittelalter unter der Herrschaft verschiedener Fürsten stand. Am bekanntesten waren die Kurfürstentümer …

5 **Französische Panzer auf der Moselbrücke in Koblenz.** Foto, 1945. Seit Juli 1945 gehörte Rheinland-Pfalz zur französischen Besatzungszone …

Arbeitstechnik: Präsentation

Arbeitsergebnisse vorstellen – aber wie?

Wenn ihr die Ergebnisse einer Gruppenarbeit im Plenum vorstellen wollt, solltet ihr versuchen, dies möglichst anschaulich zu tun, damit ihr eure Zuhörerinnen und Zuhörer nicht langweilt. Doch wie macht man das?
Verschiedene Möglichkeiten einer anschaulichen Präsentation sind im Folgenden dargestellt. Seht euch die Auswahl in Ruhe an, diskutiert über eure (technischen) Möglichkeiten und euren Zeitrahmen. Entscheidet euch am besten bereits vor Beginn der Gruppenarbeit für eine der Präsentationsformen.

Anregung für weitere Gruppenarbeiten zum Thema Europa:

– *Wendet eine der Präsentationsformen an auf eine Gruppenarbeit zum Thema: „Rheinland-Pfalz – ein Land in Europa". Stellt dafür Informationen über Alltag, Sprache, Kunst/Kultur, Wirtschaft und Politik zusammen.*

1. Vorschlag: Referat mit Pfiff

- Überlegt euch einen Einstieg. Z. B.: Zeigt ein Bild zu eurem Thema und lasst raten, worum es geht.
- Gliedert anschaulich. Zeigt die Gliederung auf Folie oder verteilt sie als Kopie.
- Lasst den Infoblock nicht zu lang werden: 10 bis 15 Minuten müssten ausreichen.
- Tragt mit verteilten Rollen bzw. abwechselnd vor oder baut ein kleines Rollenspiel in euren Vortrag ein.
- Setzt Medien (Karten, Schaubilder etc.) ein.
- Überprüft am Ende mit einem kleinen Quiz oder Rätsel, ob alles Wichtige klar geworden ist.

2. Vorschlag: Wandzeitung

- Bei der Gestaltung einer Wandzeitung solltet ihr mit kurzen, deutlich geschriebenen Texten und mit unterschiedlichen Bildmaterialien arbeiten. Beachtet dazu die auf der Methodenkarte (Seite 205) zusammengefassten Schritte.
- Ganz wichtig: Bringt eure Wandzeitung für alle gut lesbar in Augenhöhe an!

3. Vorschlag: Broschüre

- Für den Entwurf einer Broschüre solltet ihr euch in Bezug auf das Material ebenfalls an den für die Wandzeitung geltenden methodischen Schritten (Seite 205) orientieren. Allerdings dürfen in einer Broschüre die Texte etwas länger sein.
- Für den Gesamteindruck einer Broschüre ist die Gestaltung wichtig: Entwerft ein passendes Titelblatt und ein Layout.
- Vergesst nicht, am Schluss eure Quellen und die verwendete Literatur zu nennen.

So geht es weiter:

Einigung in Europa

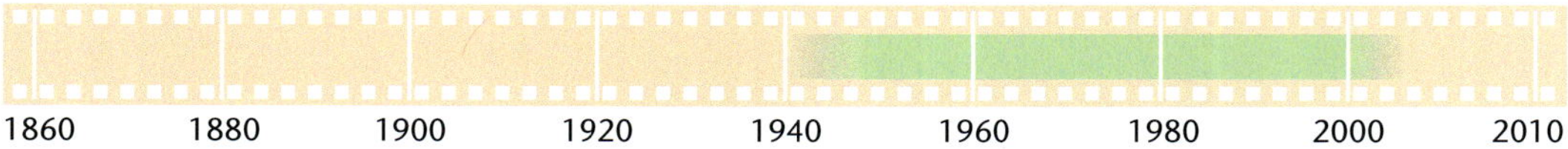

1 Politische und militärische Bündnisse in Europa um 1960.

Sehnsucht nach Europa

Überlegungen, die europäischen Nationen politisch sowie wirtschaftlich zusammenzuschließen, hatte es im Laufe der Jahrhunderte immer wieder gegeben. Aber erst die beiden Weltkriege mit ihren unzähligen Opfern und verheerenden Zerstörungen führten zu konkreten Plänen und politischen Bewegungen, die „Idee Europa" zu verwirklichen. Dabei spielten die Vereinigten Staaten von Amerika als Vorbild für künftige „Vereinigte Staaten von Europa" eine wichtige Rolle.

Die Paneuropäische Union – 1923 mit dem Ziel gegründet, einen europäischen Staatenbund zu schaffen – erließ im September 1939 kurz nach der Entfesselung des Zweiten Weltkriegs durch Deutschland den folgenden, damals unbeachteten Aufruf:

Q1 An alle Europäer! Die unaussprechlichen Opfer dieses grausamen Krieges fordern die Errichtung eines Dauerfriedens, der künftige Kriege zwischen Europäern unmöglich machen soll. Nach dem Zusammenbruch des weltumfassenden Völkerbundes, des hemmungslosen Nationalismus und des bolschewistischen Internationalismus bleibt nur eine einzige Lösung übrig zur Sicherung einer langen Epoche des Friedens, des Wohlstandes und der Freiheit: die Vereinigten Staaten von Europa! Dieser Bund soll zur Sicherung folgender Ziele errichtet werden:

1. Europäische Solidarität in der Außen- und Militärpolitik, der Wirtschaft und der Währung. …

3. Alle europäischen Staaten verpflichten sich, … die Menschenrechte sowie die Gleichberechtigung ihrer nationalen und religiösen Minderheiten zu achten. …

4. Friedliche Schlichtung aller Konflikte, die zwischen europäischen Staaten entstehen können, durch einen Gerichtshof …

6. Abbau der Binnenzölle, die den europäischen Markt zugrunde richten … In dieser tragischen Schicksalsstunde der Menschheit appellieren wir an Sie alle: Kämpft für die Europäische Föderation*!

Föderation:* *Zusammenschluss mehrerer Staaten zu einem dauerhaften Staatenbund.*

Bündnisse und Spaltungen nach dem Krieg

2 Politische und militärische Bündnisse in Europa um 1996. Seit 1999 sind Polen, Ungarn und die Tschechische Republik NATO-Mitglieder.

1 *Erarbeitet die Motive für die europäische Einheit, wie sie sich im Aufruf von 1939 zeigen.*

1945: Die Situation nach dem Krieg

Als 1945 der Zweite Weltkrieg zu Ende ging, schienen die Chancen für eine europäische Einigung nicht besser zu stehen. Terrorherrschaft, Vertreibungen, Verluste in jeder Familie hatten die Gräben zwischen den Völkern Europas eher noch vertieft. Auch die Sieger standen sich teilweise mit tiefem Misstrauen gegenüber. Vor allem zwischen der Sowjetunion und den USA gab es grundlegende Differenzen darüber, wie es nach dem Krieg weitergehen sollte.

In dieser Situation waren beide Seiten zunächst auf ihre eigene Sicherheit bedacht. Im Kalten Krieg wurde Europa in zwei Blöcke geteilt. Die Teilungslinie verlief mitten durch Deutschland. Es war die Grenze zwischen den westlichen Besatzungszonen und der sowjetisch besetzten Zone. Die beiden Teile Deutschlands wurden in ihren jeweiligen Block eingebunden. In dieser Situation waren es vor allem die Staaten Westeuropas, die in der nachbarschaftlichen Zusammenarbeit die Chance für eine bessere Zukunft sahen. Sie knüpften teilweise an die Ideen der Vorkriegszeit an und versuchten, das bestehende Misstrauen zunächst durch Zusammenarbeit auf bestimmten Sachgebieten abzubauen.

Der britische Premierminister Winston Churchill forderte 1946:

Q2 … Wenn Europa vor unermesslichem Elend … bewahrt werden soll, dann ist ein Akt des Glaubens an die europäische Familie nötig. … Wenn das Gebäude der vereinigten Staaten von Europa gut und gewissenhaft errichtet wird, muss darin die materielle Stärke eines einzelnen Staates von untergeordneter Bedeutung sein. … Großbritannien, das mächtige Amerika und, ich hoffe es zuversichtlich, Sowjetrussland – denn dann wäre wahrhaftig alles gut – müssen die Freunde und Förderer des neuen Europa sein. …

2 *Erkundigt euch bei älteren Menschen aus eurer Umgebung, was der Gedanke einer europäischen Einigung für sie nach dem Krieg bedeutet hat.*

Schritte zur Versöhnung

1 **Werbung für Europa.** Plakat, 1955.

23. Juli 1952: Gründung der Europäischen Gemeinschaft für Kohle und Stahl (EGKS oder Montanunion).

Deutsch-französische Annäherung

In einer Rede kurz nach Ende des Zweiten Weltkriegs sagte der ehemalige britische Premierminister Winston Churchill am 19. September 1946 in Zürich:

Q1 ... Ich spreche jetzt etwas aus, das Sie in Erstaunen setzen wird. Der erste Schritt bei der Neuordnung der europäischen Familie muss eine Partnerschaft zwischen Frankreich und Deutschland sein. Nur auf diese Weise kann Frankreich die moralische Führung Europas wiedererlangen. Es gibt kein Wiederaufleben Europas ohne ein geistig großes Frankreich und ein geistig großes Deutschland.

1 *Untersucht, wie Churchill ein Zusammengehen Frankreichs und Deutschlands begründet.*

Der Schumanplan – die Montanunion

Der Außenminister Frankreichs, Robert Schuman, verkündete am 9. Mai 1950 einen Vorschlag der französischen Regierung:

Q2 ... Europa lässt sich nicht mit einem Schlage herstellen und auch nicht durch eine einfache Zusammenfassung: Es wird durch konkrete Tatsachen entstehen, die zunächst eine Solidarität der Tat schaffen. Die Vereinigung der europäischen Nationen erfordert, dass der jahrhundertealte Gegensatz zwischen Frankreich und Deutschland ausgelöscht wird. Das begonnene Werk muss in erster Linie Deutschland und Frankreich erfassen. ... Die französische Regierung schlägt vor, die Gesamtheit der französisch-deutschen Kohle- und Stahlproduktion unter eine gemeinsame oberste Aufsichtsbehörde ... zu stellen, in einer Organisation, die den anderen europäischen Ländern zum Beitritt offensteht. ... Die Solidarität der Produktion ... wird bekunden, dass jeder Krieg zwischen Frankreich und Deutschland nicht nur undenkbar, sondern materiell unmöglich ist.

Der Berater des deutschen Bundeskanzlers Konrad Adenauer, H. Schäffer, notierte am 3. Juni 1950 in sein Tagebuch:

Q3 ... Der Bundeskanzler erklärt, ... dass aus politischen Gründen der Gegensatz zwischen Deutschland und Frankreich beseitigt werden müsste, um eine Festigung Europas zu erreichen, die gegenüber der Gefahr von Osten unbedingt notwendig sei. ... Aus dieser tiefen Überzeugung von der unbedingten Notwendigkeit einer Einigung Deutschlands und Frankreichs heraus habe er den Schumanplan von Herzen begrüßt.

Die Europäische Verteidigungsgemeinschaft

Nachdem der Koreakrieg (1950–53) den Ost-West-Konflikt weiter verschärft hatte, drängten vor allem die USA und Großbritannien auf eine Beteiligung der Bundesrepublik an der Verteidigung Europas. Der Vertrag über eine Europäische Verteidigungsgemeinschaft (EVG), verbunden mit einer Europäischen Politischen Gemeinschaft (EPG) als einem „politischen Dach“, scheiterte jedoch 1954 im französischen

Parlament am Misstrauen gegenüber einer Wiederbewaffnung Deutschlands. Außerdem wollten die Gegner des Vertrages die französische Verfügungsgewalt über ihre Streitkräfte nicht aufgeben. Es folgte der Beitritt der Bundesrepublik zur NATO und das Aufstellen einer eigenen deutschen Armee, der Bundeswehr. Der Versuch einer politischen Einigung Westeuropas war gescheitert.

2 *Erklärt, inwieweit nationale Interessen eine politische Einigung Westeuropas verhinderten.*

3 *Stellt anhand des Plakats fest, mit welcher Zielrichtung 1955 für Europa geworben wurde.*

Die Europäische Wirtschaftsgemeinschaft entsteht

Das Scheitern einer politischen Einigung bewirkte verstärkte Bemühungen der Montanunion-Staaten, die Zusammenarbeit auf wirtschaftlichem Gebiet intensiv voranzutreiben. Robert Schuman und Konrad Adenauer spielten dabei eine führende Rolle. Am 25. März 1957 wurde in Rom der Vertrag über eine Europäische Wirtschaftsgemeinschaft (EWG) unterzeichnet. Die sechs Staaten der Montanunion waren ihre Gründungsmitglieder. Am selben Tag unterschrieben die EWG-Länder einen Vertrag über die Europäische Atomgemeinschaft (EURATOM). Andere europäische Länder, die sich wie Großbritannien zu einer Ablehnung zum Beitritt entschieden hatten, schlossen sich 1960 zu einer Freihandelszone, der EFTA, zusammen.

4 *Untersucht, welche wirtschaftliche und politische Entwicklung erkennbar wird.*

Deutsch-französischer Freundschaftsvertrag 1963

Die Einbindung der Bundesrepublik in das westliche Bündnis mit den USA wurde begleitet von einer immer engeren Kooperation Deutschlands mit Frankreich, so wie es Churchill bereits 1946 vorausgesagt hatte. Der französische Staatspräsident Charles de Gaulle und der deutsche Bundeskanzler Konrad Adenauer vertieften seit 1958 die Zusammenarbeit beider Staaten. 1963 wurde ein deutsch-französischer Staatsvertrag abgeschlossen, der regelmäßige Beratungen beider Regierungen vorsah. Diese besonderen Beziehungen zwischen Deutschland und Frankreich haben sich bis heute bewährt. Trotz aller unterschiedlichen politischen Ziele bildete die deutsch-französische Zusammenarbeit die Basis der Integrationspolitik innerhalb und außerhalb der nun bestehenden Europäischen Union (EU). Kernstück der deutsch-französischen Freundschaft wurden das deutsch-französische Jugendwerk und die Städtepartnerschaften zwischen den kleinen sowie großen Gemeinden in Frankreich und Deutschland.

5 *Erkundigt euch nach einer deutsch-französischen Städtepartnerschaft eurer Gemeinde und verfolgt ihre Geschichte in Gesprächen mit Gemeindevertretern.*

2 Begegnung in Reims. In der Kathedrale von Reims (Frankreich) trafen sich der damalige französische Staatspräsident Charles de Gaulle und der damalige deutsche Bundeskanzler Konrad Adenauer zu einem Versöhnungsgottesdienst. Der Zeichner zeigt die beiden vor der Kirche, vom Himmel schauen der preußische König Friedrich II., Napoleon und Bismarck zu. Karikatur, 1962.

1988 erschien zum 25-jährigen Bestehen der deutsch-französischen Zusammenarbeit eine gemeinsame Briefmarke in beiden Staaten.

Grenzüberschreitende Kontakte

1 Eröffnung einer internationalen Projektwoche in Hoogezand-Sappemeer (Niederlande) mit Schülern aus sieben europäischen Ländern. Foto, 2003.

2 Multinationaler Schachwettkampf. Foto, 2003.

3 Verschiedene Workshops während der Projektwoche. Foto, 2003.

Wie international leben wir?
Heute fallen uns in unserer Alltagswelt internationale Einflüsse gar nicht auf, so selbstverständlich sind sie Teil unseres Lebens geworden.

1 *Untersucht verschiedene Bereiche des täglichen Lebens – wie Supermarkt, Speisekarte oder Fernsehprogramm – auf internationale Einflüsse: Woher kommen die Angebote? Wie verhalten sich die Anteile ausländischer zu inländischen Produkten?*

Um Deutschland zu öffnen, um Vorurteile und Feindbilder abzubauen, gar grenzüberschreitende Freundschaften entstehen zu lassen, war Arbeit nötig: Nach Ende des Zweiten Weltkriegs wurden gezielt Partnerschaften zwischen Städten, Schulen und Vereinen angebahnt. So sollte ein festes Band von Beziehungen zwischen deutschen und französischen Vereinen, Universitäten und Schulen sowie die Zusammenarbeit deutscher und französischer Soldaten sicherstellen, dass die deutsch-französische Freundschaft eine kriegerische Auseinandersetzung beider Staaten für immer verhindert.
Schulpartnerschaften sind heute nichts Ungewöhnliches mehr. Doch wie knüpft man Kontakte, wenn sie nicht zufällig zwischen einzelnen Lehrerinnen und Lehrern der unterschiedlichen Schulen entstehen? Angebahnt werden können sie ganz offiziell, z. B. durch die Vermittlung des Bürgermeisters oder der Bürgermeisterin der Partnerstadt. Kontakte vermitteln aber auch grenzüberschreitende Bildungsprogramme (s. u.).

2 *Informiert euch über bestehende Partnerschaften an eurer Schule: Wie laufen Austauschangebote ab?*

- *COMENIUS richtet sich an Schülerinnen und Schüler aller Schulformen und -stufen von der Vorschule bis zum Abitur. Im Mittelpunkt steht die Vermittlung von Schulpartnerschaften und Sprachprojekten. Ihr findet COMENIUS im Internet unter: http://partbase.eupro.se*
- *http://www.leonardodavinci-projekte.org lautet die Adresse von LEONARDO, einer Vermittlung, die Auszubildenden, jungen Berufstätigen und Studenten die Möglichkeit gibt, Auslandserfahrungen zu sammeln. Zwischen drei Wochen und zwölf Monaten kann über LEONARDO im Ausland ein Praktikum oder sogar ein Teil der Ausbildung absolviert werden.*

Grenzüberschreitende Kontakte

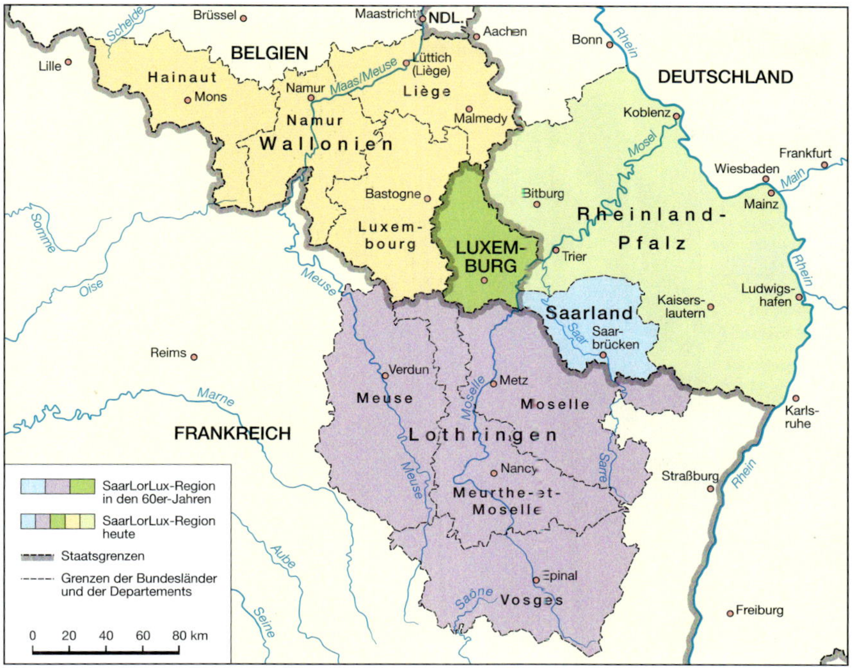

4 **Die Region Saar-Lor-Lux-Rheinland-Pfalz-Wallonien in der Mitte Europas.** Karte.

Die Europa-Idee und Rheinland-Pfalz
Als Bundesland, das mit drei souveränen Staaten gemeinsame Grenzen hat, wurde die Europa-Idee in Rheinland-Pfalz schon früh verwirklicht. Der Überwindung alter Vorurteile galt etwa die Gründung der Bildungs- und Begegnungsstätte „Europahaus Marienberg" im Jahr 1951, die früh Veranstaltungen für Jugendliche aus ganz Europa anbot. 1956 folgte die Partnerschaft zwischen dem deutschen Bundesland Rheinland-Pfalz und der französischen Region Burgund.

In den 1960er-Jahren entstand eine grenzüberschreitende wirtschaftliche Zusammenarbeit zwischen den Regionen Lothringen, Luxemburg und Saarland. Sie bildete den Kern der späteren „Europaregion Saar-Lor-Lux", der heute auch Wallonien und Teile von Rheinland-Pfalz angehören. Zwei deutsche Bundesländer kooperieren darin also mit vier französischen Departements, fünf belgischen Provinzen sowie einem souveränen Staat.

Über eine gemeinsame Erklärung der Mitglieder zu den Zielen der Zusammenarbeit hieß es 1995:

M … Die Teilnehmer betonen, dass die Förderung des Zusammenwachsens der Grenzräume zu einem eng verflochtenen Wirtschaftsraum für alle Teilnehmer die Chance erheblich verbessert, die notwendige wirtschaftliche Umstrukturierung erfolgreich zu bewältigen. Daher gilt es, durch den Erfahrungsaustausch im regionalen Arbeitsmarkt, durch den gemeinsamen Ausbau der grenzüberschreitenden Infrastruktur …, durch die Entwicklung und wirtschaftliche Umsetzung neuer Technologien, durch den Abbau von Verwaltungshemmnissen das Zusammenwachsen der Regionen zu beschleunigen. …

1 *Erklärt, welche Bedeutung die vorgestellten Projekte (Europahaus, Städte- und Schulpartnerschaften, wirtschaftliche Zusammenarbeit) für die Verwirklichung des Europagedankens haben.*

2 *Überlegt gemeinsam, welche Vorteile ihr darin seht, heute in der Großregion „Saar-Lor-Lux-Trier/Westpfalz-Wallonie" zu leben.*

Wirtschaftliche und politische Einheit

1 Der Ausbau der Europäischen Union. Schaubild, 2009.

Kaufkraft*: *Bezeichnung für die Warenmenge, die man für bestimmte Geldsummen kaufen kann.*

Schengener Abkommen*: *Nach dem luxemburgischen Ort Schengen benanntes Abkommen über den Abbau von Personenkontrollen an den Binnengrenzen der EU-Länder. Für die Außengrenzen der EU sieht es dagegen eine Verschärfung der Kontrollen vor. Ebenso wird auf seiner Grundlage schärfer gegen den illegalen Aufenthalt von Personen aus Nicht-EU-Ländern vorgegangen.*

Von der EWG über die EG zur EU

1 *Beschreibt anhand von Schaubild 1 die Erweiterung der EU und vermutet, welche Gründe die Beitrittsländer und -kandidaten zum Aufnahmewunsch in die EU bewogen haben könnten.*

Im Jahr 1967 wurden die drei europäischen Zusammenschlüsse Montanunion, EWG und EURATOM zur Europäischen Gemeinschaft (EG) vereint. 1968 wurde die Zollunion innerhalb der EG-Staaten verwirklicht. Bis 1971 steigerte sich die Kaufkraft* der EG-Bürger um 74 Prozent. In Großbritannien, das noch nicht der EG angehörte, betrug die Steigerungsrate 31 Prozent. Auch in anderen Bereichen der Wirtschaft und der sozialen Sicherung verlief die Entwicklung günstig. Im Laufe der 1970er- und 1980er-Jahre schlossen sich deshalb immer mehr Staaten der Gemeinschaft an.

2 *Überprüft eure Überlegungen zu Aufgabe 1 und stellt fest, ob es einen Zusammenhang zwischen der wirtschaftlichen Entwicklung in der EG und dem Beitrittswunsch Großbritanniens gibt.*

Wege zur Einheit

Der Prozess der europäischen Einigung verlief stockend und langsam, aber kontinuierlich. Lange Zeit waren die wirtschaftlichen Interessen der Mitgliedsländer der Motor der Einigung:

- Im Jahr 1979 wurde das erste europäische Parlament gewählt, in dem Abgeordnete aus den EU-Ländern vertreten sind. Es hat seinen Sitz in Brüssel und Straßburg.
- Der einheitliche ▶ Binnenmarkt brachte 1993 den Fortfall der Zölle im damaligen EU-Raum. Die Gemeinschaft wird nun als „EU", ▶ Europäische Union, bezeichnet.
- Dem Binnenmarkt folgte mit dem Schengener Abkommen* der Wegfall der Passkontrollen in den meisten EU-Mitgliedsländern.

Wirtschaftliche und politische Einheit

- Die schrittweise Einführung des Euros als Buchgeld* 1999 und als allgemeines Zahlungsmittel in zwölf der 15 EU-Staaten am 1.1.2002 machte die wirtschaftliche und politische Einigung im Alltag sichtbar.
- Das Europäische Parlament, alle fünf Jahre direkt gewählt, gewann immer mehr Mitspracherechte bei der Gesetzgebung der EU. Seine parlamentarische Kontrollfunktion wurde wirksam ausgebaut.
- Die EU-Außenminister vereinbarten, dass die EU in wichtigen Fragen eine gemeinsame Politik formuliert.
- Die Aufnahme von zehn weiteren Staaten Ost- und Südeuropas wurde beschlossen.
- Geplant ist eine europäische Verfassung in Kraft treten zu lassen, die in allen 27 EU-Ländern gilt.

3 *Beschreibt mithilfe des Schaubildes 2 den Weg der europäischen Einigung.*

Buchgeld*: *Währung für den bargeldlosen Geschäftsverkehr.*

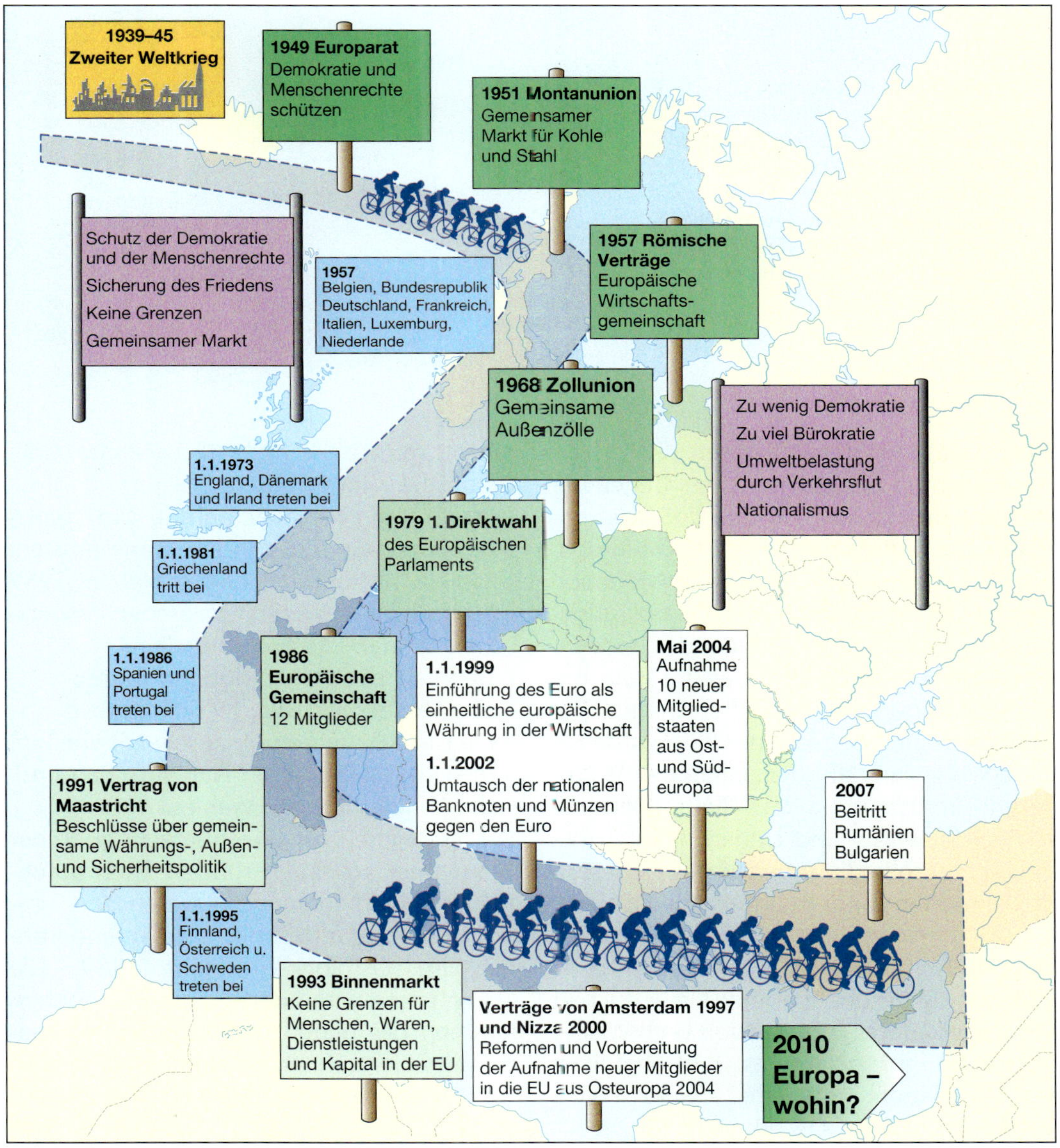

2 **Stationen der europäischen Einigung.** Schaubild, 2009.

Reformen im Ostblock

1 Wandel in den Staaten Ostmitteleuropas bis 1990. Die staatliche Einheit der Tschechoslowakei zerbrach 1992: Die Tschechische Republik und die Slowakei entstanden. In Jugoslawien kam es seit 1988 zu einem Nationalitätenkonflikt, der sich in den 1990er-Jahren zu einem blutigen Bürgerkrieg entwickelte.

Michail Gorbatschow* *(geb. 2. März 1931), Generalsekretär der KPdSU 1985–1991.*

1989 – das Jahr der Reformen

Die Reformen des sowjetischen Generalsekretärs Gorbatschow* in der UdSSR ermutigten auch Reformer in den osteuropäischen Ländern. Wie in der Sowjetunion wurden Forderungen nach Demokratisierung laut. Den immer drängender werdenden Wirtschaftsproblemen wollte man mit einer Öffnung zum westlichen System der Marktwirtschaft begegnen. 1989 wurde auf diese Weise zum Jahr der politischen Veränderung in Osteuropa. Vor allem Polen, die Tschechoslowakei und Ungarn leiteten Reformen ein. Allerdings verlief der Prozess in den einzelnen Ländern unterschiedlich.

Die polnische Entwicklung als Vorbild

1980 wurde die unabhängige Gewerkschaft Solidarność unter Führung von Lech Walesa gegründet. Ihr gelang es, wirtschaftliche Verbesserungen und eine freiere Politik durchzusetzen. Im Dezember 1981 beendete das polnische Militär durch einen Staatsstreich diese freiheitliche Phase. Solidarność wurde verboten.

Die sich stetig verschlechternde Wirtschaftslage zwang die regierenden Kommunisten, unter Vermittlung der Kirche im Jahr 1989 doch mit der weiterhin verbotenen Gewerkschaft Solidarność zu verhandeln.

Ergebnisse der Verhandlungen waren:
- die Wiederzulassung der Solidarność,
- die Einführung demokratischer Freiheiten,
- die Umgestaltung der Planwirtschaft und
- die Abhaltung freier Wahlen.

Die als Zeichen der Gleichberechtigung der Teilnehmer an einem runden Tisch durchgeführten Verhandlungen wurden zum Symbol und Ausgangspunkt aller Veränderungen im Ostblock im Jahr 1989. Die Sowjetunion verhinderte diesen Wandel im Rahmen der neuen Politik Michail Gorbatschows nicht. Innerhalb weniger Jahre verwandelten sich die bisherigen sozialistischen Staaten in demokratische Staaten nach westlichem Vorbild.

Migration nach Europa

Auflösung der Sowjetunion

Der Generalsekretär der KPdSU*, Michael Gorbatschow, hatte seit 1985 eine Phase tief greifender Umgestaltung in der UdSSR in Gang gesetzt. Die poltischen und wirtschaftlichen Reformvorschläge stießen auf großen Widerstand, vor allem bei den Mitgliedern der KPdSU, die ihren bisherigen fast unbeschränkten Einfluss auf Staat und Gesellschaft immer stärker bedroht sahen. Im August 1991 versuchten konservative Führer der KPdSU mit Hilfe eines Putsches alle Reformen zu beenden. Der Putsch scheiterte, eine friedliche Revolution führte zur Entmachtung und Auflösung der KPdSU. Ende Dezember 1991 wurde die UdSSR aufgelöst. Aus den bisherigen Sowjetrepubliken entstanden eine Reihe von Nachfolgestaaten. Der Warschauer Pakt (vgl. S. 60 f.) wurde aufgelöst.
Der größte Nachfolgestaat der UdSSR, Russland, stand vor großen wirtschaftlichen und sozialen Problemen. Die politische Macht blieb weitgehend in der Hand der alten Eliten der ehemaligen Sowjetunion. Unter Präsident Putin konzentrierte sich die Kontrolle über die Politik, die Medien und die Wirtschaft wie früher im Kreml. Wirtschaftlich entwickelte sich Russland zu einem großen Lieferanten von Erdöl und Gas für die westlichen Staaten.

1 *Bildet Gruppen und erarbeitet mithilfe des Internets oder mit Nachschlagewerken ein Kurzportrait der Staaten Osteuropas und erstellt eine Wandzeitung.*

2 *Erkundigt euch nach den politischen Verhältnissen in Russland und berichtet.*

Migration nach Europa

Die wirtschaftliche und politische Stabilität Westeuropas veranlasste viele Menschen, ihre Heimatländer zu verlassen, um in den Kernländern der EU Arbeit und eine neue, politisch sichere Heimat zu finden. Um 1960 kam es zu einer ersten großen Zuwanderungswelle vor allem nach Deutschland und Frankreich. Millionen „Gastarbeiter" aus Italien, Griechenland, Jugoslawien und der Türkei fanden zunächst Arbeit und dann eine neue Heimat. Nach dem Zusammenbruch der Sowjetunion kam es zu einer Zuwanderungswelle aus Osteuropa. Eine große Gruppe der Zuwanderer nach Deutschland waren die deutschstämmigen „Spätaussiedler" aus der ehemaligen Sowjetunion, Polen, Ungarn und Rumänien. Ihre Vorfahren waren vor Jahrhunderten aus Deutschland ausgewandert, um im Osten Europas zu siedeln. Bis 1990 lebten sie meist in den Staaten Osteuropas unter schwierigen politischen und wirtschaftlichen Verhältnissen und wurden oft diskriminiert*. In den Jahren 1988–1993 kamen allein aus Polen 580 000 Aussiedler, um in der „alten Heimat" ein neues Leben zu beginnen.

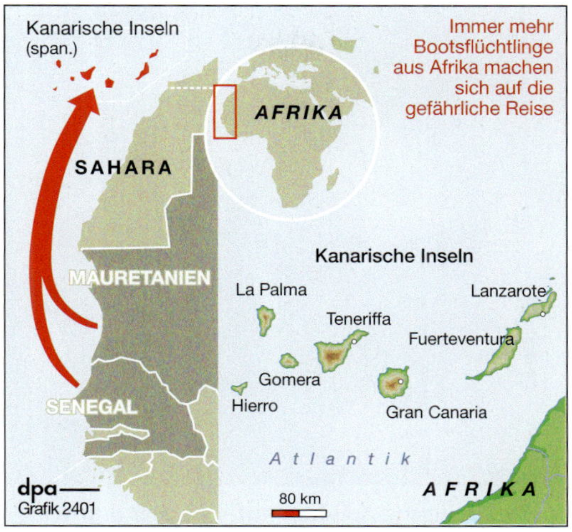

2 Aktuelle Flüchtlingsrouten von Afrika nach den Kanarischen Inseln. Stand 2006

Flucht nach Spanien

Über 25 000 Afrikaner aus dem Senegal und Mauretanien setzten 2006 in kleinen Booten auf die spanischen Kanarischen Inseln über, um als Zuwanderer nach Europa zu gelangen. Hauptmotiv für die Einwanderungswelle war die große wirtschaftliche Not in Afrika und die Hoffnung, in Spanien Arbeit zu finden. Die Gefahren der langen Überfahrt und die zahlreichen Toten schreckten die afrikanischen Armutsmigranten nicht ab.

3 *Sucht Informationen über die Armutsmigration in die EU.*

KPdSU*:
Kommunistische Partei der Sowjetunion.

Beitritt neuer Länder 2004

1 **Der deutsche Außenminister Fischer und sein polnischer Amtskollege bei der Feier zur EU-Erweiterung am 1. Mai 2004.** Foto.

Feiern in ganz Europa

Über die Feiern zur Erweiterung der EU am 1. Mai 2004 berichtete „Spiegel online“:

M … In den Hauptstädten der neuen Mitgliedsländer versammelten sich mehrere hunderttausend Menschen, um das historische Ereignis zu erleben. Auch in Berlin und zahlreichen Städten entlang der deutschen Grenze zu Polen und Tschechien strömten die Menschen zu Volksfesten zusammen.
In Frankfurt an der Oder kamen der polnische Außenminister Wlodzimierz Cimoszewicz und Bundesaußenminister Joschka Fischer auf der Stadtbrücke zusammen. Die Beziehungen beider Völker seien im 20. Jahrhundert von Krieg und schrecklichen Verbrechen gekennzeichnet gewesen, sagte Fischer. Nun seien beide in der Europäischen Union vereint. „Wir sollten stolz sein, dass wir den Gang der europäischen Geschichte verändern“, sagte Cimoszewicz. … Auf der Ostseeinsel Usedom wurde die Erweiterung der EU mit einem grenzüberschreitenden Drahtseilakt begangen.
Der polnische Präsident Aleksander Kwaśniewski hat den Beginn der EU-Mitgliedschaft zum Anlass genommen, um Lech Walesa und Papst Johannes Paul II. für ihre Beiträge zur Überwindung der kommunistischen Herrschaft zu danken. „Wir haben den Test bestanden, Europäer zu sein“, sagte Kwaśniewski vor einer großen Menschenmenge auf dem zentralen Piłsudski-Platz in Warschau.
Mit dem Läuten von Kirchenglocken im ganzen Land wurde in Ungarn der Beitritt zur Europäischen Union begangen. Auf dem Heldenplatz von Budapest feierte eine große Menschenmenge die Rückkehr Ungarns ins Zentrum Europas. Ungarn sei immer an den Toren Europas gewesen, sagte Ministerpräsident Péter Medgyessy. „Der entscheidende Unterschied besteht nun darin, dass wir innerhalb der Tore sind.“…
Mit Polen, Ungarn, Tschechien, Estland, Lettland, Litauen, der Slowakei, Slowenien, Malta und Zypern wächst die Bevölkerung der EU von derzeit rund 370 Millionen auf 455 Millionen Menschen. Das mit Abstand größte Beitrittsland ist Polen mit fast 39 Millionen Menschen, was in etwa der Bevölkerungszahl Spaniens entspricht. Der kleinste Kandidat ist Malta mit einer Bevölkerung von 400 000 Menschen, in etwa so viele wie Luxemburg.

1 *Überlegt, warum die EU-Erweiterung so festlich gefeiert wurde und was sie für die Menschen Osteuropas bedeutete.*
2 *Diskutiert, ob die EU-Erweiterung auch in der bisherigen EU das Leben verändert.*

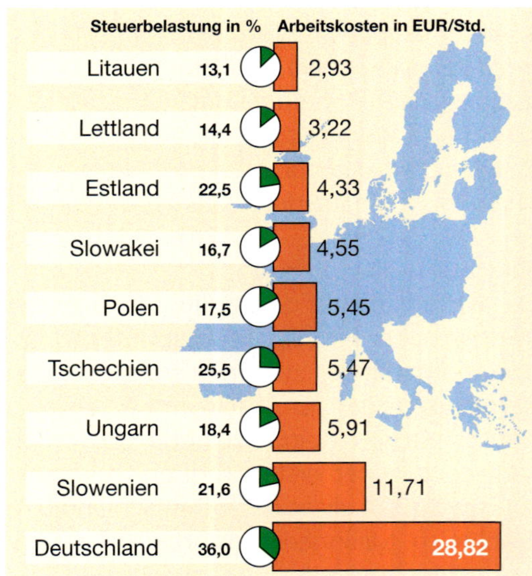

2 **Arbeitskosten und Steuern in der EU.** Stand 2004.

Beitritt neuer Länder 2004

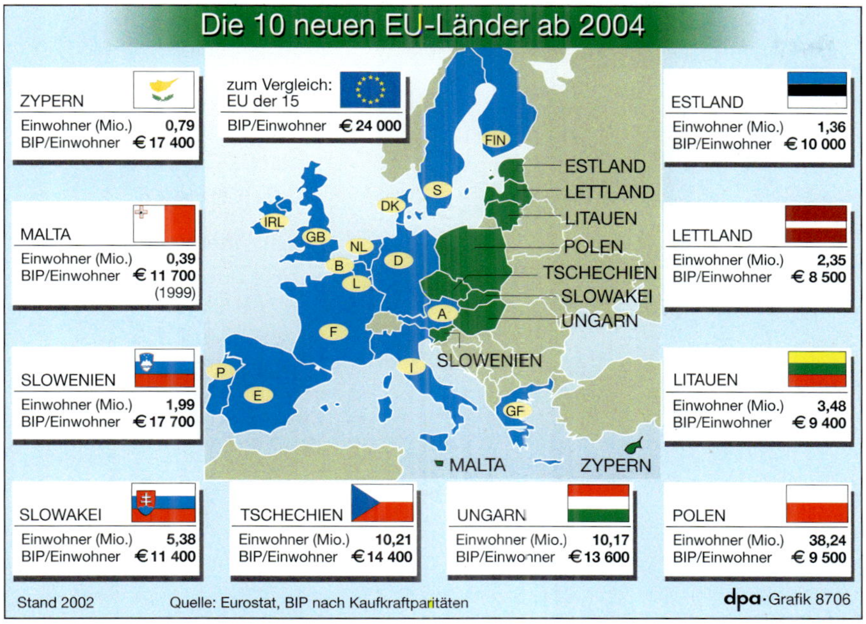

3 **Die EU-Erweiterung 2004.**

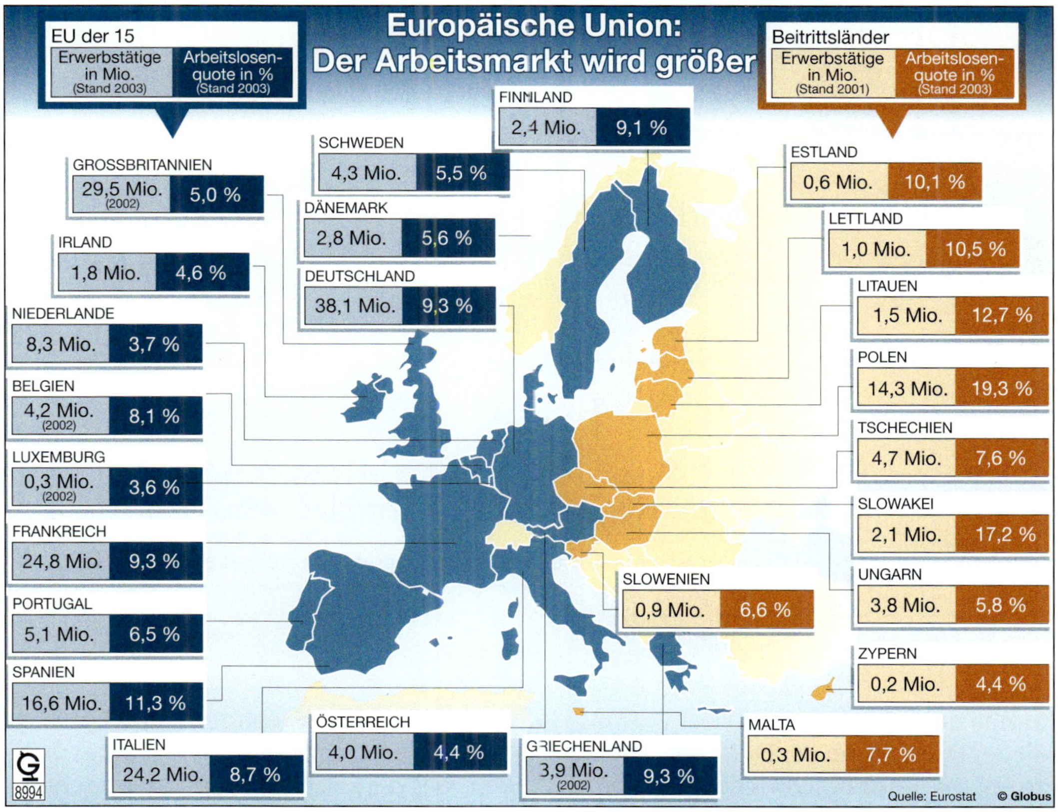

4 **Der neue erweiterte EU-Arbeitsmarkt 2004.**

3 *Beschreibt die wirtschaftlichen Verhältnisse in den neuen Ländern der EU im Vergleich mit Deutschland. Welche Folgen könnte die Erweiterung für Deutschland haben?*

2007:
Anfang 2007 traten auch Rumänien und Bulgarien der EU bei.

Wer entscheidet in der neuen EU?

Die **EU-Kommission*** in Brüssel ist der „Motor" der Europäischen Union. Nur sie hat das Recht, neue Verordnungen und Richtlinien, also die Gesetze der EU, auf den Weg zu bringen. Gleichzeitig sorgt sie für die Ausführung bestehender Verordnungen. Foto.

Kommt es über Verträge, Verordnungen und Richtlinien zu Streitfällen, entscheidet der **Europäische Gerichtshof*** in Luxemburg. Foto.

Die Grundzüge der Gemeinschaftspolitik werden von den zurzeit 25 Außen- oder Fachministern bestimmt. Sie bilden den **Ministerrat***. Letztlich entscheiden sie über die Annahme von EU-Gesetzen. Die Staats- und Regierungschefs fällen im Europäischen Rat grundsätzliche Entscheidungen. Foto.

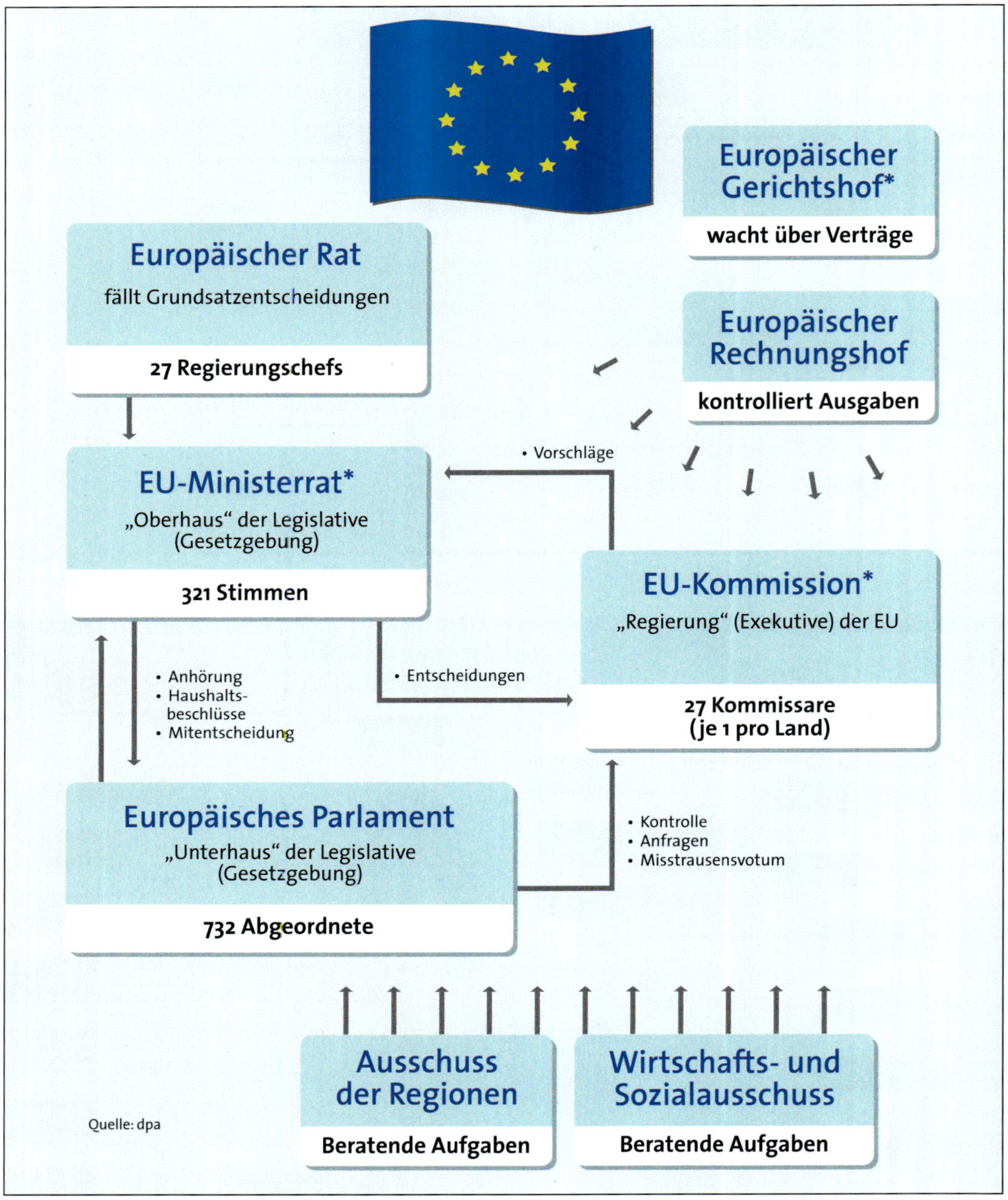

1 **So funktioniert die EU.** Schaubild.

Komplizierte Verfahren

Mit der Erweiterung der EU ist der politische Prozess in Brüssel schwieriger geworden. In allen Gremien sind nun 25 Länder vertreten, jedoch stammen die Verfahrensregeln für die EU aber noch aus einer Zeit, als die damalige EWG bzw. EG 6 bzw. 13 Mitglieder umfasste. Bei wichtigen Fragen ist auch heute noch Einstimmigkeit vorgeschrieben, was die Entscheidungsfindung sehr erschwert.

1 *Beschreibt mit dem Schaubild 1 die Organe der EU und ihre Aufgaben.*

Wer entscheidet in der neuen EU?

2 **Die geplante europäische Verfassung.**

Die europäische Verfassung

Nach langen Verhandlungen haben sich 2004 die 25 EU-Staats- und Regierungschefs auf eine europäische Verfassung verständigt. Sie soll Entscheidungsprozesse in der EU vereinfachen sowie die EU-Politik von einem Präsidenten und einem Außenminister vertreten lassen. Doch zunächst muss in allen 25 EU-Staaten darüber abgestimmt werden: je nach geltendem Recht durch die nationalen Parlamente oder in Volksabstimmungen. Ein festgelegter Prozentsatz der EU-Bürger und eine bestimmte Mindestzahl der EU-Staaten müssen sich für die Verfassung entscheiden, wenn sie als angenommen gelten soll.

Doch in Frankreich und den Niederlanden wurde der Entwurf bereits 2005 abgelehnt. Er trifft auf vielfältige Kritik: Die einen fürchten, dass die EU-Verfassung dem Ministerrat und der EU-Kommission zu viel Macht einräumt. Wieder andere meinen, dass einzelne Länder noch nicht „europäisiert“ genug sind, um mit ihnen eine Verfassung zu teilen. Ein weiterer Grund, die Verfassung abzulehnen, war für viele Franzosen die Unzufriedenheit mit ihrer Regierung. Um ihr einen „Denkzettel“ zu verpassen, sind sie dem Werben der Regierung für Zustimmung nicht gefolgt. Wie wird es nun weitergehen?

2 *Erkundigt euch im Internet (http://europa.eu.int/constitution/index_de.htm) nach dem Stand der europäischen Verfassung.*

Zentrale oder regionale Regelungen in der EU?

1 Die Europäische Kommission in Brüssel ist der Motor der Europäischen Union. Nur sie hat das Recht, neue Verordnungen und Richtlinien, also die Gesetze der EU, auf den Weg zu bringen. Gleichzeitig sorgt sie für die Ausführung bestehender Verordnungen.

„Brüssel" regelt alles

In einem Zeitungsartikel wird Anfang 2007 unter der Überschrift „Unter der Aufsicht Brüssels" ein Problem der EU beschrieben:

M1 Es war ein ziemlich böses Wort, das der hessische Ministerpräsident Roland Koch kürzlich nach Brüssel schleuderte: Der EU-Umweltkommissar Stavros Dimas praktiziere „Diktatismus"*. Koch, dem die Automobilindustrie am Herzen liegt, ärgerte sich über die Vorschläge des Kommissars zur Minderung des Kohlendioxidausstoßes offenbar so sehr, dass er mit seiner Kritik nahe an das Vokabular der unversöhnlichsten Euroskeptiker kam: Die Kommission sei eine Behörde, deren politischer Herrschaftsanspruch und Gestaltungswillen Züge des Diktatorischen trage und die sich keinen Deut um nationale Eigenarten und Besonderheiten schere. ...

Die Kommission regelt gerne. Und sie wähnt sich dabei selbstredend auf der Seite dessen, was notwendig sei und was sie für fortschrittlich hält – vom Klimaschutz über das Rauchverbot bis zur Nichtdiskriminierungsrichtlinie. ...

Es ist nicht zu bestreiten, dass es eine starke Grundströmung „Richtung Brüssel" gibt. Diese Strömung würde auch der Verfassungsvertrag nicht wirklich unterbrechen – ungeachtet des Bemühens, ... Zuständigkeiten eindeutig zwischen der EU und ihren Mitgliedstaaten zu verteilen. (So eindeutig kann man das nicht.)

Hier liegt der eigentliche europapolitische Grundkonflikt ... Was für die einen integrationspolitisch wünschenswert und notwendig ist, ist für andere ein unerwünschter, gefährlicher Zentralismus* zu Lasten der Mitgliedstaaten und ihrer politischen Systeme. Und: Was die einen für notwendig halten zur Stärkung europäischer Handlungsfähigkeit, erscheint anderen als Erosion* nationalstaatlicher Demokratie. ...

1 *Lest den Text genau und schreibt Stichworte auf, was der EU und ihrer Kommission vorgeworfen wird.*

2 *Sucht Beispiele z. B. in den Medien für Regelungen, die auf EU Ebene getroffen worden sind.*

3 *Diskutiert, ob über ein Rauchverbot besser von der EU oder durch den deutschen Bundestag oder vom Landtag in Mainz entschieden werden sollte.*

Diktatismus*:
Alleinherschaft (Diktatur).

Zentralismus*:
Konzentration der Macht in einer politischen Zentrale z. B. Brüssel.

Erosion*:
Auflösung.

Zentrale oder regionale Regelungen in der EU?

Blick auf das Landtagsgebäude in Mainz.
Foto, 1990.

Bundeskanzlerin Angela Merkel, die im ersten Halbjahr 2007 die Europäische Präsidentschaft innehatte, forderte die Verabschiedung einer europäischen Verfassung. In einer Rede im Januar 2007 sagte sie:

M2 Europa ist größer geworden. Europa umfasst jetzt 27 Mitgliedsstaaten. Das ist eine Chance, weil wir ein großer Binnenmarkt sind. Aber das bedeutet natürlich auch, dass die Europäische Union ihre Handlungsfähigkeit sichern muss. Deshalb brauchen wir den Verfassungsvertrag und neue institutionelle Regeln. Daran gibt es für mich gar keinen Zweifel. Wir brauchen vor allen Dingen auch – das ist im Übrigen der Ausgangspunkt des Verfassungsvertrages – eine klarere Kompetenzzuordnung bei den Verantwortlichkeiten Europas, der Nationalstaaten und der Regionen. Den Skeptikern* des Verfassungsvertrages empfehle ich immer wieder, sich einmal den heutigen Zustand mit dem Vertrag von Nizza und dann den möglichen Zustand mit dem Verfassungsvertrag anzuschauen. Es gibt zwar immer noch eine Menge Kritikmöglichkeiten. Aber ich kann erst einmal sagen, dass wir in Bezug auf Subsidiarität*, Rechte der nationalen Parlamente, Rechte der Regionen, Transparenz* und Kompetenzzuordnung mit dem Entwurf des Verfassungsvertrages einen Fortschritt erreichen. ...

3 *Erläutert warum, Bundeskanzlerin Merkel für die Verabschiedung einer Europäischen Verfassung eintritt.*

EU – politisch uneinig

Bei den Volksabstimmungen über die EU Verfassung im Jahre 2005 in Frankreich und den Niederlanden haben sich die Bürger gegen die Verfassung ausgesprochen. Die Wähler fürchteten, dass die EU ein „Superstaat" werden würde und dass der Einfluss der einzelnen Nationen und Regionen Europas sich verringern würde. Diese Bedenken teilten die britische und die tschechische Regierung, die eine Stärkung der europäischen Zusammenarbeit wünschen, aber eine starke europäische Zentralregierung entschieden ablehnen. Die Befürworter einer europäischen Verfassung sehen, dass mit den bisherigen Regelungen und 27 Mitgliedstaaten der Entscheidungsprozess unendlich langsam und kompliziert geworden ist. Sie verweisen darauf, dass die Wirtschaftsmacht Europa in außenpolitischen und verteidigungspolitischen Fragen mit „einer Stimme" reden müsse.

4 *Verfolgt in den Medien die politische Diskussion über die EU-Verfassung.*

Skeptiker*: *Menschen, die etwas mit Besorgnis sehen.*

Subsidarität*: *grundlegendes Prinzip, nachdem ein Problem am besten auf der niedrigsten Ebene mit dem geringsten Aufwand, bürgernah bearbeitet wird.*

Transparenz*: *Durchsichtigkeit.*

Wahl zum EU-Parlament

Protestwahl 2004

Über den Ausgang der Wahlen zum Europäischen Parlament 2004 berichtete der Onlinedienst der „Süddeutschen Zeitung" am 14. Juni 2004:

M1 Deutschland liegt im Trend: In fast ganz Europa haben die Wähler die Abstimmung zum EU-Parlament genutzt, um ihren nationalen Regierungen einen Denkzettel zu verpassen. Neben der Analyse des Wahlausgangs und der geringen Beteiligung rückt nun auch die Suche nach einem neuen Kommissionspräsidenten in den Mittelpunkt.

Nahezu überall hätten die Wähler „für die Kräfte der Opposition" gestimmt, sagte der scheidende Parlamentspräsident Pat Cox. Ausnahmen bildeten lediglich Griechenland, Luxemburg und Spanien.

Trotz der geringen Wahlbeteiligung von unter 45 Prozent habe das neue EU-Parlament alle Legimitität, betonte Cox. Das geringe Interesse an der Europawahl führte Bundesaußenminister Joschka Fischer auf die mangelnde Bekanntheit der meisten Kandidaten zurück.

„Sie werden mit der fünften oder sechsten Reihe niemanden mobilisieren", sagte Fischer vor einem EU-Außenministertreffen in Luxemburg. „Die kennt niemand." ...

Zahlreiche EU-Minister warben angesichts der europaweit geringen Wahlbeteiligung dafür, die EU den Bürgern noch besser darzustellen. Der niederländische Außenminister Ben Bot sagte, alle EU-Regierungen müssten die europäische Politik besser „verkaufen".

Sein litauischer Kollege Antanas Valionis vermutete, in den neuen EU-Staaten hätten viele Menschen noch nicht verstanden, was die Union über die finanziellen Dinge hinaus bedeutet.

Die estnische Außenministerin Kristiina Ojuland sagte, das Europäische Parlament sei noch sehr weit entfernt von den Menschen. Die österreichische Außenministerin Benita Ferrero-Waldner rief auch die Medien dazu auf, mehr über europäische Themen zu berichten. ...

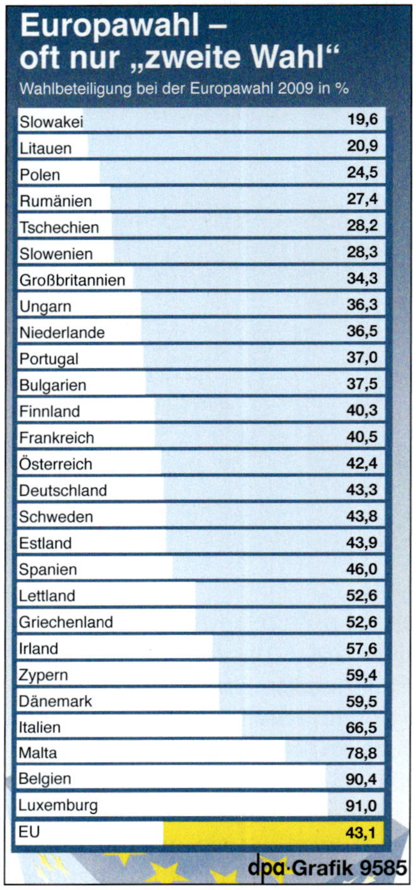

1 Wahlbeteiligung in Europa bei der Wahl zum Europäischen Parlament, 2009.

1 *Untersucht die Grafiken 1 und 2 und berichtet über den Ausgang der Wahlen zum Europäischen Parlament 2009.*

2 *Sucht Erklärungen für die geringe Wahlbeteiligung, beachtet dabei auch die Informationen der Seite 141. Haltet ihr die Erklärungen der Politiker in M1 für überzeugend?*

In fast allen EU-Ländern wählten die Bürgerinnen und Bürger, sofern sie überhaupt zur Wahl gingen, Parteien der jeweiligen Opposition. EU-Themen spielten bei der Wahlentscheidung kaum eine Rolle. Man wollte vielmehr seiner jeweiligen Regierung einen Denkzettel verabreichen, ohne damit die jeweilige Regierung direkt treffen zu können.

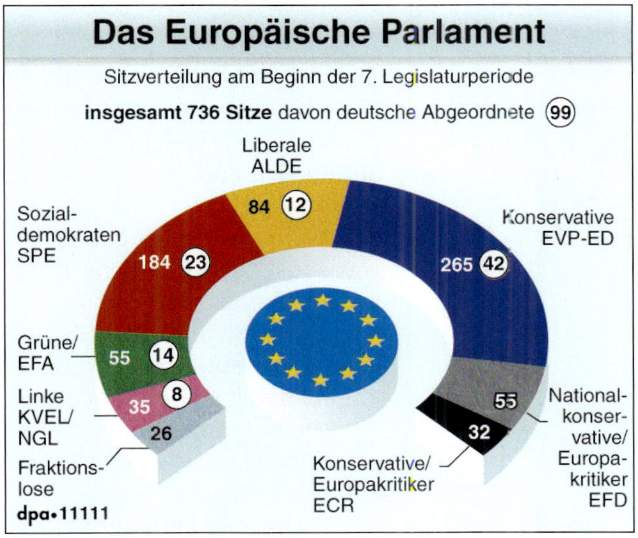

2 Das neue EU-Parlament 2009.

Gegen den Einfluss neuer Rechtsextremisten

Um den Einfluss der zahlreichen neu gewählten Rechtsextremisten einzudämmen, haben sich die großen Volksparteien EVP und SPE bei der Wahl des EU-Parlamentspräsidenten zu einer großen Koalition zusammengeschlossen.

Über die neuen Rechtsextremisten schrieb die „Süddeutsche Zeitung" in ihrer Ausgabe am 21. Juli 2004:

M2 ... Le Pen, Führer von Frankreichs rechtsextremer Front National, hat erneut den Sprung ins Europaparlament geschafft und gleich seine Tochter Marine und fünf weitere Parteimitglieder mitgebracht.

Vom belgischen Vlaams Blok ist Frank Vanhecke wieder mit dabei. Die flämischen Nationalisten sind mit insgesamt drei Abgeordneten vertreten. Zulauf hat das rechte Lager aus den neuen Mitgliedstaaten bekommen: Polens populistischer Bauernführer Andrzej Lepper kann gleich mit fünf weiteren Abgeordneten seiner Liste „Selbstverteidigung" im Europaparlament Platz nehmen.

In der Vergangenheit sind die Abgesandten europäischer Rechtsparteien in Straßburg allerdings nie aufgefallen. Sie haben es nie geschafft, sich zu einer politischen Fraktion zusammenzuschließen. ...

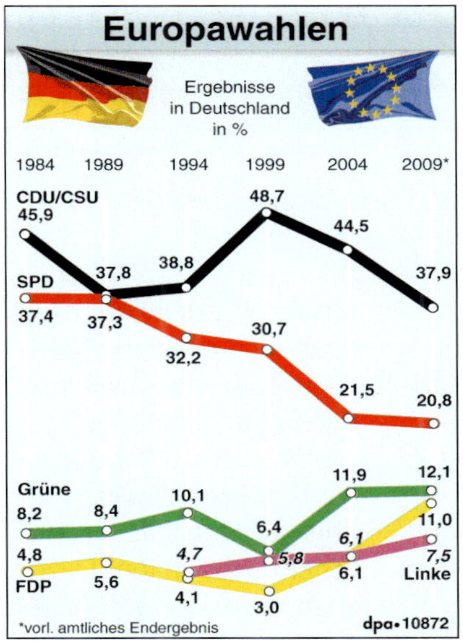

3 Europawahlen in Deutschland.

3 *Verfolgt in den Medien 14 Tage lang Berichte über die Arbeit des Europäischen Parlaments und berichtet darüber in der Klasse.*

4 *Versucht, eine EU-Abgeordnete oder einen EU-Abgeordneten in eure Schule einzuladen und über ihre bzw. seine Arbeit berichten zu lassen. Den Kontakt könnt ihr über die Parteibüros in eurer Stadt/Gemeinde herstellen oder über das Internet.*

Arbeitstechnik: Politische Karikaturen untersuchen

1 **Neue Mitglieder kommen.** Karikatur von Gerhard Mester, 2004.

Karikaturen – Ausdruck politischer Ansichten

Seit über 500 Jahren drücken Karikaturisten politische Ansichten aus, indem sie Menschen oder Gegenstände verzerrt darstellen – mit zumeist komischer Wirkung. Die Karikatur will die dargestellten Menschen häufig jedoch nicht einfach lächerlich machen. Ein Beispiel: Bestimmte Politiker werden in Karikaturen oft mit extrem großen oder kleinen Körperteilen dargestellt. Diese Verzerrung weist meist symbolisch auf bestimmte Eigenschaften hin, die an der wirklichen Person gar nicht so offensichtlich sind: Ein Politiker mit großen Ohren hat vielleicht auch in Wirklichkeit große Ohren – vielleicht hört er aber auch „das Gras wachsen". Ein Politiker mit besonders kurzen Beinen ist vielleicht tatsächlich kleinwüchsig, vielleicht aber auch etwas langsam – oder nicht ganz ehrlich, denn „Lügen haben kurze Beine".

Wenn man Karikaturen richtig „entschlüsseln" will, muss man über die Darstellung also gründlicher nachdenken. Dazu sollen euch die folgenden Arbeitsschritte unterstützen. Ihr könnt mit ihrer Hilfe zunächst die Karikatur auf dieser Seite „entschlüsseln" – am besten in Gruppenarbeit, deren Ergebnisse ihr anschließend diskutiert.

1. **„Der erste Eindruck":**
   Notiert, was euch zuerst ins Auge fällt, was eure erste Reaktion ist.
2. **„Brainstorming":**
   Sammelt und notiert Ideen und Gedanken, die euch beim Betrachten der Karikatur in den Sinn kommen. Beachtet besonders den Text. Welche Redensarten fallen euch ein?
3. **Beschreibung:**
   Beschreibt möglichst genau, was abgebildet ist, welche Texte ihr erkennen könnt.
4. **Bedeutungsklärung:**
   Welche Bedeutung haben die abgebildeten Gegenstände und Personen? Am besten legt ihr eine Tabelle an, in der ihr links Gegenstände und Personen und rechts ihre Bedeutung notiert. Beachtet dazu auch eure Notizen zu Punkt 2.
5. **Einordnung:**
   Auf welche Situation oder welchen Sachverhalt bezieht sich die Karikatur, was ist das Thema?
6. **Aussage:**
   Was sagt die Karikatur über das Thema aus? Welche Position bezieht der Karikaturist zum Thema? Fasst die Hauptaussage abschließend in ein oder zwei Sätzen zusammen.

1 *Erarbeitet die Aussagen der Karikaturen und nehmt dazu Stellung.*
2 *Stellt Beziehungen zwischen den Abbildungen und euren Kenntnissen aus diesem Kapitel her.*
3 *Entwerft eine eigene Europakarikatur.*

Zusammenfassung

Ziel: Ein vereinigtes Europa

Nach dem Zweiten Weltkrieg (1939–1945) wünschten sich viele Menschen ein friedliches Leben in einem vereinigten Europa. Doch zunächst trennte der ► Kalte Krieg (1947–1989) Europa in einen westlichen und einen östlichen Teil: Unterschiedliche politische Systeme verhinderten das Miteinander der Menschen.
Erst ab 1957 führte die Gründung einer Wirtschaftsgemeinschaft von sechs westeuropäischen Staaten (EWG) zu einer engeren wirtschaftlichen Zusammenarbeit, die zehn Jahre später die Gründung der EG (Europäische Gemeinschaft) hervorbrachte. Seit 1993 bezeichnete sie sich als EU, ► Europäische Union, und umfasste nunmehr 15 Mitgliedstaaten mit gemeinsamem Binnenmarkt, gemeinsamer Währung und einer besseren Zusammenarbeit im Bereich der Außenpolitik und der Justiz. Als nach der Auflösung des sozialistischen Ostblocks auch osteuropäische Staaten die Aufnahme anstrebten, wurde die EU im Jahre 2004 um zehn neue Mitglieder erweitert.

Eine Verfassung für Europa?

Als „Regierung" der EU kann die EU-Kommission verstanden werden, in die jedes Land einen Vertreter entsendet. An der EU-Gesetzgebung wirkt neben dem Ministerrat auch das seit 1979 regelmäßig gewählte Europäische Parlament mit, in dem 732 Abgeordnete aus ganz Europa vertreten sind. Mittlerweile ist etwa die Hälfte der nationalen Gesetze, die in den EU-Staaten verabschiedet werden, von EU-Politik beeinflusst.
2004 haben sich die 25 Staats- und Regierungschefs der Mitgliedstaaten auf eine EU-Verfassung verständigt, die vor allem Entscheidungsprozesse erleichtern und eine einheitliche Vertretung der EU nach außen schaffen sollte. Doch in Frankreich und den Niederlanden wurde die Verfassung abgelehnt. Auch angesichts geringer Wahlbeteiligungen bei Europawahlen stellt sich die Frage, wie weit die Bürgerinnen und Bürger der EU-Staaten tatsächlich hinter der Idee des vereinten Europas, wie sie von der EU verkörpert wird, stehen.

Das historische Erbe

Der christliche Glaube ist ein Teil der europäischen Kultur.

1945: Europa zerstört

Am Ende des Zweiten Weltkriegs sehnten sich die Menschen nach einer europäischen Friedensordnung.

2004: EU umfasst 25 Staaten

Mit der Gründung der EWG durch sechs Staaten begann 1957 in Westeuropa der Einigungsprozess.

5. Auf der Suche nach der Einen Welt

Auf der Welt gibt es zurzeit rund sechs Milliarden Menschen. Der weitaus größte Teil von ihnen lebt in Armut, leidet unter Hunger und Not. Man spricht von der ► „Dritten Welt", von „Entwicklungsländern" oder von der „Armen Welt". Die Großräume der Not sind Südostasien, Mittelamerika und vor allem Afrika südlich der Sahara. Ausgerechnet in diesen Staaten und Regionen kommt es darüber hinaus immer wieder zu Naturkatastrophen, Bürgerkriegen und Misswirtschaft.

Dabei sind diese Probleme aber längst nicht alle hausgemacht. Sie haben ihre Wurzeln in vielen Fällen schon in der Kolonialzeit. Aber auch die Blockpolitik der Großmächte im Kalten Krieg und die Wirtschaftsinteressen der großen Industrienationen seit dem Zweiten Weltkrieg haben erheblich zu der dramatischen Entwicklung der Dritten Welt beigetragen.

Viele Missstände und bestehende Konflikte hängen daher auch mit unserer Lebensweise zusammen. Die folgenden Seiten zeigen Verflechtungen und drängende Probleme auf.

Schauplatz: Das Auto – Ein unverzichtbares Welt-Produkt?

1 **Wie aus dem Werbekatalog: Familie mit Haus und Auto …** Foto, 2003.

Land	Bestand an Pkws	Einwohnerzahl
Deutschland	45 154 200	82 700 000
Italien	34 627 600	58 100 000
Portugal	3 979 500	10 500 000
Polen	11 319 000	38 500 000
China	15 789 600	1 315 800 000
Kenia	343 000	34 300 000
Brasilien	25 164 000	186 400 000
USA	139 259 400	298 200 000

2 **PKW-Dichte im Ländervergleich, 2004.**

3 **Autobahn-Kleeblatt bei Salzburg.** Luftbild.

Das Auto, der Deutschen liebstes Kind?

In fast jeder Familie in der Bundesrepublik Deutschland findet sich heute ein Auto. Kaum jemand mag mehr auf die Vorteile, die es mit sich bringt, verzichten. Für Viele hat das Auto zudem den Charakter eines Statussymbols: Ob „protzig" oder „alternativ" – mit seinem Auto kann man zeigen, wer man ist.

In einem 2005 erschienen Zeitschriftenartikel hieß es über den Stellenwert des Autos in Deutschland:

M1 … Auto fahren ist teuer. Neben den Spritkosten schlagen Reparaturen, Inspektionen und Wagenpflege immer stärker zu Buche. Im Winter kommen noch Winterreifen dazu, und eine Versicherung sollte eigentlich auch jeder haben. Ganz zu schweigen von den Park- oder Garagengebühren, Falschparkertickets oder gar Abschleppkosten, die man pro Jahr so loswird. … Im ganzen Leben steckt man mindestens 100 000 hart verdiente Euros in die eigenen vier Räder.

Was noch am Auto nervt: Es verschandelt das Stadtbild, macht Lärm, stinkt, und gefährlich ist es auch. Man verbringt viel kostbare Freizeit damit, legale Parkplätze zu suchen und im Stau zu stehen. Sich mit Rasern und LKW die Autobahn zu teilen, ist der pure Stress. Über die Umweltverschmutzung brauchen wir uns erst gar nicht zu unterhalten. …

Trotz aller Nachteile bedeutet ein Auto … wenn wir ehrlich sind: Normalität. Noch schlimmer: Wir sind abhängig davon, süchtig danach. Weil wir fürchten, dass wir 1. verdursten (wir bekommen unsere Sprudelkästen ja nicht mehr nach Hause), 2. die Wochenenden zu Hause verbringen müssen (Bahn fahren ist „zu teuer"), 3. keine Hobbys mehr haben können (wie hinkommen?) …

1 *Berichtet, wozu in eurer Familie das Auto vorwiegend benutzt wird.*

2 *Berechnet anhand von Tabelle 2 die Anzahl der PKW pro 1000 Einwohner in den verschiedenen Ländern.*

3 *Lest M1 und äußert euch zu den genannten „Süchten".*

Das Auto und die Rohstoffe

Wenn wir über Nachteile des Autos nachdenken, so fällt uns vor allem die Umweltbelastung durch die Verbrennung von Treibstoffen ein, die in Grafik 4 genauer aufgezeigt ist. Doch nicht nur der Verbrauch des Rohstoffes Öl, sondern auch die Abhängigkeit der Industrieländer davon ist kritisch zu betrachten. Denn außer dem Benzin für Autos gehören in den westlichen Industrieländern auch Heizöl für die Wohnung und Massenprodukte aus Kunststoff mittlerweile selbstverständlich zum Lebensstandard. Für diese Annehmlichkeiten werden jährlich Milliarden Tonnen von Öl gebraucht.

Ölförderung betreiben Großunternehmen, die oft weltweit arbeiten. Unter den zehn umsatzstärksten Unternehmen der Welt sind sowohl mehrere Automobilhersteller als auch mehrere Ölfirmen vertreten. Doch Ölförderung geht häufig auf Kosten der Umwelt und der vor Ort lebenden Menschen. Die Umweltschutzorganisation „Greenpeace" schrieb etwa über die Ölförderung in Nigeria:

M2 Nigeria ist das größte afrikanische Erdölförderland. Die Ölquellen liegen im Niger-Delta. Rund 6200 Kilometer Pipeline zerschneiden dicht besiedeltes Ackerland.

Das bei der Ölgewinnung anfallende Gas wird abgefackelt. Es herrscht ein ohrenbetäubender Lärm. Jährlich versickern aufgrund von Leckagen zirka 1,2 Millionen Liter Rohöl im Erdreich. Während der Regenzeit wird es weiträumig im gesamten Delta verteilt. Es gelangt über Erdreich und Flüsse ins Meer. Proteste der Bevölkerung wurden unterdrückt. Der Ogoni-Bürgerrechtler Ken Saro Wiwa und acht Mitstreiter wurden 1995 in einem Scheinprozess zum Tode verurteilt und hingerichtet.

4 *Wertet M2 sowie die Grafiken 4 und 5 aus:*
– Berechnet den weltweiten Jahresverbrauch der größten Verbraucherländer.
– Stellt fest, worin Umweltbelastungen oder Gesundheitsgefährdungen der Nutzung von Autos liegen.

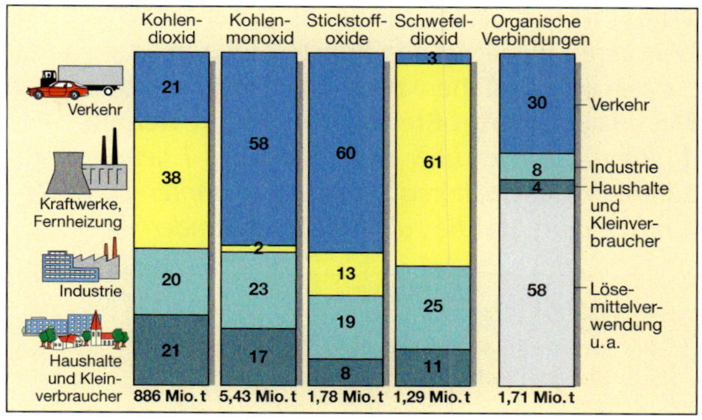

4 **Ausstoß verschiedener Gase.** Grafik.

Kohlendioxid *(CO_2): unschädlich, trägt zum Treibhauseffekt bei*

Kohlenmonoxid: *giftig, von kurzer Lebensdauer, behindert die Luftaufnahme im Blut*

Stickstoffoxid: *Vorläufer des Ozon, produziert bei Feuchtigkeit säurehaltige Verbindungen*

Schwefeldioxid *(SO_2): erzeugt bei Feuchtigkeit säurehaltige Verbindungen*

Organische Verbindungen: *Kohlenwasserstoffe, die krebserregend sein können und an der Ozonbildung beteiligt sind*

Ozon *(O_3): entsteht vor allem in städtischen Zonen durch die ultravioletten Sonnenstrahlen auf Stickstoffoxide und organische Verbindungen, gefährdet die Atemwege*

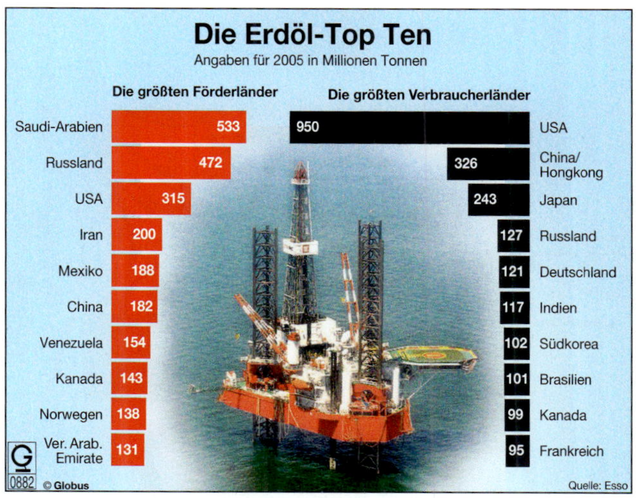

5 **Ölverbrauch und Ölförderung.** Stand 2005.

Schauplatz: Das Auto – Ein unverzichtbares Welt-Produkt?

Autos sind in vielerlei Hinsicht „Welt-Produkte“: Sie benötigen nicht nur den Rohstoff Öl, um verwendbar zu sein, sie bestehen auch aus vielen verschiedenen Materialien, die größtenteils eingeführt werden.

1 *Informiert euch über die in Schaubild 1 genannten Länder. Welche gehören zu den sogenannten Entwicklungsländern, welche zu den Industrieländern?*

2 *Stellt mithilfe der Karte (Abb. 2) fest, in welchen Regionen die benötigten Rohstoffe weiterverarbeitet werden.*

3 *Diskutiert, was es bedeutet, wenn ein Land nur seine Rohstoffe, aber keine Fertigprodukte verkaufen kann.*

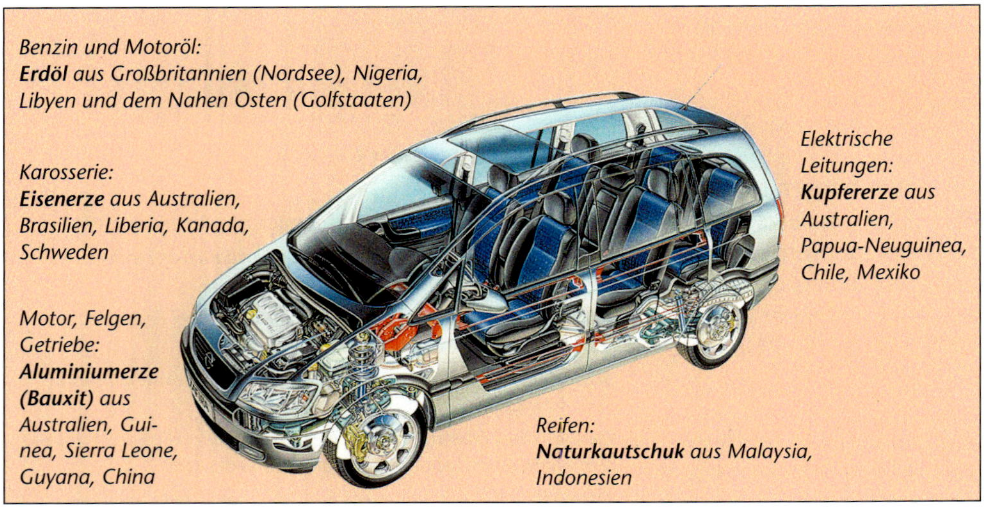

1 Zur Herstellung eines Pkw benötigte Rohstoffe. Schaubild.

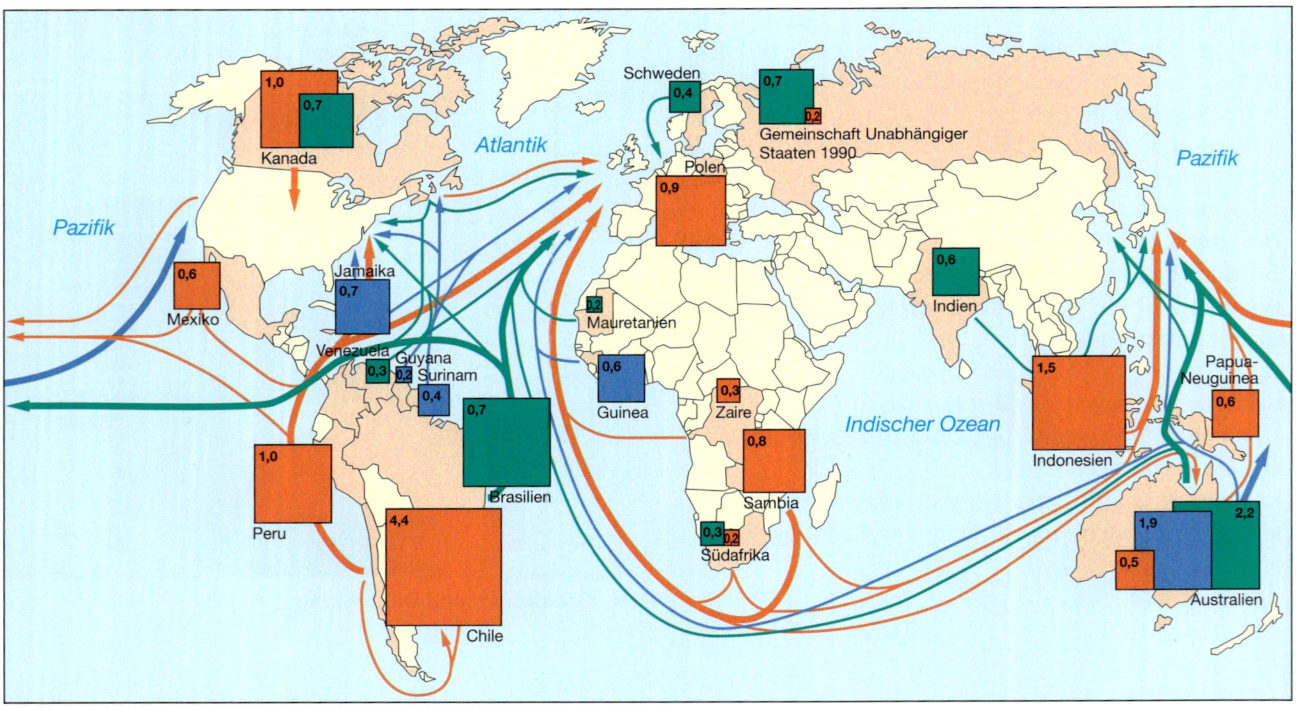

2 Export von Eisenerz, Kupfer und Bauxit. Exportverbindungen im Handel von Eisenerz (grün), Bauxit (blau) und Kupfer (rot).

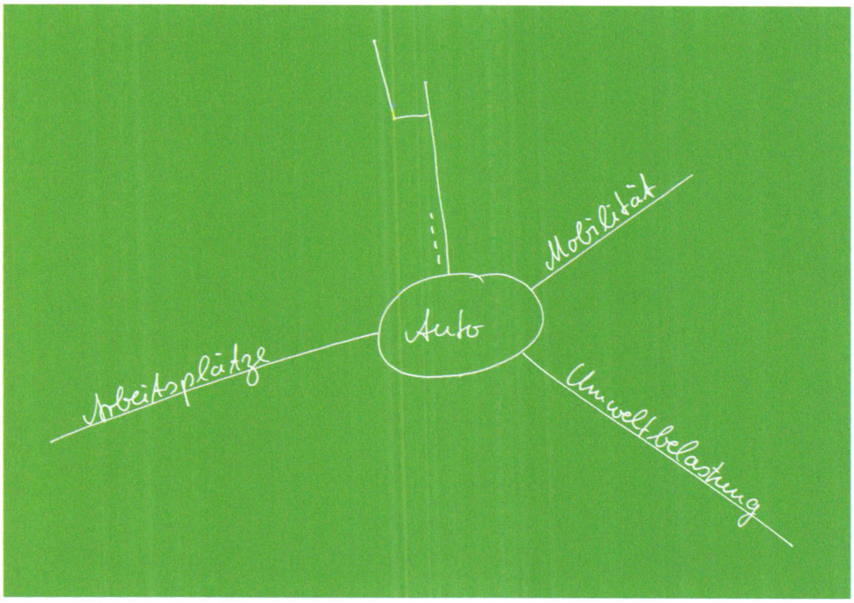

3 **Arbeit mit einer Mind-Map.** Foto.

Streitfall Auto

Das Auto verschafft uns einerseits viele Vorteile und Bequemlichkeiten. Gleichzeitig gehen von ihm aber auch direkt oder indirekt Nachteile oder gar Gefahren aus wie etwa Umweltbelastungen, Unfälle oder politische Spannungen um Rohstoffe.

Mit einer Mind-Map, einer Art „Gedankenlandkarte", könnt ihr in die verschiedenen Aspekte einer Sache oder eines Vorgangs Klarheit bringen. Zugleich eignen sich die mithilfe dieser Arbeitstechnik gewonnenen Ergebnisse zur Vorbereitung einer Präsentation: Anhand der erarbeiteten „Zweige" könnt ihr euren mündlichen Vortrag gliedern und einüben.

4 *Versucht, die auf den vorhergehenden Seiten gewonnenen Gedanken und Erkenntnisse über das Thema Auto in einer Mind-Map darzustellen.*

1. Thema klären

Tragt in die Mitte eurer Mind-Map-Fläche die grundlegende Fragestellung, die Idee oder die Problematik ein, mit der ihr euch auseinandersetzen wollt.

2. Schlüsselwörter finden

Zeichnet anschließend von eurem Mittelpunkt ausgehende Linien ein, auf denen ihr wichtige Aspekte in Schlüsselwörtern notiert. Je mehr Bedeutung sie in euren Augen haben, umso näher solltet ihr sie an den Mittelpunkt setzen.

3. Unterpunkte sammeln

Von den Hauptlinien gehen wiederum Verzweigungen ab, auf denen ihr Unterpunkte anordnet, die eurer Meinung nach für den betrachteten Aspekt wichtig sind.
Es entsteht eine Art „Geäst", das eure Gedankengänge zu dem Thema aufzeigt.

So geht es weiter:

Die „Dritte Welt" entsteht

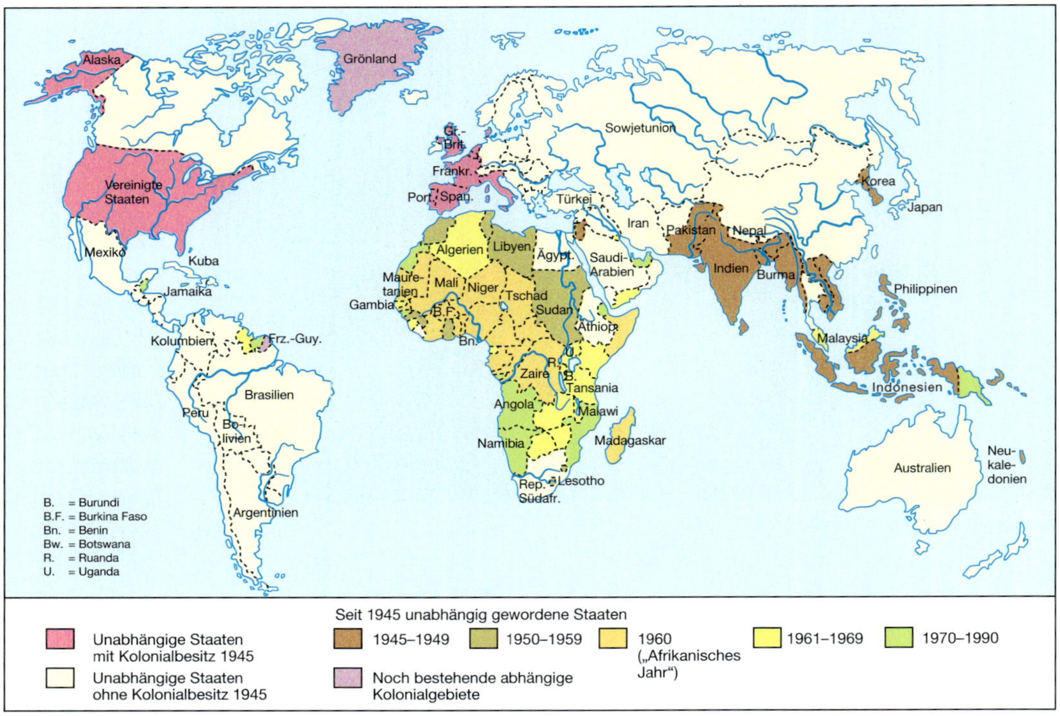

1 **Von der Kolonie zum unabhängigen Staat (1945–90).**

Die Auflösung der Kolonialreiche

1 *Tragt zusammen, was ihr über die Kolonialherrschaft wisst.*

Die meisten der heutigen Entwicklungsländer waren früher Kolonien der Industrienationen. Bereits am Ende des Ersten Weltkriegs (1914–18) hofften viele Menschen in den Kolonien auf ein Ende der Fremdherrschaft. Als diese Hoffnungen sich jedoch nicht erfüllten, bildeten sich in zahlreichen Kolonien Unabhängigkeitsbewegungen, die aber zunächst von den Kolonialmächten unterdrückt wurden.

Erst die Folgen des Zweiten Weltkriegs (1939 bis 1945) brachten das Kolonialsystem zum Einsturz. Die japanische Armee hatte im Zweiten Weltkrieg die europäischen Kolonialmächte fast völlig aus Südostasien vertrieben, die Länder aber selbst als Kolonien behandelt. Nach der japanischen Niederlage 1945 kehrten die Kolonialmächte zunächst zurück, doch erkämpften die Völker sich nun ihre Unabhängigkeit. In Afrika leiteten die Kolonialmächte zunächst demokratische Reformen ein, die rasch zur Bildung von Parteien in den afrikanischen Ländern führten. Diese wiederum organisierten den Unabhängigkeitskampf gegen die „Mutterländer"*.

2 *Legt anhand der Karte einen Zeitstrahl an und tragt darauf ein, welche Kolonien wann unabhängig wurden. Ermittelt dazu im Lexikon, welcher Staat jeweils die Kolonialmacht war.*

3 *Kommentiert den Begriff der „Mutterländer" vor dem Hintergrund der früheren Kolonialpolitik der Europäer.*

Mutterländer*: *europäische Bezeichnung für jene europäischen Staaten, die ehemals Kolonien in Afrika oder Asien hatten.*

Politische Unabhängigkeit ist nicht genug

Im Jahr 1960 hielt Sékou Touré, der Präsident des 1958 unabhängig gewordenen Guinea, eine Rede vor der UNO-Vollversammlung. Darin führte er aus:

Q Für sich genommen bedeutet die politische Unabhängigkeit keineswegs völlige nationale Befreiung. Sie ist gewiss eine entscheidende Etappe. Dennoch sind wir gezwungen, zu erkennen, dass die nationale Unabhängigkeit nicht nur politische Befreiung, sondern auch und vor allem eine totale wirtschaftliche Befreiung voraussetzt. Ohne diese beiden Forderungen ist kein sozialer Fortschritt möglich. …
Wir müssen den gegenwärtigen Zustand der Unterentwicklung fast des ganzen Erdteiles Afrika betonen.

4 *Erläutert anhand der Quelle, welche Voraussetzungen für die völlige Unabhängigkeit der ehemaligen Kolonien nach Ansicht Sékou Tourés 1960 noch nicht erfüllt waren.*

Die wirtschaftliche Ausbeutung der Kolonien

Während der Kolonialzeit wurde die Wirtschafts- und Handelspolitik der Kolonien von den Kolonialmächten bestimmt. Aus den Kolonien wurden Rohstoffe und landwirtschaftliche Produkte für die Wirtschaft der Kolonialmächte geliefert. Dort wurden die Rohstoffe industriell zu Fertigwaren verarbeitet und teilweise wieder ausgeführt – auch in die eigenen Kolonien.
Damit der Industrie der Kolonialmächte keine Konkurrenz entstand, wurde die industrielle Herstellung von Fertigwaren in den Kolonien unterdrückt. Ein Beispiel dafür ist die Unterdrückung der traditionellen Baumwollverarbeitung in Indien im 19. Jahrhundert. Baumwolle wurde in Indien weiterhin produziert, aber als Rohstoff nach Großbritannien ausgeführt. Nur als Produkt englischer Spinnereien und Webereien gelangte indische Baumwolle dann wieder auf den indischen Textilmarkt. Der Gewinn verblieb den Kolonialherren.

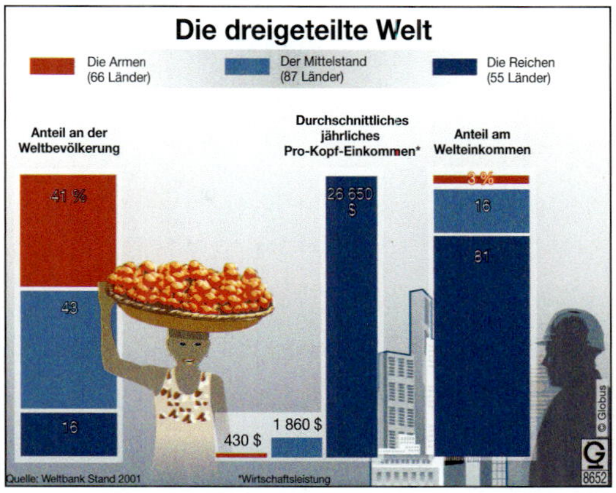

2 Anteil der Bevölkerung in den Entwicklungs- und Industrieländern am Welteinkommen.
Nach Statistiken der Weltbank für das Jahr 2003.

So entstanden in den Kolonien – je nach geografischen Verhältnissen – landwirtschaftliche Monokulturen: In Mittelamerika wurde fast ausschließlich Zucker produziert, in Südamerika Kaffee; andere Länder lieferten fast nur Tabak, Baumwolle oder Mais. Eine eigenständige Industrie konnte sich nicht herausbilden. Viele Kolonialgebiete wurden so vom Verkauf eines ganz bestimmten Produkts abhängig.
Verglichen mit dem Entwicklungsstand der ehemaligen Kolonialmächte und heutigen Industrieländer liegen die meisten der früheren Kolonien in Afrika und Asien immer noch weit zurück. Dies gilt ebenfalls für die lateinamerikanischen Staaten, die schon im 19. Jahrhundert von Spanien und Portugal unabhängig wurden. Die meisten dieser Länder sind heute „Entwicklungsländer".

5 *Erklärt den Zusammenhang zwischen früherer Kolonialherrschaft und heutiger Unterentwicklung in der Dritten Welt mithilfe der Grafik und des Textes.*

Der Nord-Süd-Gegensatz

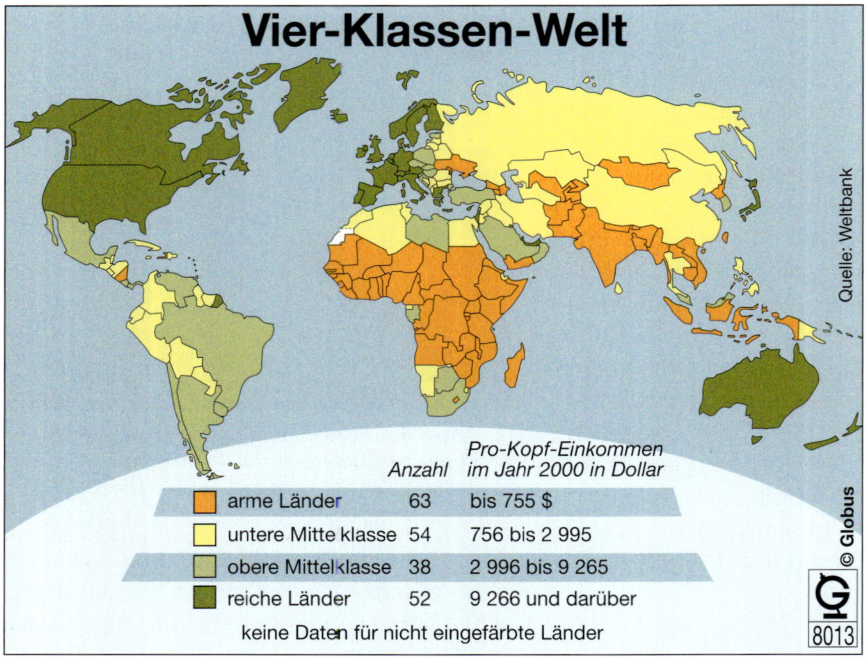

1 Die Einteilung der Länder nach ihrem Einkommen.

2 **Viele Afrikaner leiden unter Armut und Hunger.** Foto, 1997.

3 **Der Nord-Süd-Gegensatz in der Karikatur.**

Todesfälle bei Kindern unter fünf Jahren nach Weltregionen in Prozent

	1990	2004
• Afrika (südl. der Sahara)	18,0	44,1
• Südasien	13,5	32,0
• Ostasien und Pazifik	5,7	5,1
• Naher Osten und Nordafrika	7,6	13,4
• Lateinamerika und Karibik	5,3	3,4
• Länder des ehem. Ostblocks	4,0	2,0
• Industrieländer	0,6	0,6

Weltweite Ungleichheit

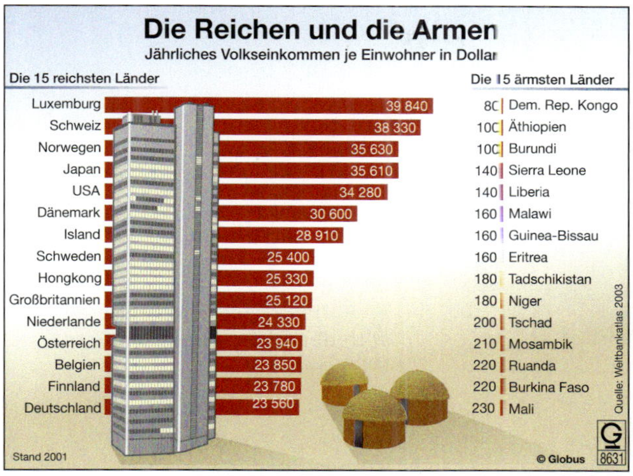

4 **Arme und reiche Menschen der Erde.**

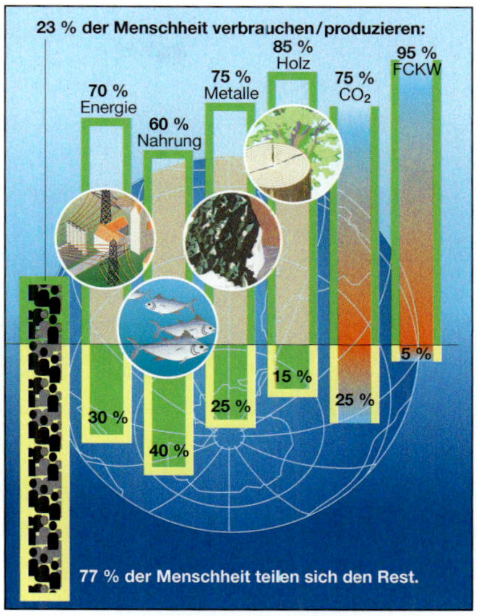

5 **Verteilung wichtiger Merkmale.**

Dritte Welt und Entwicklungsländer

Nach dem Zweiten Weltkrieg (1939–1945) schloss sich eine große Gruppe von Ländern aus Asien, Lateinamerika und Afrika zusammen, um einen „dritten" Weg der eigenen Entwicklung zu gehen. Diese Länder wollten sich weder nach dem kapitalistischen Vorbild der bisherigen Kolonialmächte noch nach dem sozialistischen Modell der Sowjetunion entwickeln. Die Bezeichnung „Länder der ▶ Dritten Welt" hatte damals keinen abwertenden Charakter. Sie betonte den Unterschied zur „Ersten Welt" (kapitalistische Industriestaaten) und zur „Zweiten Welt" (sozialistische Staaten). Die Begriffe „Erste Welt" und „Zweite Welt" wurden jedoch selten verwendet.

Nach der Auflösung der Sowjetunion im Jahr 1991 gibt es nur noch zwei Welten: industrialisierte und nichtindustrialisierte Staaten. Politiker und viele Organisationen betonen heute immer stärker, dass wir in einer Welt leben und alle Staaten voneinander abhängig sind.

Die Bezeichnung „Entwicklungsländer" (EL) formuliert, dass sich diese Länder erst in Richtung von Industriestaaten orientieren müssen. Der Stand der Entwicklung wird nach verschiedenen Maßstäben beurteilt. Die wichtigsten sind das Bruttonationaleinkommen* (BNE) pro Einwohner, der tägliche Kalorienverbrauch pro Kopf, der Anteil der Beschäftigten in der Landwirtschaft, die Anzahl der Menschen pro Arzt, der Bildungsstand (Dauer und Art der Schulbildung) sowie der Grad der Industrialisierung und Weiterverarbeitung von Produkten.

Alle diese Kennziffern sind aber sehr ungenau und verdecken z. B. große regionale Unterschiede in einem Land. Solange es keine besseren Maßstäbe gibt, ermöglichen sie jedoch einen groben Vergleich mit anderen Ländern.

1 *Beschreibt die Karte 1 und setzt sie mit der Abbildung 2, der Karikatur 3 sowie den Grafiken 4 und 5 in Beziehung. Wie werden hier „Armut", „mittleres Einkommen" und „Reichtum" definiert? Was ist unter dem Begriff „Nord-Süd-Gegensatz" zu verstehen?*

2 *Erläutert die Begriffe „Dritte Welt" und „Entwicklungsland".*

3 *Neben dem Begriff „Dritte Welt" hat sich die Bezeichnung „Eine Welt" durchgesetzt. Versucht, diese Bezeichnung zu erklären.*

Bruttonationaleinkommen* *(früher: Bruttosozialprodukt): Maß für die wirtschaftliche Leistung eines Landes, in das u. a. die Höhe des Volkseinkommens (Summe des Arbeitseinkommens zuzüglich des Kapitalvermögens aller Einwohner eines Landes) einfließt.*

Welthandel schafft Probleme

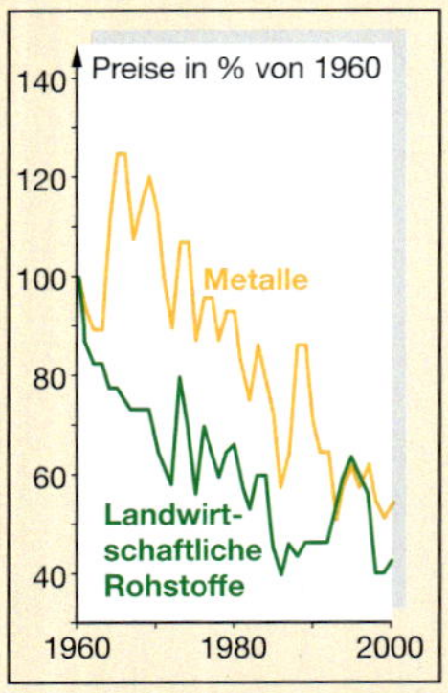

Reale Rohstoffpreise 1960–2000. Schaubild.

Entwicklung des Rohölpreises in US-Dollar:

1970	*1,87*
1974	*10,73*
1979	*17,25*
1983	*32,28*
1986	*13,53*
1990	*22,26*
1998	*12,28*
2004	*40,04*

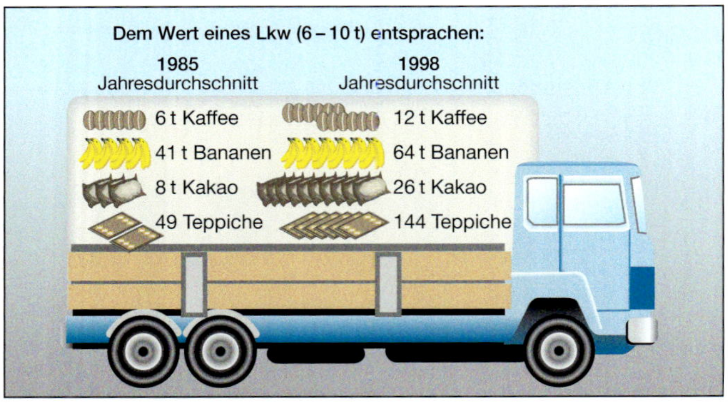

1 **Austauschverhältnisse (terms of trade) an der deutschen Grenze 1985 und 1998.** Schaubild.

1 *Seht euch das Schaubild in der Randspalte an und beschreibt die Veränderungen zwischen 1960 und 2000.*

2 *Vermutet, welche Probleme sich daraus für die Entwicklungsländer ergeben haben.*

Welthandelsprobleme: Die ungleichen Partner

Viele Entwicklungsländer sind im Besitz großer Rohstoffvorkommen wie Zinn, Phosphat, Bauxit, Kupfer, Nickel, Erdöl und Erdgas. Sie erzeugen auch viele Nahrungsmittel wie z.B. Kakao, Kaffeebohnen und Bananen oder agrarische Industrierohstoffe wie Baumwolle. Industrie, um diese Rohstoffe zu verarbeiten, haben sie aber kaum. Über die Ursachen dieser Ausrichtung hieß es in einem UNO-Bericht von 1983:

M1 Dies ist im Wesentlichen eine Folge der Kolonialzeit: Die Mutterländer ... benutzten ihre Kolonien als Quelle billiger Rohprodukte. Jede Kolonie wurde auf nur ein, zwei oder drei Hauptprodukte ausgerichtet. Die weiterverarbeitende Industrie wurde jedoch in den Industrieländern angesiedelt.

Dies ist bis heute so geblieben.
Auf ihrer Internetseite schrieb die „Deutsche Welthungerhilfe" 2006:

M2 ... Nach jüngsten Schätzungen der Weltbank sind die realen Preise für landwirtschaftliche Rohstoffe im Jahr 2000 auf rund 40 Prozent des Standes von 1960 gefallen. Dabei schwanken die Preise stark. Zum Beispiel stieg der Erlös für ein Kilogramm Baumwolle zwischen 1993 und 1995 von 1,28 Dollar auf 2,13 Dollar, um danach bis zum Jahr 1999 auf 1,17 Dollar zu fallen.
Der dramatische Preisverfall für Kakao hat in einigen westafrikanischen Ländern wie Ghana oder der Elfenbeinküste in den letzten zwei Jahren dazu geführt, dass tausende Plantagenarbeiter entlassen wurden. Sinkende Kaffeepreise bringen vor allem die klassischen Exportländer in Mittel- und Südamerika in Bedrängnis.
Nur wenig besser sieht es bei den Preisen für Metalle aus. Metalle und Erze bringen heute nur noch etwa die Hälfte der Erlöse des Jahres 1960. Sambia büßte zum Beispiel allein 1998 über ein Viertel seiner Einnahmen aus Kupferexporten ein. ... Viele Entwicklungsländer erzielen bis zu 90 Prozent ihrer Exporteinnahmen durch den Verkauf von Rohstoffen. Die sinkenden Preise führen dazu, dass die Handels- und Zahlungsbilanzen immer weiter ins Minus rutschen – oft mit verheerenden Folgen für die Verschuldung der betroffenen Länder. Eine Alternative wäre, die Rohstoffe im eigenen Land zu verarbeiten und die wertvolleren Fertigwaren zu exportieren. Doch dagegen wehren sich die Industrieländer. ...

3 *Überlegt, welche Länder in der Kolonialzeit und welche Länder heute Vorteile aus dem Welthandel ziehen.*

Das Schuldenproblem der Entwicklungsländer

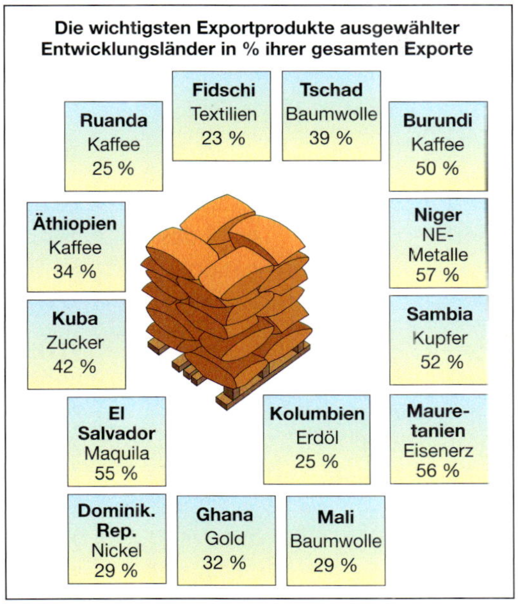

2 **Exportprodukte und ihre Anteile am Export um 2003.** Schaubild.

Land	Schuldenstand Ende 2003 (in Milliarden US-Dollar), öffentlich und privat
Brasilien	235,4
China	193,1
Mexiko	140,0
Argentinien	166,2
Indonesien	134,4
Türkei	145,7
Indien	113,4
Thailand	51,8
Philippinen	62,6
Malaysia	49,0
Chile	38,4*
Kolumbien	36,7*
Venezuela	34,9
Pakistan	32,0*
Nigeria	35,0*
Ägypten	31,4
Peru	27,5*
Südafrika	24,1*
Algerien	22,5*
Syrien	21,4*
Marokko	17,0*
	* = 2001

3 **Schuldenlast der ▶ Dritten Welt.**

Steigende Verschuldung

Damit die Entwicklungsländer die für ihre Entwicklung dringend nötigen Güter wie Industrieprodukte und Erdöl kaufen können, müssen sie bei den reichen Industrieländern Zuschüsse erbitten und Kredite aufnehmen. Ende 2001 war Brasilien das am höchsten verschuldete Land. Der Schuldenberg Brasiliens wuchs von 157,6 1998 auf 226,4 Milliarden US-Dollar an.

Auf ihrer Herbsttagung 1999 beschloss die Weltbank, die Armutsbekämpfung im neuen Jahrhundert voranzutreiben. Mehr als 30 Entwicklungsländern wurden in den letzen Jahren ihre Schulden in Höhe von über 70 Milliarden US-Dollar gestrichen. Die ärmsten Länder sollen nur noch 10 Prozent ihrer Exporteinnahmen für den Schuldendienst aufbringen.

4 *Stellt einen Zusammenhang zwischen den Schaubildern 1 und 2 sowie der Tabelle her.*

5 *Erklärt, welches Problem in einem Vergleich von (absoluten) US-Dollar-Schuldenbeträgen der Staaten untereinander besteht.*

6 *Denkt euch eine passende Bildunterschrift für die Karikatur 4 aus und begründet sie.*

4 **Karikatur.**

7 *Kanadas Auslandsverschuldung im Jahre 1997 betrug etwa 333 Milliarden kanadische Dollar (etwa: 207 Milliarden Euro). Erläutert, warum die bloße Tatsache einer Auslandsverschuldung allein nicht unbedingt ein großes Problem für einen Staat darstellen muss.*

Entwicklungshilfe

1 **Pedalmühle.** Foto.

2 **Nutzung von Sonnenenergie.** Foto.

Land	in % des Bruttonational-einkommens (BNE)	in Mio. US-$
USA	0,17	19705
Japan	0,19	8906
Frankreich	0,41	8473
Deutschland	0,28	7534
Großbritannien	0,36	7883
Niederlande	0,73	4204
Italien	0,15	2462
Schweden	0,78	2722
Norwegen	0,87	2199
Dänemark	0,85	2037
Spanien	0,24	2437
Belgien	0,41	1463
Schweiz	0,41	1545
Österreich	0,23	678
Finnland	0,35	655
Irland	0,39	607
Luxemburg	0,83	283

3 **Entwicklungshilfe 2004 (Öffentliche Leistungen, Quelle OECD*).**

OECD*:
Organisation für wirtschaftliche Zusammenarbeit, der dreißig Industrieländer angehören.

Entwicklungshilfe – öffentlich und privat
Seit 1959 unterstützte Deutschland in über 150 Ländern mehr als 29000 Projekte. In diese Zahl gehen sowohl Finanzhilfen für Großprojekte als auch Sachzuweisungen für Kleinprojekte ein. Abzüglich der Rückzahlungen aus den Empfängerländern leistete Deutschland bis zur Gegenwart etwa 175 Milliarden Euro Entwicklungshilfe. Nach der Bilanzsumme betrachtet, liegt Deutschland damit hinter Japan, den USA und Frankreich an vierter Stelle. Zur öffentlichen Entwicklungshilfe kommt noch die private, die sich aus Spenden und Sammlungen wohltätiger bzw. gemeinnütziger Organisationen finanziert.

1 *Die Abbildungen 1 und 2 zeigen zwei Hilfsmittel, deren Einsatz für Entwicklungsländer gegenüber (komplizierter elektronischer) Technologie vorteilhafter ist. Erklärt, welche Vorzüge diese Hilfsmittel besitzen, und findet andere Beispiele für angepasste Entwicklungshilfe.*

2 *Wertet die Tabelle 3 aus. Nach welchem Kriterium wurde die Reihenfolge eingerichtet? Welche andere Reihenfolge wäre denkbar?*

Entwicklungshilfe – von Großprojekten zu Kleinprojekten
In früheren Jahren wurde Entwicklungshilfe bevorzugt in Großprojekte investiert. Leitgedanke war dabei, dass man lediglich die moderne Technik der Industrieländer exportieren müsse, um das Wirtschaftswachstum in den Empfängerländern gleichsam automatisch zu steigern. Einige erfolgreiche Projekte ließen diesbezüglich hoffen. Insgesamt jedoch erwiesen sich Großprojekte als Irrtum. Millionenobjekte verwandelten sich kurzfristig in Ruinen, die weltweiten Unterschiede zwischen Arm und Reich wurden nicht verringert, sondern sogar noch verstärkt. Seit Beginn der 1970er-Jahre wandelte sich bei der Entwicklungshilfe der Trend zu Kleinprojekten. Inzwischen ist bekannt, dass eine sinnvolle und nachhaltige Hilfe nur durch eine Reihe kleiner Schritte erreicht werden kann. Besonders erfolgversprechend scheinen solche Projekte und Verfahren, die mit wenig Startkapital am Ort verfügbares oder zumindest leicht beschaffbares Material sowie vorhandene Fertigkeiten nutzen.

3 *Beschreibt den Wandel in der Entwicklungshilfe von Großprojekten zu Kleinprojekten.*

Entwicklungshilfe – an Bedingungen gebunden
Das Bundesministerium für wirtschaftliche Zusammenarbeit und Entwicklung (BMZ) hat 1995 in einer Veröffentlichung zur Entwicklungspolitik beschrieben, welche Kriterien erfüllt sein müssen, damit Entwicklungshilfe gezahlt werden kann:
Das BMZ fördert Projekte, wenn
- die Menschenrechte beachtet werden,
- die Bevölkerung an politischen Entscheidungen beteiligt wird,
- Rechtssicherheit besteht,
- nach marktwirtschaftlichen Grundsätzen gehandelt wird,
- das staatliche Handeln eindeutig entwicklungsorientiert ist.

4 *Vermutet, welchen Sinn die Bedingungen für Entwicklungshilfe des BMZ haben könnten.*

Partnerschaft und Verbraucherverhalten
In vielen Städten gibt es Projekte, Initiativen oder Eine-Welt-Läden, die gerechtere (Handels-)Beziehungen zu benachteiligten Ländern der Erde unterhalten möchten. Täglich stellen dort viele hundert Frauen und Männer ihre Arbeitskraft weitgehend kostenlos für die gute Sache zur Verfügung, weil sie wissen, wie chancenlos die Menschen in den Entwicklungsländern der Armut ausgesetzt sind, wie würdelos Hunger, Elend und Krankheit machen. „Partnerschaft statt Almosen" lautet das Motto, denn es ist ein wesentlicher Unterschied, ob man jemandem ein Almosen schenkt oder ob er etwas produziert bzw. eine Dienstleistung erbringt und einen angemessenen Lohn dafür erhält.

Faire Handelsbeziehungen
Ein weiteres Beispiel für das Bemühen um faire Handelsbeziehungen ist die „Gesellschaft zur Förderung der Partnerschaft mit der ▸ Dritten Welt" (GEPA) in Schwelm. Sie kauft ihre Produkte direkt bei den Erzeugern und zahlt höhere Preise als andere (Welt-)Handelsorganisationen. Unter anderem werden folgende Kriterien beachtet:
- Qualität und umweltfreundliche Produktion,
- demokratische Struktur der Produzenten,
- keine Kinderarbeit,
- langfristige Produktion für den Eigenbedarf (kein Export von Grundnahrungsmitteln, keine Gefährdung durch Anbau von Exportfrüchten).

5 *Findet partnerschaftliche Initiativen in eurer Umgebung oder in anderen Städten. Was wird dort angeboten? Vergleicht die Preise mit denen „herkömmlicher" Läden.*

6 *Findet in eurer Klasse heraus, wie weit eure Bereitschaft reicht, für „fair erzeugte und gehandelte" Produkte mehr Geld auszugeben.*

Durch die Anlage eines Schulgartens ermöglichte der Verein „Partnerschaft Afrika" den Betrieb einer Schulküche. Foto, 2003.

Im Unterricht wird ein selbst gebauter „Fernseher" eingesetzt. Foto, 2003.

In gemeinsamer Arbeit wird die elektrische Verkabelung einer neuen Windkraftanlage fertiggestellt. Foto, 2003.

Die Globalisierung verändert die Welt

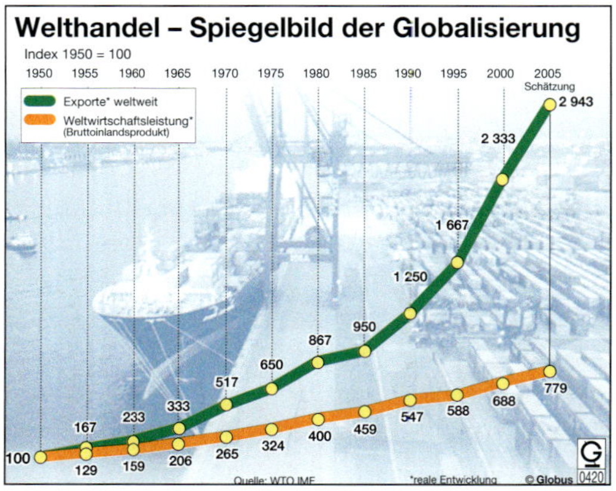

1 **Welthandel und Weltwirtschaft.** Schaubild.

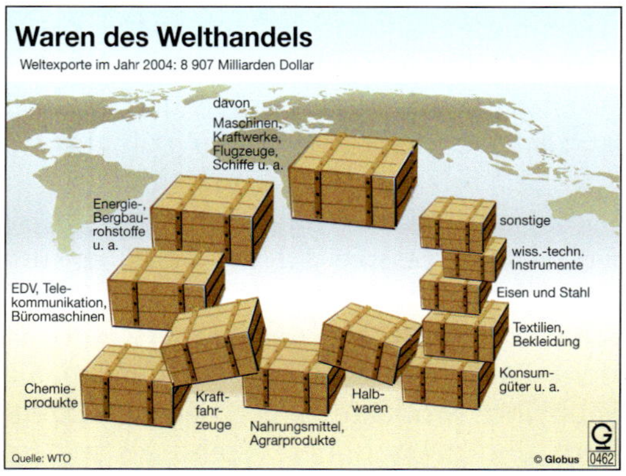

2 **Waren des Welthandels.** Schaubild.

3 **Die größten Exporteure.** Schaubild.

Internettipp:
Mehr Informationen über den Welthandel, Welthandelsorganisationen und Kritiker der Globalisierung findet ihr hier:
www.unctad.org
www.wto.org
www.oxfam.org.uk
www.attac.org
www.faire.de
www.gepa3.de

Globalisierung

Seit etwa 15 Jahren spricht man von „Globalisierung" und ihren Folgen für das Leben und Arbeiten in Deutschland. Mit dem Begriff ist das schnelle weltweite Zusammenwachsen in allen Gebieten des Lebens gemeint, vor allem aber in den Bereichen der Produktion, des Transportwesens, der Kommunikation, der Kultur und der Politik. Ursache der Beschleunigung des weltweiten Zusammenwachsens ist die Weiterentwicklung der Technik: Das Internet verbindet Firmen und Privatleute weltweit auf Knopfdruck, das Satellitenfernsehen berichtet direkt von jedem Ort der Welt in jedes Wohnzimmer. Großflugzeuge überwinden in kurzer Zeit Distanzen, für die Schiffe früher Monate benötigten. Vor allem aber haben sich die Kosten für Kommunikation und Transport so verringert, dass sie zum Massengeschäft wurden und fast von jedermann genutzt werden können. Die Globalisierung hat weltweit den Handel ausgeweitet. Der weltweite Warenhandel stieg von 1950 bis 1998 um das 17-Fache, die Zahl der Unternehmen, die in verschiedenen Nationen tätig sind, stieg von 7000 auf 44 900 in den Jahren 1970–1998.

1 *Beschreibt mit den Schaubildern dieser Doppelseite die verschiedenen Seiten der Globalisierung und versucht, den Begriff mit eigenen Worten zu erklären.*

Tiefgreifende Veränderung der Arbeitswelt

Über die Veränderungen durch die Globalisierung in der Industrie schrieb ein Wirtschaftsmagazin 2004:

M ... Als Absatzmärkte erlangen die Emerging Markets (Billiglohnländer) eine immer höhere Bedeutung. Beispielsweise beträgt die Nachfrage nach Werkzeugmaschinen in China schon das 1,7-Fache der Nachfrage in den USA. Und die Wachstumsraten im Reich der Mitte – wie in vielen anderen NKL (Niedrigkostenländer) auch – sind enorm: So wächst der Bedarf an Telekommunikationsausrüstungen in China um 18 Prozentpunkte mehr als in den USA.

Die Globalisierung verändert die Welt

Auf lange Sicht werden die NKL die einzigen wirklichen Wachstumsregionen weltweit sein.
Globalisierung ist nicht mehr nur eine Option*, sondern ein unabdingbares Muss. Die Verlagerung der Beschaffung, Forschung und Entwicklung sowie Produktion aus Hochkostenländern (HKL) in NKL ist in vollem Gange und nimmt rasch zu. Eine wesentliche Ursache hierfür sind die Arbeitslöhne: Inklusive Nebenkosten und Zuwendungen betragen sie in den NKL nur etwa ein bis zwei US-Dollar pro Stunde, während es in den HKL bis zu 30 US-Dollar sind. Dadurch werden insbesondere alle Produkte und Leistungen mit einem hohen Lohnkostenanteil wesentlich günstiger.
Werden zum Beispiel Dienstleistungen nach Indien verlagert, können die Kosten um 50 bis 60 Prozent gesenkt werden; in Osteuropa wären es immerhin noch 30 bis 40 Prozent. Die „Machbarkeit" von Verlagerungen wird unterstützt durch Fortschritte in der Telekommunikation und Verbesserungen in der Logistik – sie ermöglichen etwa die globale Zusammenarbeit verschiedenster Forschungs- und Entwicklungsstandorte.
Hinzu kommt, dass niedrige Kosten nicht mehr gleichbedeutend sind mit einer niedrigen Qualität. Unternehmen aus HKL können heute viele Produkte und Komponenten vom anderen Ende der Welt in vergleichbarer Qualität, aber zu wesentlich niedrigeren Kosten beschaffen. Der Anteil qualifizierter und hoch motivierter Mitarbeiter in den NKL wächst beständig. ...

2 *Lest den Bericht und erklärt, warum nach der Meinung des Magazins „Globalisierung für Firmen ein Muss" ist.*
3 *Überlegt, welche Auswirkungen die Globalisierung auf die Arbeit eurer Eltern und später auf euch haben kann.*

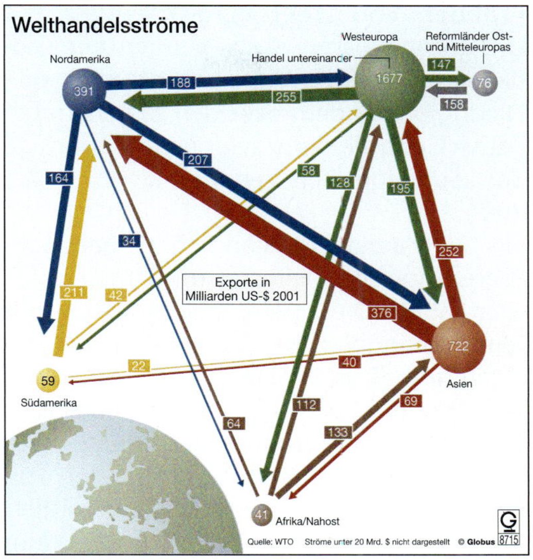

4 Welthandelsströme. Schaubild.

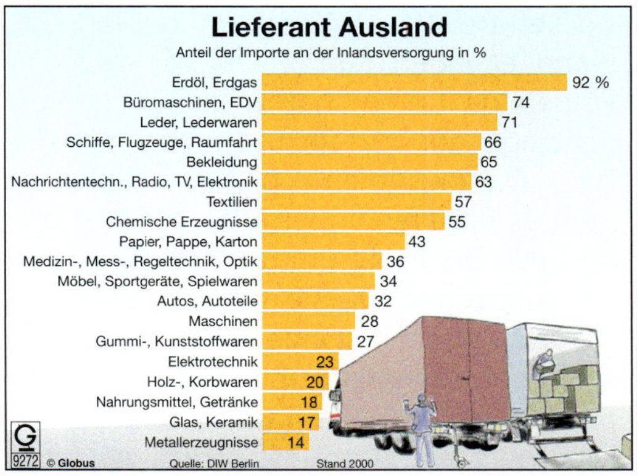

5 Einfuhr ausländischer Waren. Schaubild.

Beispiel Adidas

Die Firmenzentrale des bekannten Sportartikelherstellers ist in Herzogenaurach angesiedelt, wo das Marketing, das Design und die Kundenbetreuung beherbergt sind. Die Produktion erfolgt jedoch fast ausnahmslos in Niedrigkostenländern, von dort werden die Produkte direkt zu den Kunden in aller Welt transportiert.

Option*:
Wahlmöglichkeit

Die reichsten und die ärmsten Staaten der Welt (Bruttosozialprodukt pro Kopf in US-Dollar):

Luxemburg	*42 060*
Schweiz	*38 140*
Japan	*35 620*
Norwegen	*34 530*
USA	*34 100*
Dänemark	*32 280*
Island	*30 390*
Schweden	*27 140*
Hongkong	*25 920*
Österreich	*25 220*
Finnland	*25 130*
Deutschland	*25 120*
Ruanda	*230*
Burkina Faso	*210*
Mosambik	*210*
Tschad	*200*
Guinea-Bissau	*180*
Niger	*180*
Tadschikistan	*180*
Eritrea	*170*
Malawi	*170*
Sierra Leone	*130*
Burundi	*110*
Äthiopien	*100*

Globalisierung im Alltag

__Europas Nähstube Weißrussland:__ Das Zauberwort heißt Lohnveredelung. Der westliche Auftraggeber schickt die geschnittenen Stoffteile etwa aus Holland oder Italien nach Weißrussland. Dort nähen fleißige Hände daraus einen Büstenhalter. Dann geht das Ganze zollfrei wieder zurück. Die meisten Arbeitnehmer in der Näherei sind Frauen. Ihr Vorteil ist, dass sie billig sind, billiger als Deutsche oder Franzosen, aber auch als Polen oder Tschechen. In der Bekleidungsbranche wird in Minuten gerechnet: „Eine Minute Näharbeit darf höchstens acht Cent kosten", so der Geschäftsführer einer weißrussischen Näherei.

Krabben: Von Greetsiel nach Tanger

Die unmittelbaren Auswirkungen der Globalisierung für den Alltag bei uns und in den Niedriglohnländern bzw. den so genannten Entwicklungsländern zeigt eine Reportage der „Süddeutschen Zeitung" am 21. März 2004:

M1 … „Marokko ist ja an sich 'ne ganz saubere Angelegenheit, das muss man ja leider sagen. Die liefern Krabbenfleisch mit einer geringeren Keimzahl als ich mit der Maschine. Trotz Marokko und zurück." Alwin Kocken, seit seinem 15. Lebensjahr Krabbenfischer, Erfinder der unbrauchbaren Krabbenpulmaschine, Hersteller von Krabbenfleisch, gibt seine Krabben mittlerweile auch nach Marokko. Wenn der Kunde es wünscht. Und er wünscht es. Weil es billiger ist. Globalisierung nennt man das. Kocken nennt es Wahnsinn. Aber er weiß, wann er einen Kampf verloren hat. Die Frauen da unten, hat er gehört, stehen Schlange, nur um reinzukommen in die Fabrik. „Das muss man sich mal vorstellen, da geht es um Pfennigbeträge, und hier drehen sich die Leute um und gehen wieder, wenn sie sehen, was sie machen sollen." …
Marokko also. Es ist eine Reise vom ostfriesischen Wattenmeer über Holland, Frankreich, Spanien nach Tanger und zurück. Millionen von Nordseekrabben, eingefroren oder gekühlt, in Säckchen gefüllt, mit kleinen weißen Punkten am Kopf. Wenn die Krabben tiefgekühlt, lakekonserviert oder MAK-verpackt in das kleine ostfriesische Fischerdorf zurückkehren, nennen die Greetsieler sie abfällig „Marokkofleisch". Im Hotel Achterum kostet der „Schleusenteller" mit Krabben, Rührei und einem kleinen Salat 11,50 Euro. Wenn es Marokkofleisch ist, essen ihn nur die Touristen. …
Früher oder später kommen alle Krabben zu den Holländern. Und die Holländer bringen alle Krabben nach Marokko. Von jetzt an sind die Dinge überschaubar, es gibt nur noch zwei Namen: Heiploeg und Klaas Puul. Die zwei Firmen haben 85 Prozent des Marktes in der Hand. Das Garnelenunternehmen Klaas Puul ist das kleinere von beiden, Hauptsitz Volendam, ein holländisches Fischerdorf, beschaulich. Ein bisschen wie Greetsiel. …
Die lange Reise
Montag Volendam, Mittwoch Tanger, Sonntag Volendam. Das ist sein Leben. Und hinten werden die Krabben immer teurer. Benzingeld, Maut, Fähre und sein Lohn. „Das ist doch normal", sagt Wilbert Schulten. Andere bringen Zwiebeln aus Holland zum Reinigen nach Polen, fahren lebende Schweine nach Italien, um sie als Parmaschinken zurückzubringen, lassen für teure Schuhe in Tunesien das Leder biegen und machen in Holland die Sohlen drauf, fahren Gemüse und Kleider in den Norden und Küken in den Süden. Es gibt, sagt Wilbert Schulten, Verrückteres, als Krabben durch Europa zu fahren. …
Es ist 3.23 Uhr morgens, Donnerstag, als er in Tanger am Hafen parkt, Inschallah sagt und sich schlafen legt. 2500 Kilometer, 1108 Liter Diesel, 32 Stunden gefahren, 70 Stunden unterwegs. In der Fabrik warten die Frauen auf seine Krabben. Die blauen, A-Ware, größer, frischer, eine Freude für jede Pulerin. Damit kann man in der gleichen Zeit doppelt so viel verdienen wie mit den kleinen, gefrorenen. Einen Euro bekommen sie hier pro Kilo Krabbenfleisch. „Die Mädchen sind verrückt nach den blauen", sagt Werner H. Bökenkamp, Direktor der Fabrik in Tanger. Am Hals trägt er eine Kette mit Krabbe. Am Revers einen goldenen Krabbenanstecker. Er ist der Mann, der die Nordseekrabben in Marokko eingeführt hat.
In seiner Fabrik arbeiten 2000 Frauen. In der Vorweihnachtszeit 2500, dann schaffen sie hier 45 Tonnen am Tag. …
In der Krabbenfabrik haben sie ihr eigenes Wasser, ihre eigenen Generatoren, ihr eigenes Frischluftsystem, ihre eigene Moschee, ihre eigene Bank. Um sie herum kann Dürre sein, Hitze. Gepult wird immer. Bei 16 Grad in Tanger.
Nummer 1060 ist Naima El Hanaf. 24 Jahre alt. Sie hat nur gelacht, als sie ihr die „komischen Fische" das erste Mal auf den Tisch

Globalisierung im Alltag

gelegt haben. Sahen aus wie Insekten. … Allah mag wissen, warum sie so etwas in Europa essen. Dann fing Naima El Hanaf an, ihnen Schwänze und Köpfe auszureißen.

Marokkanische Frauen brauchen das Geld

Sie ist die Schnellste. Acht bis neun Kilo am Tag. Ihre Hände flattern vom Schwanz zum Kopf. Jede Frau hat ihre Geschichte mit der Firma. Rahma ist eine der Ältesten, ungefähr 50 Jahre alt, sie kam, als der Mann starb. Es war ihre erste Arbeit. Soudia wurde von ihrem Mann verlassen, weil er nicht wollte, dass sie arbeitet. Als Frau. Hafida ist die Langsamste. Die anderen lächeln, wenn sie sagt, wie viel sie am Tag schafft. Sie hasst die Krabben. Aber sie braucht das Geld. Ihre Männer sind arbeitslos. Ihre Kinder hungrig. Es ist gut, dass die Krabben aus dem Norden gekommen sind, sagen sie.

… Wenn Wilbert nachmittags die Fähre nach Spanien nimmt, hat er die gleichen Krabben dabei, die er am Morgen gebracht hat. Nur ohne Kopf und Schwanz. Dann fährt er sie zurück: Madrid, Paris, Amsterdam, Volendam.

Irgendwann, sagen sie in Greetsiel, wird es ein Land geben, das billiger ist als Marokko. Irgendwann, in naher Zeit.

1 *Mit der Reportage könnt ihr die Problematik der Globalisierung erarbeiten. Schreibt heraus: Warum werden die Krabben nach Marokko transportiert? Wer hat Vorteile, wer hat Nachteile? Welche Kosten fallen an, warum ist es trotz dieser Kosten billiger, Krabben in Marokko pulen zu lassen?*

Befürworter und Kritiker der Globalisierung

Die Befürworter der Globalisierung verweisen darauf, dass die Öffnung der Märkte und der weltweite Handel die beste Armutsbekämpfung sei. 1950 lebten etwa 1,2 Milliarden Menschen in Armut (1,50 Dollar Einkommen pro Tag), jetzt seien es nur noch 650 Millionen Menschen trotz einer Verdoppelung der Weltbevölkerung. Vor allem die Menschen in China und Indien hätten

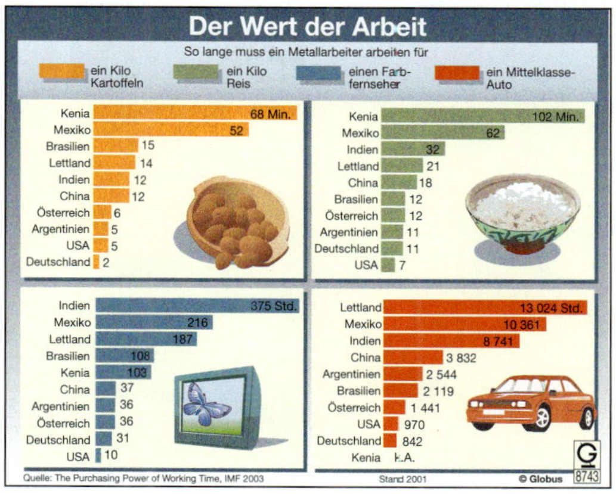

1 **Der Wert der Arbeit.** Stand 2001.

von der Globalisierung profitiert, da diese Länder sich dem Welthandel geöffnet haben. In Afrika dagegen habe die Globalisierung nichts erreicht, südlich der Sahara sind die Einkommen sogar 11 Prozent niedriger als vor 30 Jahren.

Die Kritiker der Globalisierung befürchten vor allem

- eine Verwestlichung der ganzen Welt und die Zerstörung der eigenständigen Kulturen,
- die Unterwerfung allen Handelns unter das Marktprinzip und damit einer Verstärkung der Ungleichheit der Menschen (wenige Reiche, viele Arme),
- die Zerstörung und Vernichtung von Arbeitsplätzen und des sozialen Sicherungssystems in Deutschland und der westlichen Welt durch die Verlagerung der Produktion in Billiglohnländer und
- eine große Umweltzerstörung durch die gestiegenen Transporte.

Im Bereich der Politik wird beklagt, dass die Globalisierung nicht von einer gleichzeitigen Demokratisierung und Erweiterung der Mitbestimmung der Menschen begleitet wird. Rechtsextremisten agitieren* zudem gegen die „Völkervermischung" und Zuwanderung von Menschen aus wirtschaftlich armen Ländern nach Deutschland.

2 *Diskutiert über die Vor- und Nachteile der Globalisierung. Sucht euch für eine ausführliche Debatte weitere Informationen in Bibliotheken oder im Internet.*

Die größten Unternehmen der Welt (gemessen am Umsatz im Jahr 2002):

Wal-Mart Stores (USA)
General Motors (USA)
Exxon Mobil (USA)
Royal Dutch/Shell (NL/GB)
BP (GB)
Ford (USA)
Daimler/Chrysler (D)
Toyota (JAP)
General Electric (USA)
Mitsubishi (JAP)
Mitsu (JAP)
Allianz (D)
Citigroup (USA)
Total (F)
Chevron Texaco (USA)
Nippon T&T (JAP)
Ing Group (NL)
Itochu (JAP)
IBM (USA)
Volkswagen (D)
Siemens (D)
Sumitomo (JAP)
Marubeni (JAP)
Verizon Communications (USA)
American International (USA)

agitieren*:
politisch aufhetzen.

Ist die Erde noch zu retten?

1 **Zerstörung durch Hurrikan Katrina.** Foto, 2005.

Jetzt umdenken und umlenken

Die „Süddeutsche Zeitung" veröffentlichte am 23. Februar 2007 einen Bericht über den Weltklimabericht der UN.

M1 Klimaforscher halten eine radikale Trendwende beim Klimawandel für machbar. Dies geht aus dem Entwurf des letzten Teils des Weltklimaberichts der Vereinten Nationen hervor. Demnach muss der weltweite Kohlendioxid-Ausstoß bereits von 2020 an abnehmen, wenn die globale Erwärmung bis zum Jahr 2100 auf zwei Grad Celsius beschränkt werden soll. Dafür ist den Forschern zufolge jedoch sofortiges Handeln nötig: Die Menschheit muss auf effizientere und CO_2-arme Energieformen umsteigen.

Um den Klimawandel beherrschbar zu machen, raten die Wissenschaftler des Intergovernmental Panel on Climate Change (IPCC) in ihrem für Mai anstehenden Bericht dazu, den weltweiten Kohlendioxid-Ausstoß bis zum Jahr 2050 zu halbieren. Bereits 2020 müssten die jährlichen Emissionen ihr Maximum erreichen und danach kontinuierlich sinken, um das auch von der EU formulierte Zwei-Grad-Ziel zu erreichen. Tatsächlich laufen die Vorschläge des UN-Gremiums der derzeitigen Weltlage zuwider: Seit der Jahrtausendwende hat die Menschheit jährlich noch mehr CO_2 erzeugt als in den Jahren zuvor. Die Kosten für die Umstellung auf effizientere und CO_2-ärmere Energiegewinnung schätzt der IPCC-Bericht deutlich niedriger ein als der letzte Report des Gremiums aus dem Jahr 2001. Der Klimarat beziffert den Preis für die Abkehr vom Kohlendioxid auf etwa ein Prozent der Bruttoinlandprodukte der nationalen Ökonomien. „Jetzt werden die Weichen gestellt für die kommenden beiden Dekaden", sagt Ottmar Edenhofer, Chefökonom des Potsdam-Instituts für Klimafolgenforschung, einer der an dem Bericht beteiligten Autoren. Er widersprach allerdings einer Aussage in Medienberichten, wonach die Kosten der CO_2-Vermeidung weltweit 16 Billionen Dollar betragen. Diese Zahl beziffere die weltweiten Investitionen in Energietechnik zwischen 2001 und 2030, sagte Edenhofer. Diese Summe sei kein finanzieller Verlust, sondern eine Investition.

Globale Erwärmung durch CO_2

Bereits der im Februar erschienene erste Teil des diesjährigen IPCC-Berichts nannte Kohlendioxid aus der Verbrennung fossiler Energieträger als Hauptursache der globalen Erwärmung, weil es Sonnenwärme in der Atmosphäre hält. Der dritte Teil des Klimareports nennt nun ausdrücklich den Verkehr und betont, dessen Treibhausgas-Emissionen seien „schneller gestiegen sind als in je-

Ist die Erde noch zu retten?

Verursacher	Eingesetzte Energieträger	Beispiele für Energiewandler, die CO_2 freisetzen
Verkehr	Diesel, Benzin, Flugtreibstoffe	Dieselmotor, Ottomotor, Flugzeugturbine 17 %
Haushalt, Kleinverbraucher	Heizöl, Erdgas, feste Brennstoffe	Raumheizungsanlage, Herd 24 %
Industrie	Heizöl, Erdgas, feste Brennstoffe	Industriefeuerung, Anlage zur Gewinnung von Prozesswärme 24 %
Kraftwerk, Heizkraftwerk	Stein- und Braunkohle	Kohlekraftwerk 35 %

2 CO_2-Verursacher in Deutschland.

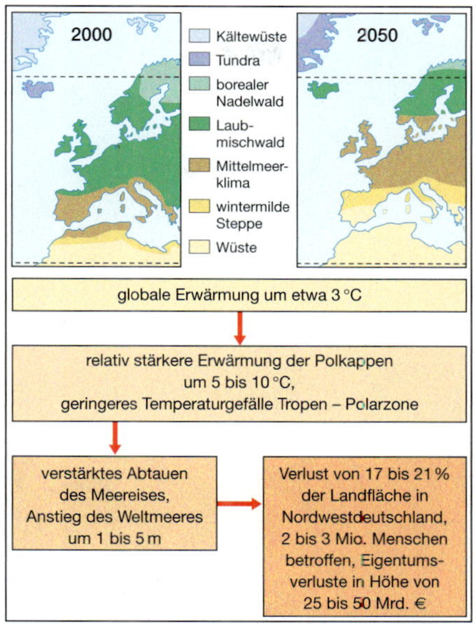

3 Mögliche Folgen der globalen Erwärmung.

dem anderen Energieverbrauchssektor" ... Drei Viertel davon stoßen Autos aus. Weitere so genannte Treibhausgase, etwa Methan und Lachgas, entstehen in der Landwirtschaft, deren Anteil am Klimawandel mit etwa zehn Prozent beziffert wird. Mit einem Anteil zwischen zehn und 20 Prozent schlägt dem UN-Gremium zufolge die Abholzung der Wälder zu Buche. Beteiligte Forscher befürworten den Handel mit CO_2-Emissionsrechten und drängen dazu, international technische Lösungen zu beschließen und diese in Form nationaler Vorschriften umzusetzen. „Die Steigerung der Effizienz ist dabei eine der wichtigsten Maßnahmen", sagte Bill Hare, einer der Autoren des für Mai erwarteten IPCC-Berichts.

1 *Untersucht die Materialen dieser Seite und lest den Bericht M1. Entwerft einen kleinen Vortrag über die Ursachen und die Folgen der globalen Erwärmung.*

2 *Sammelt Vorschläge wie ihr und eure Eltern mit helfen könnt, dass der CO_2-Ausstoß verringert werden kann.*

3 *Verfolgt in den Medien die Debatte um die Klimaveränderung.*

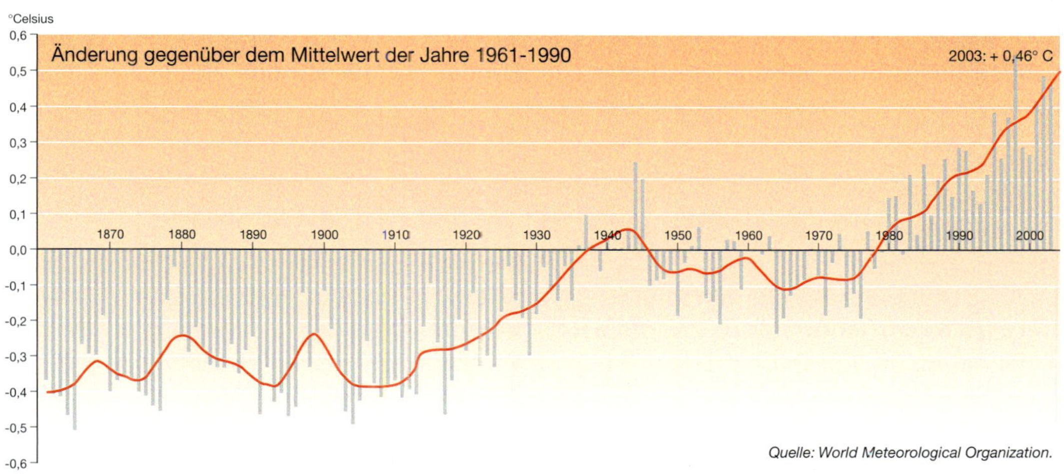

4 Entwicklung des Weltklimas 1861–2003.

Kriege als Problem der Gegenwart

UNICEF:*
Das Kinderhilfswerk der Vereinten Nationen. Es unterstützt vor allem in Entwicklungsländern in den Bereichen Gesundheit, Hygiene, Ernährung und Erziehung und leistet Soforthilfe in Notsituationen.

1 **In vielen Ländern der „Dritten Welt" werden Kinder rekrutiert.** Foto, 2004.

Kriege nach 1945

Die Welt des 21. Jahrhunderts hat nicht nur das Problem krasser wirtschaftlicher Ungleichheit von Industrienationen und „Entwicklungsländern" zu lösen. Hinzu kommen kriegerische Auseinandersetzungen: Zwar gab es seit Gründung der Vereinten Nationen keinen sogenannten „Weltkrieg" mehr, doch haben seit 1945 weltweit über zweihundert Kriege oder „bewaffnete Konflikte" stattgefunden. Auffallend ist dabei der hohe Anteil innerstaatlicher Kriege, der Bürgerkriege: Sie machen zwei Drittel aller Kriege seit 1945 aus.

Forscher heben vor allem folgende Auslöser für Kriege hervor:

- krasse Unterschiede in der Versorgungslage verschiedener Bevölkerungsgruppen,
- der Kampf um Rohstoffe,
- gegensätzliche Ideologien,
- Zugehörigkeit zu verschiedenen ethnischen oder religiösen Gruppen und die Abwertung der jeweils anderen,
- Uneinigkeit über Grenzen zwischen Regionen oder über historisch abgeleitete Gebietsansprüche,
- unterschiedliche Auffassungen über die Menschenrechte.

Kriegsfolgen

Eine dramatische Entwicklung stellt vor allem die steigende Zahl der zivilen Opfer dar: In den Kriegen des 19. Jahrhunderts waren etwa 95 Prozent aller Opfer Soldaten, heute sind nach einer Studie der UNICEF* 90 Prozent der Todesopfer Zivilisten. Die gezielte Zerstörung von Dörfern und Städten hat deutlich zugenommen: Kriege verwüsten Gebiete und zerstören die Infrastruktur. Sie hinterlassen verkrüppelte und verstümmelte Menschen, die nicht mehr für sich sorgen können. Verarmung und Hungerkatastrophen sind die Folgen, mit denen Kriegsregionen fertig werden müssen. Weltweit – so wird geschätzt – sind etwa 50 Millionen Menschen auf der Flucht vor Kriegen. In vielen Regionen der ▸ Dritten Welt bedrohen noch Jahre nach Kriegsende Landminen das Leben der Menschen.

1 *Gebt in eigenen Worten Ursachen und Folgen gegenwärtiger Kriege wieder.*

2 *Überlegt anhand der genannten Auslöser, welche Möglichkeiten es geben könnte, Kriege zu verhindern.*

3 *Recherchiert im Internet zur Situation von Kindersoldaten, z. B. unter www.tdh.de oder www.kindersoldaten.info.*

Friedensbemühungen

Die Mitglieder der Vereinten Nationen haben sich verpflichtet, den Weltfrieden zu fördern, die Menschenrechte zu schützen, für Gleichberechtigung aller Staaten in der Welt einzutreten und den allgemeinen Lebensstandard weltweit zu verbessern. Deshalb wird häufig versucht, zwischen verfeindeten Parteien zu vermitteln. In der Vergangenheit haben Vermittlungen vor allem bei Konflikten um Grenzverläufe oder um den Zugang zu Rohstoffen Kriege vermeiden oder beenden können.

Frieden mithilfe der UNO?

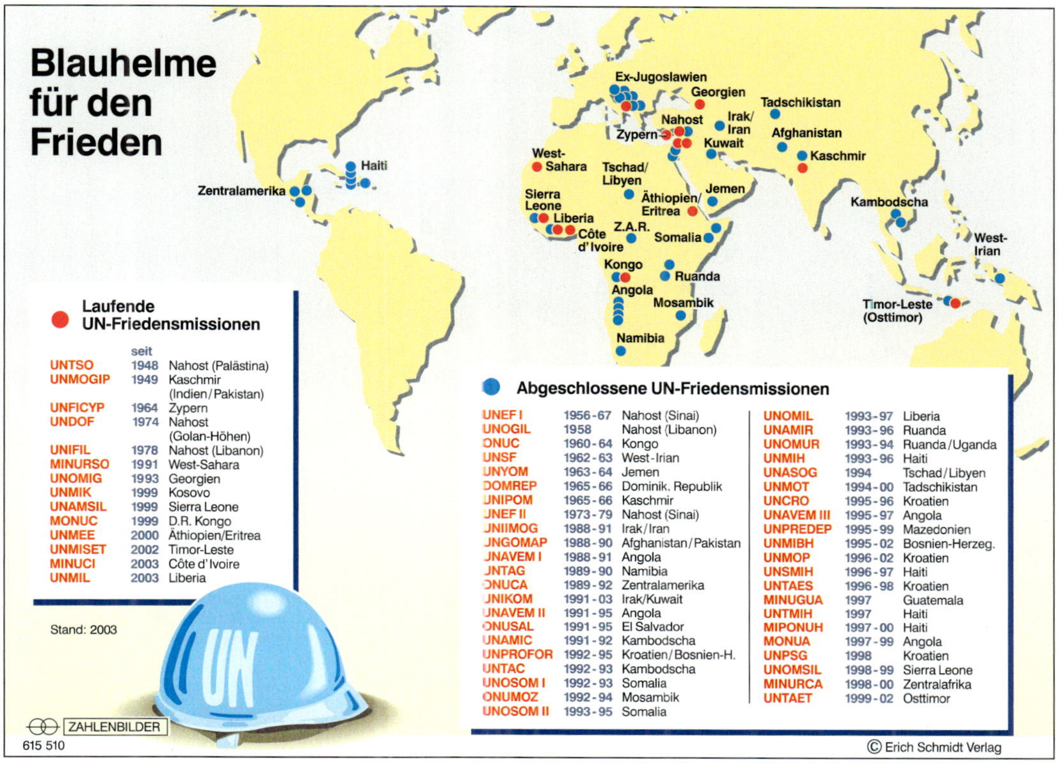

2 **Die Einsätze von UN-Blauhelmsoldaten 1948–2003.**

Die UNO kann Truppen in Krisenregionen entsenden, wenn
- *der Sicherheitsrat den Einsatz beschließt,*
- *alle am Konflikt beteiligten Seiten dem Einsatz zustimmen,*
- *die Mitgliedstaaten der UNO in der Lage sind, die Kosten der Operation zu tragen.*

Außerdem gilt:
- *Der UNO-Generalsekretär ist politisch für die Operationen verantwortlich.*
- *Die Soldaten haben sich unparteiisch zu verhalten.*
- *Waffen dürfen nicht eingesetzt werden, außer zur Selbstverteidigung.*

Ein Friedensforscher stellte 2004 fest:

M … Die Vermittlung durch Dritte ist offenbar zur Institution der Weltgesellschaft geworden. Auch wenn keine Daten zur Anzahl gescheiterter Vermittlungsbemühungen vorliegen, lässt sich feststellen, dass Vermittlungen weit häufiger zur Kriegsbeendigung beitragen als es gemeinhin den Anschein hat. In den erfolgreichen Fällen agierten in beachtlichen 40 Prozent die Vereinten Nationen als Vermittler.

Der UN-Sicherheitsrat kann ein Land, das den Frieden bedroht, aber auch mit militärischen Mitteln in seine Schranken weisen: Soldaten der Mitgliedstaaten können im Auftrag der ►UNO in Krisenregionen entsandt werden. Benannt werden sie nach ihrer Kopfbedeckung als „Blauhelmsoldaten". Vor Ort werden sie vor allem mit der Sicherung von Grenzen, der Überwachung von Waffenstillstandsvereinbarungen oder der Leistung humanitärer Hilfe betraut.

Doch sind in der Vergangenheit Einsätze von Blauhelmsoldaten bereits mehrfach gescheitert: Etwa 1993 in Somalia, wo UN-Soldaten von den Kriegsparteien zu Gegnern erklärt wurden und schließlich unter dem Druck der amerikanischen und europäischen Öffentlichkeit abgezogen werden mussten. Oder 1995 in Bosnien-Herzegowina, wo sie ein Massaker serbischer Truppen an Muslimen nicht verhinderten.

4 *Sammelt Argumente für und gegen den Einsatz von UN-Blauhelmsoldaten.*

Armut im Kongo:
Mit einem Bruttonationaleinkommen (BNE) von 100 US-Dollar (Schätzung 2006) ist das rohstoff- und wasserreiche Land eines der ärmsten Länder der Welt. Seine Infrastruktur (Straßen, Eisenbahnen, Schulen, Krankenhäuser) sind weitgehend zerfallen. Im Kongo, der siebenmal größer ist als Deutschland, gibt es nur 2400 Kilometer Asphaltstraßen. Millionen von Bürgerkriegsflüchtlingen leben unter erbärmlichen Lebensverhältnissen in den Krisenregionen.

Bürgerkrieg im Kongo

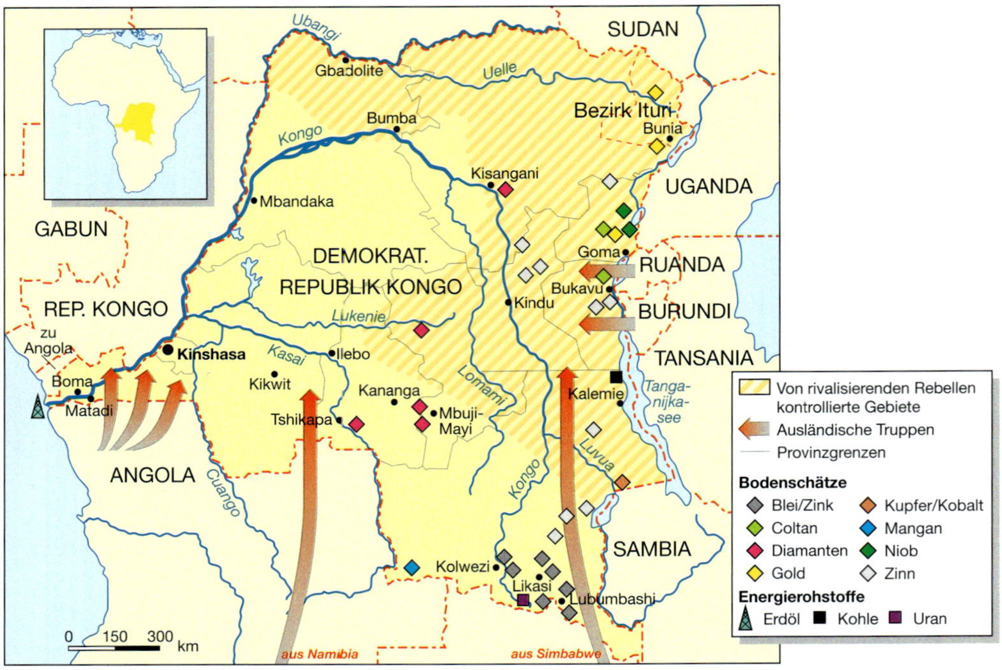

1 **Die Lage im Kongo 2003.**

Bürgerkriege seit 1960

1960 entließen die Belgier nach bürgerkriegsähnlichen Unruhen ihre Kolonie völlig unvorbereitet und überstürzt in die Unabhängigkeit. Der Streit unter rivalisierenden Parteien führte sofort zum Ausbruch eines Bürgerkriegs, bei dem ethnische und politische Konflikte blutig ausgetragen wurden.

Die reiche Provinz Katanga (heute Shaba) mit ihrer Hauptstadt Lubumbashi versuchte sich abzuspalten. Während der erste Ministerpräsident des Kongo, Patrice Lumumba, sein Land zu einem sozialistischen Land umgestalten wollte, versuchte der Führer der Provinz Katanga, Moise Tshombé, das Land nach westlichem Vorbild zu organisieren. Lumumba wurde 1960 abgesetzt und ermordet, die UN verhinderten mit Truppen die Abspaltung Katangas.

1965 putschte die Armee mithilfe der USA, Armeechef Mobutu übernahm die Macht. Seine Diktatur ging erst nach 32 Jahren in einem neuen Bürgerkrieg 1997 zu Ende. Das vom Westen immer wieder gestützte Regime Mobutus beutete das Land ebenso brutal wie die Kolonialmacht aus. Die Korruption und persönliche Bereicherung Mobutus und einer kleinen Elite erreichte unvorstellbare Ausmaße.

Der ethnische Gegensatz zwischen den großen Völkern der Hutu und der Tutsi in Randprovinzen des Kongo und in Ruanda führte mit Unterstützung des Regimes Mobutu zu einem Massaker von Hutu-Milizen in Ruanda, dem etwa eine halbe Million Tutsi zum Opfer fielen.

Unter der Herrschaft des 1997 an die Macht gekommenen Präsidenten Laurent Kabila kam es im Kongo zu Massenmorden der Tutsi an Hutus, der etwa 200 000 Menschen zum Opfer fielen. Nach der Ermordung Kabilas übernahm sein Sohn 2001 die Macht. Der Versuch, neu ausgebrochene Bürgerkriege zu beenden, ist der internationalen Gemeinschaft 2003 durch UN-Truppen nur mühsam gelungen. Unter anderem sicherten französische und deutsche Soldaten die Versorgung der Bevölkerung in den umkämpften Gebieten. 2006 sind noch immer UN-Soldaten im Bezirk Ituri stationiert. Auch ihnen gelang es nicht, neue bürgerkriegsartige Unruhen zu unterbinden.

Bürgerkrieg im Kongo

2 **Einsatz von UN-Blauhelmsoldaten in Bunia.** Foto, 2003.

Rebellengruppen sind vor allem in dem vom Regierungssitz weit entfernten und schwer zu befriedenden Osten des Landes weiterhin aktiv. Unterstützt aus den östlichen Nachbarländern Ruanda und Uganda versuchen sie, wichtige Rohstoffe zu kontrollieren. In einem bereits 2001 veröffentlichten Artikel hieß es dazu:

M … Tantal* … ist ein seltenes, extrem hitze- und säureresistentes, sehr dichtes und zugleich einfach zu verarbeitendes Metall. Wegen dieser günstigen Eigenschaften wird es beispielsweise bei der Herstellung von chirurgischen Geräten und im Flugzeugbau verwendet. Geradezu sprunghaft erhöht hat sich die Nachfrage nach diesem Metall jedoch, weil es sich auch zur Produktion von Bauteilen für Handys optimal eignet …

Auf dem afrikanischen Kontinent gibt es riesige Tantal-Vorkommen, rund 80 Prozent davon, so wird geschätzt, befinden sich im Osten der Demokratischen Republik Kongo …

Ihre Förderung und den Export regelt das Unternehmen SOMIGL, an dem die Rebellengruppe „Kongolesische Sammlungsbewegung für Demokratie" (RCD) Hauptaktionär ist und damit auch Nutznießer der enormen Weltmarktnachfrage nach Tantal. Tantal gibt es auch in Australien, Brasilien, Kanada und Nigeria, warum also das begehrte Metall ausgerechnet im Kongo kaufen?

Nach ersten Prognosen hat sich – vor allem wegen des zunehmenden Verbrauchs der Elektronikindustrie – allein im vergangenen Jahr [2000] die Nachfrage nach Tantal um 20 Prozent erhöht. Die Branche spricht von einer Angebotslücke. … Während Tantal in den vergangenen Jahren noch für 40 bis 50 US-Dollar pro Pfund zu haben war, lag sein Preis im Dezember 2000 bereits bei 443,90 US-Dollar. …

Mit einem Rückgang der Nachfrage ist jedenfalls nicht zu rechnen. Die Branche spricht bei Tantal bereits von einem „Schlüsselmetall des neuen Jahrtausends" und rechnet mit rosigen Zeiten. Einen Konjunktureinbruch hat die kongolesische Opposition also nicht zu befürchten.

Tantal*:
ein im Erz Coltan vorkommendes Metall.

1 *Gebt den Inhalt des Artikels mit eigenen Worten wieder und nehmt Stellung dazu.*

2 *Sammelt Informationen über die aktuelle Situation im Kongo (z. B. im Internet unter www.amnesty.de).*

Sudan: Armut, Hunger, Krieg

Sudan:
29 Mio. Einwohner auf 2 505 813 km² (7-mal größer als Deutschland), eines der ärmsten Länder, 310 US-Dollar BNE pro Kopf und Jahr.

1 Flüchtlinge aus Darfur im Tschad. Foto.

Hungerkatastrophen*:
In den Jahren 1969 bis 1973, 1984/85 und 1990/91 kam es zu extremer Dürre im Sudan, insbesondere in der Sahelzone. Dies führte zu großen Wanderungsbewegungen in die Städte, wo Lager errichtet wurden.

Sudan: Bürgerkrieg seit 1956

Die Geschichte des seit 1956 unabhängigen Sudan ist von andauernden Bürgerkriegen und Hungerkatastrophen* geprägt.

Seit 1898 war der Sudan rechtlich ein Teil Ägyptens, praktisch aber eine britische Kolonie, in der eine Vielzahl unterschiedlicher ethnischer Gruppen künstlich zu einem gemeinsamen staatlichen Gebilde zusammengefasst wurden, das siebenmal größer ist als Deutschland. Daran leidet der heutige Sudan noch immer. Wegen der Vertreibungen im Süden aufgrund der Bürgerkriege und der Wanderungsbewegungen gibt es keine genauen räumlichen Zuordnungen der verschiedenen Bevölkerungsgruppen mehr. Die Araber und Arabermischlinge stellen mit 40 Prozent die größte Gruppe der Bevölkerung und leben im Norden und im Zentralsudan. Sie sind Muslime. Auch in Darfur leben fast ausschließlich Muslime. Im Süden sind 30 Prozent der Bevölkerung christlichen Glaubens.

Jahrzehntelang prägte der Bürgerkrieg zwischen dem muslimischen Norden und dem christlichen Süden die Lebensverhältnisse im Sudan und verhinderte jede wirtschaftliche Entwicklung. Ein Friedensabkommen von 2004 sieht vor, dass die Bevölkerung im Süden in sechs Jahren entscheiden kann, ob sie einen eigenen Staat gründet. Bis dahin werden die bisher vom Norden allein beanspruchten Öleinnahmen untereinander aufgeteilt. Als Folge des Krieges lebt etwa eine Million Sudanesen als Vertriebene in den Slums von Khartum, der mit 3 Millionen Einwohnern größten Stadt des Sudan.

Brutale Vertreibungen in Darfur

Im Jahr 2003 griff eine neue Oppositionsgruppe, die Sudanesische Befreiungsarmee (SLA) zu den Waffen. Die SLA warf der Regierung vor, die Bevölkerung nicht ausreichend zu fördern und die Unterentwicklung der Provinz Darfur in Kauf zu nehmen. 2004 häuften sich Nachrichten über Vertreibungen aus Darfur. Arabischstämmige Reitermilizen – Janjawid – überfielen mit stillschweigender Billigung der sudanesischen Regierung Dörfer, steckten sie in Brand, töteten das Vieh, misshandelten die Menschen. amnesty international (ai) berichtete 2005:

M … Mittlerweile gibt es über 1,9 Millionen Binnenflüchtlinge in Darfur, die aus ihren zerstörten und niedergebrannten Dörfern geflohen sind und in der Region Zuflucht gesucht haben. In den überfüllten Flüchtlingszentren fehlt es an Lebensnotwendigem wie Wasser, Nahrung und medizinischer Versorgung. Mehr als 200 000 Menschen sind … in den Tschad geflüchtet.
„Die Gewalt gegen die Zivilbevölkerung ist nicht nur eine schwere Verletzung der internationalen Menschenrechtsnormen. Sie scheint der gezielte Versuch zu sein, die Bevölkerung zu demütigen und das soziale Netz der Gemeinschaft zu zerstören. Uns wurde von systematischen Ermordungen von Zivilpersonen berichtet – auch in Moscheen, über Vergewaltigungen von Frauen und Mädchen in Gegenwart ihrer Ehemänner oder Eltern und über die Verbrennung von alten Frauen in ihren Häusern“, erklärten die Delegierten einer ai-Delegation im Sudan.

Sudan: Armut, Hunger, Krieg

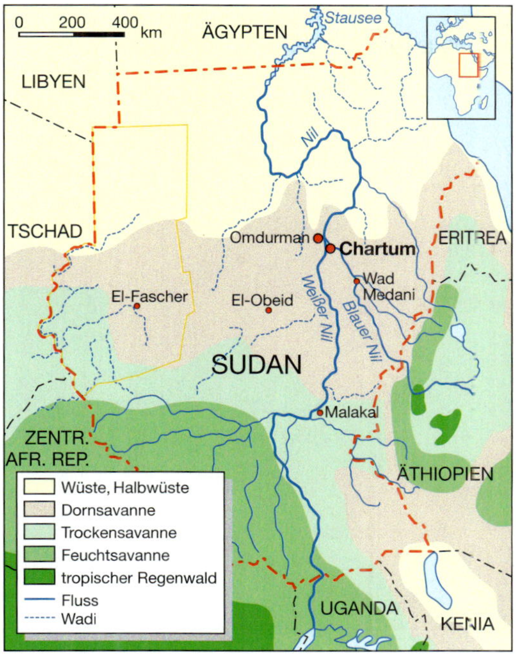

2 Landschaftszonen im Sudan.

3 Öl- und Gaskonzessionen im Sudan.

Nachdem mehrere Friedensvereinbarungen zwischen den Rebellen und der sudanesischen Regierung gescheitert waren und die Gewalttätigkeiten nicht beenden konnten, kam im Mai 2006 unter Vermittlung der USA und Großbritanniens ein neues Friedensabkommen zustande. Vereinbart wurde unter anderem die Entwaffnung der Reitermilizen und der Wiederaufbau Darfurs mit jährlich etwa 200 Millionen Dollar.

Im Sudan ist Geld zu verdienen

Die Vertreibung der einheimischen Bevölkerung hat Methode und einen bitteren Hintergrund: Öl. Die islamisch orientierte Militärregierung des Sudan hatte bereits seit dem Jahr 2000 die einheimische Bevölkerung im Zentralsudan brutal vertrieben, weil sie diese nicht an den Einnahmen aus den neu entdeckten Ölfeldern beteiligen wollte, die von ausländischen Gesellschaften ausgebeutet werden. Westliche Beobachter vermuten, dass der neue Bürgerkrieg in Darfur nicht nur eine Auseinandersetzung zwischen unterschiedlichen ethnischen Gruppen, sondern im Kern ein Kampf um die in Süddarfur entdeckten Ölvorkommen ist. Die Aufständischen in Darfur fordern nach einem Zeitungsbericht 13 Prozent der Öleinnahmen.

Chinesische, malaysische, kanadische, französische und schwedische Ölfirmen haben von der Regierung Förderrechte auf den neuen Ölfeldern erworben. Mit 1,5 Milliarden Dollar (2004) betragen die Einnahmen aus der Ölförderung 45 Prozent des Staatshaushalts. Damit wurden bisher vor allem Waffenkäufe finanziert, nun muss aber nach dem Friedensschluss mit dem Süden das Land neu aufgebaut werden. Besonders westliche und asiatische Firmen wittern das große Geschäft. Von daher ist zu erklären, dass die Sanktionen der UN gegen den Völkermord und die Menschenrechtsverletzungen im Juli 2004 milde ausfielen und es bei Drohungen der UN blieb.

1 *Beschreibt die Lebensbedingungen im Sudan.*

2 *Verfolgt in den Medien die Konflikte im Sudan und die Haltung der „Ölförderländer".*

Krisenherd Nahost

1 Der Nahe und Mittlere Osten heute.

Der Raum

Obwohl die Ursachen einzelner Konflikte zwischen den Völkern des Nahen und Mittleren Ostens weit zurückliegen, hat sich dieser Raum besonders nach dem Ende des Zweiten Weltkriegs zu einem schwelenden Krisenherd entwickelt. Zum Nahen und Mittleren Osten zählen folgende Länder: Libyen, Ägypten, Türkei, Iran, Irak, Syrien, Libanon, Israel und die Staaten der Arabischen Halbinsel.

1 *Klärt mithilfe eines Lexikons unter den Stichworten der einzelnen Staaten, um welche Kriege es sich handelt.*

„Erez Israel" – das Land der Väter

Der Konflikt um Israel/Palästina ist älter als unsere Zeitrechnung: Zwischen dem 15. und 13. Jahrhundert v. Chr. siedelten sich in Palästina semitische Volksstämme an. Im 11. Jahrhundert vermochte es der biblische König Saul, die verschiedenen Stämme in einem Königsstaat zu einen. Nach der Regentschaft seiner Nachfolger David und Salomon zerfiel die Herrschaft in zwei Teilreiche, das Reich Juda und das Reich Israel, die sich gegenseitig bekämpften.

In wechselnden Bündnissen mit Ägypten und Damaskus führten die Auseinandersetzungen letztlich zum Untergang beider Reiche durch die Eroberung des sich von Osten ausbreitenden Assyrischen Reiches. Gegen das hieraus hervorgehende Babylonische Reich lehnten sich die Judäer in Palästina zwar auf, doch 586 v. Chr. wurde Jerusalem erobert, Salomons Tempel zerstört und die Bevölkerung verschleppt. Die in der Bibel beschriebene „babylonische Gefangenschaft" dauerte etwa 50 Jahre. Danach bildeten die jüdischen Rückkehrer in Palästina erneut einen Staat mit der Hauptstadt Jerusalem, doch standen sie fortan immer unter der Oberhoheit wechselnder Herren.

Im Jahr 70 n. Chr. vernichteten die Römer das Königreich der Juden endgültig. Diese verstreuten sich über die Welt. Sie lebten von nun an in der Diaspora*. Überall bildeten sie Gemeinden und bewahrten die Erinnerung an „Erez Israel", den verlorenen Staat der Väter.

2 *Versucht, auf Karte 1 die historischen Schauplätze auszumachen.*

Diaspora*
(griechisch: Zerstreuung): Gebiet, in dem eine konfessionelle oder nationale Minderheit lebt.

Krisenherd Nahost

Jüdische Siedler in Palästina

Nach Jahrhunderten der Isolierung, Verfolgung und schließlich der Vernichtung wanderten im 20. Jahrhundert immer mehr Juden nach Palästina ein. Sie wollten dort ihren eigenen Staat gründen, in dem sie sicher leben konnten. In mehreren Aufständen wehrten sich die arabischen Bewohner gegen die Einwanderungen.

Palästina, das seit dem 16. Jahrhundert zum Osmanischen Reich gehört hatte, war nach dem Ende des Ersten Weltkriegs vom Völkerbund unter britische Verwaltung gestellt worden. Großbritannien wurde verpflichtet, dort den Juden Ansiedelungen zu ermöglichen, ohne die Rechte der nichtjüdischen Gemeinden einzuschränken. Das britische Mandat* wurde bis 1946 ausgeübt.

Vor dem Hintergrund des Völkermordes der Nationalsozialisten an den Juden legten die Vereinten Nationen 1947 einen Teilungsplan für Palästina vor. Bei den Arabern stieß er auf scharfe Ablehnung; die politische Führung der Juden stimmte ihm zu.

Der Staat Israel entsteht

Am 14. Mai 1948 riefen die Juden den Staat „Israel" aus. In der Gründungsurkunde hoben sie hervor, dass hier die „Wiege des jüdischen Volkes" gestanden und dieses die Verbindung zum Land ihrer Väter niemals aufgegeben habe. Weiter hieß es:

Q … Die über das jüdische Volk in der letzten Zeit hereingebrochene Vernichtung … bewies erneut und eindeutig die Notwendigkeit, die Frage des heimat- und staatenlosen jüdischen Volkes in Israel zu lösen. … Wir sind daher heute zusammengetreten und proklamieren* hiermit kraft unseres natürlichen und historischen Rechts und aufgrund des Beschlusses der Vollversammlung der Vereinten Nationen die Errichtung eines jüdischen Staates in Israel …

3 *Arbeitet heraus, von welchen geschichtlichen Vorgängen die Juden ihr „historisches Recht" auf einen Staat in Palästina ableiten.*

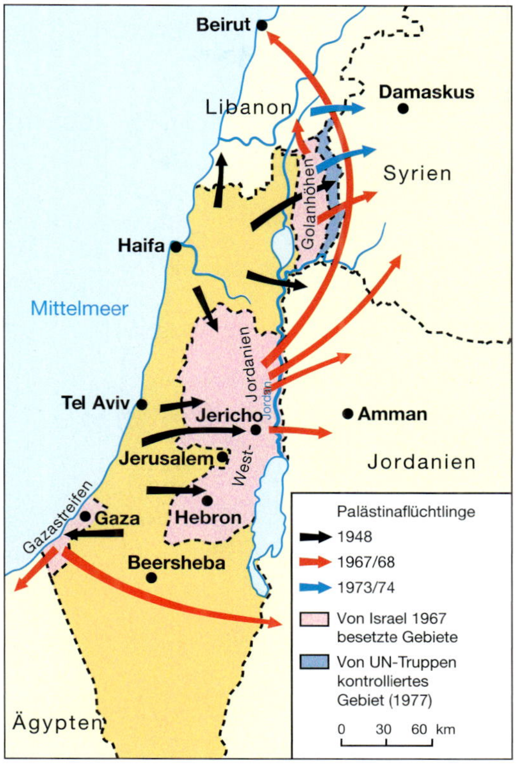

2 Palästinaflüchtlinge seit 1948.

Kriege um Israel

Unmittelbar nach der Staatsgründung erklärten arabische Staaten Israel den Krieg, den Israel gewann. Die Araber, „Palästinenser" genannt, wollten nicht auf ihr Land verzichten, aber ebenso wenig in einem jüdischen Staat leben. Viele arabische Familien flohen oder wurden von den Israelis vertrieben: Man schätzt, dass um 1948 etwa 800 000 Palästinenser das Land verließen. Ein großer Teil lebte über Jahrzehnte in Flüchtlingslagern.

Der Staat Israel wurde auch von den arabischen Nachbarstaaten abgelehnt. Bis in die 1980er-Jahre hinein entzündeten sich immer wieder Kriege*, in denen Israel von den USA und die arabischen Staaten von der UdSSR Unterstützung erhielten. So war der Nahostkonflikt für lange Zeit gefährlich mit dem Ost-West-Konflikt verknüpft.

4 *Bereitet in Gruppenarbeit Kurzreferate über die Kriege im Nahen Osten vor.*

Mandat*: *im völkerrechtlichen Sinne: Auftrag zur uneigennützigen Verwaltung eines fremden Gebietes.*

proklamieren*: *mittels amtlicher Verkündigung erklären.*

Kriege* 1948–1982:
1948 Israelkrieg
1956 Suezkrieg
1967 Sechs-Tage-Krieg
1973 Yom-Kippur-Krieg
1982 Libanonkrieg

Kein Frieden in Nahost?

PLO*
(Palestine Liberation Organization): palästinensische Befreiungsbewegung.

Anwar as-Sadat
(1918–1981/ermordet) war von 1970 bis 1981 Staatspräsident Ägyptens.

Menachem Begin
(1913–1992) war von 1977 bis 1983 Ministerpräsident Israels.

Jimmy Carter
(geboren 1924) war von 1977 bis 1981 amerikanischer Präsident.

1 **Israel und die Palästinensergebiete.**

Friedensverhandlungen und Verträge

Ägypten war der erste arabische Staat, der Frieden mit Israel schloss. Unter Vermittlung des amerikanischen Präsidenten Jimmy Carter handelten die Regierungschefs Sadat (Ägypten) und Begin (Israel) 1978 einen Friedensvertrag aus. Israel gab an Ägypten die seit 1967 besetzte Sinaihalbinsel zurück und wurde im Gegenzug von Ägypten als Staat anerkannt. Zum ersten Mal konnte „Land gegen Frieden" getauscht werden. Der Vertrag stieß bei den anderen arabischen Nationen auf strikte Ablehnung.
Seit über 40 Jahren hatten die Palästinenser das Existenzrecht des Staates Israel verneint. Ebenso verleugnete Israel die Existenz eines palästinensischen Volkes und verweigerte der PLO* das Recht, die Palästinenser zu vertreten. Erst 1993 einigten sich Israel und die PLO auf eine gegenseitige Anerkennung.

Der Führer der PLO, Arafat, schrieb an den israelischen Ministerpräsidenten Rabin:

Q … Die PLO erkennt das Recht des Staates Israel auf eine friedliche und sichere Existenz an. … Die PLO verpflichtet sich dem Friedensprozess im Nahen Osten und der friedlichen Lösung des Konflikts zwischen beiden Seiten. … Dementsprechend verzichtet die PLO auf Terrorismus und andere Formen der Gewalt. …

Im Gegenzug erkannte Israel die PLO als Repräsentantin des palästinensischen Volkes an, obwohl diese einen selbstständigen Palästinenserstaat im Westjordanland anstrebt. Der 1993 darauf von beiden Parteien unterzeichnete Vertrag sah die Rückgabe des Gazastreifens und der Stadt Jericho an die Palästinenser vor. Die öffentliche Ordnung sollte durch eine palästinensische Polizei gewährleistet werden. Schwierige Fragen, wie z. B. Jerusalem, Heimkehr der Flüchtlinge, Abzug der israelischen Truppen, sollten später verhandelt werden.
1994 beendeten Israel und Jordanien ihren seit 1948 andauernden Kriegszustand. Ungeklärt blieb das Verhältnis zu Syrien. Seit 1967 hielt Israel die Golanhöhen besetzt. Um einen Kriegsausbruch an dieser Stelle zu verhindern, hatte die UNO dort seit 1974 Truppen stationiert. 1995 verhandelten Syrien und Israel erfolglos über den Rückzug der Israelis von den Golanhöhen.

1 *Beurteilt die Bedeutung jener Fragen, die später verhandelt werden sollen.*

2 *Klärt, welche Gebiete ein künftiger palästinensischer Staat umfassen soll (Karte 1).*

Gefahren für den Frieden

In den Jahrzehnten nach der Gründung des Staates Israel wuchs durch die Unerbittlichkeit der Auseinandersetzung die Kluft zwischen den Menschen. Viele Palästinenser hatten ihr gesamtes Vermögen in Israel zurückgelassen, sie lebten jetzt in Armut, versorgt durch die UNO. Viele Israelis waren durch die blutigen Terroranschläge der Palästinenser schockiert. Konnte man einem solchen Vertragspartner trauen?

Kein Frieden in Nahost?

2 **„Der erste Schritt".** Auf den Steinen steht „Erez Israel", Siedler, Ultras, Likud, Abu Nidal, Hamas, Habash, PLO. Karikatur, 1993.

Itzhak Rabin
(1922–1995/ermordet) war von 1992 bis 1995 israelischer Ministerpräsident. Er wurde am 4.11.1995 von einem jüdischen Extremisten ermordet.

Jassir Arafat
(1929–2004), ursprünglich palästinensischer Guerillaführer, engagierte sich seit 1985 zunehmend für einen Ausgleich mit Israel.

autonom*:
selbstständig, unabhängig.

Intifada*:
Aufstandsbewegung der Palästinenser in den israelisch besetzten Gebieten.

3 *Entschlüsselt die Karikatur 2 und informiert euch über die Hindernisse, die dem Frieden im Weg liegen. Benennt weitere Stolpersteine.*

Enttäuschte Hoffnungen

Die Hoffnungen, die viele Israelis und Palästinenser auf die Verträge setzten, erfüllten sich in den Jahren nach 1995 nicht. Entsprechend den Bestimmungen der Verträge gaben die Israelis immer mehr besetzte Gebiete an die Palästinenser zurück und unterstützten den Aufbau einer autonomen Verwaltung. Auf der anderen Seite führten sie aber den Bau von israelischen Siedlungen im autonomen* Gebiet der Palästinenser fort. Dadurch kam es immer wieder zu Zwischenfällen. Radikale islamische Gruppen wie die ► Hamas lehnten den gesamten Friedensprozess ab und forderten die gewaltsame Erhebung gegen Israel. Die hohe Arbeitslosigkeit der Palästinenser und die Enttäuschung darüber, dass die Gründung eines eigenen Palästinenserstaates immer wieder verschoben wurde, führte zu einem gewalttätigen Aufstand (Intifada*) in den besetzten Gebieten gegen Israel. In Israel selbst verloren die politischen Gruppen, die einen Friedensprozess aktiv unterstützten, immer mehr an Einfluss. Nach dem Tod Arafats konnte sich schließlich im Januar 2006 die islamistisch orientierte Hamas bei der Wahl in den Palästinensergebieten durchsetzen. Die „Süddeutsche Zeitung" kommentierte:

M … Für die Mehrheit der Menschen im Gaza-Streifen und im Westjordanland ist der bisherige Friedensprozess mit der Besatzungsmacht Israel gescheitert. … Hamas war längst dominante Kraft; der Wahlsieg legitimiert diese außerparlamentarische Opposition, er bindet sie aber auch politisch ein. … Wer in der Regierung sitzt, kann nicht hin und her wechseln zwischen Kabinettssitzung und Untergrundkrieg, zwischen Vertragsverhandlung und Terror. Wer regiert, legt sich fest. Terror ist für keine palästinensische Regierung eine Alternative, nicht einmal für Hamas: Die israelische Militärmacht ist zu überwältigend. … Für Israel könnte der Wahlsieg der Islamisten als Vorwand dienen, den Friedensprozess nun endgültig einzufrieren … Damit würde der Nahost-Konflikt aber nur weiter angeheizt werden, und davon würde niemand profitieren.

4 *Tragt aktuelle Informationen über den Konflikt zusammen. Diskutiert, welche Möglichkeiten es für Aussöhnung zwischen Israelis und Palästinensern gegenwärtig gibt.*

Terrorismus, eine neue Form des Krieges?

1 **11. September 2001 – Terroristen steuern zwei gekidnappte Passagiermaschinen in die Türme des World Trade Center in New York. Über 3000 Menschen fanden den Tod.** Foto vom Einschlag der zweiten Maschine.

11. 9. 2001: *Attentat auf das World Trade Center in New York.*

Das Attentat vom 11. September 2001
Am 11. September 2001 wurden die USA das erste Mal in ihrer Geschichte auf dem eigenen Territorium angegriffen. Angehörige der terroristischen Al-Kaida-Gruppierung lenkten drei gekaperte Passagierflugzeuge in das New Yorker World Trade Center und in das Verteidigungsministerium in Washington. Über 3000 Menschen kamen bei dem Angriff ums Leben. Dieser Anschlag war der Höhepunkt in einer Reihe von Angriffen der internationalen Al-Kaida-Organisation gegen amerikanische Stützpunkte in Afrika und Asien. Neu war, dass die USA auf ihrem Territorium nicht von einem Staat, sondern von einem weltweit verzweigten Netz von radikal-islamischen* Terroristen angegriffen wurden. Sie gaben vor, im Namen eines radikalen Islam gegen die USA zu kämpfen.

radikal-islamisch*: *extreme, rücksichtslose Auslegung des Islam.*

1 *Fragt Erwachsene nach ihren Erinnerungen an den 11. September 2001. Sammelt im Internet Informationen zu dem Angriff.*

2 *Informiert euch über den weltweiten Kampf gegen die Al-Kaida-Organisation und berichtet in der Klasse.*

Aufruf der UN
Der UN-Sicherheitsrat rief in zwei Resolutionen zum Kampf gegen den Terrorismus als Bedrohung von Frieden und Sicherheit auf und erkannte das Recht der USA zur Selbstverteidigung an:

Q1 … Der Sicherheitsrat fordert alle Staaten dringend zur Zusammenarbeit auf, um die Täter, Organisationen und Förderer dieser Terroranschläge vor Gericht zu stellen, und betont, dass diejenigen, die den Tätern, Organisationen und Förderern dieser Handlungen geholfen, sie unterstützt oder ihnen Unterschlupf gewährt haben, zur Verantwortung gezogen werden. …

Angriff der USA auf Afghanistan
Der wichtigste Stützpunkt des Terrornetzwerks Al-Kaida und ihres Anführers Osama Bin Laden war das von radikalen Islamisten, den Taliban, regierte Afghanistan.
Da diese sich weigerten, Bin Laden auszuliefern, stürzten die USA in einer Militäraktion das Talibanregime. Bin Laden konnte allerdings nicht gefasst werden.

Terrorismus, eine neue Form des Krieges?

Eine Übergangsregierung, in der alle afghanischen politischen Gruppen mit Ausnahme der Taliban vertreten sind, betreibt seit 2002 den Wiederaufbau des durch Bürgerkrieg und Luftkrieg zerstörten Afghanistan. Dabei wird sie durch zahlreiche Staaten und eine internationale Schutztruppe unterstützt.

3 *Beschafft Informationen über die gegenwärtige Lage in Afghanistan.*

Uneinigkeit beim Irakkrieg

Während die Weltgemeinschaft die USA gegen Afghanistan und Al-Kaida einmütig unterstützte, war der Sicherheitsrat in der Frage eines Krieges gegen den Irak uneinig.

Die USA und Großbritannien einerseits befürworteten einen Krieg, da der Irak Massenvernichtungsmittel* besitze und die Welt damit bedrohen würde. Die übrigen Länder im Sicherheitsrat, besonders Frankreich und Deutschland, sahen die Begründung der USA für einen Krieg als nicht stichhaltig an und verweigerten die Unterstützung.

Daraufhin griffen die USA und Großbritannien den Irak allein an und setzten die Regierung des Diktators Saddam Hussein im April 2003 ab. Beide Länder begannen die Verwaltung und den Wiederaufbau des Landes zu übernehmen.

Die Massenvernichtungsmittel, deren Sicherstellung ein Ziel des Krieges war, gab es jedoch nicht.

Kampf für die Freiheit gegen den Terror

Zwei Jahre nach dem Angriff, der zu einer Neuorientierung der amerikanischen Außenpolitik führte, erklärte Präsident George W. Bush am 7. September 2003:

Q2 … Vor fast zwei Jahren, nach den tödlichen Anschlägen auf unser Land, haben wir einen systematischen Feldzug gegen den Terrorismus begonnen. …

Amerika und eine breite Koalition haben zunächst in Afghanistan gehandelt, die Ausbildungslager des Terrors wurden zerstört und das Regime, das Al-Kaida Unterschlupf bot, beseitigt. …

Wir haben im Irak gehandelt, wo das frühere Regime den Terror förderte, Massenvernichtungswaffen besaß und einsetzte und sich zwölf Jahre lang über die eindeutigen Forderungen des Sicherheitsrats der Vereinten Nationen hinwegsetzte. Unsere Koalition hat diese internationalen Forderungen durchgesetzt in einer der schnellsten und humansten Militäraktionen der Geschichte. …

Seit Amerika die Feuer des 11. September gelöscht und die Toten betrauert hat und in den Krieg gezogen ist, hat die Geschichte eine andere Wendung genommen. Wir haben den Kampf zum Feind getragen. …

Der Nahe Osten wird entweder ein Ort von Fortschritt und Frieden werden, oder er wird ein Exporteur von Gewalt und Terror, der weitere Menschenleben in Amerika und anderen freien Staaten fordert. Der Triumph von Demokratie und Toleranz im Irak, in Afghanistan und darüber hinaus wäre ein schwerer Rückschlag für den internationalen Terrorismus. … Überall, wo die Freiheit sich durchsetzt, wird sich der Terror zurückziehen. Unsere Feinde wissen das. …

2 Sturz eines Denkmals Saddam Husseins in Bagdad. Foto, 2003.

4 *Fasst die Aussagen von Präsident Bush mit eigenen Worten zusammen und setzt euch mit seiner Position auseinander.*

Massenvernichtungsmittel*: *Waffen, die bei ihrem Einsatz sehr vielen Menschen das Leben kosten würde. Beispiele: Atombomben, biologische Waffen (Krankheitserreger), Chemiewaffen (Giftgas).*

Arbeitstechnik: Pro-Kontra-Diskussion

Kulturen in der globalisierten Welt

Wie wird sich in Zukunft die enge Vernetzung der Welt auf die unterschiedlichen Kulturen und Religionen der Erde auswirken? Werden sie sich verändern, einander annähern? Oder werden sie sich umso schärfer voneinander abgrenzen?

Aufsehen erregte bereits 1996 die Auffassung des amerikanischen Politikwissenschaftlers Samuel Huntington, der von einem künftigen „Kampf der Kulturen" sprach. Der folgende Ausschnitt aus einem Interview mit dem Nachrichtenmagazin „Der Spiegel" gibt seine Position wieder:

Q … Ich bin der festen Überzeugung, dass die Weltpolitik künftig nicht mehr … von konkurrierenden Ideologien oder von Nationalstaaten oder Wirtschaftsblöcken bestimmt wird, sondern vom Zusammenprall verfeindeter Zivilisationen. Wenn es einen nächsten Weltkrieg geben sollte, wird es ein Krieg zwischen unterschiedlichen Zivilisationen sein.

Frage: *Wie definieren Sie Zivilisation?*

Als die größte kulturelle Einheit, mit der sich Menschen identifizieren. Gemeinsame Sprache, Geschichte, Gebräuche gehören dazu. Der schnelle soziale Wandel und die weltweite Modernisierung lassen die Menschen nach neuen Gemeinsamkeiten suchen; das schwächt den Nationalstaat als Quelle der Identität. Oft tritt die Religion an seine Stelle: Eine Person kann zur Hälfte französisch und zur Hälfte arabisch sein – aber nicht halb katholisch, halb moslemisch. Deshalb gewinnen die Fundamentalisten des Islam, aber auch die Fundamentalisten des Christentums und des Hinduismus an Boden.

Frage: *Wie viele Zivilisationen unterscheiden Sie?*

Die Welt wird künftig hauptsächlich durch die Wechselbeziehungen zwischen sieben oder acht großen Kulturen geprägt: die westliche, die islamische, die chinesische, die hinduistische, die slawisch-orthodoxe, die lateinamerikanische und möglicherweise die afrikanische. Die Fronten zwischen diesen Kulturen … ersetzen die ideologischen Grenzlinien des Kalten Krieges als Brennpunkte für Krisen und Blutvergießen. …

1 *Lest den Text und überlegt, ob ihr der Auffassung zustimmen könnt oder ob ihr eine andere Ansicht vertretet.*

Geht anschließend in folgenden Schritten vor:

1. Diskussionsgruppen bilden

Bildet Gruppen, die gegensätzliche Ansichten (pro/kontra) vertreten.

2. Argumente sammeln

Stellt – auch mithilfe von Informationsmaterial – Argumente und Gegenargumente zusammen. Auch letztere sind wichtig, damit ihr auf die Argumente eurer Diskussionspartner reagieren könnt. Macht Notizen zu eurer Argumentation auf Karteikarten.

3. Rollen festlegen

Legt für eure Gruppe nun fest, wer Sprecher sein soll und wer als Beobachter die Diskussion verfolgen soll.

Die Beobachter können nach Absprache ihre Aufmerksamkeit entweder auf eine Sprecherin/einen Sprecher richten und notieren, wie sie/er sich in die Diskussion einbringt (z. B. beteiligt sich gut/kaum, ist bei der Sache; redet überzeugend/schwer verständlich). Eine andere Möglichkeit ist es, die Talkrunde insgesamt zu beobachten und alle wichtigen Argumente zu notieren.

4. Die Diskussionsrunde durchführen

Platziert nach einer vorgegebenen Vorbereitungszeit die „Talkrunde" und die Beobachter. Legt den Zeitrahmen für die Diskussion fest (z. B. 15 Minuten).

Nach Ende der vorgesehenen Zeit dürfen alle Schülerinnen und Schüler Fragen stellen bzw. Anmerkungen machen.

5. Auswertung

Je nach Rolle der Beobachter können in der Auswertung entweder persönliche Rückmeldungen an einzelne Diskussionsteilnehmer gegeben werden oder es werden im Plenum noch einmal die wichtigsten Argumente zusammengefasst.

Zusammenfassung

Entkolonialisierung und Nord-Süd-Gegensatz
Infolge des Zweiten Weltkriegs (1939–1945) brach das Kolonialsystem zusammen. In vielen Kolonien Afrikas, Asiens und Lateinamerikas bildeten sich Befreiungsbewegungen, die für die Unabhängigkeit ihrer Völker von den sogenannten „Mutterländern" kämpften. Doch die Kolonialmächte hatten die Länder an erster Stelle als Rohstofflieferanten genutzt und meist landwirtschaftliche Monokulturen hinterlassen. Zudem hatten sie nur wenig für den Aufbau einer Infrastruktur getan. So verfügten viele Länder kaum über Verkehrswege, sodass sich eine funktionierende Wirtschaft nicht entwickeln konnte. Es bildete sich bald ein krasses wirtschaftliches Gefälle zwischen den ehemaligen Kolonien und den reichen Industrieländern heraus. Man spricht von Nord-Süd-Gegensatz. Ärmere Länder, die versuchten, einen eigenen Weg der wirtschaftlichen Entwicklung zu finden, bezeichnet man als „Entwicklungsländer" oder Länder der ▶ „Dritten Welt" (neben der kapitalistisch und der sozialistisch geprägten Welt).

Globalisierung
Den Prozess der zunehmenden weltweiten Vernetzung aller Lebensbereiche bezeichnet man als ▶ Globalisierung. Ursache der Beschleunigung des Zusammenwachsens ist die Entwicklung der Technik: Die Möglichkeiten der Kommunikation und des Transports haben sich stark erweitert. Zugleich haben sich die Kosten verringert. Vor allem der weltweite Handel stieg beträchtlich an. Insbesondere in sogenannten Billiglohnländern wie China hat die Globalisierung zu wirtschaftlichem Aufschwung geführt. Die Verlagerung von Arbeitsplätzen aus westlichen Industrieländern in Billiglohnländer erhöht in den Industrieländern die Zahl der Arbeitslosen und erschüttert die sozialen Sicherungssysteme.

Kriege in der Gegenwart
1945 wurde die ▶ UNO gegründet, um künftig den Frieden sicherer zu machen. Dennoch haben seitdem weltweit über zweihundert bewaffnete Konflikte, darunter viele Bürgerkriege, stattgefunden. Sie verursachen Armut und Hungerkatastrophen. Millionen von Menschen sind auf der Flucht vor Kriegen.
Für viele Krisen, wie etwa den Nahost-Konflikt, gibt es seit Jahrzehnten keine tragfähige Lösung. Neue Gefahren wie der internationale Terrorismus, der von überstaatlichen Netzwerken wie Al-Kaida ausgeht, lassen sich kaum bekämpfen.

Nach der ▶ Entkolonialisierung

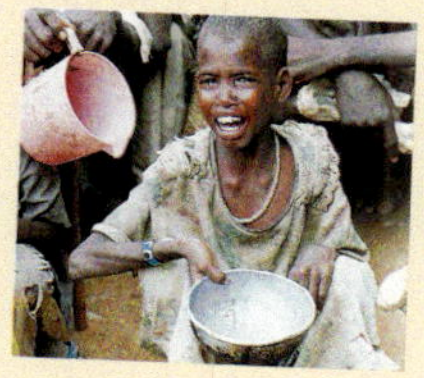

Viele Menschen in den Entwicklungsländern leiden unter Armut und Hunger.

Ungleiche Handelsbedingungen

Wegen des Preisverfalls für Rohstoffe steigen die Schulden der ärmsten Länder immer weiter.

Bürgerkrieg im Kongo

In ehemaligen Kolonien wird vor allem um Rohstoffe gekämpft.

11. September 2001

Islamische Terroristen verüben Anschläge auf das World Trade Center in New York.

Frühgeschichte

Metallzeit

Jungsteinzeit

Altertum

Vor 4 Millionen Jahren

10 000 v. Chr.

3000 v. Chr.

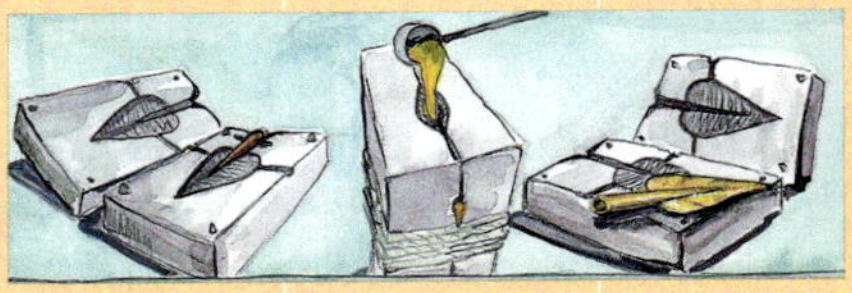

Bronzezeit/Eisenzeit

Um 3000 v. Chr.	Erste Bronzeverarbeitung im Vorderen Orient
Um 2000 v. Chr.	Ausdehnung der Bronzetechnik bis Mitteleuropa
Um 1300 v. Chr.	Erste Eisenverarbeitung in Kleinasien
Um 800 v. Chr.	Beginn der Eisenzeit in Europa

10 000 v. Chr.	Erster Getreideanbau und erste Viehzucht im Vorderen Orient
6000 v. Chr.	Jungsteinzeitliche Siedlungen am Bodensee

Vor ca. 3,6 Mio. Jahren	Erste Menschen
Vor ca. 600 000 Jahren	Ältester Menschenfund in Deutschland
Vor ca. 300 000 Jahren	Frühmenschen in Bilzingsleben

In der gesamten Altsteinzeit lebten die Menschen als Jäger und Sammler.

Ägypten

3000 v. Chr.	In Ägypten und Mesopotamien entstehen Hochkulturen. Kennzeichen sind: Schrift, Vorratswirtschaft, Organisation gemeinschaftlicher Arbeiten, Verwaltung

Altertum

500 v. Chr.

Christi Geburt

Mittelalter

500 n. Chr.

Rom

753 v. Chr.	Gründung Roms (Sage)
500 v. Chr.	Beginn der römischen Republik
Um 250 v. Chr.	Rom ist stärkste Landmacht im Mittelmeerraum
44 v. Chr.	Alleinherrschaft Caesars
31 v. – 14 n. Chr.	Herrschaft des Kaisers Augustus
391 n. Chr.	Das Christentum wird Staatsreligion
395 n. Chr.	Teilung des Römischen Reiches
476 n. Chr.	Der letzte römische Kaiser wird von den Germanen abgesetzt

Griechenland

750–550 v. Chr.	Griechische Kolonisation
500 v. Chr.	Entstehung der Demokratie in Athen
356–336 v. Chr.	Philipp von Makedonien unterwirft Griechenland
300–30 v. Chr.	Hellenistische Staaten entstehen in Ägypten, Persien und Makedonien

Frankenreich

482	Chlodwig wird König der Franken
722–804	Sachsenkriege
768	Karl der Große wird König der Franken
800	Kaiserkrönung Karls des Großen in Rom
814	Tod Karls des Großen

Ausbreitung des Islam

570	Geburt Mohammeds in Mekka
622	Mohammed flieht nach Medina
630	Mohammed erobert Mekka
632–715	Ausbreitung des Islam bis Indien und Europa
632	Tod Mohammeds
711	Araber dringen in Europa (Spanien) ein

Mittelalter 1000 n. Chr. 1300 n. Chr. *Neuzeit* 1500

Städte in Europa

12.–15. Jh.	Städteboom in Europa
Seit 1300	Gotische Kirchen werden in ganz Europa errichtet
1300–1400	Zünfte erkämpfen sich in zahlreichen Städten ein Mitspracherecht
14. Jh.	Bedeutende Stellung der Hanse in Nordeuropa

Deutsches Reich

919	Sachsenherzog Heinrich wird deutscher König
1077	Heinrich IV. in Canossa
1096	1. Kreuzzug

Vom Mittelalter zur Neuzeit

Um 1450	Erfindung des Buchdrucks
1492	Kolumbus sucht den Westweg nach Indien und entdeckt Amerika
1519	Cortez erobert Mexiko. Die Europäer errichten ihre Herrschaft in den Kolonien

Reformation und ihre Folgen

31.10.1517	Luther veröffentlicht die Wittenberger Thesen gegen den Missbrauch des Ablasses
1521	Reichstag zu Worms
1525	Bauernkrieg. Gründung des Jesuitenordens
1618–1648	Dreißigjähriger Krieg

1600 1700

Das Zeitalter des Absolutismus

1643–1715	Ludwig XIV., König von Frankreich
1689	Glorreiche Revolution. Bill of Rights in England
1740–1786	Friedrich II., König von Preußen entwickelt den „Aufgeklärten Absolutismus“

USA

1607	Gründung von Jamestown
1620	Pilgerväter landen in Amerika
1776	Unabhängigkeitserklärung der USA
1789	Verfassung der USA

Französische Revolution/Napoleon

1789	Versammlung der Generalstände. Sturm auf die Bastille. Erklärung der Menschenrechte
1791	1. Verfassung
1793/94	Schreckensherrschaft
1799	Napoleon übernimmt die Herrschaft
1804	Kaiserkrönung Napoleons

Industrialisierung

Restauration und Revolution

1814/15	Wiener Kongress
1815–1866	Deutscher Bund
1819	Karlsbader Beschlüsse
1830	Sturz des französischen Königs (Julirevolution)
1832	Hambacher Fest
1848	Märzaufstände in Wien, Berlin, Paris. Nationalversammlung in Frankfurt am Main
1849	Friedrich Wilhelm IV. von Preußen lehnt die Kaiserkrone ab. Auflösung der Nationalversammlung. Regionale Aufstände werden durch Militär niedergeschlagen.

Deutsches Kaiserreich

1871	Gründung des Deutschen Reiches, Otto von Bismarck wird Reichskanzler
1878	Sozialistengesetz
1888	Wilhelm II. wird Kaiser
1890	Entlassung Bismarcks, neuer außenpolitischer Kurs

Imperialismus

Ab 1870	Eroberungspolitik europäischer Staaten in Afrika und Asien
1884	Deutschland wird Kolonialmacht in Afrika
Seit 1900	450 Millionen Einwohner gehören zum „British Empire“
1904	Herero-Aufstand

1900

Der Erste Weltkrieg

28.6.1914	Attentat in Sarajevo
1.8.1914	Beginn des Ersten Weltkriegs
2.4.1917	Kriegseintritt der USA
11.11.1918	Ende des Ersten Weltkriegs

Neue Weltmächte: USA und UdSSR

ab 1860	Besiedelung des Westens, Industrialisierung, starkes Bevölkerungswachstum (Masseneinwanderung)
um 1900	Annexionen im mittelamerikanischen und pazifischen Raum
1917	Eingreifen in den Ersten Weltkrieg, Sieg über die Mittelmächte
ab 1918	Weltmachtstellung, Friedensplan Präsident Wilsons
1920er	Entstehung des „American Way of Life"/Börsenkrach, hohe Arbeitslosigkeit
ab 1933	Roosevelts „New Deal"

1917	Revolution in Russland stürzt Zarenherrschaft; Bolschewiki unter Lenin übernehmen die Macht
1918–1921	Bürgerkrieg; Sieg der Roten Armee
1922	Gründung der Sowjetunion (UdSSR)
1927–1953	Stalinismus
ab 1927	Industrialisierung und Kollektivierung der Bauern unter Stalin

Weimarer Republik

3.–9.11.1918	Novemberrevolution in Deutschland
9.11.1918	Ausrufung der Republik
Januar 1919	Januarkämpfe und Nationalversammlung
28.6.1919	Versailler Vertrag
11.8.1919	Weimarer Verfassung
1923	Inflation, Ruhrkampf und Putschversuche
1924–1928	Die „Goldenen Zwanziger"
8.9.1926	Aufnahme Deutschlands in den Völkerbund
1929	Weltwirtschaftskrise
1929–1933	Aufstieg der NSDAP
23.3.1933	Ermächtigungsgesetz

Nationalsozialismus

1929–33	Aufstieg der NSDAP
30. 1. 1933	„Machtergreifung“
1. 4. 1933	„Judenboykott“
Mai 1933	Gleichschaltung
ab 1934	Aufbau des KZ-Systems
15. 9. 1935	Nürnberger Gesetze
9./10. 11. 1938	Reichsprogromnacht
20. 1. 1942	Wannsee-Konferenz: „Endlösung“
bis 1945	Ermordung von fast 6 Millionen Juden

Der Zweite Weltkrieg

23. 8. 1939	Hitler-Stalin-Pakt
1. 9. 1939	Beginn des Zweiten Weltkriegs
1942/43	Schlacht um Stalingrad
18. 2. 1943	„Totaler Krieg“
Juni 1944	Alliierte Invasion
8./9. 5. 1945	Ende des Zweiten Weltkriegs in Europa
6./9. 8. 1945	Hiroshima und Nagasaki
2. 9. 1945	Ende des Zweiten Weltkriegs in Asien

Das geteilte Deutschland

2. 8. 1945	Potsdamer Abkommen
1945/46	Nürnberger Prozesse
1945–49	Vier Besatzungszonen
5. 6. 1947	Marshallplan
20. 6. 1948	Währungsreform
Juni 1948 bis Mai 1949	Berlinblockade
23. 9. 1949	Gründung der Bundesrepublik
7. 10. 1949	Gründung der DDR

Der Kalte Krieg

1945–55	Blockbildung
1949	Gründung der NATO
1955	Gründung des Warschauer Pakts

1945–87	Wettrüsten
August 1975	KSZE-Vertrag
ab 1985	Reformen in der UdSSR unter Gorbatschow
ab 1987	Abrüstung

1950–1953	Koreakrieg
1956	Ungarnaufstand
1964–73	Vietnamkrieg
1968	„Prager Frühling“
1980	Solidarność in Polen

1970 1990

Bundesrepublik

ab 1950	Wirtschaftlicher Aufschwung
1955	Beitritt zur NATO
ab 1960	Wirtschaftswunder; APO-Protestbewegung
ab 1969	„Neue Ostpolitik“

Die deutsche Einheit

Okt./Nov. 1989	Montags-demonstrationen und „friedliche Revolution“
9./10. 11. 1989	Fall der Berliner Mauer
1. 7. 1990	Union der beiden deutschen Staaten
3. 10. 1990	Wiedervereinigung

DDR

ab 1950	Sozialistische Umgestaltung; Planwirtschaft
17. 6. 1953	Arbeiteraufstand
13. 8. 1961	Mauerbau
ab 1970	Sozial- und Wirtschaftskrise

Die Einigung Europas

1951	Montanunion
1957	Europäische Wirtschafts-gemeinschaft (EWG)
1967	Europäische Gemein-schaft (EG)
1991	Vertrag von Maastricht
1. 5. 2004	EU-Beitritt von 10 neuen Ländern

Welt im Umbruch

1945–1990	Auflösung der Kolonialreiche, Nord-Süd-Konflikt
1948	Gründung Israels
seit 1948	Nahostkriege
bis in die Gegenwart	Bürgerkriege in Dritt-weltländern, häufig um Rohstoffe

Gewusst wie ...

Mit Texten umgehen

Textquellen lesen ...

1. Schritt: Fragen zum Text

- Wovon berichtet der Text? (Lies den Text sehr genau und beachte, welche Orte, Personen oder Gruppen und Handlungen genannt werden.)
- Welche unbekannten Wörter musst du klären?
- Wie ist der Text gegliedert? (Lassen sich für einzelne Abschnitte Überschriften finden? Welcher Gesichtspunkt steht jeweils im Mittelpunkt der einzelnen Abschnitte?)
- Gibt es Textstellen, die Widersprüche, Einseitigkeiten oder Übertreibungen enthalten?

2. Schritt: Fragen zum Verfasser

- Welche Informationen haben wir über den Verfasser?
- Kennt der Verfasser die Ereignisse, über die er berichtet, aus eigener Anschauung?

... und kritisch befragen

Wir müssen davon ausgehen, dass Verfasser von Texten manchmal in ihren Darstellungen übertreiben, um einen bestimmten Eindruck hervorzurufen. Folgende Fragen helfen dir, den Wahrheitsgehalt eines Textes zu überprüfen:

3. Schritt: Textkritik

- Wo gibt der Verfasser seine Meinung wieder? Wo urteilt und bewertet er?
- Stimmt der Bericht mit den bisherigen Kenntnissen, die wir von diesem Sachverhalt haben, überein?
- Wie steht er zu den Personen oder Gruppen, über die er schreibt? Ergreift er für eine Seite Partei?
- Welche Absichten verfolgte der Verfasser vermutlich mit seinem Text?

Eine politische Rede untersuchen

1. Den Text untersuchen

Untersucht die Rede zuerst mithilfe der Schritte zum Umgang mit Textquellen.
Wichtig ist vor allem, dass ihr folgende Fragen zum Text beantwortet:

- Was ist das Thema der Rede? Wo und wann wurde sie gehalten?
- Gibt es unbekannte Begriffe, die geklärt werden müssen?
- Ist eine Gliederung erkennbar?
- Gibt es z. B. Abschnitte, für die Überschriften gefunden werden können?

Auch sind Fragen zum Redner zu klären:

- Wer war der Redner? In welcher Situation war er, als er die Rede hielt? Aus welchem Anlass hat er geredet?
- Welche Haltung des Redners zum Thema ist erkennbar? Wo urteilt und bewertet er?

2. Die Argumentation erkennen

Notiert Stichworte zu den wichtigen Aussagen der Rede in einer Reihe untereinander. Stellt daran den Gedankengang des Textes dar. Ihr könnt ihn z. B. mithilfe von Pfeilen und Unterstreichungen skizzieren.

3. Die Wirkung der Rede ermitteln

Schreibt alle Redemittel heraus, die ihr für ungewöhnlich haltet, z. B. Wiederholungen, Vergleiche, Bilder, Appelle.
Überlegt anschließend, wie die Redemittel wirken, welche Gefühle sie z. B. erzeugen.

4. Die Absicht erschließen

Versucht anhand der bisherigen Ergebnisse herauszufinden, wozu der Redner oder die Rednerin die Zuhörer „bewegen" möchte.

Politische Lieder verstehen

1. Entstehung klären

- Wann wurde das Lied geschrieben oder gesungen?
- In welchem Land war es bekannt?
- Wer hat das Lied verfasst?

2. Text untersuchen

- Wie heißt der Titel des Liedes?
- Was erfahren wir aus den einzelnen Strophen?
- Welche Absichten könnte der Autor mit dem Lied verfolgt haben?
- Wie können wir die Aussagen zusammenfassen?

3. Wirkung von Text und Melodie untersuchen

- Ist die Musik eher schnell/langsam, laut/leise, fröhlich/traurig, mitreißend/zurückhaltend, kriegerisch/besänftigend?
- Passen Text und Musik zusammen?
- Welche Gefühle könnte das Lied bei den Menschen damals ausgelöst haben?

4. Beurteilung

- Wie wirkt das Lied heute auf uns?
- Können wir dem Lied eine Botschaft für die heutige Zeit entnehmen? Wenn ja, wie würdet ihr sie formulieren?

Zeitzeugen befragen

1. Befragung vorbereiten
- Grenzt das Thema ein, mit dem ihr euch befassen wollt.
- Sammelt grundlegende Informationen, damit ihr Fragen entwickeln könnt.
- Bereitet einen Fragebogen vor und spielt die Befragung zur Probe einmal durch. Überarbeitet bei Bedarf einzelne Fragen.

2. Kontakte mit Zeitzeugen aufnehmen
- Zeitzeugen findet ihr vermutlich in der Familie und im Bekanntenkreis. Anfragen könnt ihr aber auch bei Parteien, Kirchen, Vereinen oder Gewerkschaften. Bei bestimmten Fragen kann es sinnvoll sein, Personen mit unterschiedlicher Herkunft zu befragen, um Aussagen vergleichen zu können.
- Klärt mit den Zeitzeugen Ort, Zeit und Ablauf der Befragung. Wichtig auch: Wie dürfen die Aussagen verwendet/ausgewertet werden?
- Dürfen Tonaufnahmen/Fotos/ein Video gemacht werden?

3. Befragung durchführen
- Schafft für die Befragung eine angenehme Atmosphäre. Begrüßt die Anwesenden und klärt den Ablauf.
- Bestimmt, wer die Gesprächsführung übernimmt und wer Protokoll führt.
- Gebt den Befragten Gelegenheit, frei zu erzählen. Scheut euch nicht, nachzufragen.
- Wichtig auch: Dank und Verabschiedung.

4. Ergebnisse auswerten
Bei der Nachbereitung solltet ihr euch fragen:
- Wie ist die Befragung gelaufen?
- Welchen Eindruck haben die Zeitzeugen gemacht?
- Welche (neuen) Informationen haben wir erhalten? Passen sie zu unseren Vorkenntnissen?
- Wo sind „Lücken“ geblieben? Wie könnten wir sie schließen?
- Müssen wir etwas an unserer Art der Befragung ändern?

Stellt abschließend der gesamten Klasse eure Ergebnisse vor.

Recherche im Internet

Nicht jeder Verfasser von Websites im Internet ist seriös. Achte also immer darauf, von wem die Seite stammt, die dir angezeigt wird. Die meisten glaubwürdigen Verfasser geben für Rückfragen Adressen und Ansprechpartner an. Auf jeden Fall kannst du Websites großer internationaler Organisationen und Forschungsinstitute vertrauen.

1. Schritt: Schlagwort finden
Wenn ihr euch z. B. über die Anwendung der Menschenrechte auf die Indianer in Nordamerika informieren wollt, so habt ihr verschiedene Möglichkeiten, Suchworte einzugeben. Das Suchwort „Indianer“ ist vermutlich zu allgemein, ihr erhaltet sehr viele Hinweise, müsst aber endlos suchen. Ähnlich könnte es euch mit dem Suchwort „Menschenrechte“ ergehen. Versuchen könnt ihr aber auch, die Begriffe zu kombinieren.
- Wie könnte ein gutes Suchwort lauten?

2. Schritt: Suchmaschine benutzen
Im Internet gibt es mehrere Anbieter von Suchmaschinen, bei denen ihr euer Stichwort nur eingeben müsst, dann durchforstet die Suchmaschine für euch alle Internetseiten. Ihr erhaltet dann eine Liste der passenden Internetseiten zu eurem Stichwort. Die bekanntesten Suchmaschinen sind: http://www.yahoo.de, http://www.lycos.de, http://www.google.de.

3. Schritt: Stichwort eingeben
Wenn ihr zu eurem Stichwort keine Einträge bekommt, solltet ihr die Rechtschreibung überprüfen. Wenn ihr euer Schlagwort falsch eingegeben habt, kann die Suchmaschine nichts finden. War dies nicht der Fall, so müsst ihr euch ein anderes Stichwort überlegen.

4. Schritt: Aus dem Angebot auswählen
Jetzt habt ihr eine Reihe von Einträgen und normalerweise stehen noch ein paar Angaben dabei. So könnt ihr einen Teil der Adressen gleich aussortieren, weil es hier nicht genau um das geht, was ihr gesucht habt. Die übrigen Seiten könnt ihr jetzt aufrufen, indem ihr die Internetadresse anklickt.

Gewusst wie ...

Kartenarbeit

1. Schritt: Thema und Zeitraum bestimmen
- Welche Einzelangaben finden sich auf der Karte? Wie lautet die Überschrift der Karte? Um welchen Zeitraum geht es?

2. Schritt: Das dargestellte Gebiet bestimmen
- Welcher Raum ist dargestellt? Welche heutigen Länder liegen in dem dargestellten Raum? Welche Ausdehnung hat der dargestellte Raum? (Beachtet den Maßstab!)

3. Schritt: Farben und Zeichen erkennen
- Welche Farben und Zeichen sind in der Zeichenerklärung (Legende) wiedergegeben und was bedeuten sie? Geht es um eine zeitlich eng begrenzte Situation? Oder werden z. B. Veränderungen, die sich über einen längeren Zeitraum hinweg vollzogen haben, dargestellt?

4. Schritt: Aussagen der Karte zusammenfassen
- Wie können die Aussagen der Karte zusammengefasst werden? Zum Beispiel: Stichworte machen, einen Bericht schreiben, eine Tabelle erstellen …

5. Schritt: Offene Fragen notieren
- Welche weiteren Fragen ergeben sich aufgrund der Informationen, die ihr aus der Karte gewonnen habt?

Umgang mit Statistiken und Grafiken

1. Schritt: Den inhaltlichen Bezug der Zahlen erfassen
Prüft, worüber das gesammelte Zahlenmaterial Auskunft gibt und für welchen Zeitraum die Aussagen gelten.

2. Schritt: Eine Statistik erstellen
Fertigt eine Tabelle an, in der ihr die euch bekannten Zahlen einordnet. Achtet dabei besonders darauf, zutreffende Überschriften für die Spalten zu finden.

3. Schritt: Ein Diagramm zeichnen
Entscheidet euch zuerst für die Art des Diagramms, in der ihr die Daten veranschaulichen wollt:
- Lässt sich die Entwicklung, die ihr darstellen wollt, anschaulicher mithilfe einer Kurve oder mithilfe von Säulen darstellen?

4. Schritt: Das Diagramm beschreiben
Versucht, die dargestellte Entwicklung in Worte zu fassen, z. B.: Wie verhalten sich die Säulenhöhen zueinander? Ist ein Anstieg oder ein Abfall zu erkennen? Ist der Anstieg stark/schwach, gleichmäßig/sprunghaft? Bleibt der Abstand zwischen zwei Kurven gleich oder verändert er sich?

5. Schritt: Die Aussage erfassen
Überlegt, wie eure Beobachtungen zu werten sind: In welchem Zeitraum ergibt sich der größte Anstieg/Abfall? Lässt sich zwischen einigen der beobachteten Zustände ein unmittelbarer Zusammenhang erkennen?
Versucht, die Beobachtung mit anderen euch bekannten Entwicklungen der untersuchten Zeit in Verbindung zu bringen.

Schaubilder auswerten

Mit Schaubildern wird versucht, komplizierte Zusammenhänge, z. B. Regierungsformen, vereinfacht darzustellen.

1. Schritt: Aufbau untersuchen
- Aus welchen Teilen besteht das Schema?
- Was bedeuten Form und Farbe der Teile?
- Wo ist der günstigste Einstieg, um das Schaubild zu „lesen" (von unten nach oben, von links nach rechts …)?

2. Schritt: Inhalt entschlüsseln
- Welche Fachbegriffe müssen geklärt werden?
- Welche Einschränkungen muss man beachten (z. B. wer ist mit „Volk" wirklich gemeint)?
- Welche Informationen erhält man durch das „Lesen" einzelner Teile des Schaubilds oder benachbarter Teile in ihrem unmittelbaren Zusammenhang?

3. Schritt: Gesamtaussage machen
- Wie kann man die Gesamtaussage in einfachen Sätzen vortragen?
- Womit kann man das Dargestellte evtl. vergleichen (z. B. Machtverteilung in Ägypten und in Griechenland)?
- Wie bewertet man das Dargestellte aus damaliger und heutiger Sicht?

Sachquellen auswerten

Grabsteine, Werkzeuge, Haushaltsgeräte, Schmuck, Geld – Fundstücke aus vergangenen Zeiten werden Sachquellen genannt.

1. Schritt: Was kann man sehen?
- Größe
- Form
- Farbe/Muster
- Material
- Qualität ...

2. Schritt: Was kann man erschließen oder nachfragen?
- Alter
- Herkunft
- Fundort und -zeit
- Transportwege und -mittel
- Verwendungszweck
- Herstellungstechnik
- verwendete Werkzeuge und Hilfsmittel
- Moden/Einflüsse
- Auftraggeber/Benutzer ...

3. Schritt: Welche Erkenntnisse kann man gewinnen?
- Verbreitung: Einmaliger oder seltener Fund, viele ähnliche Funde hier und/oder anderswo?
- Sitten und Gebräuche: Wann, von wem, bei welcher Gelegenheit benutzt? Mit welchen anderen Dingen zusammen verwendet? Wie sah demnach der Alltag aus?
- Stand der Technik: selber hergestellt – von Spezialisten gemacht – von anderswo eingeführt?
- Handelsbeziehungen: Produkt hier hergestellt und anderswo gefunden oder umgekehrt? Rohmaterial einheimisch oder von weit her? ...

Denkmäler untersuchen

1. Schritt: Bestandsaufnahme
- Formuliert zuerst, welchen Eindruck das Denkmal spontan auf euch macht.
- Betrachtet es anschließend genauer mithilfe der nebenstehenden Hinweise. (Was ist dargestellt und wie ist es dargestellt? Beachtet z. B. Größe, Material, äußere Form.)
- Dokumentiert das Denkmal mit Fotos und/oder Zeichnungen.
- Findet heraus, wann und von wem es errichtet wurde.
- Überlegt, welche Botschaft es der Nachwelt vermitteln sollte.

2. Schritt: Auskünfte einholen
- Erkundet, aus welchem Anlass das Denkmal errichtet wurde. (Auskünfte erhaltet ihr evtl. im Gemeindebüro oder im Stadtarchiv.)
- Wer ist heute verantwortlich für das Denkmal? Wer pflegt es?
- Werden Gedenkfeiern organisiert, bei denen es eine Rolle spielt? Wenn ja: Von wem?
- Gibt es z. B. einen Kriegerverein, dessen Meinung zu dem Denkmal eingeholt werden könnte?

3. Schritt: Bewerten
- Was habt ihr über die bei der Errichtung oder in der Gegenwart wichtigen Motive und Gefühle, für die das Denkmal steht, herausgefunden?
- Hat sich die öffentliche Einstellung zu dem Denkmal verändert?
- Wie denkt ihr über die Aussage des Denkmals?

Bauwerke erkunden und erklären

Auch ein Gebäude – z. B. eine Kirche, ein Wohnhaus oder ein Rathaus – kann als Sachquelle betrachtet werden.

1. Schritt: Erste Eindrücke beschreiben
- Haltet erste Eindrücke als Bericht, Zeichnung oder Foto fest (Lage, Raumwirkung innen/außen; Fenster, Ausstattung [Altäre, Figuren, Mobiliar, Malereien usw.]).

2. Schritt: Informationen sammeln
- Informiert euch beim Pfarrer oder in der Bibliothek über die Baugeschichte. (Wann begonnen? Nach welchen Vorbildern? Wer zahlt(e) Bau und Unterhalt früher und heute? Gab es Kriegsschäden usw.)

3. Schritt: Den gesamten Bau und einzelne Teile erklären
- Erklärt Bauteile, Figuren und Symbole.
- Welche Bedeutung haben sie? Weshalb wurden sie hergestellt? Was wollten die Baumeister oder Künstler ausdrücken?

4. Schritt: Eigene Meinung sagen
- Was gefällt euch ganz besonders? Was beeindruckt weniger?
- Was versteht ihr nicht, sodass ihr noch weitere Informationen einholen müsst?

Gewusst wie ...

Bilder und Kunstwerke als Quellen nutzen

1. Schritt: Dem Bild begegnen
- Welchen ersten Eindruck macht das Bild als Ganzes auf mich?
- Welche Einzelheiten fallen mir besonders auf, welche sprechen mich besonders an? Was finde ich schön, abstoßend, lächerlich ...?

2. Schritt: Das Bild betrachten
- Welche Daten des Bildes sind bekannt (Name des Künstlers, Bildtitel, Entstehungszeit)?
- Was ist dargestellt (Thema)?
- Wie ist das Bild aufgebaut (Vorder-, Mittel-, Hintergrund)?
- Wie ist das Motiv dargestellt (Anordnung der Personen und Dinge, Einsatz von Licht und Schatten, Verwendung der Farben und Linien, naturnahe oder verzerrende Darstellung ...)?
- Welcher Platz wird dem Betrachter zugewiesen (z. B.: Sieht er auf das Dargestellte hinab, schaut er hinauf ...)?
- Wie wirken die eingesetzten Gestaltungsmittel (starr, ruhig, bewegt, kalt, freundlich, düster ...)?

3. Schritt: Das Bild deuten
- Zu welchem Zweck wurde das Bild geschaffen?
- Vor welchem gesellschaftlichen oder geschichtlichen Hintergrund wurde das Bild geschaffen (weitere Informationen über die Entstehungszeit)?
- Warum hat der Künstler das Motiv in dieser Weise dargestellt?
- Welche Fragen ergeben sich aus der Auseinandersetzung mit dem Bild?

Fotos auswerten

1. Schritt: Beschreibung
- Was ist zu sehen (Motiv/Thema)?
- Handelt es sich um ein Farb- oder ein Schwarzweißfoto?
- Wie groß wurde das Foto ursprünglich verbreitet?
- Welches Format hat es?
- Gibt es eine Bildunterschrift?
- Gibt es Hinweise auf Ort und Zeit der Aufnahme und auf den Fotografen?

2. Schritt: Untersuchung der Gestaltung
- Ist das Foto ein „Schnappschuss“ oder ein gestelltes Bild?
- Aus welchem Blickwinkel zeigt der Fotograf das Motiv (Ausschnitt)?
- Wurde das Motiv bei natürlichem oder künstlichem Licht (Blitz) aufgenommen?
- Werden durch im Bild vorherrschende Linien oder durch die Verteilung von Licht und Schatten einzelne Motive besonders betont?

3. Schritt: Deutung/Erklärung
- Ist der Auftraggeber des Bildes bekannt? (Wer wollte, dass das Foto gemacht wird?)
- Wie wurde das Bild verbreitet?
- Mit welcher Absicht wurde das Bild aufgenommen und verbreitet? (Was soll gezeigt werden, was nicht?)

4. Schritt: Beurteilung
- Liefert das Foto Informationen, von denen ihr annehmt, dass sie nicht beabsichtigt waren?
- Was würdet ihr gern über den Hintergrund des Fotos erfahren?
- Gibt es etwas, das ihr besonders interessant/witzig/traurig findet? Begründet.

Plakate untersuchen

1. Schritt: Erster Eindruck – Einordnen

Betrachtet das Plakat genau und notiert, welchen ersten Eindruck es auf euch macht. Dafür könnt ihr z. B. die Form einer Adjektivliste wählen. Untersucht es anschließend nach folgenden Gesichtspunkten:

- Wer hat das Plakat in Auftrag gegeben?
- Worauf soll es aufmerksam machen?
- An wen (Adressat) wendet sich das Plakat?

2. Schritt: Betrachten

- Welcher Bildgegenstand ist dargestellt und in welcher Form ist er wiedergegeben? Z. B.: Ist eine Figur oder eine Szene beherrschendes Motiv? Wie wird sie dem Betrachter präsentiert?
- In welcher Technik ist das Plakat gestaltet?
- Welche Farben/Farbkontraste wurden verwendet und wie wirken sie?
- Wie wurde das Bild aufgebaut, wie wurde das Motiv ins Format gesetzt? Gibt z. B.: die Linienführung dem Motiv eine vorherrschende Bewegungsrichtung? Wie wirkt sie?
- Ist der Gegenstand aus besonderer Nahsicht oder großer Entfernung wiedergegeben? Welche Rolle erhält der Betrachter? Ist er z. B. ein Zuschauer, dem etwas vor Augen geführt wird? Oder scheint er an der Szene beteiligt zu sein?
- Welcher Slogan, welche sprachlichen Formulierungen werden verwendet?
- Wie wurde die Schrift gestaltet und wie wirkt sie?

3. Schritt: Werten

- Welche Bedeutung haben die einzelnen Elemente des Plakats (Motiv, Farbe, Schrift)? Wurden Symbole verwendet?
- Welche Position bezieht das Plakat zum Thema, welche Aussage vermittelt es?
- Wie soll das Plakat auf den Betrachter wirken? Berücksichtigt dabei die herausgearbeiteten Wirkungsweisen der Gestaltungsmittel (wie Farben und Linien).
- Wie wirkt das Plakat auf euch/heutige Betrachter?

Karikaturen deuten

Bei einer Karikatur geht es dem Zeichner darum, seine Meinung zu einer Sache darzustellen. Um die Karikatur zu deuten, müsst ihr die Stilmittel (Übertreibung, Symbole) herausfinden.

1. Schritt: Beobachtung
Karikatur genau betrachten und Eindrücke festhalten.

2. Schritt: Beschreibung
Was ist dargestellt? Welche Texte gehören zum Bild?

3. Schritt: Deutung
Welche Bedeutung haben die dargestellten Personen, Tiere oder Gegenstände?

4. Schritt: Einordnung
Auf welche Situation beziehen sich die Aussagen der Karikatur?

5. Schritt: Wertung
Welche Position bezieht der Karikaturist? Wie seht ihr das Problem?

Gewusst wie ...

Politische Propaganda analysieren

1. Anlass bedenken
- Fand die Propagandaveranstaltung im Rahmen von Festen, Feiertagen, einer Einweihung oder Ehrung statt? War der Besuch eines prominenten Politikers der Anlass oder ging es um eine Hilfsaktion?

2. Propagandaform bestimmen
Mögliche Formen sind: Aufmärsche/Demonstrationen, Zeitungsartikel, Handzettel, Reden, Radiosendungen, Spruchbänder/Inschriften, Bilder/Karikaturen, Filme, Denkmäler.

3. Mittel benennen
Mittel, mit denen eine gewählte Propagandaform „in Szene gesetzt" werden kann, um gezielt Wirkungen zu erreichen, sind:
- massenhaft verwendete Symbole/Zeichen (wie Hakenkreuz oder Adler, aber auch Abzeichen und Orden)
- Uniformen, die z. B. den Eindruck von Einheit unterstreichen
- Musik, Licht/Feuer, Schüsse, die der Szene eine bestimmte Atmosphäre geben
- Menschenmassen, die den Einzelnen überwältigen
- sprachliche Übertreibungen oder gezielte Irreführungen
- Ehrungen/Auszeichnungen ins Leben rufen, die Einzelnen das Gefühl von Wichtigkeit geben

4. Absichten erkennen, Wirkungen bewerten
- Sollen Gegner verleumdet oder ausgegrenzt, das Publikum aufgehetzt werden?
- Sollen die Menschen beeindruckt oder begeistert werden?
- Geht es darum, Hoffnungen zu wecken oder Sympathien zu schaffen?
- Sollen Gemeinschaftsgefühle geweckt werden?
- Geht es darum, Kameradschaft zu fördern oder Durchhaltewillen zu stärken?

Feindbilder untersuchen

1. Inhalt und Medium bestimmen
Beschreibt die Darstellung.
- Wie ließe sich ihre Botschaft grob umreißen?
- Mit welchem Medium wurde das Motiv dargestellt und verbreitet?
- Handelt es sich um ein Bild, einen Text, eine Mischform von Bild und Text (z. B. ein Plakat oder ein Flugblatt), einen Film?

2. Gestalterische Mittel untersuchen
Analysiert, wie Gestaltungsmittel eingesetzt wurden, z. B.:
- Wurden Einzelmotive in ihren Formen und/oder Farben vereinfacht, verzerrt, verfremdet?
- Welche Wirkung wird durch die verwendeten Gestaltungsmittel erzielt?
- Wurden Figuren, Formen und/oder Farben mit Symbolgehalt verwendet? Worauf deuten sie hin?
- Wie wurde der Text eingesetzt? Unterscheidet zwischen sachlichen Aussagen, Aufrufen und Schlagworten.

3. Auftraggeber und Adressat ermitteln
Prüft z. B. mithilfe der Bildlegende oder der Textquelle, wer die Darstellung verbreitete.
- Wen wollten die Auftraggeber/Urheber vermutlich erreichen? Überlegt, wie die Darstellung bei ihrer Veröffentlichung auf die Adressaten gewirkt haben mag.

4. Die Darstellung reflektieren
Prüft mithilfe von Zusatzinformationen, welche Funktion die Darstellung erfüllen sollte.
- Aus welchem Anlass wurde sie verbreitet? Informiert euch, in welcher geschichtlichen Situation sie entstand.
- Welches Bild vermitteln die Urheber der Darstellung von sich selbst? Findet Adjektive. Versucht, ihre Absichten vor dem Hintergrund der historischen Situation einzuordnen.

Besuch eines Museums

1. Schritt: Die Erkundung vorbereiten
- Das Ziel auswählen und evtl. Anreise und Kosten klären.
- Einen Termin für die Besichtigung/Führung vereinbaren.
- Das Thema vorbereiten; einen Fragebogen entwerfen bzw. Arbeitsmaterialien beim Museum anfordern.
- Arbeitsgruppen mit bestimmten Aufgabenstellungen einteilen.
- Klären, wie die Ergebnisse festgehalten werden sollen, z. B. Notizen, Skizzen, Fotos oder Videofilm (falls erlaubt).

2. Schritt: Die Erkundung durchführen
Bei größeren Museen wird man durch die Fülle der Ausstellungsstücke eher verwirrt oder verliert die Lust an einer Besichtigung. Man muss sich auf bestimmte Bereiche konzentrieren. Museen sind entweder zeitlich oder nach bestimmten Themen aufgebaut. Einen Gesamtüberblick findet ihr oft im Eingangsbereich. Zudem:
- Bei einer Führung möglichst alle vorbereiteten Fragen stellen.
- Gegebenenfalls Arbeits- oder Fragebogen ausfüllen.
- Wenn möglich und erlaubt: Skizzen anfertigen, Fotos machen, Werkstücke herstellen, Videofilm drehen ...
- Wenn nötig: spontane Fragen stellen, weitere Informationen sammeln, unerwartete Beobachtungen festhalten.

3. Schritt: Die Ergebnisse auswerten und dokumentieren
- Das gesamte Material sichten, ordnen und feststellen, ob alle wichtigen Fragen beantwortet sind.
- Wenn nötig, weitere Informationen zusammenstellen oder beschaffen (Museumsführer, Arbeitsmaterial des Museums, Internet, Lexika, CD-ROM).
- Festlegen, wie die Ergebnisse dokumentiert werden sollen. Möglichkeiten: Erkundungsbericht, Museumsrätsel, Wandzeitung, Ausstellung ...

Besuch einer Gedenkstätte

1. Inhaltliche Vorbereitung
- Besorgt euch über Bibliotheken (Ausstellungskataloge) oder Internet Informationen über Lage und Aufbau des Ortes, aber auch über die inhaltliche Ausrichtung der Gedenkstätte: Klärt, was euch erwartet.
- Falls die Gedenkstätte unterschiedliche Schwerpunkte setzt, überlegt euch vor dem Besuch, welche Bereiche ihr erarbeiten wollt.

2. Durchführung
- Sucht euch nach der gemeinsamen Führung einen Bereich aus, der euch besonders beschäftigt oder berührt hat und erforscht ihn selbstständig oder in Gruppen.

3. Auswertung des Besuchs
- Tragt zusammen: Was hat euch während des Besuchs besonders beeindruckt oder berührt?
- Sprecht darüber, wie die Ausstellung/Präsentation der Gedenkstätte auf euch wirkte.
- Überlegt, welche Eindrücke und Informationen neu für euch waren.
- Benennt eine Sache, über die ihr gern mehr erfahren würdet.
- Überlegt, wie ihr an diese Informationen gelangen könnt (z. B. Zeitzeugen einladen).

Projektarbeit

Bei einem Projekt arbeitet eine Arbeitsgruppe selbstständig an einem Problem mit unterschiedlichen Fragestellungen.

1. Vorbereitung

Themen sammeln
- Was könnte untersucht werden? Welcher Einzelaspekt interessiert besonders?
- Ziel und Thema des Projekts: Auf welches Thema kann sich die Gruppe festlegen, sodass alle engagiert mitarbeiten?

Teilnehmer festlegen
Fragt z. B. eure Deutsch-, Kunst-, Musik- oder Fremdsprachenlehrerinnen und -lehrer, ob sie an eurem Projekt mitarbeiten.

Zeitplan bestimmen
Projekte dauern mindestens eine, zumeist zwei bis drei Wochen. Erstellt vor Beginn des Projekts einen genauen Arbeitsplan, um die Arbeit besser überschauen zu können.

Vorstellung der Ergebnisse
Macht euch vor Beginn des Projekts Gedanken, wie ihr eure Arbeitsergebnisse präsentieren wollt.

2. Durchführung

Arbeitsgruppen einteilen
Legt fest, wer mit wem arbeitet, und verteilt die Arbeit auf die einzelnen Gruppen. Auch innerhalb der Arbeitsgruppen solltet ihr genau klären, wer wofür verantwortlich ist.

Material besorgen
Material findet ihr in z. B. im Internet oder in der Schulbibliothek. Vielleicht könnt ihr auch Videoaufzeichnungen auswerten oder im Rahmen eurer Präsentation Ausschnitte daraus vorstellen.

Arbeitsergebnisse überprüfen
Zwischendurch solltet ihr euch immer wieder in der ganzen Klasse zusammensetzen und eure Zwischenergebnisse vorstellen. Verständnisfragen und Nachfragen anderer Schüler, die das Gruppenthema nicht bearbeiten, helfen euch, Schwachpunkte der Arbeit zu erkennen.

3. Vorstellung der Ergebnisse

Präsentation
Bevor ihr die Arbeitsergebnisse vorstellt, heißt es, aus den einzelnen Gruppenbeiträgen ein Gesamtwerk zu erstellen. Diese Phase sollte in der ganzen Klasse besprochen werden, sodass die einzelnen Gruppenbeiträge aufeinander abgestimmt werden können. Sie leidet häufig darunter, dass der Elan zwischenzeitlich durch die intensive Gruppenarbeit ein wenig nachgelassen hat. Dennoch solltet ihr versuchen, hier noch einmal konzentriert gemeinsam zu arbeiten.

4. Auswertung der Projektwoche
Nachdem ihr die Ergebnisse präsentiert habt, solltet ihr in der Klasse die gemeinsame Arbeit auswerten: Sprecht darüber, was gut lief, wo es zu Spannungen kam und was ihr hättet besser machen können.

Gewusst wie ...

Pro-Kontra-Diskussion

1. Diskussionsgruppen bilden
Bildet Gruppen, die gegensätzliche Ansichten (pro/kontra) vertreten.

2. Argumente sammeln
Stellt – auch mithilfe von Informationsmaterial – Argumente und Gegenargumente zusammen. Auch letztere sind wichtig, damit ihr auf die Argumente eurer Diskussionspartner reagieren könnt. Macht Notizen zu eurer Argumentation auf Karteikarten.

3. Rollen festlegen
Legt für eure Gruppe nun fest, wer Sprecher sein soll und wer als Beobachter die Diskussion verfolgen soll.

Die Beobachter können nach Absprache ihre Aufmerksamkeit entweder auf eine Sprecherin/einen Sprecher richten und notieren, wie sie/er sich in die Diskussion einbringt (z. B. beteiligt sich gut/kaum, ist bei der Sache; redet überzeugend/schwer verständlich). Eine andere Möglichkeit ist es, die Talkrunde insgesamt zu beobachten und alle wichtigen Argumente zu notieren.

4. Die Diskussionsrunde durchführen
Platziert nach einer vorgegebenen Vorbereitungszeit die „Talkrunde" und die Beobachter. Legt den Zeitrahmen für die Diskussion fest (z. B. 15 Minuten). Nach Ende der vorgesehenen Zeit dürfen alle Schülerinnen und Schüler Fragen stellen bzw. Anmerkungen machen.

5. Auswertung
Je nach Rolle der Beobachter können in der Auswertung entweder persönliche Rückmeldungen an einzelne Diskussionsteilnehmer gegeben werden oder es werden im Plenum noch einmal die wichtigsten Argumente zusammengefasst.

Rollenspiel

Ein Rollenspiel soll helfen, sich in Menschen und Situationen einzufühlen.

1. Schritt: Ausgangslage klären
Auf der „Situationskarte" wird kurz beschrieben, worum es geht. Wird z. B. die Lösung eines Problems gesucht oder sollen einzelne Typen in ihrem Verhalten gezeigt werden?

2. Schritt: Rollen verteilen
- Rollen werden immer freiwillig übernommen.
- Jede Person kann von Jungen oder Mädchen dargestellt werden.
- Die Rollen können frei ausgestaltet werden, müssen aber mit der Rollenkarte übereinstimmen.

3. Schritt: Kurze Spielvorbereitung
- Die Spieler machen sich mit der Rolle vertraut; eventuell kurze Besprechung untereinander.
- Die Spieler stellen sich zu Beginn vor oder heften sich eine Namenskarte an.

4. Schritt: Spielen und Spielen beobachten
- Wenn ihr wollt, könnt ihr Spielbeobachter einsetzen (am besten zwei für jede Rolle).
- Welche Argumente wurden im Spiel genannt?
- Wie verhielten sich die einzelnen Spieler in ihrer Rolle?

5. Schritt: Auswertung und Besprechung
- Was konnte man sehen?
- Wie entwickelte sich die Handlung? Wurde alles verstanden? Wie haben sich die Spieler gefühlt?
- Was gefiel besonders gut? (Loben, nicht meckern!)
- Welche Fragen sind entstanden?

Ein Tribunal durchführen

Der Begriff Tribunal meint eine besondere Form des Rollenspiels als Gerichtsverhandlung.

1. Schritt: Informationen sammeln und bewerten
- Wertet Texte und Bilder aus. Was spricht für den „Angeklagten", was gegen ihn?
- Formuliert Argumente.

2. Schritt: Rollen übernehmen
- Legt nun die Rollen fest, z. B.: Ankläger, Verteidiger, Angeklagter, Zeugen, Experten (Lehrkraft?), unabhängige Beobachter/Presse, Richter (zur Leitung der Verhandlungen).
- Jede Rolle muss nun durch eine Gruppe besetzt werden, die sich auf die Verhandlung vorbereitet.
- Überlegt innerhalb der Gruppen, wie ihr vorgehen wollt.
- Entscheidet, ob ihr vor der Verhandlung unter den Gruppen die vorbereitenden Texte austauschen wollt.

3. Schritt: Argumente austauschen
- Argumentiert: Was spricht für, was gegen den Angeklagten?
- Gegebenenfalls: Nennt auftretende Probleme, die die Klärung erschweren.
- Notiert auch abweichende Meinungen von Minderheiten.
- Findet abschließend ein Urteil.

4. Schritt: Abschlussbesprechung
- Diskutiert offene Fragen und unterschiedliche Meinungen zum Urteil.
- Überprüft, wenn möglich, den Verlauf des Tribunals mit der geschichtlichen Wirklichkeit.

Möglichkeiten der Präsentation:
a) Eine Wandzeitung gestalten

1. Schritt: Informationen auswählen
- Was ist wichtig, was kann weggelassen werden? Was soll als Text, was im Bild, Schaubild oder in einer Tabelle dargestellt werden?

2. Schritt: Gestaltung überlegen
- Wie soll die Schrift aussehen (Druck- oder Schreibschrift, Größe, Farbe)? Welche Bilder sind geeignet und wie werden sie angeordnet? Welche Zeichnungen, Tabellen oder Schaubilder sollen angefertigt werden und an welchen Platz sollen sie kommen?

3. Schritt: Material bereitstellen
- Welches Material wird benötigt (Tapete, Pappe, Transparentpapier, Stifte, Kleber, Heftzwecken, Stecknadeln, Scheren, Lineal usw.)? Wer besorgt es?

4. Schritt: Arbeit verteilen und durchführen
- Wer möchte Texte schreiben, Bilder ausschneiden und beschriften, Zeichnungen, Tabellen anfertigen usw.? Sprecht euch untereinander ab. Wichtiger Hinweis: Bilder, Texte usw. nicht sofort festkleben, sondern erst alles lose auflegen.

5. Schritt: Wandzeitung präsentieren
- Wandzeitung aufhängen und den anderen Gruppen vorstellen (präsentieren).

Möglichkeiten der Präsentation:
b) Referat mit Pfiff

1. Überlegt euch einen Einstieg.
Zeigt z. B. ein Bild zu eurem Thema und lasst raten, worum es geht.

- Gliedert anschaulich. Zeigt die Gliederung auf Folie oder verteilt sie als Kopie.
- Lasst den Infoblock nicht zu lang werden: 10 bis 15 Minuten müssten ausreichen.
- Tragt mit verteilten Rollen bzw. abwechselnd vor oder baut ein kleines Rollenspiel in euren Vortrag ein.
- Setzt Medien (Karten, Schaubilder etc.) ein.
- Überprüft am Ende mit einem kleinen Quiz oder Rätsel, ob alles Wichtige klar geworden ist.

Möglichkeiten der Präsentation:
c) Eine Broschüre gestalten

- Orientiert euch im Wesentlichen an den Schritten, die für die Gestaltung einer Wandzeitung genannt sind. Allerdings dürfen in einer Broschüre die Texte etwas länger sein.
- Für den Gesamteindruck einer Broschüre ist die Gestaltung wichtig: Entwerft ein passendes Titelblatt und ein Layout.
- Vergesst nicht, am Schluss eure Quellen und die verwendete Literatur zu nennen.

Mind-Mapping

1. Thema klären
Tragt in die Mitte eurer Mind-Map-Fläche die grundlegende Fragestellung, die Idee oder die Problematik ein, mit der ihr euch auseinandersetzen wollt.

2. Schlüsselwörter finden
Zeichnet anschließend von eurem Mittelpunkt ausgehende Linien ein, auf denen ihr wichtige Aspekte in Schlüsselwörtern notiert. Je mehr Bedeutung sie in euren Augen haben, umso näher solltet ihr sie an den Mittelpunkt setzen.

3. Unterpunkte sammeln
Von den Hauptlinien gehen wiederum Verzweigungen ab, auf denen ihr Unterpunkte anordnet, die eurer Meinung nach für den betrachteten Aspekt wichtig sind. Es entsteht eine Art „Geäst“, das eure Gedankengänge zu dem Thema aufzeigt.

Lexikon

■

Alliierter Kontrollrat Das von den vier Siegermächten des Zweiten Weltkriegs gebildete Organ zur Ausübung der obersten Gewalt im besetzten Deutschland. Mitglieder waren die Militärgouverneure der vier Besatzungszonen. Nach dem Rückzug des sowjetischen Vertreters stellte der Kontrollrat 1984 seine Arbeit ein.

Antisemitismus Abneigung oder Feindschaft gegenüber Juden. Der Begriff bezieht sich darauf, dass die Juden sich in ihrer geschichtlichen Abstammung von den semitischen Stämmen des Nahen Ostens herleiten. Der rassische Antisemitismus Adolf Hitlers sah die Juden nicht als Religionsgemeinschaft, sondern als „minderwertige semitische Rasse", die sich im Krieg gegen die „reine, arische Rasse" befinde. Die Auffassung gründete sich auf eine Theorie des aus England stammenden Schriftstellers Houston Stewart Chamberlain, eines Schwiegersohns des deutschen Komponisten Richard Wagner. Menschen, die judenfeindliche (antisemitische) Auffassungen vertreten, werden als Antisemiten bezeichnet.

APO (außerparlamentarische Opposition) Regierungskritische, vor allem studentische Gruppen, die Ende der 1960er-Jahre der in der Bundesrepublik Deutschland regierenden Großen Koalition aus CDU/CSU und SPD kritisch gegenüberstanden. Mit Demonstrationen, Diskussionen, Sitzstreiks und ähnlichen Aktionen versuchten sie, Einfluss auf die Politik zu nehmen.

Appeasement-Politik (englisch: Beschwichtigung). Der Begriff bezeichnet die englische Beschwichtigungspolitik gegenüber Hitler, wie sie vor allem im Münchner Abkommen 1938 zum Ausdruck kam. Mit diesem wurde dem Deutschen Reich ohne Mitsprache der Tschechen das bis dahin zur Tschechoslowakei gehörende Sudetenland zugeschlagen, um einen drohenden Krieg abzuwenden.

■

Bekennende Kirche Bewegung innerhalb der evangelischen Kirche in Deutschland, die gegen die nationalsozialistisch bestimmte Haltung der Amtsbezirke eintrat.

Besatzungsstatut Grundregelung des Besatzungsrechts im Gebiet der Bundesrepublik Deutschland, die am 21.9.1949 von den drei Westalliierten in Kraft gesetzt wurde.

Bodenreform Neuverteilung landwirtschaftlicher Flächen nach entschädigungsloser Enteignung von Großgrundbesitzern in den sowjetisch besetzten Gebieten. Ihr folgte in den sozialistischen Staaten nach 1945 meist die Kollektivierung.

■

CDU Christlich-Demokratische Union: 1945 gegründet und in allen Besatzungszonen zugelassen; in Bayern setzte sich die „Schwesterpartei" CSU – Christlich-Soziale Union – durch. In der Bundesrepublik entwickelte sich die CDU neben der SPD zu einer großen Volkspartei. In der DDR war sie als sogenannte „Blockpartei" den politischen Vorgaben der ▶ SED verpflichtet. 1990 kam es zu einer Zusammenführung der West- mit der Ost-CDU.

■

Dritte Welt Alle industriell schwach entwickelten Länder in Afrika, Asien und Lateinamerika, auch Entwicklungsländer genannt. Die Bezeichnung als „Dritte Welt" entstand in der Zeit des Ost-West-Konflikts. Die Entwicklungsländer wollten damit ihre Unabhängigkeit in dem Konflikt zwischen den hochindustrialisierten und reichen Staaten der „Ersten Welt" (westeuropäische Staaten, USA, Kanada, Japan, Australien und Südafrika) und den Staaten der „Zweiten Welt" (Osteuropa einschließlich der damals noch bestehenden Sowjetunion) deutlich machen.

Drittes Reich Nach dem im Mittelalter entstandenen Heiligen Römischen Reich Deutscher Nation (962 bis 1806) und dem Kaiserreich (1871–1914) betrachteten die Nationalsozialisten ihren Staat als das „Dritte Reich".

■

Eiserner Vorhang Die auf eine Formulierung Churchills zurückgehende Bezeichnung für die während des Kalten Krieges durch Europa verlaufende Grenze.

Entnazifizierung Versuch der vier Besatzungsmächte, die für den Nationalsozialismus engagierten Deutschen mithilfe von Befragungen und Prozessen zu identifizieren, um sie von verantwortlichen Stellungen, z. B. in der Verwaltung, fernzuhalten.

Europäische Union Ursprünglich der Zusammenschluss der zwölf EG-Staaten durch den Vertrag von Maastricht, der am 1. November 1993 in Kraft trat. Als „Säulen" der EU gelten die Europäische Gemeinschaft (EG), eine gemeinsame Außen- und Sicherheitspolitik und die Zusammenarbeit in der Innen- und Justizpolitik. Mittlerweile zählen 25 europäische Staaten zur EU.

Euthanasie (von griechisch „euthanasía": gute Tötung oder schöner Tod). Im ursprünglichen Sinn Sterbehilfe für unheilbar Kranke und Schwerstverletzte mit dem Zweck, ihnen qualvolles Leiden zu ersparen. In Deutschland erfuhr der Begriff über die Jahrhunderte hinweg einen

Bedeutungswandel: von der ärztlichen Handlung, die Sterbenden den Todeskampf erleichtern sollte, bis hin zur Vernichtung „lebensunwerten Lebens" im Nationalsozialismus. Diese entsprach den vorherrschenden „rassehygienischen" Vorstellungen, die das Ziel der Auslese vermeintlich hochwertiger Erbanlagen verfolgten.

■

Faschismus Nationalistische Herrschaftsform mit Führerkult in Italien (1922 bis 1945), der auf Benito Mussolini zurückgeht. Der Faschismus lehnt kommunistische und parlamentarisch-demokratische Ansätze strikt ab; sein Ziel ist ein straff geführter Einparteienstaat. Aufgrund seiner Vorbildfunktion für nationalistische, militaristische Strömungen in ganz Europa wird der Begriff Faschismus als Sammelbegriff verwendet, auch für den deutschen Nationalsozialismus. Symbol der Faschisten in Italien ist das (antike) Liktorenbündel, „fasces" genannt.

■

Gemeinsamer Markt/Binnenmarkt Freihandelszone. Bei den Bemühungen um einen europäischen Zusammenschluss war es erstes Ziel, eine Freihandelszone als Grundlage für einen politischen Zusammenschluss zu Stande zu bringen. Seit den 1950er-Jahren blieben Ansätze stets auf einige Wirtschaftszweige beschränkt; erst 1993 gelang es, einen umfassenden gemeinsamen Markt in Europa zu erreichen.
Gestapo Abkürzung für „Geheime Staatspolizei", die von Hermann Göring und Heinrich Himmler 1933 geschaffene politische Polizei der Nationalsozialisten. Sie diente zur rücksichtslosen Unterdrückung aller Gegner des Nationalsozialismus. Dabei bediente sie sich unter anderem der Folter, der Einweisungen in ► „Konzentrationslager" und politischer Morde.
Gleichschaltung Das von den Nationalsozialisten verfolgte Ziel des Abbaus und letztlich der Beseitigung der Eigenständigkeit der Länder, Organisationen und Organe.
Globalisierung Das weltweite Zusammenwachsen der Nationalstaaten aufgrund wirtschaftlicher und informationstechnischer Entwicklungen (z. B. Internet), das letztlich mit der Verbreitung der westlichen Lebensformen einhergeht.
Grundgesetz Die Verfassung der Bundesrepublik Deutschland. Der Tag ihrer Verkündung, der 23. Mai 1949, gilt als Gründungstag der Bundesrepublik.

■

Hamas Politisch-religiöse Bewegung der Palästinenser, die in jüngerer Zeit auch als politische Partei auftritt. Ihr Name bedeutet so viel wie „Islamische Widerstandsbewegung". Die Hamas untergliedert sich in einen politischen und einen militärischen Flügel. Sie lehnt eine Zweistaatenlösung Israel/Palästina ab und tritt stattdessen – auch gewaltsam – für die Errichtung eines palästinensischen Staates im gesamten ehemaligen Palästina ein. Der militärische Flügel der Hamas wird von der EU, den USA und anderen Staaten als terroristische Vereinigung eingestuft.

■

Kalter Krieg Zustand der Rivalität der Großmächte USA und UdSSR und ihrer jeweiligen Verbündeten, wie er zwischen 1946/47 und ca. 1990 herrschte und immer wieder das Weltgeschehen prägte. Die Bezeichnung „kalt" weist darauf hin, dass der Konflikt zwischen den Großmächten nicht als offener Krieg ausgetragen wurde, wenngleich es zu sogenannten ► Stellvertreterkriegen zwischen Anhängern beider Mächte kam. Die gegenseitige Bedrohung führte zwar mehrfach an den Rand eines Dritten Weltkriegs, wegen der drohenden gegenseitigen Vernichtung durch Atomwaffen suchten die USA und die UdSSR aber seit den 1960er-Jahren immer wieder nach Wegen der Verständigung. Der Kalte Krieg endete mit der Auflösung der Sowjetunion.
„Konzentrationslager" Nach der Machtübernahme Hitlers und der NSDAP wurden kurzfristig eingerichtete Sammellager zur Unterbringung von Verfolgten und willkürlich Verhafteten als „Konzentrationslager" bezeichnet. Später wurde unter Führung der SS ein System von „Konzentrationslagern" errichtet, in denen Gefangene systematisch gequält, zur Verrichtung schwerer körperlicher Arbeit gezwungen und schließlich getötet wurden. Heute wird der Begriff mit „KZ" abgekürzt; die Nationalsozialisten benutzten die Abkürzung „KL".
KSZE (Konferenz für Sicherheit und Zusammenarbeit in Europa) 1975 in Helsinki geschlossenes Abkommen über Gewaltverzicht, Kooperation und gesellschaftlichen Austausch (Kooperation) in Europa, an dem neben westeuropäischen Staaten sowohl die USA und Kanada beteiligt waren als auch die Sowjetunion mit ihren Verbündeten.

■

Marktwirtschaft Wirtschaftsordnung mit freiem Wettbewerb, in der die Preise entsprechend Angebot und Nachfrage geregelt werden und Gewinnstreben vorherrscht. In der sozialen Marktwirtschaft wird der freie Wettbewerb durch den Staat überwacht. Der Staat bestimmt über die wirtschaftlichen Rahmenbedingungen mit, indem er z. B. Regelungen für Kreditvergaben oder Steuerbegünstigungen schafft.

Marshall-Plan 1947 entwickeltes wirtschaftliches Wiederaufbauprogramm der USA, das nach dem Zweiten Weltkrieg dem zerstörten Westeuropa zugute kam. Benannt nach dem US-Außenminister George C. Marshall, auf dessen Initiative es zurückgeht. Es verfolgte drei Ziele: der Not leidenden Bevölkerung des zerstörten Europas zu helfen, die Ausbreitung des Kommunismus zu verhindern und einen Absatzmarkt für die amerikanische Überproduktion zu schaffen. In einem Zeitraum von vier Jahren gewährten die USA den betroffenen Staaten Kredite und Lieferungen an Waren und Rohstoffen im Wert von 12,4 Milliarden Dollar (entspricht gegenwärtig ca. 85 Milliarden Euro).

Misstrauensvotum Der deutsche Bundestag kann dem amtierenden Bundeskanzler mit der „konstruktiven Mehrheit" (51 %) das Misstrauen aussprechen und einen neuen Bundeskanzler wählen.

■

NATO (North Atlantic Treaty Organization) 1949 gegründetes westliches Militärbündnis unter Führung der USA, das bis heute Bestand hat.

Nürnberger Gesetze Gesetzliche Festschreibung der von den Nationalsozialisten vertretenen Rassenlehre aus dem Jahr 1935. Die deutschen Juden wurden zu „Staatsangehörigen minderen Rechts" erklärt.

Nürnberger Prozesse Gerichtsverfahren, die 1945 bis 1949 vor dem Internationalen Militärtribunal in Nürnberg durchgeführt wurden. Ihr Ziel war es, nationalsozialistische Kriegsverbrecher zu überführen und zu verurteilen.

NSDAP (Nationalsozialistische Deutsche Arbeiterpartei), gegründet im Februar 1920, bestand bis 1945. Die NSDAP war radikal nationalistisch, antisemitisch, gegen Demokratie und Republik. Im ► „Dritten Reich" war die NSDAP die einzige zugelassene Partei (Staatspartei).

■

Planwirtschaft Im Gegensatz zur freien oder sozialen ► Marktwirtschaft eine staatlich gelenkte Form der Wirtschaft, die alle Bereiche durch genaue Planung festlegt.

Pogrom Ausschreitungen und gewaltsame Verfolgungen aus religiösen oder in Vorurteilen begründeten Absichten.

Propaganda Die systematische Verbreitung politischer und weltanschaulicher Ideen, um das Bewusstsein der Adressaten gezielt zu beeinflussen.

■

Rassismus Ideologie, die die Annahme einer angeblichen Ungleichwertigkeit der menschlichen Rassen zur zentralen Voraussetzung ihrer politischen Ansichten erhebt. Immer ist es die eigene Rasse, die Rassisten aller Völker für höherwertig halten, und der sie einen Herrschaftsanspruch über andere Rassen zumessen. Rassismus kann von der Verfolgung von Menschen angeblich minderwertiger Rassen bis hin zum ► Völkermord führen.

■

SA (Abkürzung für Sturmabteilung) Paramilitärische Kampforganisation der NSDAP, die eine entscheidende Rolle beim Aufstieg der Nationalsozialisten spielte. Von dem Parteimitglied Ernst Röhm 1921 als Ordnertruppe, die die öffentlichen Versammlungen der NSDAP schützen sollte, gegründet, umfasste sie 1933 über 400 000 Mitglieder. Nach der Machtübernahme Hitlers wurde sie zunächst als Hilfspolizei eingesetzt, doch entschied Hitler angesichts der wachsenden Macht Ernst Röhms als Führer der riesigen Organisation, die Aufgaben der SA zu vermindern und die Rolle der SS zu stärken. Nach der Ermordung Ernst Röhms 1934 verlor die SA an Bedeutung.

SED Abkürzung für „Sozialistische Einheitspartei Deutschlands", die führende Partei in der DDR. Sie ging 1946 aus der von der sowjetischen Militärregierung angeordneten Zwangsvereinigung von KPD und SPD hervor. Nach der Auflösung der DDR bildete sich aus der SED die PDS (Partei des Demokratischen Sozialismus).

Sinti und Roma Die in Deutschland heute offizielle Bezeichnung für weltweit verbreitete Minderheitsgruppen, deren kulturelle Zusammengehörigkeit vor allem in ihrer Sprache, dem Romani, liegt und die zur Zeit des Nationalsozialismus als „Zigeuner" verfolgt wurden. Mit dem Namen Roma wird die Gesamtheit aller Romani sprechenden Gruppen bezeichnet, Sinti sind jene Gruppen der Roma, die sich schon seit dem Ende des Mittelalters im westeuropäischen Raum aufhalten. Als das Zentrum des nationalsozialistischen Völkermords an den Sinti und Roma gilt Auschwitz.

Stellvertreterkrieg Kriegerischer Konflikt unterhalb der Atomschwelle während des ► Kalten Krieges, der, von den Supermächten USA und UdSSR unter Kontrolle gehalten, zwischen kleineren Mächten aus den jeweiligen Lagern geführt wurde. Als Stellvertreterkrieg gilt z. B. der Koreakrieg (S. 64 f.).

SS (Abkürzung für „Schutzstaffel") Kampfverband der NSDAP unter der Führung Heinrich Himmlers und ab 1934 Hauptträger des nationalsozialistischen Terrors nach innen und außen. Die SS dominierte die ► Gestapo, leitete die ► „KZs" und führte den „Rassenkampf". Die „Waffen-SS" kämpfte im Krieg auch im Rahmen des Heeres, war aber kein Teil der Wehrmacht.

UNO (United Nations Organization) Am 26. Juni 1945 mit dem Ziel der Friedenssicherung gegründete Weltorganisation in Nachfolge des Völkerbundes von 1920. Im Deutschen wird sie als „Vereinte Nationen" bezeichnet.

Vernichtungslager Zum Zweck des Massenmords an den europäischen Juden sowie anderen Verfolgten von den Nationalsozialisten in Polen und Weißrussland errichtete Lager, in denen Millionen von Menschen – zumeist in Gaskammern – den Tod fanden. Neben den ebenfalls praktizierten Massenerschießungen in den von Deutschen besetzten Gebieten stellen die Vernichtungslager einen Hauptbestandteil des nationalsozialistischen ► Völkermordes dar. Ziel war die vollständige Beseitigung der Opfer sowie die Abschirmung der Ermordungen gegenüber der Bevölkerung. Insbesondere sollte vermieden werden, dass identifizierbare Massengräber zurückbleiben und somit Opferzahlen bestimmbar wären. Im Unterschied zu den Inhaftierten in ► „Konzentrationslagern" waren alle in Vernichtungslager verbrachten Menschen dem Tod geweiht, wenn auch aus ankommenden Transporten Einzelne ausgewählt wurden, um vorübergehend und unter fürchterlichen Bedingungen das Funktionieren der Lager mit aufrechtzuerhalten, etwa als Leichenverbrenner oder Hilfsarbeiter.

Völkermord (auch: Genozid). Maßnahmen, die in der Absicht getroffen werden, eine nationale, ethnische, rassische oder religiöse Gruppe ganz oder teilweise zu vernichten. Dazu gehört nicht nur der Mord an verfolgten Angehörigen dieser Gruppen, sondern auch körperliche und seelische Misshandlungen, das Schaffen von Lebensbedingungen, die auf Vernichtung zielen (z. B. Aushungern), sowie Maßnahmen zur Geburtenverhinderung.

Volksdemokratie Bezeichnung der eigenen Staatsform in kommunistischen Ländern, bei der die Staatsmacht ganz in den Händen der kommunistischen Partei liegt.

Volksgemeinschaft Bereits um 1900 gebrauchter Begriff, der auf Ablehnung moderner gesellschaftlicher Entwicklungen zielte und stattdessen das Bild des Volkes als „Bluts- und Schicksalsgemeinschaft" propagierte. In der Sprache des Nationalsozialismus umfasst er alle „arischen" und „gleichgeschalteten" Angehörigen des deutschen Volkes. Die Menschen an die Volksgemeinschaft zu binden, war Ziel von NS-Organisationen und Propagandamaßnahmen (wie z. B. die Verleihung des Mutterkreuzes). Nicht-Anpassungswillige wurden als „Volksschädlinge" in ► „Konzentrationslager" deportiert.

Warschauer Pakt Das militärische Bündnis der Ostblockstaaten unter der Führung der Sowjetunion. Es bestand von 1955 bis 1991.

Widerstand Versuche, den Missbrauch staatlicher Gewalt abzuwehren. Seit der Antike gilt Widerstand als Recht des Beherrschten; in der Neuzeit wurde es Teil der Menschenrechte. Widerstand gegen die nationalsozialistische Herrschaft richtete sich maßgeblich auf deren Beseitigung. Dabei wurden von Einzelnen bewusst persönliche Nachteile, Inhaftierungen oder gar die Todesstrafe in Kauf genommen. Daneben gab es vielfältige Formen von „Abweichungen", wie Nichtanpassung, Verweigerung und Protest, die häufig auch als „widerständiges Verhalten" bezeichnet werden.

Zwangsarbeit Unfreiwillige Arbeit, zu der eine Person unter Androhung einer Strafe gezwungen wird. Während des Zweiten Weltkriegs wurden Kriegsgefangene und Zivilpersonen aus besetzten Gebieten nach Deutschland verschleppt, um fehlende Arbeitskräfte zu ersetzen. Zwangsarbeiter wurden vorwiegend in der Landwirtschaft und Industrie eingesetzt, aber auch von öffentlichen Einrichtungen, den Kirchen, selbst Privatpersonen wurden sie angefordert. Die Nationalsozialisten, die die Betroffenen verharmlosend als „Fremdarbeiter" bezeichneten, verfolgten mit Zwangsarbeit aber auch die Vernichtung durch Arbeit, das planmäßige und vorsätzliche oder auch durch Untätigkeit zugelassene Töten von Menschen durch übermäßige Schwerarbeit bei gleichzeitig mangelhafter Versorgung.

Register

Register

Register

Quellenverzeichnisse

Textquellen

S. 8 (Q1) Göttinger Tagblatt vom 02.05.1933, S. 3 – **S. 13** (Q2) Adolf Rupprecht, Wie die Nazis das Eigentum der SPD raubten und zerstörten. Berlin: Dietz 1960, S. 31 ff. – **S. 14** (Q1) Franz-Josef Heyen (Hrsg.), Nationalsozialismus im Alltag, Boppard a. Rhein: Boldt 1967, S. 87 – (Q2) Carl Jacob Burckhardt, in: Heinrich Pleticha/Carlo Schmid, Zeitgeschichte aus erster Hand. Würzburg: Arena 1967, S. 175 f. – **S. 16**: (Q1) Zit. nach: Göttinger Tageblatt vom 4./5.11.1933, S. 4 – **S. 17** (Q2; Q3) Deutschlandberichte der SPD. 1980, S. 880 ff. – **S. 19** (Q4) Gerda Szepansky, Blitzmädel, Heldenmutter, Kriegerwitwe. Frankfurt am Main: S. Fischer 1987, S. 101 ff. – **S. 21** (Q1) Tondokument Nr. C1326 des deutschen Rundfunkarchivs, Frankfurt am Main; (Q2) Karl Heinz Janssen, Jugend im Dritten Reich. Frankfurt am Main: S. Fischer 1975, S. 89 ff. – **S. 22** (Q1) Zit. nach: Kurt Zentner, Illustrierte Geschichte des Dritten Reiches. München: Südwest Verlag 1965, S. 348; (Q2) Gerhard Moss, Ein Augenzeuge. GEW LVB, Hamburg 1978, S. 22 f. – **S. 24** (Q1) Gerhard Moss, a.a.O. – **S. 27** (Q3) Arge Carmon, Holocaust. Stuttgart: Klett 1982 – **S. 28** (Q1, Q2) Marcel Reich-Ranicki, Mein Leben. Stuttgart: DVA 1999, S. 211 f. – **S. 29** (M) Wolfgang Wippermann, Umstrittene Vergangenheit. Berlin: Elefanten Press 1998, S. 218 ff. – **S. 37** (Q5) Horst Mühleisen (Hrsg.), Hellmuth Stieff. Briefe. Berlin: Siedler 1991 – **S. 39** (Q1) Zit. nach: Hubert Dörr, Zum Vorgehen der faschistischen Betriebsführung des ehemaligen Lauchhammerwerkes Gröditz im Flick-Konzern gegenüber Arbeitern und anderen Werktätigen sowie zwangsverschleppten ausländischen Arbeitskräften, Kriegsgefangenen und KZ-Häftlingen während des Zweiten Weltkrieges (Anlage 14), Dissertation, Dresden 1978, S. 70; (Q2) Zit. nach: Heinz Stephan, Die Beteiligung der Aktionäre des Zeiss-Ikon-Konzerns an der Ausbeutung und Misshandlung ausländischer Arbeiter. Dresden: 1971, S. 11 – **S. 42** (M1) Martin Niemöller, Osterpredigt 1976, zit. nach: Stern 26/1976. Gruner + Jahr, Hamburg 1976 – **S. 43** (M2) Peter Steinbach, Widerstand im Widerstreit. Paderborn: Schöningh 2001 (2. Aufl.), S. 156 f. – **S. 44** (M) Jean Jülich, Kohldampf, Knast un Kamelle. Ein Edelweißpirat erzählt sein Leben. Köln: Kiepenheuer & Witsch, 2003; (Q1) Zit. nach: www.dhm.de/lemo/html/okumente/weisserose3/index.html – **S. 45** (Q2) Zit. nach: Bodo Scheurig, Deutscher Widerstand 1938–1944. München: dtv 1984, S. 280 f. – **S. 47** (3) Zusammengestellt nach: Ploetz, Geschichte der Weltkriege. Mächte, Ereignisse, Entwicklungen. 1900–1945, hrsgg. von Andreas Hillgruber u. Jost Dülffer, Freiburg 1981, S. 151 f.; (Q2) Zit. nach: Geschichte in Quellen, Bd. 6, bearb. von Günter Schönbrunn. München: BSV 1979 S. 48 Mirjam Pressler, Die Zeit der schlafenden Hunde (TB 689). Weinheim/ Basel: Beltz & Gelberg 2005, S. 150 ff. – **S. 52** (M) Wolfgang Benz, Deutschland, deine Kinder. München: dtv 2001, S. 27 – **S. 54** (Q) Zit. nach: Geschichte in Quellen, Bd. 7, bearb. von Helmut Krause und Karlheinz Reif. München: BSV 1980 – **S. 56** (Q1) Milovan Djilas, Gespräche mit Stalin. S. Fischer, Frankfurt am Main 1962, S. 146, übers. von Hermann Junius; (Q2) George F. Kennan, Memoiren eines Diplomaten, Bd. 1. Frankfurt am Main: Goverts/Krüger, S. 264 f., übers. von Heide von Alten – **S. 57** (Q3) Elmar Krautkrämer, Die Vereinigten Staaten von Amerika (Rede von Winston Churchill in Fulton, Missouri). Frankfurt am Main: Diesterweg 1971, S. 254; (Q4) Rede von Harry S. Truman. Europa-Archiv 2/1947, S. 820 – **S. 58** (Q1) Zit. nach: GiQ, Bd. 7, bearb. von Helmut Krause und Karlheinz Reif. München: BSV 1980, S. 580 – **S. 59** (Q2) Georgij M. Malenkow, Das Ostpaktsystem. Dokumente. Frankfurt am Main: Metzner 1955, S. 215, 625, übers. von Boris Meissner; (Q3) Zit. nach: George F. Kennan, in: Christoph Kleßmann, Die doppelte Staatsgründung. Göttingen: Vandenhoeck & Ruprecht 1984, S. 454 – **S. 60** (Q) Zit. nach: H. Melcher, Albert Einstein wider Vorurteile und Denkgewohnheiten. Braunschweig: Vieweg 1979, S. 298 – **S. 63** (Q) Zit. nach: Das 20. Jahrhundert. Die Millennium-Chronik (CD-ROM). Königswinter: Tandem 2000 – **S. 66** (Q1) J. J. Lasky, Die Ungarische Revolution, in: „New York Times", 27.10.1965, zit. nach: Informationen zur politischen Bildung, Nr. 225. Bundeszentrale für politische Bildung, Bonn; (Q2) Imre Nagy, Die ungarische Revolution, in: „New York Times", 27.10.1965, a.a.O.; (Q3) Zit. nach: „Le Monde" 03.11.1956 – **S. 67** (Q4; Q5) Melvin Lasky, Die magische Revolution. Wissenschaftsverlag Volker Spieß, 1956, übers. von Gerhard Löwenthal; zit. nach: Informationen zur politischen Bildung, Nr. 225, S. 28 f. Bundeszentrale für politische Bildung, Bonn – **S. 68** (Q1) John F. Kennedy, What happened in Cuba. 1953, S. 340 ff.; zit. nach: GiQ, Bd. 7, a.a.O., S. 580 – **S. 69**: (Q2) John F. Kennedy, Weltpolitik der USA nach 1945. 1989; übers. von Ernst Otto Czempiel und Carl Christoph Schweitzer – **S. 72** (Q1) Zit. nach: GiQ, Bd. 7, a.a.O.; (Q2) Leonid Breschnew, in: „Prawda", 13.11.1968. Berlin: Dietz Verlag, übers. von Red. Dietz – **S. 74** (Q1) Zit. nach: Schlussakte der KSZE-Konferenz. Europa Union, Bonn 1975, S. 3 ff. – **S. 75** (Q2) Zit. nach: Aktion Sühnezeichen (Hrsg.), Frieden schaffen ohne Waffen. 1981 – **S. 76** (Q) Rede von George Bush im Januar 1992; zit. nach: „Süddeutsche Zeitung" vom 30.01.1992 – **S. 83** (Q) Interview mit Karl-Heinz Müller, aus: Thomas Berger/Karl-Heinz Müller, Lebenssituationen 1945–1948. Frankfurt am Main: Hirschgraben 1984, S. 78 – **S. 84** (Q1) aus: Thomas Berger u. a. (Hrsg.), Entdecken und Verstehen 4. Vom Nationalsozialismus bis zur Gegenwart. Berlin: Cornelsen 1997, S. 103; (Q2) Manfred Overesch, Deutschland 1945 bis 1949. Königstein: Athenäum/Droste, 1979, S. 98 – **S. 86** (Q1) Ute Frevert, Frauengeschichte. Suhrkamp, Frankfurt am Main 1986, S. 251; (Q2) aus: Entdecken und Verstehen 4, a. a. O., S. 104 – **S. 91** (Q1) Theodor Schieder (Hrsg.), Dokumentation der Vertreibung aus Ostmitteleuropa, Bd. 4. Bundesministerium für Vertriebene, Bonn 1957, S. 327; (Q2) Gerhard Heck/Manfred Schurig, Deutschland und Polen nach 1945. Diesterweg, Frankfurt/M. 1977, S. 37 f.; – **S. 94** (Q) Zit. nach: Helga Grebing/Peter Pozorski/Rainer Schulze, Politik und Gesellschaft, Teil B (Direktive JCS 1067). Stuttgart: Metzler & Poeschel 1980 – **S. 97** (Q2) Zit. nach: „Bonner Generalanzeiger" vom 20. 6. 1958 – **S. 101** (Q3) Konrad Adenauer, Erinnerungen 1945–1953. Frankfurt am Main: S. Fischer 1967, S. 234 f. – **S. 103** (Q) Zit. nach: Karl Dietrich Bracher (Hrsg.), Eine Deutschlandbilanz. München 1970, S. 122 f. – **S. 104** (Q) Zit. nach: Walter Ulbricht, in: Die Russen in Deutschland. Berlin: Ullstein 1997, S. 392 – **S. 106** (M1) Zit. nach: Gisela Helwig, Frau und Familie in beiden deutschen Staaten, Köln 1982, S. 17; (M2) ebd., S. 56 – **S. 107** (Q2) Monika Balzke/Christine Goldsche, Wir sind den Jung- und Thälmannpionieren Vorbild, Freund und Helfer, in: FDJ-Funktionär an der Oberschule 2/1975, S. 99; (Q3) Zit. nach: Wochenschau Sek. I, 1986, S. 23 – **S. 108** (Q) Forderung 1–3 zit. nach: „Berliner Morgenpost" vom 17. 06. 1953; Forderung 6 zit. nach: Fritz Schenk, Im Vorzimmer der Diktatur. Kiepenheuer & Witsch, Köln o. J.; Forderung 8 zit. nach: „Der Spiegel" Nr. 26 vom 24. 7. 1953 – **S. 109** (M1) Zit. nach: DDR-Geschichtsbuch. Volk und Wissen, Berlin (Ost) 1971; (M2) Alfred Grosser, Geschichte Deutschlands seit 1945. München: Hanser 1974, übers. von Margaret Carroux und Robert Hail – **S. 110** (Q) Eckart Thurich/Hans Endlich, Zweimal Deutschland. Frankfurt am Main: Diesterweg 1973, S. 206 – **S. 111** (M) Joachim Gauck, Die Stasiakten. Das unheimliche Erbe der DDR. Reinbek: Rowohlt 1991, S. 45 f. – **S. 112** (Q1) Archiv der Gegenwart 33; 1963, S. 10700 f.; (Q2) Zit. nach: GiQ, Bd. 7, a.a.O., S. 563 – **S. 113** (Q3) Michael Ludwig, Polen und die deutsche Frage. Europa Union, Bonn 1991, S. 278 – **S. 114** (Q1) Regierungserklärung von Willy Brandt, zit. nach: Irmgard Wilharm (Hrsg.), Deutsche Geschichte 1962–1983, Bd. 2. Frankfurt am Main: Fischer 1985 – **S. 119** (M) Monika Maron, Flugasche, Berlin: BVU Buchunion 1990 – **S. 121** (Q) Konrad Weiß, in: „Stern Essay" Nr. 4/1990 – **S. 122** (Q1) Valentin Falin, in: „Spiegel Spezial" II/1990 – **S. 124** (M1) Zit. nach: „Der Spiegel", Oktober 2005 – **S. 125** (M2) Zit. nach: „Stern", September 2004 – **S. 126** (Q1) Heinrich Heine, Deutschland – ein Wintermärchen. Frankfurt am Main/Leipzig: Insel, 2005 (TB 3153); (Q2) Zit. nach: Brief Wolfgang Mattheuers an die Verlagsredaktion, 18.10.2002 – **S. 134** (Q1) Richard Coudenhove-Kalergi, Eine Idee erobert Europa. Wien: Desch 1958, S. 232 – **S. 135** (Q2) Rede von Winston Churchill am 19.09.1946, zit. nach: Walter Lipgens, 45 Jahre Ringen um die europäische Verfassung. Bonn: Europa Union 1986, S. 215 – **S. 136** (Q1) Winston Churchill, in: Europa Dokumente, Bd. 1. München: Oldenbourg, 1962, S. 114 f.; (Q2) Robert Schumann, in: Europa Dokumente, Bd. 1, a.a.O., S. 680; (Q3) Zit. nach: Hans Schäffer, in: Vierteljahresheft zur Zeitgeschichte, 20. Jg., Heft 2. Oldenbourg, München 1972, S. 192 – **S. 139** (M) Zit. nach: Landesbank Rheinland-Pfalz (Hrsg.), Lebendiges Rheinland-Pfalz, Heft 32/1995, S. 6 f. – **S. 144** (M) Zit. nach: „Spiegel online" vom 01.05.2004 – **S. 150** (M1) Zit. nach: „Süddeutsche Zeitung online" vom 14. 6. 2004 – **S. 151** (M2) Cornelia Bölsch, in: „Süddeutsche Zeitung" vom 21. 7. 2004 – **S. 156** (M1) Zit. nach: www.brigitte.de/frau/mobilitaet/autoholismus/index.html – **S. 157** (M2) Zit. nach: www.archiv.greenpeace.de – **S. 161** (Q) Ahmed Sékou Touré, Politik im Schwarzen Afrika. Opladen: Westdeutscher Verlag 1961, S. 481 f., übers. von Franz Ansprenger – **S. 164** (M) Zit. nach: www.welthungerhilfe.de – **S. 168** (M) Artikel aus „Manager Magazin", 23. 7. 2004, zit. nach: www.manager-magazin.de – **S. 170/171** (M1) Zit. nach: „Süddeutsche Zeitung" vom 21. 3. 2004 – **S. 175** (M) Zit. nach: www.sozialwiss.uni-hamburg.de – **S. 177** (M) Katja Seefeldt, 7. 4. 2001, zit. nach: www.uni-kassel.de vom 16. 5. 2006 – **S. 178** (M) Zit. nach: www.amnesty.de vom 17. 3. 2006 – **S. 181** (Q) Zit. nach. Arno Ullmann (Hrsg.), Israels Weg zum Staat. München: dtv 1964, S. 307 ff. – **S. 182** (Q) Zit. nach: Yassir Arafat, in: „Süddeutsche Zeitung" vom 11. 9. 1993 – **S. 183** (M) Zit. nach: „Süddeutsche Zeitung", 27. 1. 2006 – **S. 184** (Q1) Zit. nach: Resolution des Weltsicherheitsrates, 12.09.2002 – **S. 185** (Q2) Rede von George W. Busch am 07. 9. 2003, zit. nach: www.whitehouse.gov.news – **S. 186** (Q) Zit. nach: „Der Spiegel" Nr. 48/1996, S. 178 ff.

Quellenverzeichnisse

Bildquellen
S. 6/7; Wdh. S. 4 (rechts) Fotoarchiv Hoffmann/VG Bild-Kunst, Bonn – **S. 8** (1) Ullstein Bilderdienst, Berlin; (2) Süddeutscher Verlag München, Bilderdienst – **S. 9** (3) Ullstein Bilderdienst, Berlin; (4) NS-Dokumentationszentrum Rheinland-Pfalz; (5) Heinz Schmalz, Sinzig-Westum – **S. 10** (1) Langewiesche-Brandt, Ebenhausen; (2) aus: Golo Mann u. a.: Unser Jahrhundert im Bild, Gütersloh: Bertelsmann Lesering 1964, S. 552 – **S. 12** (1) Bildarchiv Preußischer Kulturbesitz (= BPK), Berlin – **S. 13** (2) © Erich Schmidt Verlag; Berlin – **S. 14** (RS oben) Universität Köln; (RS unten) Süddeutscher Verlag München, Bilderdienst; (1) Keystone Pressedienst, Hamburg – **S. 15** (1) Förderverein Projekt Osthofen e. V./NS-Dokumentationszentrum RLP-Osthofen – **S. 16** (RS) Deutsches Historisches Museum (= DHM) Berlin – **S. 17** (2) Erich Schmidt Verlag, Berlin (Zahlenbilder); (RS) BPK, Berlin – **S. 18** (1); Wdh. S. 49 (a) Bundesarchiv Koblenz – **S. 19** (2) Eigentum der Bundesrepublik Deutschland; (RS) aus: Gerda Szepansky, Blitzmädel und Heldenmutter, Frankfurt am Main: Fischer TB – **S. 20** (RS oben) Langewiesche-Brandt, Ebenhausen; (RS unten) Niggemeyer Fotofachlabor, Bochum; (1) Landesarchiv Saarland, Saarbrücken; (2, 3) Ullstein Bilderdienst, Berlin; (4) Keystone Pressedienst, Hamburg – **S. 22** (1) Süddeutscher Verlag München, Bilderdienst – **S. 23** (2) Süddeutscher Verlag München, Bilderdienst – **S. 24** (1) BPK, Berlin – **S. 25** (2) Stadtarchiv Nürnberg; (3) Sammlung W. Kleinknecht, Alzey – **S. 26** (1); Wdh. S. 49 (b) u. S. 194 (oben links) Stadtarchiv Landau – **S. 27** (2) Süddeutscher Verlag München, Bilderdienst; (3) BPK, Berlin; (RS) Archiv für Kunst und Geschichte (= AKG), Berlin – **S. 28** aus: Ulrich Keller (Hrsg.), Fotografien aus dem Warschauer Ghetto. Das Foto-Taschenbuch 9, Berlin: Dirk Nishen Verlag 1987 – **S. 29** (2) AKG, Berlin – **S. 30** (RS) aus: Das Daimler-Benz-Buch. Ein Rüstungskonzern im „Tausendjährigen Reich“, Hrsgg. von der Hamburger Stiftung für Sozialgeschichte des 20. Jahrhunderts, Nördlingen: Greno Verlag 1988; (1) AKG, Berlin – **S. 31** (4) AKG, Berlin; (RS) Langewiesche-Brandt, Ebenhausen – **S. 35** (2); Wdh. S. 49 (c) AKG, Berlin; (RS) AKG, Berlin – **S. 36** (1) BPK, Berlin – **S. 37** (3) Ullstein Bilderdienst, Berlin; Wdh. S. 194 (unten links); (RS) Ullstein Bilderdienst, Berlin – **S. 38** (1) DHM Berlin – **S. 39** (2) Staatsarchiv Leipzig – **S. 40** (1) AKG, Berlin – **S. 41** (2) BPK, Berlin; (3) Ullstein Bilderdienst, Berlin – **S. 42** (1) VG Bild-Kunst, Bonn – **S. 43** (3) AKG, Berlin; (4) Süddeutscher Verlag München, Bilderdienst; (RS) Ullstein Bilderdienst, Berlin – **S. 44** (1); Wdh. S. 49 (d) BPK, Berlin – **S. 45** (2, RS) Ullstein Bilderdienst, Berlin – **S. 46** (1) Bistumsarchiv Trier – **S. 47** (2) Deutsche Presseagentur, Frankfurt am Main (= dpa) – **S. 48** (1) Beltz & Gelberg Verlag, Weinheim/Basel – **S. 50/51**; Wdh. S. 4 (Mitte) BPK, Berlin – **S. 52** (1) Stadtmuseum München; (2) DHM Berlin – **S. 53** (3) Archiv der Sozialen Demokratie, Bonn – **S. 54** (1); Wdh. S. 79 (a) dpa, Frankfurt am Main; (RS) dpa, Frankfurt am Main; (2) Studio X, Paris (© Novoviteh) – **S. 56** (1) Langewiesche-Brandt, Ebenhausen – **S. 57** (2); Wdh. S. 79 (b) aus: Daily Herald, 13.02.1945; (3) aus: Geschichte lernen 18/1990, Velber: Friedrich Verlag, S. 35 – **S. 58** (1) Langewiesche-Brandt, Ebenhausen; (2) DHM Berlin – **S. 60** (1) Cartoon-Caricature-Contors, Pfaffenhofen/ http://www.c5.net, CCC/Horst Haitzinger – **S. 62** (oben links) Rheinisches Bildarchiv Köln/VG Bild-Kunst, Bonn; (oben Mitte, unten rechts) AKG, Berlin; (oben rechts, unten links) Ullstein Bilderdienst, Berlin – **S. 63** Ullstein Bilderdienst, Berlin – **S. 65** (2); Wdh. S. 194 (Mitte) Süddeutscher Verlag München, Bilderdienst – **S. 66** (RS) AKG, Berlin; (1) Ullstein Bilderdienst, Berlin – **S. 67** (2) Süddeutscher Verlag München, Bilderdienst; (3) dpa, Frankfurt am Main; (RS) AKG, Berlin – **S. 68** (RS) AKG, Berlin – **S. 69** (2); Wdh. S. 79 (c) Daily Mail, 1962 – **S. 70** (1) Associated Press GmbH, Frankfurt am Main – **S. 71** (2) dpa, Frankfurt am Main; (RS) AKG, Berlin – **S. 72** (RS) AKG, Berlin; (1) dpa, Frankfurt am Main – **S. 73** (2) Süddeutscher Verlag München, Bilderdienst; (RS) dpa, Frankfurt am Main – **S. 74** (1) AFP Infografik; (2) Bundesbildstelle, Bonn – **S. 75** (RS); Wdh. S. 79 (d) AKG, Berlin – **S. 76** AKG, Berlin – **S. 77** (2) CCC, Pfaffenhofen/Horst Haitzinger – **S. 80/81**; Wdh. S. 4 (rechts), S. 121 (d) und S. 181 (rechts oben) dpa, Frankfurt am Main – **S. 81** (oben) dpa, Frankfurt am Main, Foto: Giehr – **S. 82** (2 a–c) Ullstein Bilderdienst, Berlin – **S. 83** (3, 4) Ulrich Baumgarten photoagentur vario-press; (5) Keystone Pressedienst, Hamburg – **S. 84** (1) dpa, Frankfurt am Main; (2) AKG, Berlin – **S. 85** (3, 4) Süddeutscher Verlag München, Bilderdienst – **S. 86** (1) dpa, Frankfurt am Main – **S. 88** (1); Wdh. S. 127 (a) u. S. 194 (oben rechts) Süddeutscher Verlag München, Bilderdienst – **S. 90** (2) und RS o. © dpa-Bildarchiv – **S. 91** (3) CTK – **S. 93** (RS, Foto Altmeier) dpa, Frankfurt am Main – **S. 94** (1) Süddeutscher Verlag München, Bilderdienst – **S. 95** (2) Bundesarchiv Koblenz; (RS) Landesarchiv Saarland, Saarbrücken – **S. 96** (RS) aus: D. Zimmer, Auferstanden aus Ruinen. Von der SBZ zur DDR, Stuttgart: DVA 1993; (1) Bundesarchiv Koblenz – **S. 97** (2) Süddeutscher Verlag München, Bilderdienst; (RS) AKG, Berlin – **S. 98** (1) AKG, Berlin – **S. 99** (beide) AKG, Berlin – **S. 100** (RS a) Bundesbildstelle Bonn; (RS b, e) AKG, Berlin; (RS c, d) dpa, Frankfurt am Main – **S. 101** (3) Globus Infografik GmbH, Hamburg; (RS alle) dpa, Frankfurt am Main – **S. 102** (RS oben) AKG, Berlin; (RS unten) Haus der Geschichte, Bonn; (1) Globus Infografik GmbH, Hamburg; (2 rechts) Süddeutscher Verlag München, Bilder-

dienst – **S. 103** (3) Globus Infografik GmbH, Hamburg; (RS) AKG, Berlin S. 102 (RS) AKG, Berlin – **S. 105** (2) CVK Verlagsarchiv, Berlin – **S. 106** (1) Globus Infografik, Hamburg; (RS) BPK, Berlin – **S. 107** (2) Jürgens Ost- und Europaphoto, Berlin – **S. 108** (1) dpa, Frankfurt am Main – **S. 111** (3) dpa, Frankfurt am Main – **S. 112** (RS) dpa, Frankfurt am Main; (1) aus: Wolfgang Marienfeld (Hrsg), Die Geschichte des Deutschlandproblems im Spiegel der politischen Karikatur, Hannover: Niedersächsische Landeszentrale für politische Bildung – **S. 113** (2) dpa, Frankfurt am Main; (RS) CCC, Pfaffenhofen – **S. 114** (1) Süddeutscher Verlag München, Bilderdienst – **S. 115** (2) Landesarchiv Saarland, Saarbrücken; (RS) AKG, Berlin – **S. 116** (1) aus: N. Albrecht, Deutschland. Die illustrierte Chronik der Bundesrepublik Deutschland, Bindlach: Gondrom Verlag 1987; (2) Die Grünen/Archiv Bornheim – **S. 117** (3) dpa, Frankfurt am Main; (RS) AKG, Berlin – **S. 119** dpa, Frankfurt am Main – **S. 120** (RS) dpa, Frankfurt am Main; Wdh. S. 194 (unten rechts); (1) Gerhard Gäbler, Leipzig – **S. 121** (2) dpa, Frankfurt am Main; Wdh. S. 127 (c); (RS) AKG, Berlin S. 120 (1) dpa, Frankfurt am Main – **S. 124** (1, Einklinker) „Der Spiegel", Hamburg – **S. 125** (2) Globus Infografik GmbH, Hamburg – **S. 126** (1, 2) Galerie Schwindt/VG Bild-Kunst, Bonn – **S. 130** (1); Wdh. S. 153 (a) AKG, Berlin – **S. 131** (2, 3) AKG, Berlin – **S. 132** (1) Landesmuseum Trier; (2) Verkehrsamt Bacharach; (3) Klaus Becker, Frankfurt am Main; (4) Fotoarchiv Waltraut Klammet, Ohlstadt; (5) aus: Hans Bellinghausen (Hrsg.), 2000 Jahre Koblenz, Boppard a. Rhein: Boldt Verlag 1971 – **S. 136** (1) Deutsches Museum München – **S. 137** (2) CCC, Pfaffenhofen – **S. 138** (alle) Petra Bowien, Geesthacht – **S. 140** (1) Globus Infografik GmbH, Hamburg – **S. 141** (1) Associated Press (AP), Frankfurt am Main – **S. 143** (2) Globus Infografik GmbH Hamburg – **S. 148** (1) Europäische Kommission, Bonn – **S. 149** picture-alliance, © dpa-Bildarchiv, Foto: Sperling – **S. 145** (3) picture alliance/dpa, Frankfurt am Main; (4) Globus Infografik GmbH, Hamburg – **S. 146** (RS a); Wdh. S. 195 (unten links) Europäische Kommision, Bonn; (RS b) dpa, Frankfurt am Main; (RS c) AP, Frankfurt am Main; (1) picture alliance/dpa, Frankfurt am Main – **S. 150/151** (alle) picture alliance/dpa, Frankfurt am Main – **S. 152** (1) CCC, Pfaffenhofen/Gerhard Mester – **S. 153** (c) Getty Images, München – **S. 154/155**; Wdh. S. 4 (Mitte) Süddeutscher Verlag München, Bilderdienst; (Einklinker) dpa, Frankfurt am Main – **S. 156** (1) Opel Kommunikation, Rüsselsheim; (3) Corel Library, Cornelsen Verlag, Berlin – **S. 158** (1) Opel Kommunikation, Rüsselsheim – **S. 161** (2) Globus Infografik GmbH, Hamburg – **S. 162** (1) Globus Infografik GmbH, Hamburg; (2) Cornelsen Archiv, Berlin; (3) CCC, Pfaffenhofen – **S. 163** (4) Globus Infografik GmbH, Hamburg – **S. 164** (1) Cornelsen Archiv, Berlin **S. 165** (2) Cornelsen Archiv, Berlin; (4); Wdh. S. 187 (b) CCC, Pfaffenhofen – **S. 166** (1, 2)/**S. 167** (RS) Partnerschaft Afrika e. V., Geesthacht – **S. 168** (1–3)/**S. 169** (4, 5) Globus Infografik GmbH, Hamburg – **S. 171** (1) Globus Infografik GmbH, Hamburg – **S. 172** (1) picture-alliance, © dpa-Bildarchiv, Foto: epa Steve Pope – **S. 174** (1) terre des hommes Deutschland, Osnabrück – **S. 175** (2) © Erich Schmidt Verlag, Berlin – **S. 177** (2); Wdh. S. 187 (c) u. S. 195 (unten rechts) AP, Frankfurt am Main (Bunia) – **S. 178** (1) picture alliance,dpa/Frankfurt am Main – **S. 181** (2) und (3) Globus Infografik GmbH Hamburg (4) World Meteorological Organization – **S. 182** (RS alle) AKG, Berlin – **S. 183** (2) CCC, Pfaffenhofen/Murschetz; (RS) AKG, Berlin – **S. 184** (1); Wdh. S. 187 (d) dpa, Frankfurt am Main – **S. 185** (2) AP, Frankfurt am Main – **S. 188** (unten rechts) Länderpress, Düsseldorf – **S. 189** (oben links) BPK, Berlin; (unten links) N. Gouvouris, Athen; (oben rechts) AKG, Berlin – **S. 190** (Mitte links) Universitätsbibliothek Heidelberg; (unten links) Bibliothèque Nationale de France, Paris; (oben rechts) AKG, Berlin; (Mitte rechts) Germanisches Nationalmuseum, Nürnberg; (unten rechts) AKG, Berlin – **S. 191** (oben) Bridgeman, London; (Mitte) Süddeutscher Verlag München, Bilderdienst; (unten) Bridgeman, London – **S. 192** (oben links) Heinemann Educational, Oxford; (unten links, oben rechts) AKG, Berlin – **S. 193** (oben links) DHM Berlin; (Mitte links) Library of Congress, Washington D. C.; (unten links) Ullstein Bilderdienst, Berlin, (rechts) RIA Novosti, Berlin